till upplysning i Svenska historien i synnerhet u
Gustaf III:s regering». De två små eleganta
hvilka författaren nerskrifvit sina memoarer, in
I dem finnas äfven »Anekdoter» till Gustaf I\
ring från 1792 till (15 juli) 1800. Men denna
Hamiltons historiska teckning är, som han s).... ... .
skrifven, då han kommit på afstånd »från hufvudteatern»
och sålunda »de finare hjulens rörelse» kunde undgå hans
öga. Faktiskt gömmer också denna andra hälft af memoaren
— utom en värdefull skildring af den märkliga kröningsriks-
dagen i Norrköping 1800, vid hvilken Hamilton spelade
en ej oväsentlig roll — absolut intet af intresse eller prägladt
af det själfseddas skärpa. Det är såsom den gustavianska
ålderns anekdotförfattare Adolf Ludvig Hamilton sålunda
ensamt bör minnas.

Utom originalmanuskriptet till »Anekdoterna» hafva
emellertid också stått till mitt förfogande ej mindre än
tolf andra handskrifna kvartband af och om Hamilton.
Sex af dessa band utgöra en fortlöpande och intim dag-
bok, som Hamilton utan afbrott fört från början af 1763 till
slutet af 1782, fyra innehålla en vidlyftig resebeskrifning mest
från utlandet, men äfven från fosterjorden, tvenne slutligen
vitterhetsarbeten och tankar af skilda slag. Med ledning af
allt detta material vill jag som inledning till det enda verk,
som lefvat kvar af Hamilton, teckna hans öden och utveck-
ling. Som så många andra anekdotberättare är nämligen
Adolf Ludvig Hamilton själf nästan okänd. Man finner
ingenstädes något annat om honom, än att han var en skarp
och giftig motståndare till Gustaf III. Här skall visas, att han
var en synnerligen typisk gestalt för den oroliga från parti-
tidehvarfvet in i gustavianska perioden kvarlefvande adeln
och att han som skarp intelligens och orädd personlighet

intog en framstående plats å sin samtids riddarhus. Äfven en beundrare af Gustaf III, för hvilken den måttlösa och ibland samvetslösa bitterhet, som präglar Hamiltons skildring af konungen, är frånstötande, måste hysa aktning för den sega konsekvens, som utmärkte memoarförfattarens politiska åskådning och erkänna det kloka och oförfärade mod, med hvilket han förfäktade densamma. Hans lynne, personlighet och uppfattning kunna först klart förstås af den, som fått en inblick i hans lif och karaktärsutveckling. Det är denna inblick, som jag här skall gifva så mycket som möjligt med Adolf Ludvig Hamiltons egna ord och tankar, och en närmare bekantskap med mannen skall dess-utom låta läsaren i anekdotberättaren lära känna en långt mer mångbildad och mångintresserad man, än hans historiska anteckningar gifva vid handen.

Adolf Ludvig Hamiltons släkt utgjorde en liten stam för sig inom 1700-talets svenska adel. Jämförelsevis nyin-flyttad till Sverige, hade den kanske mer än någon annan svensk adelsfamilj kosmopolitiska förbindelser. I England funnos anförvanter, och en mängd släktingar gingo för kortare tid eller för alltid i fransk och tysk tjänst. Oro, äfventyrslystnad och bravur kännetecknade dessa mellan olika arméer flyttande militärer, som kämpade med i 1700-talets krigsfejder. Familjekrönikan var rik på brus-hufvuden och vildhjärnor liksom på energiska, klarsynta viljor. En annan egenskap, som brukade följa namnet åt, och som 1700-talets svenskar ofta anspela på, var den Hamiltonska frispråkigheten. Släkten hade rykte om sig för hvass tunga, kvickhet och rättframhet. Lars v. Enge-ström, för att här bara citera ett vittne, talar om »det étourderie och den uttalighet», som tillhörde om icke hela ätten åtminstone den gren, dit Adolf Ludvig hörde.

VENSKA MEMOARER OCH BREF.

IV.

ANEKDOTER

TILL

SVENSKA HISTORIEN

UNDER

GUSTAF III:s REGERING

AF

ADOLF LUDVIG HAMILTON

UTGIFNA

AF

OSCAR LEVERTIN

STOCKHOLM
ALBERT BONNIERS FÖRLAG

STOCKHOLM
ALB. BONNIERS BOKTRYCKERI 1901

Adolf Ludvig Hamilton.

Hvar och en, som närmare sysselsatt sig med Gustaf III:s tidehvarf och sökt få lefvande för sig denna lysande och dramatiska ålder af svensk häfd, har någon gång stött på grefve Adolf Ludvig Hamilton och hört talas om eller läst citater ur hans i handskrift efterlämnade »Anekdoter» till Svenska historien. Alltsedan utdrag började gifvas ur detta memoarverk och cirkulera i den tryckta litteraturen — P. Wieselgren var sannolikt den förste, som lämnade sådana ur en af grefve J. De la Gardie gjord, å Löberöd förvarad afskrift — och kopior sedermera kommit till ett par offentliga bibliotek, hafva drag och historier ur dessa anekdoter användts i de flesta kulturskildringar öfver gustavianska tiden. Äfven de allvarligaste af Gustaf III:s historici — såsom C. T. Odhner i sitt förträffliga verk — hafva icke försmått att anlita dem. En sådan skrift med mångt och mycket af intresse, rik på sedetecknande detaljer och skarpa karaktäristiker förtjänar att publiceras, äfven om författarens partiståndpunkt ofta mer än tillåtligt hindrat hans framställnings oväld. Här föreligger därför, tryckta efter författarens original-manuskript, Adolf Ludvig Hamiltons »Anekdoter, tjänande

Anekdoter Till Svenska Historien Under Gustaf Iii's Regering...

Adolf Ludvig Hamilton

Hos Adolf Ludvigs fader, den gamle fältmarskalken Gustaf David Hamilton, funnos alla dessa drag i högsta potens. Hans lif hade varit mer än vanligt växlande. Han hade tjänstgjort hos fransmännen under polska tronföljdskriget och hos preussarne under andra schlesiska kriget. Om han såsom svensk öfverbefälhafvare under pommerska fälttågen ej kunde utveckla någon egentlig heroism, gjorde han likväl den största rörelsen, svenska armén företog under hela kriget (tåget till Sachsen 1758), och ingen skugga fanns på hans mod. Oförskräckt var han likaledes som parlamentariker, såsom när han trots sina Hattsympatier rent ut vid riksdagen 1746—47, då Buddenbrocks son sökte resning i sin döde faders sak, förklarade den afrättade generalen vara en politisk martyr. Hans kvicka repliker voro berömda, och hans frispråkighet utan gräns. Sonen Adolf Ludvig anför i sina här tryckta anekdoter tvenne af hans mest berömda infall till Adolf Fredrik. Lars v. Engeström meddelar andra, i hvilka han oförskräckt klufvit näbb med den minst af allt försagda Lovisa Ulrika. Då drottningen yttrade, att konungens lifkusk, som hade majestätets välfärd i sina händer, borde hafva öfverstes rang, svarade Hamilton: »Ja och stånghästarna lika rang med kammarherrar». Då drottningen en gång, när hofvinden blåste åt Mösspartiet, sade: »Avouez monsieur de Hamilton, qu' il y a de grands coquins dans votre parti,» svarade denne: »Oui, Madame, c'est pour les opposer aux votres.»

Det var en kvick, kärnfull, oförskräckt, mångerfaren personlighet, den gamle fältmarskalken, och den betydande rikedom han erhållit i sitt giftermål med Jacobina Hildebrand ökade den hållning af själfständig och rakryggig jorddrott, som han in i sin höga ålderdom bevarade.

Sonen, antecknaren, anekdotförfattaren, Adolf Ludvig

Hamilton, hade ärft många af faderns karaktärsdrag. Om han, sjuklig som han var med utprägladt »cabinettshumeur» af naturen danats till diplomat och parlamentariker och icke till krigare, brast det honom ingalunda fysiskt mod. Tvärtom. Blott aderton år gammal hade han sin första duell. Men än mer liknade han fadern i lynnets oro och i tankens och tungans skärpa. Inom Gustaf III:s hof med alla dess åtminstone skenbart så polerade människor var han en typ för sig med sin slagfärdighet, som aldrig uppoffrade ett hvasst infall. Under en yta af glädtighet dolde han agg och lidelser, otåligare och skarpare än de som vanligen funnos bakom spetsjaboten hos tidens epigrammatici. Redan tidigt vann han rykte för originalitet, och hans anmärkningar fruktades så mycket mera, som hans samtida visste, att han skref protokoll öfver deras göranden och låtanden — han hade läst upp ställen ur sin dagbok för Gustaf III — och gick med iakttagarens kalla, satiriska öga midt bland deras upptåg och intriger. Som exempel på hur han bedömdes, skola här de viktigaste uttalandena om honom i tidens journaler citeras.

Lämnom då först ordet åt de dåtida memoarförfattarnas Cato, Axel v. Fersen, som, med anledning af en beskickning till Petersburg, till hvilken Gustaf III utsett Hamilton, 1778 skrifver: »Detta val var ej bland de bästa, hvarken beträffande nämnde grefves figur eller hans sätt att vara, och ehuru han hade esprit, hade han intet angenämt eller förbindligt i sitt väsende.» En likartad uppfattning om Hamilton hade en person, som långt närmare kände honom än den äldre, evigt misslynte partichefen, hvilken också å sin sida af Hamilton betraktades med växande misstroende. Denne antecknare var den älskvärde grefve G. J. Ehrensvärd, kamrat — men sålunda också konkurrent — som kammarherre med Adolf Ludvig Hamilton. Ehrensvärd skrifver 1779: »Adolf Ludvig Hamilton har kvickhet och insikter, har rest med nytta, men affekterar den besynnerlighet, som hela den Hamiltonska släkten tror sig apanagerad. Han skall redan i många år hafva skrifvit sin samtids memoarer. Om humeur och kvickhet icke oftast tagit öfverhanden för de sanna underrättelser, som för honom varit svåra att undfå, så torde dessa memoarer blifva för efterverlden intressanta. Men den som lefvat inom hofvet så länge som jag och sett, på hvad afstånd grefve Hamilton kunnat vara kännare af de hemliga driffjädrarna till de flesta händelserna, kan äfven döma om trovärdigheten af de mesta dess reflexioner och berättelser.»

Icke stort mer fördelaktigt låta omdömen från de rena gustavianerna. Man höre till exempel Elis Schröderheims ord: »Adolf Hamilton var ifrån konungens intimitet och dagliga umgänge öfvergången till hans uppenbare fiende. Han hade mera kvickhet än kunskap. Ton af stora världen gjorde hans galla mera bitande, men han hade mycket liten värdighet, och kungen förstod allt för väl att skämta sig ifrån honom». Lugnast och måhända också sannast är den lilla silhouett, den utanför de gustavianska partierna stående Lars v. Engeström klippt af hofmannen och satirikern. »Hamilton sade rent ut, hvad honom inföll. Han var skarp, men hvarken elak eller ohöflig. Han hade rest och icke utan nytta. Allt detta gjorde honom till en angenäm sällskapskarl. Han var dessutom en hederlig, ärlig och oafhängig man, som sade dristigt sanningen, när tillfälle gafs.»

Efter dessa stridiga omdömen är det tid att begynna en objektiv, på autentiska källor stödd biografi af Adolf Ludvig Hamilton och söka teckna den lifsutveckling, som af den unga hofmannen i Gustaf III:s närhet skapat den mest förbittrade af hans porträttörer.

Adolf Ludvig Hamilton föddes i Malmö, faderns garnisonsstad, den första juni 1747, den femte af elfva syskon. Sina förnamn erhöll gossen efter Adolf Fredrik och Lovisa Ulrika, som båda voro faddrar, ehuru ej personligen. Barndomsåren tillbragte han framför allt på Barsebäck, den stora familjeegendomen, ej mer än en och en half mil från Lund »artigt nog belägen, ehuru midt på slätten», som han själf skrifver. I ett stort gammaldags stenhus lefde han där med de många bröderna och systrarna, och vintern 1750—51 gjorde han sin första utflykt i världen, då han med föräldrarna fick besöka hufvudstaden. En fransk lärarinna med samma namn som seklets ryktbare ungdomsförfattare, Berquin, tog här hand om hans första undervisning. Hon hade antagligen en skola af samma art, som de båda mademoisellerna Bourgeois och Martineau, hvilka vi känna ur andra aristokratiska memoarer från tiden. Den franska bildning, som han delade med hela den adliga svenska rococon, men som behärskade honom mer uteslutande än de flesta — Adolf Ludvig Hamilton tänker hela lifvet igenom på franska — mötte honom sålunda allt från de första läroåren.

När regentskifte och kröning voro öfver, reste Adolf Ludvigs föräldrar åter till Skåne, och för gossen tog på nytt herrgårdslifvet vid med rik omväxling och många färder till grannar och släktingar (framför allt till kusinerna på Vanås) om sommaren, och långa enformiga vintermånader, då de »elaka vägarna tvingade hvar och en att vara hemma på sin gård och suga på ramarna». Emellertid kom Adolf Ludvig ur frustugan och under informatorernas färla. Med sina äldre bröders herrar præceptorer reste han redan 1755 till Lund, där de unga ädlingarne bodde hos

doktor Benzelius, hvilken »visade dem mycken höflighet».
Men först från och med 1759 började Adolf Ludvigs
studier drifvas med större allvar. Han fick då till under-
visare en verkligt framstående man, som lämnat efter sig
ett i tidens odling aktadt namn, Ihres lärjunge, språk-
mannen, Voltaire-öfversättaren, Lovisa Ulrikas blifvande
lektör och ålderdomssällskap, Erik Sotberg. Med denne
som guvernör for Adolf Ludvig 1759 till Uppsala och
lefde där de unga aristokraternas mellan bokkammare och
rid- och fäktarbana delade lif. Som så många andra af de
förnäma unga ädlingar, med hvilka han åt på det dåtida
fina spiskvarteret hos mademoisellerna Porath i Skytthuset,
hörde Adolf Ludvig redan till krigsmakten. Han hade
fått fänriksfullmakt den 15 januari 1759 — men förblef
trots den gula kokarden en okynnig tjufpojke. Sotberg
erhöll 1762 ett lektorat vid kadettskolan i Karlskrona.
Den unge Hamilton följde då läraren till amiralitetsstaden.
Det är här, som hans egentliga dagboksanteckningar be-
gynna med den 1 januari 1763 och det för en yngling
högst visa mottot:

> Tiden bortgår
> Dygden består.

Kadettskolan i Karlskrona meddelade ej blott under-
visning i nautiska ämnen, i matematik, taktik, perspektiv-
och fortifikationsritning, i engelska och franska men äfven
i latin, teologi, moral och historia. De två sista ämnena
voro just Sotbergs. Den unge Hamilton följde dessa lek-
tioner men studerade äfven enskildt och synes väl användt
sin dag. Nöjena bestodo af baler hos sjöofficerarne, förmid-
dagsvisiter med drickning af »thevatten» hos stadens unga
fröknar och på aftnarna alla tidens kort- och sällskapsspel.

Adolf Ludvigs anteckningar gifva en hel repertoar sådana från vågsamma och äfventyrliga som Pharao, quinze och landsknekt ner till mer oskyldiga — åtminstone att döma af namnen — som »tipp», »lotteri», »kommers», »piquet» och »trisette». Men den unge Adolf Ludvig skulle icke hafva lefvat i Schröderheims och Fredmans tid, om han ej också varit ordensbroder. Han är stiftare till och med af orden »La Concorde» med många stjärnor, ceremonier och granna band och med devisen »La Concorde nous lie», ett valspråk, som ej syntes obehöfligt för de unga kadetterna, bland hvilka »calabaliquer» ej hörde till sällsyntheterna. Son till en förnäm, rik och berömd man, hade Adolf Ludvig naturligtvis tillträde till stadens finaste kretsar. Utom dessa umgicks han äfven flitigt i den kända matematikern Mårten Strömers hus, ehuruväl samtalet understundom där syntes den unge mannen »mäkta lärdt och nog sömnaktigt». Intressant är det att se, hur ynglingen trots allt, som drager utåt, redan nu börjar blifva en läsvurm. Den litteratur, han studerar på fristunderna, är visserligen icke särskildt allvarlig, men röjer en inbillningsmänniskas, en blifvande vitterlekares smak. Hela samtidens franska eller i Frankrike kända skönlitteratur begynner han nu tillägna sig. Samvetsgrant har Adolf Ludvig alltifrån denna tid under sin lefnads alla resor och skiften antecknat de böcker han studerar, och få svenskar torde hafva ägt en sådan beläsenhet i 1700-talets fantasidiktning. Allt känner han här, stort och smått, memoarer, romaner, noveller, sagoberättelser, Marmontel, Crébillon, Voltaire, Hamilton, Smollet, Fielding, Cervantes, Ariosto och otaliga andra. Från denna tid dyka också upp de första notiserna om eget pennfäkteri.

På hösten 1763 sändes Adolf Ludvig af sin fader till Frankrike för att där blifva utlärd både till militär, kavaljer och hofman. Hans äldre broder Hugo var då redan tjänstgörande officer i Royal-Deux-Ponts ryktbara regemente, förlagdt i Strassburg. Ur Claës Ekeblads papper har Nils Erdmann nyligen låtit oss känna dennes lif och äfventyr. I Strassburg hade Adolf Ludvigs fader också en bror, som lefde såsom fransk fältmarskalk, Jacob Ludvig Hamilton. Det fanns öfverhufvud taget en hel svensk militärkoloni i den gamla Elsassiska staden. Adolf Ludvig anträdde resan ihop med Creutz, nyss nämnd till ambassadör i Spanien, och lefde sedan nära nog ett år i Strassburg. Han arbetade här för språkmästare och dansmästare, läste oförtrutet och roade sig också tappert i de glada officerskretsarna, i hvilka maskerader, speljuntor och små intriger hörde till ordningen för dagen. Frimurare vardt han också. Den grad af hans utveckling han ernått vid Strassburgervistelsens slut, när han i postvagnen for af till den dåtida civilisationens ostridda medelpunkt, Paris, kan måhända följande stycke om Strassburgs ryktbaraste minnesmärke utvisa.

»Domkyrkan är stor och mycket gammal samt hafver ett torn af 354 fots höjd, hvilket drager alla resandes uppmärksamhet till den gammalmodiga men tillika präktiga byggnaden, emedan det är oaktadt dess höjd travaillé au jour, samt äfven som själfva kyrkan utsiradt med ett oändeligt bildhuggeri och allt rätt väl konserveradt. Inuti är kyrkan något grof, men simpel och därigenom vacker.»

Formuleringen af denna skildring af ett af konstens under är naiv nog. Men darrar det icke i slutfrasen »simpel och därigenom vacker» en känsla ej alldeles vanlig inom rococosocieteten, om också ej någon verklig aning om gotikens storhet berört den i 1700-talets franska idévärld helt lefvande ynglingen.

Den 17 september 1764 anlände Adolf Ludvig Hamilton till Paris, där han bodde på Hôtel de Malte, rue S:t Nicaise.

Ensam eller ihop med andra unga, i Paris lefvande adelsmän — som den blifvande ministern i Madrid efter Creutz, Friesendorff, en äkta rococoroué, och andra, beser han Seinestadens märkvärdigheter och alla lustslotten i dess omgifningar, hvilkas yppiga trädgårdsnatur han kallar »ett jordiskt paradis». Höjdpunkten af detta hans första Pariserbesök bildas af presentationen på hofvet. I det minnesrika Fontainebleau, dit han farit i en »pot de chambre eller vagn för fyra personer», föreställes han för Ludvig XV. Den korta skildring, han gifver af den åldrade nöjesfursten, förtjänar att citeras som ett porträtt från dennes äldre år. »Denna herren är nu femtiofyra år gammal, men öfvermåttan vacker, medelmåttigt stor och något satt. Han har ett vackert hufvud, majestätiskt ansikte och markerade liniamenter, något krum näsa, ej mycket stora, men lysande bruna ögon, hög panna samt bär eget hår». Adolf Ludvig uppvaktar vid hans levée och får en försmak af det hofmannalif, han så länge, men i hjärtat alltid motvilligt skulle föra. »Det är något stort,» skrifver han sarkastiskt, »att emottaga de största herrar och utländska ambassadörer i sin nattdräkt, byta om skjorta och kläda på sig i deras närvaro.»

I november lämnade Adolf Ludvig Hamilton åter Paris och begifver sig öfver Génève tillbaka till Strassburg. Det var icke genaste vägen, men han röjer redan nu sitt turistlynne och sin oroliga naturs böjelse för resor. I Génève togs han om hand af den där boende svenske köpmannen Frans Jennings, hvilkens schweiziska fru han beundrar som en »förskräckligt vacker och behaglig människa». Paret känna vi genom Roslins berömda målning i Nationalmuseum. I december är Adolf Ludvig Hamilton åter tillbaka i Strassburg i sin farbroders hus. Veckorna gå under de vanliga studierna och öfningarna samt också under de vanliga nöjena med de yra och njutningslystna officerarna. Adolf Ludvig råkar till och med i en duell med en fransk chevalier, en äkta duell ur någon roman af abbé Prévost, hållen på natten å en öde gata vid ljuset af lakejens lykta. Något planlöst är det öfver den unge mannens lefnadssätt, beroende på, att han i botten ledsnat på den militära banan, som blott öppnar »ett elakt perspektiv för en person som sju år varit en liten fänrik och med möda kunnat blifva kadett.» Hans »humeur nog begifvet på cabinettsväsendet» passar bättre för civilen. Med anledning däraf hemkallas han af sin fader och reser den 26 mars 1766 från det enformiga Strassburg.

Hemfärdens märkligaste händelse är hans möte med Fredrik II vid ett fältläger nära Magdeburg. Hans skildring af den store konungen gifver en lefvande bild af »der alte Fritz». »Han är liten till gestalten och ser ut att hafva sin ålder. Aflångt ansikte, skarpa stora ögon och grymt röd färg. Näsan är lång samt hafver en tipp öfver en ej liten mund, hög panna, svartbrunt hår. Han håller sig något krumryggig, men sitter annars väl till häst. — På ena örat bär han en ofantlig stor hatt med bred silfverbård d'Espagne, à la sacre mon âme, alldeles som man ser honom gemenligen på hans porträtter. Detta ihop gör ej något vackert utseende. Ett ting, som förundrade mig hos denne herre, var hans nästan outrerade höflighet, emedan han lyfte af sig hatten till och med för gemena canaillen, och hörde jag vid sidan af mig en preussare säga till en annan: ‚Det undrar mig, huru denna Herren kan vara så sträng och så höflig.»

Den 19 juni 1766 var han efter trenne års bortvaro från Sverige åter hemma på Barsebäck, »hvarest jag på ett nöjsamt vis uti mina föräldrars och anhörigas omfamningar slöt min resa». Nu får han också efter önskan byta lefnadskall. Han blef den 26 juni 1766 utnämnd till »kammarherre eller med nyckeln» vid kronprinsens hof, och den 31 augusti presenterades han för sin herre. »Bekantskapen tycktes ej vara lång att göra,» skrifver Adolf Ludvig i dagboken. Han misstog sig — den blef lång och svår att göra, och det kan sättas i fråga, om kammarherren någonsin blef »bekant» med sin herre.

Med glädje begynte Hamilton sin tjänstgöring vid hofvet. Hans dagbok gifver oss samma målning af en ung hofmans tillvaro, som vi från samma tid känna ur Claës Ekeblads intressantare och utförligare anteckningar, eller från en något senare period ur den själfulle, en smula mjältsjuka G. J. Ehrensvärds journal. Som dessa, fast blott kort och skematiskt skildrar Hamilton hof- och sällskapslif, societeten i hufvudstaden och på de stora adelsgodsen. Han har sina kammarherrevakter på slottet, sina glada landtnöjen hos öfverstinnan Fleming på Årstad och riksrådet Hamilton på Farsta, han spelar sällskapsspektakel och besöker de stora balerna hos utländska ministrarna, hos ryska ambassadören Osterman och hos Goodricke den engelska, han har sina små amouretter, han frestar också Fortuna, »quinzar, tippar och pharaoniserar». Men till skillnad från så många andra af hoflifvets kavaljerer uppslukades Adolf Ludvig Hamilton aldrig helt af denna de flyktiga tidsfördrifvens lek på de glatta slottstiljorna. Redan i februari 1768 är han trött på alla eleganta bagateller och societetskaleidoskopets ostadighet samt beslutar att åter göra en lång utrikes resa »för att bese världen under alla points de vue, med ett ord göra som bina, hvilka draga musten ur alla blommor, för att göra sig honung däraf». Han tager farväl af hofvet och skrifver i sin dagbok de kungliga personernas karaktäristiker — i chiffer — såsom en slutsumma af sina erfarenheter under ett och ett halft års hoflif. Det är lustigt att se, hur osäker han, i senare tider säkert den mest hätska motståndaren bland alla Gustaf III:s tecknare, ännu är ifråga om den unge furstens psykologi. Med orden »kronprinsen har mycken ambition, kunde måhända tagen på rätt sida ännu blifva en stor konung, fast som jag tror aldrig stridbar» — slutar Adolf Ludvig Hamiltons första försök till en karaktäristik öfver Gustaf III.

Dagboken blifver nu för flera år en resebeskrifning, och en resebeskrifning af ovanligt intresse och som borde komma ut på tryck. Resenären är visserligen ingalunda något geni, ej ens en person, som i ett enda fack har djupare insikter. Men denne unga hofman besitter ett klart öga, ett naturligt och godt omdöme, många olikartade intressen, och han betraktar ganska allsidigt de länder, han besöker. Han presenteras vid hofven och deltager i det förnäma umgänget, men glömmer därför ej att se på gatans folklif och byns folkseder. Statsliga förhållanden och skön konst söker han tränga in i med samma ifver. Hans resejournal är säkerligen en bland de mest vårdade, som från 1700-talet finnes af svensk hand öfver en tripp genom det dåtida Europa. Här är naturligtvis endast plats för den mest summariska konturteckning af hans treåriga färd.

Hamilton lämnade Sverige den 7 april 1768 och for först öfver till England, till Georg III:s och Hogarths London. Han såg allt, som en samvetsgrann turist bör se i världsstaden och gjorde vidsträckta utflykter till flera engelska provinsstäder. Ibland var målaren Elias Martin hans följeslagare, men Hamilton har eljes intet att berätta om den unge svenska artisten. Först midt i högsommaren begifver han sig af från England, och afslutar sin vistelse i det brittiska öriket med långa och intressanta reflektioner öfver engelska förhållanden. Särskildt märkliga äro hos den blifvande oppositionelle riksdagstalaren några varma yttranden om den engelska konstitutionen, som han liknar vid »en viktskål, konungen på ena sidan, parlamentet på den andra, jämnvikten hållen af själfva naturen». Han prisar också »den engelska adelns frihetsanda». Från Dover reste Hamilton öfver till fastlandet och fortsätter norrut genom Belgien och Holland.

Konsten börjar nu få en bred plats i hans anteckningar. Den unge estetiske autodidakten gör sig allvarlig möda för att nå djupare in i dess hemligheter. Det är visserligen sant, att man har svårt att ej draga på mun, när han till exempel om det underbara juvelskrin från medeltiden, som heter Brügge, skrifver »en något antique men alltid vacker stad». Men om den unge ädlingen ej röjer något begrepp om den primitiva konsten, måste vi ihågkomma, att »spelet», som det heter i Dumbom, »ännu ej var inventeradt». Man kan ej begära hos Hamilton intresse annat än för antikens och renässansens konst och får ej undra öfver, att han i Brügge ej nämner Memling, i Gent ej van Eyck. Hans skildringar från muséerna visa i alla fall en kärleksfull samvetsgrannhet. I Holland studerar han ifrigare handelsväsendet än måleriet, men i Dresden, dit han sedan reser, tager konstintresset åter ut sin rätt. Som den största dyrbarheten i Dresdenergalleriet nämner Hamilton Correggios Natt, »det bland kännare bekantaste stycke i Europa och det förnämsta i hela den superba samlingen. Ovärdig kännare betraktade jag det en timma och måste så godt som rycka mig därifrån».

Från Sachsen for Hamilton öfver Böhmen och Ungern till Wien, där han lefde med i de högsta kretsarna och föreställdes för Maria Theresia, som han beundrar och blott klandrar för allt för stränga moralidéer. Från Wien styrde han kosan till Italien och närmast Venedig. Dagbloksskildringarna från lagunstaden äro särskildt fängslande med karnevalshändelser, maskeradäfventyr, interiörer från palats och spelhus — det är Tiepolos och Casanovas njut-ningsbedöfvande Venedig, som fjättrar den unge nordbon med all sin berusning.

Till Rom anlände Hamilton den 4 mars 1769 och han stannade i den ojämförliga staden, den »remarquablaste och törhända vackraste i världen» såsom han skrifver, till oktober samma år. För att ännu bättre kunna lefva sig in i Romalifvet, uppträdde han här inkognito, lycklig öfver att få vara »okänd spectateur af människor och människors chefs d'oeuvres, utan att själf blifva ett ändamål för curio-sité och tadel». Han uppsökte ej heller många svenskar — närmast tycks han hafva umgåtts med Sergel, om hvilken dagboken dock tyvärr icke lämnar några nya upplysningar. Med passionerad ifver besåg hans Roms mirabilier och märk-värdigheter, och det är anmärkningsvärdt, hur icke ens mindre kända små kyrkor (som S:a Prassede) med en konst (den gammalkristna), för hvilken tiden ej fått öppet öga, undgått hans uppmärksamhet.

Antikerna beskrifver han utförligt och med djup be-undran, likaså en del af renässansens måleri, Caraccernas och Guido Renis epigonverk icke att förglömma. Beskrif-ningen på Sixtinska kapellet må för kuriositetens skull citeras: »Detta capell har en stor tableau af Michel Ange, som upptager hela fonden af capellet. Den föreställer Yttersta domen, svårt sujet, vid hvilket de flesta mästarne bitit i gräset. Denna tycks till compositionen ej hafva lyckats bättre än de andra. Man ser en blandning af kristna, helgon, djäflar och fördömda, saker, som revoltera ögat äfven så mycket som förståndet. I en sky är en ängel, som för några lycksaliga till himmelen; i en båt ser man en djäfvul föra några olyckliga döda in i afgrunden. Coloriten är nog svartnad af tiden. Kännare estimera dock mycket denna tableauen för desseinen, hvilken tyckes mig ännu bättre observerad i de stora figurerna af profeter och sibyllor, som äro vid frisen af taket».

Adolf Ludvig Hamilton älskar icke Roms befolkning. »Penningen är deras Gud, ingenting är så nedrigt, som en äfven af bättre stånd ej gör för *la buona mancia* eller drikspenningar». Men hans omdömen äro möjligen färglagda af sorger och obehag, som träffade honom i Rom och fördystrade hans sinnesstämning. Redan vid ankomsten möttes han af underrättelsen om sin mors död, och han sörjde djupt den blott femtio år gamla kvinnan, som han vackert kallar »vännen som naturen skänkt mig, depositairen af alla mina största hemligheter». Under högsommaren insjuknade han i häftig feber och pleuresi och var verkligt illa däran. Den romerska familj, hos hvilken han bodde, synes emellertid hafva på alla vis skött om honom. Rörande förefaller det, att de, när han plågades af hufvudvärk, sökte bota kättaren från norden med en »berretta della madonna di Loreto», en i Loreto helgad mössa. »Miraklet manquerade» visserligen, men anekdoten talar liksom andra smådrag i boken mot den mörka skildringen af befolkningen i Rom.

Hamilton besökte Neapel och en mängd andra italienska städer, for sedan till Frankrike och ankom till Paris för andra gången i augusti 1770. Här kunde den svenska kammarherren icke längre vara inkognito. Han måste först uppvakta prins Karl, sedermera kronprinsen och prins Fredrik, hvilka alla nu gästade Seinestaden. Hamilton är också en af de första, som efter dödsbudet från Sverige får uppvakta Gustaf III, och på en gång »condolera och gratulera honom». »Svart som en korp i sorgdräkten, med svartklädd betjänt och svart draperad vagn», for han till grefve Creutz' hotell »som förvandlats till ett slags hof» och fann »konungen i tårar, dock ej så bedröfvad som prins Fredrik naturligtvis». Här såg han en annan dag den »så bekante Jean Jacques Rousseau», som »läst sitt lefnadslopp (Les Confessions) för konungen». Hamiltons porträtt af Rousseau är lustigt nog. »Simpelt klädd och med en nedrig Physionomie var intet hos denne man, som marquerade en storkarl utom ögonen brillanta och fulla med eld. Ingen mer än han sannar ordspråket que les apparences sont trompeuses».

En längre färd genom »les pays de France» måste Hamilton afbryta på grund af sjuklighet och blodspottning, och den 28 maj 1771 lämnade han Paris. Afskedsteckningen öfver Frankrike och fransmännen är trots all beundran förvånande riktig. Hamilton klandrar i skarpa ord fransmännens fåfänga och okunnighet om andra nationer: »De likna nästan chineserna, som tro China vara en stor fyrkant midt i världen».

Efter tre år och tre månaders bortvaro kom Hamilton åter till barndomshemmet på Barsebäck med en känsla af, att hans roligaste tid redan var gången. Hans svaga hälsa lät honom blott med olust återse Stockholm och återgå till sin hofmannssyssla. »Utan hälsa, utan humeur, i ett kallt klimat, fula rum och ett uselt land, med ett ord i fullkomlig kontrast mot min lyckliga rikedom i Rom måste jag finna min ressours inom mig själf och i lecturen». Detta var helt visst ett uttryck för en sjuklig tidpunkts misstämning, men nog äfven för en orolig och frihetskär naturs otålighet med Stockholms trånga förhållanden och hoflifvets bundna tillvaro. Adolf Ludvig Hamiltons lefnadssätt som kammarherre vid Gustaf III:s hof är redan skildradt och förändrar ej karaktär under dessa senare år. Det är alltid samma slotts och sällskapslif, afbrutet af resor till de stora adelsgodsen eller till hembygden. Under revolutionen 1772 var han tjänstgörande hos drottningen och lefde på Ekolsund i idyllisk afskildhet från de stora händelserna. Hans slumrande politiska idéer vaknade upp vid budskapet om statskuppen, och dagboken afspeglar den spänning, han erfor inför sakernas gång. I hvilken utsträckning skulle konungen begagna sig af den starkares rätt? Det var frågan, han ängsligt ställde till framtiden, och med förtjusning bokförde han monarkens moderation. Högre än alla »despoter», står efter trontalet Gustaf III för hans uppfattning genom att grunda sitt välde på en konstitution — och sina undersåtars hjärtan.

Ett hårdt slag var för Hamilton förlusten af hans mest älskade syster »den gudomligt vackra Florentina Henrietta», gift med hofmarskalken Jean Kasimir Fleming, som afled i april 1773. Adolf Ludvig var minst af allt en känslosam natur, och därför gripa de starka ord dubbelt, med hvilka han begråter bortgången af »den käraste vän, jag någonsin haft här på jorden eller någonsin tänker kunna få». I maj 1774 sändes Adolf Ludvig Hamilton med i den beskickning, som i Wismar skulle afhämta hertig Karls unga och älskvärda prinsessa. Tvenne långa bref af en torrolig lustighet, riktade till Gustaf III själf och bevarade bland hans papper, skildra denna resa som en liten komisk epopée i smått. Ingenting är löjligare än teckningen af, hur det sjösjuka hoffolket vid ankomsten till staden undfägnas med dålig choklad och pumpernickel, och de karrikatyrer, Hamilton tecknar öfver den fina världen i Wismar, täfla i uppsluppenhet med dem Hampus Stellan Mörner ritat i sina skrifvelser från Eutin.

1778 blef Adolf Ludvig Hamilton af Gustaf III utsedd att lyckönska kejsarinnan af Ryssland med anledning af att storfursten erhållit en son. Också från denna färd föreligger en liten relation till konungen. Dagboken låter oss i detalj följa den besvärliga vinterresan öfver Torneå. Hamiltons porträtt af kejsarinnan bör här citeras som motstycke till hans konterfej öfver Ludvig XV och Fredrik II. På följande vis skildras »nordens Semiramis». »Hon är mera stor än liten, mycket undersätsig men af en hälsosam fettma, har hög panna, vackert mörkt hår, det hon gemenligen endast pryder med sina ofantliga diamanter, ett par blå ögon, som affectera mildhet, men i hvilka nog naturen behållit sin rätt, stor tour de visage, god färg, liten mun, inknipt spannhaka, stark gorge, starka armar, stolt gång, lätta, värdiga manér».

Hemkommen från Petersburg, där han bland annat sällskapat med den stora franska skulptören Falconet, är han bland vittnena vid Sophia Magdalenas nedkomst. Hans anteckning fullständigar här Schröderheims humoristiska skildring. När hoffolket fick höra, att det var en prins »klappade alla i händerna och sleto sig om att få kyssa konungens händer». Monarken kom ut och sade: »Om ni visste, hvad för stort hufvud han hafver.» — Det stora hufvudet var Gustaf IV Adolfs.

Emellertid pågick den första riksdagen efter det nya statsskicket, och redan nu märktes de första svaga ansatserna till adelns blifvande opposition. Adolf Ludvig Hamilton var för ung och opröfvad för att ännu kunna utöfva något inflytande. Men han var likväl medlem af »adelns besvärsdeputation» och genomdref där, att Sveriges adels urgamla rätt varit att ej blifva dömd utom af sina likar». Ett memorial han ämnade för riksdagen hade samma aristokratiska karaktär — det gällde »rätt att göra ärfd egendom till fideikommiss». Den försiktige Axel Fersen afrådde från sakens upptagande i riksdagen såsom ett tvistämne mellan ständerna. Men därjämte intresserade sig Hamilton ifrigt för bevillningsfrågorna och önskade »att ständerna skulle stadfästa den nuvarande bevillningen som ett bevis på sin myndighet», hvilket ju också beslöts.

Hela Hamiltons politiska ståndpunkt, hans väsens blandning af inbiten aristokrat och frihetskär parlamentariker, framträda i dessa drag. De låta oss redan se den linje, på hvilken hela hans offentliga uppträdande skulle röra sig.

Hamiltons dagbok är till sin art refererande och utesluter alla genomförda reflektioner. Endast af i förbifarten fällda ord kan man därför i densamma se, hur hans förhållande till konungen först kallnade och sedan öfvergick till illa dold antipati. Enskilda motiv, personlig anläggning och politiska åskådningar smälte här samman och gjorde af hofmannen i konungens närhet först en kall iakttagare, sedan en småaktig och elak klandrare och sist, när striden mellan adel och kungadöme bröt ut, en hätsk, fanatisk fiende.

Hamiltons hofmannabana hade ej motsvarat hans förväntningar. En skrifvelse till konungen från 1770, bevarad i gustavianska papperen visar, att han redan då ansåg sig hafva skäl till missnöje. Han klagar öfver, att löneförmåner tillfallit kammarherrar, yngre i tjänsten än han själf. Gustaf III har tecknat i kanten, att dessa löner ej utdelades efter anciennitet, och vid sidan af en skäligen inkrånglad sats, i hvilken Hamilton på en gång beklagar sig och bedyrar sin lojalitet, har dåvarande kronprinsen ristat i kanten de otåliga orden: »Jag förstår icke detta, han tackar mig för, att jag har glömt honom». Detta hände redan 1770. Ännu stod den unge fursten för Hamilton likväl i ett ideellt och tjusande ljus. Under en något senare gjord omredigering af ett ställe i sin dagbok tecknar han honom visserligen kritiskt men ändock varmt erkännande. »Hvad som hafver insegel af stort och vackert, rörer Gustafs hjärta. Bättre herre är omöjlig att kunna tjäna». Men åren gnagde långsamt sönder Hamiltons känslor för konungen, och hans bristande befordring, medan jämnåriga rundt omkring ryckte upp till höga och inflytelserika äreställen, var icke ägnad att stämma honom blidare.

Men djupare än dylika motiv verkade den absoluta oförenligheten mellan konungen och hans kammarherre. Dessa människor voro skapade att icke förstå hvarandra — den öfverlägset dubbla, kvinnligt undvikande och sammansatta fursten, en realpolitiker trots all sitt inres exaltation, och den burdusa, hänsynslösa och doktrinära hofmannen. En liten historia från långt senare tid (berättad 1792 af myntgardien Hjelm i hans otryckta Sqvaller i Politiken) belyser lustigt detta. »På couren har konungen sagt till grefve Hamilton: 'Ni har blifvit fet.' 'Nej,' svarade han, 'jag har blifvit mager. Vi skola alltid disputera. Det är mitt olyckliga öde'.»

Hamilton började nu längta från hofvet och planera för att slita sig loss. 1780 inköpte han därför af Carl Scheffer egendomen Blomberg på Kinnekulle. Han skrifver härom under första besöket på den »oförlikneligt vackert» belägna gården. »Äganderätten och hoppet af en nöjsam reträtt efter mycket lopp uppväckte i min själ en okänd men förtjusande känsla.» Ett ofta citeradt svar, som Hamilton gaf konungen i fråga om just detta egendomsköp, tydde redan i sin bitterhet på den blifvande fiendskapen. Hamilton skulle hafva svarat, att han inköpt gården för att icke vara i förlägenhet, om konungen skulle döma honom från lif, ära och *gods*.

1781 lärde Adolf Ludvig Hamilton känna den unga, intagande dam, som skulle blifva hans maka — Eva Christina De Besche. Han blef häftigt förälskad i henne och vann också snart hennes genkärlek. Den 22 augusti 1782 blef han med henne förenad å hennes mors, änkefru Ulrika De Besche, född Meijerhjelms stora egendom Danbyholm. Kort därpå inträffade den slutliga brytningen med Gustaf III. Det 7 sept. 1782 sände Hamilton i fyra rader sitt afskedsmemorial som kammarherre. Droppen, som lät bägaren flöda öfver, synes för den lidelsefullt släktkäre mannen hafva varit konungens bristande tillmötesgående mot hans broder Axel Hamiltons militära karriär. Adolf Ludvigs giftermål hade dessutom i förening med hans eget möderne gjort honom till en förmögen man. Han åstundade att som fadern lefva en jorddrotts själfständiga och oberoende lif. Samtidigt med dessa händelser afslutade Adolf Ludvig Hamilton med år 1782 sin dagbok. De vackra och förnöjda slutorden förtjäna att anföras. »Min dagsjournal, förd utan afbrott i jämt tjugu år hörer nu opp. Redan vid mitt giftermål börjades andra tomen af min lifstid. Jag har gått in i den vanliga människornas lefnadsart, och mitt minne kan nu ej en gång fästas af själfva dagarnas uppteckning. De blifva sig för lika. Hushållsbekymmer, små resor, en familles styrsel framte få variabla ämnen. Den Högste lofvas evinnerligen för att jag efter så många öden kommit i hamn med ett roligt samvete, en älskad hustru och en millions egendom. En glad, en välgörande vandel blifver hädanefter förberedelsen till en oförändrad lycksalighet, all förnuftig, vältänkande varelses högsta föremål.»

Här slutar sålunda den fullständiga källan till vår kunskap om Adolf Ludvig Hamiltons lefnadsöden. Om hans privata existens från 1782 till dödsåret 1802 gifva handskrifterna blott flyktiga meddelanden, framför allt i en d. 7 januari 1803 af hans broder Axel ristad minnesruna. Men denne officer hade intet af sin broders skriftställar- skicklighet, och hans notiser äro korta och summariska.

Adolf Ludvig Hamilton hade för öfrigt nog rätt i slut- orden till dagboken. Hans enskilda existens hade nu lupit in i den händelselösa lyckans monotoni. Därom var icke vidare mycket att berätta. Och mer än så — hans per- sonliga utveckling var redan färdig. I det föregående äro redan alla premisserna gifna både till hans senare års upp- trädande såsom oppositionell parlamentariker och hans skrift- ställarskap som antigustaviansk memoarförfattare. »Anek- doterna» draga i själfva verket konsekvensen af ofvan skildrade lif och karaktärsutveckling. Låtom oss då blott med några raska drag belysa hans återstående år.

Det groll, i hvilket Hamilton 1782 skilts från Gustaf III, skulle under den närmast följande tiden, det allt högre spi- rande missnöjets skede, blott stegras och skärpas. Den halft verkliga, halft skenbara harmoni, som spred ett skim- mer af försoningsfest och idyll öfver åren närmast stats-

hvälfningen 1772, hade för längesedan förflyktigat. Parti-
tidehvarfvets idéer hade åter vaknat och uppträdde i nya
dräkter och förbindelser. Både frihetshänförelsen och frihets-
doktrinarismen hade under det sista decenniet vuxit oänd-
ligt, ju häftigare hela tidsandan dref seklet mot revolutionen.
Den svenska adeln, som nära nog insupit de franska upp-
lysningstankarna med modersmjölken, gick liksom en så
stor del af Frankrikes omedvetet den nya tidens ärenden.
Under sken af enbart konstitutionell bokstafstro närmade
sig andan inom adeln mer och mer det revolutionära, och
den röda Jakobinermössan stack redan, utan att bärarna
själfva rätt märkte det, fram öfver mer än ett högadligt,
pudradt och friseradt hufvud. Konungen å sin sida hade
genom förhållandenas makt och på grund af sin subjektiva
utveckling mer och mer lämnat den svärmiska ståndpunkt
af »första medborgare» i ett fritt konstitutionellt land,
som han drömt om att intaga under sina kronprinsår och
som han — med betydliga modifikationer till suveräni-
tetens fördel — också intog 1772. Instinktivt drog han töm-
marna hårdare åt sig, medan revolutionsidéerna genom tusen
kanaler strömmade in i landet och fingo real innebörd på
grund af de hopade praktiska missförhållanden och olyckor,
som betungade dessa års Sverige. Det är icke fråga om,
att ej Gustaf III under 1780-talet systematiskt sökte samla
alla trådar i sin egen hand, för att själf leda diplomati, här
och administration. Samtidigt med att den feodala repre-
sentationsfurste, som var hans ena jag, på allt vis gynnade
riddarkasten och dess dekorativa vapensköldar, sökte den
otålige själfhärskare, som han mer och mer blef, beröfva
adeln såsom stånd så mycket som möjligt af faktiskt välde.

Med dessa motsatser möttes konung och adel vid 1786
års riksdag. Resultatet är allbekant, och den ännu orustade

konungens nederlag blef fullkomligt. Adolf Ludvig Hamilton
var af sjukdom förhindrad att verksamt deltaga i riddarhusets
arbete. Men det råd han, enligt Lars v. Engeström just
1786 gaf konungen, att »ej söka ändringar i 1772 års
regeringsform, ty ständerna kunde däraf taga elakt efter-
döme och vilja ändra på sitt vis», detta råd med sin hot-
fullhet är direkt taladt ur hjärtat på adelspluraliteten vid
detta ständermöte. Hur noga Hamilton följde förhand-
lingarna synes däraf, att t. ex. statssekreteraren Waden-
stjernas bekanta yttrande i bevillningsfrågan den 7 juni
1786 låg honom i minnet långt senare och ännu gifver
eko i hans egna reflektioner i »Anekdoterna» öfver bevill-
ningstriden 1789 (sid. 162).

1789 blifver Hamilton däremot en af riddarhusets in-
flytelserika personligheter. På två och ett halft år hade
förhållandena utvecklat sig med stormsteg. Adeln låg nu
i öppen fejd med monarken. Som förut sökte den i
konstitutionens bokstaf sanktion för sin strid, ja till och med
för rent uppror. Genom att utan ständernas hörande börja
kriget mot Ryssland hade konungen brutit regeringsformen.
Till leda upprepas detta af Anjalas konspiratörer och
myterister samt af deras ursäktare eller mer och mindre
förtäckta medhållare inom ståndet. Men hvem vill påstå,
att detta var sakens kärna utom möjligen för en eller
annan doktrinär politiker af Johan v. Engeströms art?
Bakom den konstitutionella skylten låg en hel härfva af
fiendskap. Hur karaktäristiskt är det icke, att adeln på
1789 års riksdag före allt annat, under brinnande krig och
allt rikets bekymmer i långa sammanträden diskuterar sina
ståndsintressen och efter den kedja af adliga subordinations-
brott, som passerat i Finland 1788 och som blott svagt

ogillades, där de ej rent af försvarades, vågade spela den oskyldigt anklagades roll.

1789 års högdramatiska riksdag är ännu ej värdigt skildrad. Af de gjorda teckningarna är O. Wingquists (Frey 1844) blott summarisk, medan Wilh. Thams innehållsrika berättelse lider af oreda och saknar ledande synpunkter. Adolf Ludvig Hamiltons anekdoter blifva här för en framtida skildrare en källa af värde — mest genom den hänsynslöshet, med hvilken den röjer adelsoppositionens motiver och stämningar.

Hamiltons ställning och anseende inom riddarhuset tyckas hafva varit klara från början af riksdagen, eftersom han genast insattes i det hemliga utskottet. Han hade då knappast förut gjort sig mera känd vare sig som debattör eller financier. Den 14 febr. höll han sitt egentliga finanspolitiska maidenspeech. I stridsfrågan, huruvida det ordinära statsutskottet denna riksdag skulle indragas — som konungen önskade — och statsverkets i 1772 års konstitution förordnade framteende i stället ske inför det hemliga utskottet, afstyrkte han under åtskilliga säkert föga menade artigheter det kungliga förslaget. Han vädrade här ett försök att undandraga ständerna kontrollen på rikets finanser genom att »alltid äska sekreta utskott, alltid uppdraga det statsverkets öfverseende, alltid låta nationella skulden blifva en hemlighet». Redan den 10 hade Hamilton uppträdt i fråga om tacksägelseadressen till konungen med föga dold tendens. Han ville restriktioner i formuleringen för att »betaga tidehvarf under mindre förtjänte regenter all anledning att med vårt exempel styrka en gränslös erkänsla på själfva konstitutionens bekostnad och låta dess helgade rättigheter försvinna i blotta vördnadsbetygelser». Hans politiska ståndpunkt är klar i dessa anföranden.

Större betydelse fick dock Hamilton först efter arre-
steringarna den 20 februari, när inom adeln kräfdes nya
män, som kunde upptaga de fängslades mantlar. Han
visade sin oförfärade håg att rycka fram genom att ge-
nast den 21 februari, då konungen på rikssalen påbjöd
— annat ord kan man näppeligen bruka — Förenings-
och Säkerhetsaktens antagande, först af alla med 1772
års grundlag i handen stå upp och begära, att stånden
enligt regeringsformens tydliga ord skulle få uppå sina
kamrar rådslå och öfverväga om den nya lagens antagande,
innan de bestämde sig. Med sina ord bröt han isen, och
hans uppträdande var — efter gårdagens händelser —
prägladt af både stort mod och fast beslutsamhet. Hans
»konstlösa» anförande blef sedan öfverglänst af Adlerbeths
formfulländade framställning, men att hans tal gjorde ett
starkt intryck, har man bevis på bland annat i ett uttalande af
Leopold. Ännu 1828 ihågkom denne — som man ser af
en anteckning af Erik Gustaf Geijer efter ett besök hos
den gamle gustavianen — »Hamiltons dråpliga tal, hårdt
med all en hofmans decence.» Adolf Ludvig Hamilton
blef från den stunden en af adelns märkesmän.

Hamiltons egentliga verksamhet föll nu inom hemliga
utskottet och rörde framför allt financiella frågor, hvilka
numera lifligast intresserade honom. Med ifver förfäktade
han här sin åskådnings centralpunkt, ständernas bevillnings-
rätt, så fort något förslag kom, som kunde kringskära
densamma, och han blef också ordförande i den komité
som skulle uppsätta instruktionen för det nya riksgälds-
kontoret. Mot hvarje försök att inkräkta själfbeskatt-
ningsrätten talade Hamilton slutligen på riddarhuset den 21
april, då den definitiva behandlingen af bevillningsfrågan
där begynte. Han talade denna gång med för honom ovan-

lig retorisk flykt, och ett par vändningar ur detta tal återfinnas i Anekdoterna (sid. 162). Anförandet slutade med en högtidlig försäkran af Hamilton för honom själf och den ätt, hvars rum han beklädde, att aldrig frivilligt afstå från denna »den ömmaste af alla rättigheter», så länge blodet rann i hans ådror och tungan kunde tolka hans tankar. En oförskräckt protest mot det af konungen själf med lock och pock i adelns sista plenum den 27 april genomdrifna antagandet af bevillningen på obestämd tid afslutade också hans offentliga uppträdande under denna stormiga riksdag.

Hamilton hade 1789 fått blod på tanden som politiker, och hans våldsamma antirojalistiska stämning mattades icke som åtskilliga andra adelsmäns efter freden. När i december 1792 kallelsen kom till Gefle riksdag, stannade han därför icke hemma, som ej få af de rikaste och förnämsta på riddarhuset, men lämnade det fredliga Blomberg och for i »gruflig köld och svårt urväder» till Gefle. Vilda nyheter gingo om nya revolutionsåtgärder — flera af adeln gjorde, berättas det, före afresan sina testamenten. Lyckligtvis förgick riksmötet långt stillsammare än man väntat. Elden brann under askan men flammade icke upp. Riksdagen tog en öfvervägande expeditiv karaktär för att ordna de olyckliga finansiella förhållandena. Hamilton blef också denna gång medlem af hemliga utskottet och hade sin särskilda finansplan, uppläst den 16 februari af Johan v. Engeström under hans egen sjukdom, men lagd till handlingarna utan diskussion. Hamilton tillskref detta politiska anledningar och ansåg ännu flera år därefter sitt förslag såsom det enda riktiga. Men dessa invecklade finanspolitiska spörsmål skola icke här vidröras. Den intresserade hänvisas till biskop Wallqvists Anteckningar om Gefle Riksdag (utg. af

E. V. Montan) och Joh. Ax. Almqvists förträffliga afhandling om samma riksmöte.

Snart efter riksdagen i det rojalistiska Gefle inträffade ju i konungens egen residensstad hans lifs och hans regerings tragiska final. Hamilton betonar sin ovetskap om alla mordplaner, men i bedömandet af konungens sista dagar, i den illa dolda sympatien för en gemen brottslingstyp som Anckarström når hans hat mot Gustaf III sin höjdpunkt. Det är fullkomligt upprörande att i »Anekdoterna» läsa, hur han tolkar konungens sinnesstyrka under de sista dagarnas sjukdom blott som prof på dennes »underliga förställningskonst». Men Hamiltons skildring har här en motsatt verkan mot, hvad han åsyftat. Konungens heorism lyser igenom pamflettskrifvarens — ty på dessa sidor är Hamilton icke något annat — hatfulla förvändning af sanningen.

Om Hamiltons öden efter Gustaf III:s tid kunna vi fatta oss kort, då andra delen af hans anteckningar icke föreligger i denna publikation. Hamilton lefde också nu långt från händelsernas gång på sina gods. Hans jakobinska böjelser nådde sin spets kring åren 1792—93, då han till och med skref ett »Project till Fransyska Republiquens Lagstiftning» (den 20 jan. 1793). Han uttrycker här sin hänförelse öfver nationalförsamlingen. »Då jag betraktar de af första nationalförsamlingen tagna författningar vid valsättet till nationens representanter, då jag eftersinnar den upplysta klokhet, man bör förvänta af Frankrikes nuvarande lagstiftare att tillämpa lagarna till människors medfödda rättigheter, stadgas mitt, stadgas hela Europas hopp att se ett land, redan gynnadt af naturen, få en fördubblad lycksalighet genom Regeringssättets vishet». — Utkastet, som starkt håller på att all egentlig makt skall ligga i händerna på ett nationalconvent, har blott en märkvärdighet. Hamilton föreslår utnämnandet af en »connetable», en »dictator» öfver hären, såsom frihetens och landets militära beskyddare. Franska republiken fick som bekant en sådan connetable. Det var Napoleon.

Detta projekt insändes af Hamilton till franska konsuln i Göteborg de l'Isle för att af denne tillställas konventets lagutskott, som utlyst en sorts allmän pristäfling i lyckliggörande konstitutioner, men det kunde ej befordras till adressaterna, emedan alla förslag om diktatur voro förbjudna.

Efter Ludvig den XVI:s afrättning och skräcktiden sansade sig Hamiltons revolutionära förtjusning. Han kände som så många andra doktrinära frihetsentusiaster en bitter missräkning inför det »anarkistiska raseriet», och när han nästa och sista gången uppträdde som politiker på riksdagen i Norrköping är det som afgjord motståndare till det svenska »bergpartiet» och dess ledare, män som Hans Järta, bröderna Adlersparre och Skjöldebrand. Hans utveckling blef sålunda alldeles lik den bepröfvade parlamentariker, vid hvilkens sida han vid denna riksdag kämpade, Johan v. Engeström. Båda voro veteraner från frihetstiden och förfäktade ett konstitutionellt ideal, som i dess anda ägde sina rötter. Båda voro aristokrater, som af rättlinig sinnesart och pliktkänsla för lagens bokstaf drefvos mot revolutionära åskådningar, hvilka i botten voro dem främmande. Båda hörde till föregångsmännen för 1809 års anda och förtjäna således tacksamhet och värma för sin oförskräckta strid, äfven när den icke kan frånkännas ett trångt och abstrakt drag. Båda voro redbara och helstöpta människor, hvilka af politisk upphetsning hemföllo till ett hat, som tog sig ett uttryck, ovärdigt män af deras karaktärer och uppfostran, hos Engeström i mer än half vetskap om komplotten 1792, hos Hamilton i ett groll som i stort och smått förvred hans opartiskhet vid teckningen af Gustaf III och dennes män.

De sista åren af sitt lif tillbragte Adolf Ludvig Hamilton i skötet af sin familj, högt ansedd i sin trakt och öfver hela landet. Han betraktades »som ett nationens stöd», skrifver brodern. Han dog den 10 oktober 1802 med kristlig fattning och filosofisk själsstyrka och ligger jämte sin hustru begrafven på Husaby kyrkogård.

Hamiltons författarskap var, som man ser af dagboken, rätt omfattande. Han har skrifvit komedier och lärodikter på franska — framför allt är det ofta i hans anteckningar tal om ett »Poëme sur les voyages», ett älsklingsämne för tiden och väl passande Hamiltons reslystna sinnelag. Denna dikt är som det mesta af hans litterära kvarlåtenskap försvunnen — åtminstone mig veterligt. Att döma af de franska dikter, som finnas kvar i hans handskrifter, bland Oeuvres Mêlées, är förlusten måttlig. Hamilton rimmade lätt och otvunget sitt epigram och sina kupletter, men någon poet var han säkerligen icke. Bland hans »pièces fugitives» är kanske det epigram (skrifvet 1775), som redan citerats af L. v. Engeström det fyndigaste:

L'Éternel d'un coup d'œuil contempla son ouvrage
Tout est bon se dit-il. Or dans ce premier age
Par la Génèse on voit, pour sortir d'embarras,
Que l'orsque Dieu l'a dit, la femme n'était pas.

Som prof på hans viston och likaledes för sitt innehålls skull må här följande ungdomsstrof mot hoflifvet anföras:

Remplissez d'eau quelque vase,
Le tour est de ma façon

Sur sa légère surface
Jettez du bled et du son.
Voyez vous le son surnage,
Mais au fond va tout le bled.
De la Cour c'est l'image
N'y mettez jamais le pied.

Bättre är Hamilton som prosaist. Jag har redan talat om dagbokens intressanta reseskildringar. Hamilton har själf bearbetat dem till ett stort verk i fyra delar »Anmärkningar gjorda vid en resa i en del af Europa», som föreligger renskrifvet och tryckfärdigt. Ej sällan är dock den ursprungliga journalens mer konstlösa och omedelbara berättelse lifligare och mer prägnant. Några metafysiska spekulationer af Hamilton öfverraska genom sin varma känsla och sin upphöjda tankeflykt. De röja en ovanligt lefvande religiositet, anmärkningsvärd hos denna kritiska natur, som på detta område sålunda ej var någon Voltairian. Flera af dessa betraktelser stamma från slutet af Hamiltons lefnad — från de stilla åren 1792—1800, och de röja vackert både själfständigheten och det teoretiserande intresset hos denne åldrade frihetskämpe, som höll sin själ i full friskhet äfven på äldre dar, och i ensamheten på Kinnekulle ännu med en ung mans lidelsefulla intresse mediterade öfver politiska och spekulativa frågor.

Till sist komma vi till Hamiltons viktigaste och enda litterära lifsverk, de här utgifna »Anekdoterna». De äro sannolikt helt och hållet skrifna år 1795. Titelbladet är dagtecknadt den 15 april detta år och i slutet af berättelsen skrifver åter Hamilton år 1795 (sid. 204).

Men dessa memoarer lida blott skenbart och ställvis af den olägenhet, som så ofta försvagar värdet af dylika skrifter

— att vara upptecknade långt efter händelsernas förlopp, ty i verkligheten stöda sig »Anekdoterna» i sina viktigaste delar på förut gjorda, ofta med tilldragelserna samtidiga, anteckningar. Grundvalen för hela arbetet gaf naturligtvis till och med slutet af 1782 Adolf Ludvig Hamiltons enskilda dagbok, ehuru dess ordalag endast sällan i en eller annan hofskildring gå igen. Den förträffligt skrifna, alltigenom kvicka relationen öfver Gustaf III:s förmälningsresa och bilägers festiviteter 1766 (sid. 22—34) hade Hamilton ryckt in i den svenska afdelningen af sitt stora reseverk och ur dagboken redigerat i 1770-talets början. Han hörde själf till kronprinsens svit. Hans iakttagelser hafva här det åsyna vittnets giltighet. Detsamma gäller skissen öfver hoflifvet 1767—68, de få notiserna om Gustaf III:s Pariserbesök 1771 och hofinteriörerna från 1772 till 1782, då Hamilton tog afsked som kammarherre. Det viktigaste i Anekdoternas senare del äro framställningarne af 1789 och 1792 års riksmöten, vid hvilka ju anekdotförfattaren, som visadt är, var med bland första violinisterna. Anekdoterna grunda sig här säkerligen på äldre promemorier och utkast. Ibland Hamiltons efterlämnade handskrifter finnas två sådana förstudier »Bevillningen på obestämd tid vid 1789 års riksdag» och »Finanserna i Sverige 1792», båda nerskrifna 1793. De öfriga styckena af memoaren hafva långt ringare tillförlitlighet och intresse. Misstag och misstydningar förekomma för öfrigt flerstädes i Anekdoterna. Åtskilliga rent mekaniska sådana beroende på felskrifning och glömska äro i texten rättade. De djupare misstagen kan naturligtvis blott verkligt studium af tidens historia och andra samtida journaler rätta.

I fråga om Anekdoternas språkliga form måste läsaren genast känna, att författaren tänker på franska. Det vimlar af osvenska konstruktioner i hans arbete, och understundom försvenskar Hamilton så barockt franska vändningar, att utgifvaren måst utbyta orden. Sådana meningslösheter som »bruten i affärer» (rompu dans les affaires) i stället för förfaren, intresserad (interessé) för beräknande o. s. v. hafva naturligtvis måst ändras. Den ofta försummade satsbyggningen och ordföljden hafva också här och där måst upphjälpas för att göra framställningen mindre grumlig och lättare fattlig. Som läsaren nogsamt ser, har ingen dylik retouche gjorts i onödan, som kunnat försvaga intrycket af Hamiltons personliga skrifsätt.

Ty med alla sina osvenskheter har denna anekdotförfattare en både utpräglad och verksam stil. Som alla århundradets allvarligare memoarskribenter har naturligtvis vår anekdotskribent också drömt om att efterlikna Suetonius och Saint-Simon. Men med sitt passionerade och energiska sinnelag, sitt häftiga hat och hån mot Gustaf III och gustavianerna, sin bäska ironi, hade Hamilton mer än många andra förutsättningar att föra den föraktfulla tidsgranskarens kopparstilus. Om Anekdoternas uppfattning af Gustaf III — framställningens centrala karaktär, ständigt, nästan mot författarens vilja, närvarande i hans själ — är redan i det föregående tillräckligt taladt. Kanske förvåna och stöta här mest några smaklösa detaljer om konungen, som bokstafligen visa sanningen af det gamla uttrycket: ingen är stor för sin kammartjänare. Men så starkt och outplånligt behärskar tjusarkonungens skimrande gestalt den allmänna inbillningen, att dylika fulheter glida bort utan att störa den häfdvunna fantasibilden. Förvånande verka också i denna skildring af gustavianska åldern den totala frånvaron af alla drag om tidens rika litterära och konstnärliga lif, helst om man besinnar, att Hamilton var

konstvän och vitterlekare. Med en grand Seigneurs affek-
terade nedlåtenhet talar han i Anekdoterna om »en vid namn
Leopold» — det är det enda svenska skaldenamnet i hela
skildringen. Men lika lakonisk är Hamilton i detta af-
seende i sin dagbok. Ehuru vän till Sergel, säger han där
aldrig ett ord om dennes konst, och ingen reflektion be-
ledsagar heller notiserna om Hamiltons sammanträffande
med Bellman på flera glada tillställningar, bland annat hos
furst Hessenstein.

Ensidigheter finnes det sålunda godt om i dessa »Anek-
doter», och de hafva ingalunda en odeladt behaglig håll-
ning. Men ovanligt både starkt och lefvande teckna de
profiler och situationer. Författaren är en man huggen
ur ett stycke, en karaktär och en vilja, och hans memoar
en af tidehvarfvets intressantaste.

*

Till sist återstår då blott att tacka de medlemmar af
den frejdade släkten, som möjliggjort första utgifvandet af
Adolf Ludvig Hamiltons Anekdoter och hans första verk-
liga presentation för allmänheten. Utgifvaren står för
hjälp och upplysningar i tacksamhetsskuld till landshöf-
dingen grefve Hugo Hamilton, grefve G. M. Hamilton på
Hedensberg, generalen grefve M. W. Hamilton, professorn,
grefve G. A. K. Hamilton men först och sist till grefvinnan
Hedvig Hamilton på Barsebäck, som godhetsfullt ställt alla
handskrifterna till mitt förfogande.

Utgifvaren.

FÖRSTA TIDEHVARFVET.

Från år 1718 till år 1750.

Det är i synnerhet i regeringsmål och uti rikens öden händelsernas ursprung måste uppsökas i föregående tidehvarf.

Detta nödgar mig att gå tillbaka i våra häfder för att gifva något ljus åt senare tids skiften, som slutligen bragt Sverige att uti ett upplyst tidehvarf själfvilligt antaga bojor, då det öfriga af Europa är sysselsatt att sönderbryta dem, en gammal häfd ålagt dess flesta stater.

Karl XII skjuten den 30 november 1718, samlade sig svenska ständerna genast och återtogo friheten jämte valrätten till kronan, den de öfverlämnade till Karl XII:s yngre syster Ulrica Eleonora, som kort därpå med deras samtycke afträdde den till sin gemål Fredrik I, landtgrefve af Hessen.

Bland stånden innehade *adeln* första rummet. *Prästerna*, som Gustaf I ej vågade alldeles utesluta från riksstyrelsen, utgjorde det andra ståndet. Mer tjänstemän än jordägare som de voro, var deras rättighet grundad på fördomar och urgammal häfd. *Borgaren* amovible till sin rörelse, bevekt mer af enskilda förmåner än af landets förkofran och i alla länder att anse som kosmopolit, hade tredje rösten, och allmogen eller *bonden*, detta Sveriges första och urgamla stånd, utgjorde som jordägare med skäl det fjärde

ståndet, men därifrån uteslöts alla ståndspersoner, bruks-
idkare och med detsamma sunda förnuftet.

Denna konstitution, felaktig i sin natur, felaktig genom
sitt rådplägningssätt i olika rum och snart med olika in-
tressen, blef försämrad genom 1723 års ständers gen-
stridiga operation.

Å ena sidan tilltvungo sig adeln och prästeståndet
exklusiva privilegier, som grundlade de andra medborgarnas
afund, medan å andra åt samtliga riksens ständer öfverdrogs
rättigheten att ändra och förbättra grundlagen, eller med
andra ord den nämnda afundsjukan gafs vapen i händerna
att nedkrossa dessa privilegier, som i själfva verket äro
monopolier, ovärdiga en fri stat.

Hofvet, tygladt i sin makt, såg en morgonrodnad fram-
lysa, som med olika skiften kunde sätta i full dag den
despotiska anda, som uppfyller alla furstar, af den simpla
orsak, att de äro människor och att för människans högmod
härska är en vällust.

Enväldet hade satt Sverige på brädden af dess under-
gång. Vid Karl XII:s frånfälle var rikets folknummer redu-
ceradt till en och en half million själar; dess verkliga
penningstock till två millioner riksdaler. Vid Adolf Fredriks
tillträde till regeringen 1751 var folknummern fördubblad,
utländska skulden ej öfver en million riksdaler, silfret i
riket beräknades nära till tio millioner riksdaler.

Så ädel, så gagnelig är friheten, att äfven dess afbild
uträttade dylika mirakler, och egentliga tillväxten skedde
på de första tjugu åren. Jag säger frihetens skugga, ty en
sannskyldig existerade aldrig. Ständerna tilldrogo sig efter
hand domsrätt, tjänsters bortgifvande, med ett ord den
lagstiftande, lagskipande och exekutiva souveraina mak-
ten, som således skiftevis tillföll de rådande partiens hufvud-
män.

Partier kunde ej annat än uppväxa mellan den aristo-
kratiska och den demokratiska makten. Den förra, jag
menar adeln, hade tillskansat sig för stora förmåner, sedda
i förstoringsglas af de andra medborgarna, för att icke

uppväcka först de andras uppmärksamhet och sedan deras hat. Konung Fredrik gaf dessa partier namn af Hattar och Mössor, i anledning däraf att de förras underhandlingar med honom skedde uppenbarligen om dagen, de senares i tysthet om nätterna. Hofvets politik var att understödja det svagaste.

Hattarna, hvars grundsatser voro aristokratiska, bestodo af de bästa genierna, af folk, hvars uppfostran underhjälpt deras snillegåfvor. Låta riket spela en roll i Europa, upphjälpa manufakturer, vinna en ärorik själfständighet, tycktes vara deras yrke. De trotsade Ryssland och togo subsidier af Frankrike.

Mössorna, lågtänktare vid första påseendet, följde en saktare men riket gagneligare gång. De trodde säkraste grundvalen för rikets hushållning bestå i de enskildes sparsamhet. Ryssland fruktade de under begagnande af dess rubler — ty patriotismen ansåg samvetens försäljning å ömse sidor som en nationalvinst — och de funno, att Frankrikes ärelystna afsikter ej borde uppväcka dylika hos en folk- och penningefattig nation.

Dessa olika satser åstadkommo olika förhållanden. Hattarna voro rådande 1741 och förklarade Ryssland krig. En hufvudman (i detta partiet), som därtill mycket bidrog, var riksrådet grefve Tessin.

Denne herre, hvars lättsinnighet hade så mycket inflytande på rikets öden, och som tilldanade det lättsinne Gustaf III visade i senare tider, bör lära kännas. Hans karaktär bestod i en lätt yta af ovanlig djupsinnighet. Denna utlåtelse torde förefalla genstridig; jag explicerar mig. Full med kvickhet, med de grannaste kunskaper, utrustad med den sällsynta, intagande gåfva, att hvar och en som lämnade hans sällskap var lika nöjd med sig själf som med honom, hade han alla de yttre egenskaper, man kunde önska hos en statsman, men fallen till flärd, prakt, öfverflöd, var han nöjd att beundras af samtiden, utan att hans minne vunnit den hedern att opåtaldt kunna granskas af eftervärlden. Han hade varit brukad vid flera ambassader. Den första var

till Wien. En anekdot där målar honom. Det var i kejsar
Karl VI:s tid. All österrikiska prakten skulle deployeras
med en stor solemnitet. De utländska ambassadörerna
täflade att vid detta tillfälle göra sig utmärkta. Grefve
Tessin åstundade med än mindre kostnad vinna samma
ändamål och erhöll sin önskan hvarken medels granna
ekipager eller livreer. En karl precederade hans vagn med
ett par tusen gyllen som han kastade ut bland folket,
hvilket blef förtjust öfver svenska ambassadörens frikostighet.

Ett annat yppighetsutbrott, då han å Adolf Fredriks
vägnar som ambassadör i Berlin vigdes vid dennes gemål,
prinsessan Lovisa Ulrika, är mindre empfindeligt men tör
hända än karaktäristikare. Han var klädd i en kostbar klädning
som uppväckte allas beundran. Vid bordet spilldes den af
pagen på befallning öfver med vin. Grefve Tessin bad om
ursäkt, steg från bordet, bytte om klädning och kom tillbaka
med en som var tredubbelt kostsammare än själfva brudgums-
klädningen.

Sådant målar; och det var denne mannen som på
början af fyrtiotalet styrde svenska rådet och ständerna.
Brouillerad redan med ryska ministern (som flera år där-
efter ökade Tessins hat, då han begärde dennes afsättning),
understödde Tessin nu franska ministerns intresse, hvilket
var att nog sysselsätta Petersburgska hofvet för att hindra
det att bispringa det österrikiska efter kejsar Karl VI:s död.
En krigsförklaring af Sverige mot Ryssland blef en följd
af dessa in- och utländska intriger.

Den olycklige Ivan, ett barn, nästan i vaggan, satt då
på ryska tronen. Dess moder prinsessan Anna förde riks-
styrelsen. Munich var hennes favorit och rådgifvare. En
sammangaddning skedde till Peter I:s dotters, dåvarande
prinsessan Elisabeths, förmån. Svenska vapnen skulle under-
stödja den.

Svenska dåvarande legationssekreteraren i Ryssland,
sedermera riksrådet grefve Hermansson, hade genom
mindre aktsamhet så när förorsakat, att hela planen blifvit
upptäckt. Han hade däraf gjort ett utkast för att visa åt

en annan minister. Då han åter kom i sina rum saknade han detta papper. Under den lifligaste föreställning af knut, podogg och Siberien, går han darrande ner för trapporna och finner en rysk skiltvakt med denna lapp i händerna. Hade den ryska soldaten kunnat läsa, eller, det som snarare kunnat inträffa, någon annan nyfiken förut gått förbi porten, hade sammangaddningen blifvit röjd, Elisabeth utestängd från ryska tronen och kedjan af sedan timade händelser blifvit vida olika. Reflexionen gör sig själf.

Elisabeth lyckades, som bekant är, blef tsarinna och trodde ej behöfva vända sina vapen mot Sverige, hvilket rike hon var skyldig erkänsla men inga länder. Detta äskade likväl svenska ministären. Det vägrades. Ryssarna föllo in i Finland, som de öfversvämmade, sedan svenska armén efter en beständig och vanhedrande reträtt kapitulerat i Helsingfors under general Bousquet, och sedan general en chef grefve Lewenhaupt och generallöjtnant Buddenbrock blifvit förde till Stockholm för att med sina hufvudens förlust ersätta Finlands.

Den förstnämnde hade likväl den lyckan att blifva hjälpt ur sitt fängelse, var redan ombord på ett fartyg, men blef där gripen af en sjöofficer vid namn Graman, som lockat af dess egen son Charles Emil Lewenhaupt underrättelsen om stället, där fadern var dold. Denne Charles Emil blef landtmarskalk vid 1789 års riksdag. Hans förhållande därvid är bekant. Dumheten kan ej gå längre än att göra sin fader hufvudlös och smida bojor åt sitt fädernesland. Lasten hinner knappt ett dylikt mål.

Innan finska krigets utbrott men samma år hade drottning Ulrika Eleonora aflidit·utan arfvingar. Tronföljden i Sverige blef ett täflingsämne för utlänska pretendenter. Hertigen af Zweibrücken hade få anhängare. Danmark många. De flesta voro dock tillgifna Holsteinska huset. Valet var nästan fallet på prins Peter Ulrich, då han blef antagen till rysk tronföljare, en tron den han sedan besteg till sin olycka under namn af Peter III. Ryska hofvets tillgifvenhet för Holsteinska huset sträckte sig till prins

Adolf Fredrik, biskop af Eutin. Finland återställdes med villkor af hans utväljande, hvilket efter order skedde 1743, då Åbo fred slöts.

Den djupaste politik, det skarpsyntaste öga kunde ej efter Sveriges då varande konstitution utvalt en lämpligare monark. Tre och trettio års herre, lyste i dess yttre utseende all den fromhet som utgjorde dess karaktär, i dess ögon all den enfald, som kunde trankilisera den frihetsömmaste nation. Hade han blifvit åt sig själf lämnad, hade förmodligen aldrig de olyckor haft rum, som ofredade en del af hans regering.

Hans gemål, Lovisa Ulrika af Preussen, tio år yngre, sålunda då hon anlände till Sverige 1745 nästan i sin ungdoms vår, en af Europas vackraste prinsessor, var af ett helt annat lynne. I dess stora eldiga ögon lyste förstånd och despotism. Den hon först lade för sina fötter var grefve Tessin, som dolde sitt tänkesätt under en hofmans smicker och satte i det nya furstliga hofvet en glädtighet, som temporerade något den stränga etikett, hvilken den nykomna kronprinsessan sökte införa i sitt hof.

Hon erhöll snart öfver sin gemål det vanliga välde förstånd med fägring aldrig kan undgå att taga, uppförde sig för öfrigt på ett sätt, som vann henne nationens vördnad, uppmuntrade vetenskaperna, fria konsterna och i synnerhet en viss belefvenhet förenad med anständighet, som egentligen i senare tider gjort personer af hennes hof utmärkta i jämförelse med Gustaf III:s uppfödingar, om också skillnaden i åren ej gifvit vid handen, att dessa tagit sina seder vid helt annan skola.

Nationens tillgifvenhet ökades vid prins Gustafs födelse den 24 januari 1746. Ständerna, som då voro samlade, yrade i sin glädje. Man påstår, att general Stobée, känd för sin kunskap i puncterkonsten, ensam varit af annan tanke, betraktat barnet, gått ifrån vaggan och sagt: »Det barnet är födt till Sveriges olycka.» — Tronföljden befästes vidare genom prinsarna Karls och Fredrik Adolfs födelse 1748 och 1750. Det var först sedan Adolf Fredrik tillträdt regeringen som prinsessan Sofia Albertina föddes den 8 oktober 1753.

Det var den 25 mars 1751 som denna regementsförändting skedde genom konung Fredrik I:s frånfälle i en ålder af nära 75 år. Denne herre, ehuruväl ej utan ärelystnad (hvaruppå Karl XII:s ofärd till och med anföres som prof), hade ej haft tillfälle att gifva den fritt utrymme, oaktadt den lömska, ofta grymma politik man skyller honom för. Ty oberäknadt det omförmälda medvetandet af sin företrädares missöde, tillade man honom andra politiska lönnvåld, ej alldeles beviste, men ej utan all anledning.

Rikets förtjusning öfver en oförväntad erhållen frihet, varade med den häftighet de första tjugu åren af hans regering, att det varit vådeligt störa den. Då dessa gått förbi, fann denne herre, barnlös och till åren kommen, klokare att tillbringa sina öfriga dagar i vällustens famn och i armarna på det vackra kön han alltid älskat, än under politiska trakasserier. Slutet af hans ålderdom slöts i tysthet. Allas ögon vände sig till det unga hofvet — till den uppgående solen, och med alla de egenskaper, som fordrades att under envälde utgöra en stor regent, slöt konung Fredrik I sina dagar utan att efterlämna annat minne än det vanliga: Konungalängdens fyllnad.

Han hade varit behaglig i umgänget, frikostig, god militär, statsman full med insikter, men inbunden och högst obekymrad som nämndt är om medlen att nå sina afsikter.

En inrättning despotismen till förmån utverkade han mot sitt slut 1748, då han erhöll ständernas tillstånd att få inrätta serafimer- svärds- och nordstjärneorden. Då för första gången den förstnämnde ordens blå band påsattes monarken, sade han skämtvis: »Därtill är jag född»; vid svärdsordens gula band: »Detta har jag temmeligen förtjänt», men då han pådrog sig nordstjärneordens svarta band, ämnadt att belöna civila ämbetsmäns förtjänst: »Detta bekommer jag,» fortfor han, »af blotta nåde.» Han gjorde sig ej häruti den rättvisa han förtjänt. Dessa ordnar, dessa band, blefvo i hans efterträdares händer betydande medel att vinna deras afsikter. Världen är ej nog elak för att alla regenter behöfva vara tyranner. Dion sade, att man bedrager barn med leksaker, fullvuxet folk med eder; men få monarker finnas, som ej locka med nämnde hederstecken, få undersåtar som ej häruti äro barn.

Till detta bländverks påfund torde det unga hofvet mer bidragit än en gammal konung vid sin lefnads slut, hvars passiva förhållande i politiska mål bidrog — jämte blandningen i seder af forntidens ärlighet med senare tids förfinade smak — att uti enskilda sammanlefnaden uppdaga en ovanlig förtrolighet och lätthet, samt spridde öfver hela riket en vältrefnad, en politisk lycka, af hvilket det ej blifvit hugnadt under någon af de förra konungarne och ej heller njutit under påföljande regenter.

ANDRA TIDEHVARFVET.

Från år 1751 till år 1771.

Vid konung Adolf Fredriks tillträde till regeringen hade Sverige i det nogaste repat sig från de förluster det lidit af finska kampanjerna.

Rikets skuld var obetydlig. Fred var med grannarne, tronen befäst, välmågan någorlunda jämnt spridd i hela landet, själfva konstitutionen, ehuru felaktig, i en viss jämvikt. Adeln, som vid en af de förflutna riksdagarna afsagt sig den betydliga rättigheten af votum decisivum, då två stånd voro emot två stånd, hade likväl, genom den öfvervikt födselns fördom, de högre ämbetens beklädande, de största egendomarnas besittning och i synnerhet en bättre uppfostran gifva, ett anseende, som nära nalkades aristokrati. Men temporerad af de ofrälse ståndens konstitutionella rättigheter och hofvets representativa makt, kunde denna likväl svårligen utbrista till de ytterligheter, som gör en tygellös aristokrati till det förhatligaste af alla regeringssätt.

Riksskeppet hade länge kunnat gå en ostörd gång utom de stormar hofvets ärelystnad uppväckte. Här tyckes vara stället att gifva en närmare beskrifning om de regerande personerna.

Konung Adolf Fredrik var till det yttre en välskapad herre, medelmåttigt lång och undersätsig; benen voro

vackra, håret kastanjebrunt, ansiktet fylligt, näsan krum
men ej lång, munnen behaglig, ögonen blå, ej lifliga, men
i dem lyste en godhet som utgjorde hans karaktär. Hans
gärningar, då han var åt sig själf lämnad, hans hemseder,
hans manér, fast ibland försagda buro tecken häraf. En
hans gunstling påstod, att han såg nådig ut till och med
på ryggen. Gladlynt, uppriktig, hade denne prins alla de
goda egenskaper som tillhöra en fromsint själ, alla de
traverer,. som åtfölja ett inskränkt vett.

Man var förundrad att höra en Karl XII:s efterträdare,
i fråga om krigsmandater göra ofta och i den vidsträcktaste
detalj en relation om sina militäriska planer att förstöra
ett röfvarband i Holstein.

Han var snål utan att vara hushållare och än mindre
kalkulatör. Han förvillades af ordet daler, som i Tyskland
betyder nästan en half dukat och i Sverige, i kopparmynts
räkning knappt elfva styfver, och den fordringsägare, som
ingaf sin räkning i dalertal kunde nästan aldrig få sin be-
talning. Monarken hade trott förstöra sin kassa. Ingafs
räkningen i dukater, om den än var vida större, betaltes
den genast. Medlidande men ej gifmild begärde han en
gång låna små mynt af generalen, grefve Hamilton, bekant
för sina infall.   »Här är en fattig,» sade konungen; »jag
har ej på mig annat än dukater.» — »Om ers majestät
behagade lämna mig en,» sade grefven, »tiggaren torde
kunna gifva tillbaka.»

Ett ej mindre löjligt infall var det, då bemälte grefve,
vid tillfälle af en trädosa konungen själf svarfvat och
skänkt honom, svarade drottningen, som upphöjde värdet af
den honom bevista kungliga nåden: att han därpå satte
allt det värde han borde, men att om han hade valet
han snarare önskade, det hans konung vore guldsmed än
svarfvare.

Konungens bokvett var lämpadt till hans snille. En
dag, vid sin toalett genomlöpte han en bok med mycken
uppmärksamhet. I det han gick ut att låta pudra sig,
sade han till sin generaladjutant baron Adlerfeldt, som var

närvarande: »Du kan aldrig tro hvad det är för en intressant lektyr.» Konungen var knappt utgången, förr än denne nyfiken tittade i boken. Det var Orbis pictus.

Det var denne prins, utrustad med så litet förståndsskärpa, som, förförd af regenters vanliga fördomar, trodde landets väl fordra dess väldes förökande, och att då all makt kommer af Gudi, valakten, daterad Stockholm, vara ett himlabref.

I själfva verket torde hans tankar knappt sträckt sig så långt. · Oförmögen att leda sig själf blef han ett menlöst verktyg i sin ärelystna gemåls händer.

Despotismens principer, som hon med modersmjölken insupit, framlyste nästan i hennes yttre. Hon var liten, väl växt, stark cendrée, hade stora mörkblå ögon, oftast bistra, ibland milda, alltid tolkande hennes själs brinnande och oroliga rörelser. Vid äldre år blef hyn brouillerad, tänderna skämda, andan stark, men munnen var vacker, löjet behagligt, näsan liten, väl proportionerad, merendels alltid förd i vädret. För häftig att ej vara uppriktig, uppdagade hon ofta dymedels förslager hon bordt dölja. Stortänkt, frikostig, älskande prakt, anständig, höflig, kvick, vän af sina vänner, var hennes umgänge angenämt, hennes kunskaper vidsträckta men ej städade, hennes ärelystnad utan gränser.

Vid 1751 års riksdag och därpå följande kröning yttrade hon ej denna ärelystnad utom medels något strängare hofetikett, på hvilket man ej gjorde afseende och som man förlät hennes kön. De kungl. personerna emottogos med glädjebetygelser under den eriksgata 1754, på hvilken hon var sin gemål följaktig i rikets södra provinser. Nationens uppmärksamhet eller egentligen ständernas väcktes först i detta ämnet vid 1755 och 1756 års riksdag.

Det är omöjligt, att icke ett hof äger anhängare. Om inga andra — de som uteslutna från riksstyrelsen (ty äfven i en republik kunna ej alla därvid användas) tro, att denna tillgifvenhet kan tjäna dem till vinnande af ett framtida anseende i samhället.

Hofvet använde all sin kredit att få till landtmarskalk vid nämnde riksdag öfversten grefve Brahe. Det var med få rösters öfvervikt generalen grefve Axel Fersen erhöll detta då viktiga kall. Drottningens planer misslyckades och det rådande partiet, hattarna, ökade ett mångvälde, som hofvets anhängare trodde sig böra stäcka i roten genom en revolution. Personliga hatet växte under allmänna ärendenas afgörande, i synnerhet sedan ständerna, på grund af de olyckliga orden i regeringsformen: ändra och förbättra, vid denna riksdag, på ett märkligare sätt tillskansat sig prejudikaters afgörande, befordringsmålen och andra exekutiva maktens rättigheter, utan att inse eller vilja inse det en förening af all slags makt i samma hand aldrig kan bestå med en sannskyldig frihet, eller ock blifver grundämnet, som slutligen skall förstöra den.

Enväldet var likväl ett olämpligt botemedel. Det var dock det, som vidtogs af mösspartiets hufvudmän och grundlade den sammangaddning, som om sommaren 1756 upptäcktes och kostade grefve Brahe, hofmarskalken baron Horn, en Stålsvärd, en kapten Puke samt några andra af mindre betydenhet hufvudet. Man påstår, att de någon tid förut velat verkställa denna plan, men att i det ögonblick konungen skulle gå ut att öfvertala vakten, han ej stått att förmå därtill. »Det är mans ej så godt att bryta sin ed, min vän,» har varit hans enda svar till drottningen, som förebrått honom hans feghet. Hade han ej sedan återtagit sina enväldsprojecter, hade denna dygderörelse förtjänt ett helt annat namn.

Ett regeringssätt underhållet af bödelsyxan lutar till sitt fall. Sättet på hvilket denna konspiration blef upptäckt hedrar ej mänskligheten. En grefve Creutz, då löjtnant vid gardet, eldig, kvick, intagande till högsta grad, jämnårig uppfödd med grefve Brahe lockar ur honom en del af dess förehafvande, gissar till det öfriga och då bevis voro vid handen, upptäcker han, genom en gardes-underofficer vid namn Schedwin, saken för landtmarskalken. Alarm göres genast, folk tages i häkte, pinliga förhör anställas i den så kallade rosenkammaren, ett underjordiskt hål, där delinkventen, nedhissad på sina armar, stödde endast tåändarna på järngaller, under hvilka ett iskallt vatten strömmade. Konspirationen uppdagades allt mer och mer. Grefve Hård den klokaste af konspiratörerna, densamme som sedan blef general i preussisk tjänst, undflydde faran. Schedwin blef löjtnant, adelsman, fick penningar att köpa en liten egendom, på hvilken han sedan under knapp utkomst bortglömdes.

Grefve Creutz blef öfverste, riddare af svärdsorden och öfverhopades med ärebetygelser. Han dog banqueroutespelare, contract, rörd af slag och galen. Hans kvarlåtenskap bestod i en nattrock, ett par tofflor, några skjortor.

Allmänna skakningar sätta i dagsljuset stora dygder eller stora bofstycken. Biskop Halenius, som af Brahes hus undfick 30,000 plåtar att bemedla dess sak i präståndet, var den förste, som i kommission, då ingen ville begynna att underskrifva Brahes dödsdom, fattade pennan och undertecknade domen i Herran Zebaoths namn, såsom hans ord föllo. Rörd af slag få år därefter, uppväckte han till slut själfva deras medömkan, som mest hade skäl att förakta honom, och blef ett nytt prof, att den gud han åberopade, ansett hans gärning som den förtjänte.

Själfva sammangaddningen var likväl ej menlös. Den hade ådragit sig med rätta lagens åtgärd; men lagen är ett, — bedrägerier med dess utöfning ett annat.

De sammansvurnes plan var i synnerhet att med våld störta regeringssättet. Kulor stöptes på en af Brahes egendomar, Rydboholm, och en proskriptionslista på motpartiet var sammanfattad. Tillgift kunde svårligen äga rum men grymheter till och med i utlåtelser borde uteslutas. Man ryser vid åtankan, att några af det rådande partiet i bishoff, som skulle beteckna blod, yttrade sin glädje, sin seger och sin hämnd.

Stålsvärd och Puke dogo som hjältar, Brahe som en kristen, Horn försagd reste sig upp från stupstocken, frågade om ingen nåd vore att vänta? Besvarades med ett hårdt nej af officeren, som kommenderade exekutionen. Bödeln de-contenancerades, och Horn undfick två à tre hugg, innan hufvudet blef skildt från kroppen.

En vanlig följd af alla misslyckade revolutioner inträffade äfven här. Det regeringssätt som skulle öfverända-kastas slog fastare rötter. Hofvet förnedrades till den högsta grad. Riksjuvelerna fråntogos drottningen, konungen blef betagen till och med makten att neka sitt namns underskrift. En stämpel med hans namn anförtroddes rådet och dess undersättande hade laga kraft. Konunga-titeln var nästan det enda som lämnades honom; men till alla republikers varning i denna enkla titel, i detta blotta namnet låg den gnista förvarad, hvars låga få år därefter skulle förstöra själfva friheten.

Rådets myndighet tilltog i samma mån som konungens förminskades och det gaf därpå ett tilltagset prof, då det året efter ständernas åtskiljande och desse oåtsporde mot rege-ringsformens bokstaf förklarade konungen i Preussen krig, under föregifvande att Sverige vore en af de makter, som garanterat Westfaliska freden.

Denne monark hade genom jus canonicum beröfvat Österrike Schlesien 1745. Wienska hofvet, då för öfver-hopadt af fiender, hade sedan lyckats i sina planer att upp-egga mot denne store konung Sachsen, hela tyska riket (utom Hannover) Frankrike och Ryssland. Dessa båda sist-nämnda förenade makter verkade på svenska rådskammaren, och utan afseende på att de ultramarinska eröfringar, som skedde i trettio-års kriget, varit Sverige snarare till nackdel än till förmån, skulle riket öka svenska Pommern med det preussiska, då man ansåg för afgjordt, att Fredrik II nöd-vändigt skulle blifva ett offer för den öfverlägsna styrka, som angrep honom.

Han visade hela Europa, att ett stort snille tripplerar den fysiska styrkan. Han försvarade sig på alla kanter. Svenska armén hade infallit i preussiska Pommern om hösten 1757. Han tvang den ej allenast att taga sitt vinter-kvarter i Stralsund och på ön Rügen, utan lyckades äfven hysa preussiska trupperna i det öfriga af svenska Pommern. Denna operation förnyades nästan hvart år, och sedan Sverige tillsatt mycket folk samt (oaktadt franska subsidierna) ökat riksskulden på en million riksdaler, slöts freden 1762 utan' vinst å någondera sidan, ett öde som riket delade med alla de öfriga krigande makterna.

En million människor i Europa föröddes fruktlöst i detta så kallade sjuåriga krig, och dock hafva efterkommande hvarken blifvit klokare eller försiktigare.

Midt under detta krig 1760 inträffade den stunden då ständerna skulle sammanträda. Rådsstolarna darrade, men franska louisdorers och ryska rublers förenade intryck verkade på nationens representanter lika som de verkade på svenska rådskammaren, hvars tilltagsenhet ursäktades något genom konungens i Preussen då varande vådliga belägenhet.

Omöjlig att själfmant kufvas under oket, hade Fredrik väl slutligen blifvit krossad, om ej kejsarinnan i Ryssland Elisabeths frånfälle 1762 uppklarnat de mulna dagar, som hotade honom. Denna prinsessas efterträdare, kejsar Peter III:s entusiastiska vänskap, förskaffade honom i stället för en hätsk fiende en mäktig bundsförvant. Fredrik II bibehöll sig ej allenast kvar bland antalet af Europas konungar, utan blef af samtid och eftervärld utmärkt som den störste i tidehvarfvet.

Ingen kunde, näst han själf, deltaga med mera nöje i hans ära än svenska hofvet. Det hade småningom börjat resa hufvudet. I synnerhet kunde fruntimmerna i rådande partiet ej undgå att smickras af mer och mindre hofgunst, och en viss ståndaktighet i afsikterna hade verkat på sinnena till den grad, att Hattarna, då de 1762 slutade riksdagen, ej hade större pluralitet än just den, som fordrades för att taga detta sista säkerhetssteg.

Adeln, aristokraterna, Hattarna (dessa olika namn voro ungefär synonyma) hade så godt som fört riksstyrelsen sedan 1756. Under och strax efter denna blodiga riksdag hade en kommission (detta blotta namn tillkännagifver, att riket ej njöt en sannskyldig frihet) förföljt motpartiet under riksrådet baron Palmstjernas presidium, en nitisk men hård man. De hade invecklat Sverige i ett onödigt krig, ökat riksskulden, upphjälpt manufakturerna men med allmänna medlens förstörande och visat en öfverdrifven frikostighet, sina hufvudmän ofta till förmån, allt skäl, som med nog fog uppväckt allmänhetens missnöje.

Det yttrade sig vid 1765 års riksdag. Mössorna fingo vid den en fullkomlig öfvervikt. Den förspordes genast vid landtmarskalksvalet, som föll på general Rudbeck, en man af det slags folket, som oaktadt brist på egen tanke-gåfva och djupsinnighet, dock visar ibland ståndaktighet, ibland slughet, men alltid är kajans afbild, som prydt sig med påfågelns fjädrar. På en mindre teater ärlig, var han, på den han nu spelte en roll, bortkommen på grund af oförmögenhet att fatta och utföra en sund statsklokhet, som innerst hvilar på den simpla grunden att utforska och förekomma fientliga illgrepp och i tid visa och sätta i deras rätta dager nyttiga förslag, grundade på rättvisa.

Den mest betydande i kontrapartiet Hattarna, den som nu en rund tid bland dem fört herraväldet, generalen grefve Axel Fersen, förenade mest alla de egenskaper som tillhöra en partichef. Hög börd, egendom, ett betydande utseende, en behaglig gestalt, ett angenämt väsende, stånd-aktighet i karaktären, då han ej ville dyka undan, mer ordning än svassande vett, mycket kunskaper, den vältalighet, som erfordras för att blifva trodd om än djupare insikter, den äregirighet, som kan lämpa sig efter händelserna, äfven då han ej styrt dem själf. Trofast då eget väl ej lidit var han för öfrigt vinningslysten, utan vänskap och själfdyrkare. En sådan man kunde vara hofvets skräck men ej dess stöd.

Öfverste Sinklaire var den, som handhade hofvets jämte sina egna intressen. Ur de slugaste och mest brinnande ögon lyste hela dess sinnes beskaffenhet. Tilltagsen i sina förslag, bitter i sitt hat, djup i sin hämnd, så klarsynt i ändamålet som vidsträckt i medlen, utan ära, utan lära var han bland de få priviligierade varelser, som mer styra än styras af ödet. Gemensamma partiintressen förenade honom nu med grefve Axel Fersen, men det var Pompejus' och Cæsars förening med samma ärelystnad på ett mindre fält.

Sådana voro vid denna riksdag, sådana äro ungefär i alla tider demokratiska, aristokratiska och monarkiska väldets förfäktare. Af deras olika afsikter, alltid stridande, ömsom rådande alstras anarkien.

De båda utländska här rådande hofvens politiska intressen voro numer ej desamma. De stötte här emot hvarandra: Ryssland med den makt, som en stor monarki har då det fört ett segrande krig i hjärtat af sin fiendes land, Frankrike som ett rike, hvilket ännu kände stöten af sina nederlag i Europa, handelns förstörande i Orienten och koloniernas förstörande i Amerika. I stället för att betala utlofvade subsidier hotade Frankrike att innehålla tillkommande. Man trodde dess hotelser vara öfverensstämmande med dess tillstånd. Alliansen bröts, men riksskulden borde betalas, statsbristen borde ersättas. Hvad ypperligt tillfälle att förena vinst och hämnd. Hvar finnas de människohjärtan, som kunna försaka ett dylikt lockbete? Hattarna hade satt landet i den förlägenhet, uti hvilket det var; hattarna skulle umgälla det. Räfst skedde i de med kronan ingångna kontrakterna. Partihat håller aldrig medelvägen. Gärd, om man får bruka det ordet om partivåld, blef då liksom utskrifven på de förmögnaste af dem. Desse voro handlande. De förföljdes, de fängslades, deras egendom blef med lags form bortröfvad, hvarpå följde banquerouter.

På den grunden, att i ett penningefattigt land åkerbruket bör vara förnämsta näringsgrenen (en sats som ingalunda är exclusiv) kastades manufakturerna öfver ända och med dem ansenliga rikets förlag. Krediten blef all, rörelsen afstannade. En del af rådet afsattes. Öfverflödsförbud utkommo, i hvilka präster, borgare och bönder visade lika mycken välvilja som okunnighet. För att spara blefvo galärerna nu indragna och minskade; fästningsbyggnaden var på väg att upphöra. Rubler regnade. Hofvet, som nu vändt sig till Hattarna för att genom deras understödjande

2. — *Sv. memoarer.* IV.

bibehålla misshällighetsandan i en viss jämvikt, sträfvade mot sitt ändamål, men i föraktlig skepnad. Dolda minors gång bör vara underjordisk.

Lägger man till allt detta en vid hvarje riksdag förökad lust till enskild vinning hos medborgaren — följaktligen en allmän glömska af det allmännas väl — politiska förslags hemligheter och secreta utskotts rådplägningar utblåsta som med trumpeter på torgen, — hvad kunde Ryssland, hvad kunde Sveriges hätskaste fiender mer åstunda?

Tronbefästningen hade äfven ådragit sig ständernas uppmärksamhet, och innan de ännu skilts åt, begaf kronprinsen Gustaf sig vid slutet af september 1766 till Skåne att emottaga sin gemål, prinsessan af Danmark Sofia Magdalena. Denne herre hade nästan hunnit de manbara åren; hans syskon nalkades dem. Några penseldrag rörande deras personer med tillägg af den ändring senare år gjort torde här böra få rum.

Kronprinsen Gustaf var af naturen mindre gynnad till det yttre. Då han var medelmåttigt lång, men sned till växten, förorsakades en löjlig kontrast mellan detta naturliga fel och det majestätliga utseende han vid högtidligare tillfällen ville iakttaga samt den lätta gång, han såsom högst belefvad ej kunde undgå att söka i sällskap. Smal i sin ungdom blef han vid äldre åren undersätsig. Af den omnämnda snedheten hade hårgången och pannan på vänstra sidan fått sin del. Ansiktet var aflångt, hyn brouillerad, mycket finnig, håren cendrée till färgen, näsan stor, något krum, tänderna fula, men ögonen, ehuruväl det ena var mindre än det andra, blå, stora, eldiga. De utmärkte med en enda hvälfning hans sinnesrörelser och satte ett själens uttryck i hans ansikte, som nästan uppvägde hvad som felades i dess fägring. Denna själ, en af de oroligaste vårt tidehvarf framtett, var ännu endast känd för lättsinnighet, för lust till nöjen och prakt. Men behaglig i umgänget och trodd benägen till vänskap, blef prinsen för dessa fel ursäktad i anseende till sin ungdom, och det inbundna, som syntes i hans uppförande, tillskrefs hans uppfostran.

Den hade under de första barnaåren varit anförtrodd åt ofvannämnde grefve Tessin. Man tyckte i discipeln igenkänna läromästarens svagheter. Riksrådet grefve Karl Scheffer, som 1756 efterträdde honom i denna förtroendepost, förenade med det bästa, det mest välmenande hjärta, en oförlåtlig tillgifvenhet till yta, till grannlåt, till glitter. Han kände intet annat än Frankrike, talade intet om annat än Frankrike, och uppeldade med detta bländverk till den grad prinsens kvicka snille, att alla begrepp om sannskyldig ära och de egenskaper, som tillhöra en regent, blefvo hos honom förvända. Änkedrottningens lust för spektakler, för despotism, hennes irreligionsprinciper slogo djupa rötter i prinsens hjärta, danadt af naturen till egoism, till förställning, till högmod; med ett ord till alla de laster, som på ett så förundransvärdt sätt visade sig i senare åren under en så dubbel synpunkt, att man svårligen däraf kan göra en teckning, utan att tro det man afskildrade två olika personer. Han var osnygg men raffinerad i sin klädedräkt, kramade — åt upp sina egna finnar, blandade dem med näsans afkastning, bar sällan annat än spetsar, förtjustes af broderier och diamanter, var snål och yppig. Han kunde sitta inpå nätterna, förbländad af guldets glans och afdela i högar de dukater han vunnit på spel, och han öste penningar på aktörer, favoriter, möbler och byggnader. Belefvad mot fruntimmer, dyrkade han sina pager, begifven till vällust, var han härdig då omständigheterna det fordrade, högdragen, men onekligen den höfligaste vid sitt hof, rädd af naturen men gaf prof på kurage. I förståndet var han utan religion men full med vantro, trodde på bibeln som på alkoran, men satte osviklig lit till mamsell Arvidssons spådomar i kaffe, gjorde politiken till sitt hufvudyrke men förde krig utan allierade. Med ett otroligt minne var han bevandrad i historien, de lysande vetenskaperna och fria konsterna, men kände hvarken sitt lands styrka eller dess militäriska- och hushållsförfattningar och var som ett barn i finansen. Utan känslor, utan ömhet, men intagande i umgänget, vältalig i hög grad, bedrog han sina undersåtar, flådde dem, och under deras välsignelser beröfvade han dem både frihet och egendom, detta allt så komplett, att om en fintlig despotism förtjänar lagrar borde han härtill hafva företrädesrätt framför Tiberius Ludvid XI i Frankrike etc. samt torde häruti sakna sin like både i äldre och nyare historien. Denne i många afseenden besynnerlige politikens Herostrates har fog att åtminstone under denna synpunkt se sitt minne förevigadt.

Jag har förekommit händelserna för att i ett samman-drag låta känna en herre, alltid märkvärdig i Sveriges häfder, om ock hans regering skulle vanpryda dem.

Innan jag släpper denna prins ur ögonsikte, erinrar jag mig ett par små anekdoter, som tjäna till bevis att vid yngre åren redan de frön gro, hvars frukter tiden mognar.

Något före 1756 års riksdag märktes, att han vissa stunder på dagen sökte vara ensam. Någon af hof-folket, nyfiken att utforska hans företagande, dolde sig för att blifva åsyna vittne af prinsens göromål. Han ser honom då tillstäda med fåtöljer en tron, på hvilken han satte en stor fruntimmersdocka, och tillkännagifva åt denna, som skulle föreställa drottningen, att konungen vore död och tronen således ledig. Därpå sprang han bakom dockan och svarade för henne, att hon deltog i den gemensamma sorgen, men att hon ville förvalta regeringen, till prinsen blefve myndig. Denne åter invände däremot, att tronen vore hans arfsrätt, och att hennes majestät borde låta honom bestiga den. Dockan svarade nej på flera föreställningar; han använde böner — förgäfves. Till slut sprang prinsen upp på tronen, tog den förmenta drottningen i armen, slängde henne i en vrå och satte sig själf i fåtöljen.

Oaktadt dessa lekar visade han sig för sin mor ej mindre lismande, och nöjd med denna yta eller förledd däraf såg hon i sin sons snille ett lika lyckligt frö till envälde öfver riket som i hans ödmjukhet en underpant af sitt välde öfver honom. Hela edukationsplanen hade intet annat föremål.

Prinsens begifvenhet på spektakler var en passion. Han lade sig aldrig förr än långt in på natten. Hans dåvarande guvernör grefve Scheffer sökte utforska orsaken härtill, såg själf utan prinsens vetskap honom draga fram ett bord till sängen, stiga upp på samma bord och sedan han ett par timmar deklamerat flera scener ur tragedier, slutligen gifva sig liksom ett dolkstygn, samt i det han ropade: »Reçois les mânes de Statira», kasta sig i sängen och somna. Sådana småsaker äro obetydliga, men ej hos en tronföljare. Då en regent kollrar, kollrar hela nationen. Quand Auguste buvoit, La Pologne était ivre.

Prins Karl, af inskränktare vett med nästan lika konstig själ och föga mindre egoist, hann dock aldrig till den grad, att dygd och last af honom ansågos för blotta munväder. Hans förstånd om ej hans hjärta kände hela vidden af ordet rättvisa. Strängt uppfödd, lyste i hans karaktär hårdhet, egensinnighet, djärfhet. Allvarsam till lynnet var han dock lätt nog att umgås med. I senare åren har han visat sig på ärans fält ej försagd men alldeles intet förmäten, och hans mindre tillit så till sitt snille som sina insikter har föranlåtit honom äska råd, ofta urskilja och följa de bästa samt aldrig ledas af det vackra kön, han föröfrigt dyrkade med större nit, än man kunde förmoda af hans lilla och spensliga kropp. Han är väl proportionerad, vig till alla kroppsöfningar. Ansiktet är aflångt, ej friskt; pannan af en höjd som vanställer honom, ögonen blå, nog stora, understundom stirrande, ofta skarpa, näsan lagom lång, munnen stor, tänderna skämda, håren kastanjefärgade. Han har svårt vid att fatta, svårt vid att glömma hvad han en gång fattat, säger hårdheter men tål sanningar. Denne herre, född den 7 oktober 1748, hotade länge att blifva af en svag komplexion, men vid tilltagande år stadgades hans hälsa fullkomligen.

Prins Fredrik Adolf, född den 18 juli 1750, förenar med den vackraste kroppsskapnad den ädlaste, den svagaste, den mest bekymmerlösa själ. Understundom framlysa snillets eldningar i allt hvad som angår smak, dekorationer och de fria konsterna. Men med ett föga uppodladt vett granskar han hvarken sina vänner eller deras råd, väljer de förtroligaste inom sin garderobe, och naturen har egentligen hos honom låtit sin frikostighet bero vid det yttre.   Han är lagom lång, obeskrifveligen väl växt fastän något krokig af ovana: har vackra ben, ymnig hårväxt, cendrée till färgen, liten panna, blå vackra ögon, små väl afpassade och mot hvarandra svarande lineamenter, samt är för öfrigt glad, munter, hurtig, vig, hetsig till sinnes, men i själfva verket fromsint.

Prinsessan Sofia Albertina, född den 8 oktober 1753, var vid den tid jag nu beskrifver så ung, att utom karaktären, som säges vara god och äfven ädelmodig, samt förståndet som påstås vara läraktigt, intet visst omdöme kunde fällas om henne. Hon var i de åren, då fruntimren äro det järnmalmen är i rostningen: i jäsning, sönderstött — innan det kan samlas och blifva ren malm, behöfves eldens åtgärd. Hon är som sina bröder cendrée, har blå ögon, lofvade ej blifva lång, gick nu krokig, snafvade i sin gång och flög ur takt, stormhaltande i sin dans. Men det gracerna nekat henne, ersatte hon vid äldre år med alla de inre dygder, som alltid borde pryda personer af hennes börd.

God, medlidande, vänfast, förnuftig i sin hushållning som hon var, hade själfva afunden tegat, om den kunde blifva mållös. Den uppspann små cyteriska anekdoter, som ännu äro obevista.

Kronprinsen, som vid 18 års ålder intagit sitt rum i rådkammaren men utan stämma, och öfver hvilken 1761 års ständer — hvilka ej voro profeter — låtit slå en medalj med devis: Letitiæ crescenti (åt den tillväxande glädjen), skulle nu i visst afseende medels biläger uppfylla deras spå-.dom och sitt kall och anträdde sin resa i detta ändamål den 26 september 1766. Öfverheten följde honom på slupar från Drottningholm till Fittja, och på hela vägen till Skåne satte sig ett vidsträckt men fattigt land i gala. Merändels vid hvar mil var skjutsombyte, vid hvart ombyte nyfiket folk, bönder, bindmössor, koftor närmre vagnarna, rober på höjderna, granris på grindarna och förkörda hästar längs vägen, skjutning, vacklande borgare-kavalleri, tal, illa ut-

förda, knappt påhörda vid stadsportarna, talgljusillumina-
tioner, välmening öfverallt.

Riksråden Liewen och Hjärne hade blifvit beordrade
till prinsens följeslagare. Den förre slug, mjuk, rolig,
höflig; den senare rak, kall, ej djup men värdig i sin tyst-
låtenhet, voro skickliga nog till detta kall. Bland de
tjänstgörande kammarherrarna Manderström, grefve Hamil-
ton och baron Örnfeldt, var den sistnämnde minst munter,
men vackrast och prinsens favorit utan att dock gifva sig
de airer, som alltid väcka afundens granskning och ofta
med den allmänhetens förakt.

Nyköping var prinsens första nattläger. Sturefors
det andra. Grefve Bjelke, landshöfding på förra stället,
herre till det senare, uppfyllde öfver måttan väl sina skyldig-
heter såsom värd på båda ställen. Södermanlands adel i
Nyköping, Östgöta till en del på Sturefors, visade dessa
provinsers förmögenhet, mindre i ståt än i den belefvenhet,
som åtföljer en god uppfostran, hvartill äfven dessa tvenne
provinsers angränsande till hufvudstaden bidrogo.

Kronprinsen hade ej haft kopporna. Dessa sades gå
i Norrköping. Han tog fördenskull en omväg, for förbi
den staden, men efter en dags hvila eller snarare sagdt
dans på Sturefors, fägnade han Linköping med sin närvaro,
besåg domkyrkan, hörde en harang på gymnasium och
tog ett trångbodt nattläger på majoren baron Cederhjelms
gård Mantorp, hvarest en myckenhet tillstötande officerare
och sent ankomna köksvagnar ökade oordningen.

Följande dagen den 30 september gafs i Traneryd
af gårdens ägare, landshöfdingen baron Silfverhjelm en
middag för prinsen, dymedels sällsynt, att Nord- och Öster-
sjöns fisksorter funnos här i hjärtat af landet förenade.
Vid slutet af måltiden framvisades bitar af stubbar, nyss
tagna från en besynnerlig holme, som är belägen i en insjö
en half mil därifrån. Vidskepelsen har uträknat, att den aldrig
flutit uppifrån botten där den gemenligen ligger, och man i
klart väder utan svårighet kan skönja den, annat än vid märke-
liga tillfällen för Sverige. Sedan 1696 var den nu uppe för

sextonde gången. Giftermålsguden hade, prinsen till ära, utan tvifvel åstadkommit detta mirakel. Men utan att sätta denna holmes upp- och nedstigande under försynens omedelbara uppsikt, är det dock ett fenomen i fysiken, så mycket besynnerligare som en liten jordbit några hundra alnar från holmen, utan någon synbar förening flyter upp och sjunker med holmen och ganska hastigt, då nedfarten sker. Tiden, då den blifver uppe i dagsljuset, är olika, men öfverskrider sällan en månad eller tre veckor.

Prinsens nyfikenhet dref honom ej att själf skärskåda denna lilla ö, som dock låg på hans väg till Eksjö, där han hvilade öfver natten. Han hann följande dagen till Vexiö. I hela Småland syntes på dess courer ej mycken adel. För talrik för att vara rik, åtnöjde sig den i flesta fall att se tronföljaren utan att visa sig för honom. Han själf var ännu för ung och troddes vara för flyktig för att öfverse med mindre förmöget folk, som voro nog förnuftiga att anse moder som en gåta. De fruktade, att han ej skulle hafva nog medlidande med ärfda kläder, ej nog aktning för den ärlighet, som ej vill på hopp af banquerouter förvärfva sig borgad grannlåt.

Ingenting sargar mer än smälek. Den trodde sig några lida på denna resa genom prinsens åtlöje, och detta ådrog honom flera och hätskare ovänner än nästan detta kitslighetsfelet förtjänte. Själfva hans skratt, nästan konvulsivt, var för tillgjordt, för häftigt för att ej märkas, för hastigt afbrutet för att ej väcka förundran.

Uti Kristianstad, nästa nattlägret efter Vexiö, utbrast detta löjet med något skäl, då vid tillfälle af några dukaters drickspenningar, som prinsen gifvit en af stallbetjäningen, landshöfdingen å orten ropade med alla möjliga själens känslor: »Ah, den som hade varit stalldräng!» Då man agerar värd, är det ledsamt att själf blifva föremålet för annat gästernas nöje, än det de kunna äska af värdskapet. En del af landets fruntimmer gjorde här prinsen sin cour. Större delen följde med till Lund, där andra voro till mötes. Hans höghet låg där öfver natten den 3 oktober, afhörde på akademien en oration, och om afton var han i Landskrona, där skånska adeln, som tillstötte från alla kanter, utgjorde en ganska talrik samling.

I Landskrona förenades för första gången på denna resan en lämplig tillställning vid illuminationen med kvickhet i deviserna. Dagen därefter gaf riksrådet grefve Liewen, såsom generaldirektör af fortifikation, middag åt hans höghet, sedan en stolt ceremoni gått förbi. På Gråen, en sandbank som konsten ryckt upp ur hafvet för att tjäna Landskrona till citadell, lade kronprinsen grundsten till en af de sex bastioner, som där skulle anläggas. Sådana stunder, då det allmännas väl och prinsars enskilda ärebetygelser förenas, äro de enda som kunna afundas öfverhetspersoner, men dessa stunder äro få. Etthundraåttio kanonskott gåfvo Sverige, för att för Danmark, där detta ljud varit mindre behagligt, tillkännagifva denna grundläggning, hvars framtida afsikt ej kan vara annan än att dela med detta riket herraväldet i sundet. Detta lärer vara enda föremålet, då för öfrigt Landskronas läge på långt när ej är så fördelaktigt för att skydda landet som Malmös, hvilken senare fästning nu blifvit utdömd.

Vid ankomsten till Helsingborg, dit prinsen red samma dag, vid sammanstötningen där af hans hofstat och den del af den kungliga, som blifvit afsänd att emottaga kronprinsessan men farit en annan väg, yttrades den fägnad, den ström af vänskapsbetygelser, hoffolk så ofta tolka, så sällan känna. Nämnde hofstat bestod uti hofmarskalken grefve Ulrik de la Gardie, kammarherrarna grefvarna Carl Piper och Gyllenborg, hofmästarinnan grefvinnan Strömberg, en hederlig fru, men till åren, som vid kronprinsessans ankomst genast förtjänade och vann hennes fulla förtroende och vänskap, samt af drottningens fröknar, Horn och Bohlen jämte en af prinsessans egna fröknar vid namn Rosen. Dessa voro mindre utrustade med de yttre förmåner, som kunde falla ett främmande hof i ögonen, men detta hof var det danska. Det är godt nog för norden, säges i Paris, om de moder, som där kommit ur bruk.

Tvenne dagar gåfvos till rastedagar och att anordna de mest oordentliga fester man kan föreställa sig. Prinsen talade vid fruntimmerna, promenerade, reglerade etiketten och kommenderade sitt regemente.

Några af hans svit foro incognito öfver till Helsingör för att se kronprinsessans intåg. Större delen af kungl. familjen var henne dit följaktig. De ankommo sent, dragna af unga hästar i gamla vagnar, dunkelt lysta af lyktor, som buros af granna pager. Hela sviten, som för öfrigt var talrik, precederades af ett lysande silfverbesmidt stadens borgare-kavalleri, starkt sjutton man. Helsingörs illumination var vacker, hvartill täflan mellan de här residerande olika nationers konsuler mycket bidrog. Kronprinsessan syntes mycket rörd, var rödögd af gråt. Det är en förmånsrätt alla offer hafva framför de politiska, att de äro fria från en dylik känsla, den likväl merändels en mild försyn (fast det här ej inträffade) plägar äfven beröfva kungliga personer.

Prinsessan Sofia Magdalena, född den 3 juli 1746, den äldsta af sina syskon, är också den längsta. Hon är stor, väl växt och blond. Hela figuren är majestätlig; själfva lineamenterna äro det. Hon äger hög panna, något för kalla, närsynta och utböjda ögon, men blå, milda och stora, krum näsa, nog tjocka läppar, skönt hufvud, mycket hår, en byst så vacker, att ingen undersåtlig vördnad kan afhålla inbillningskraften från att föreställa sig det öfriga som ett naturens mästerstycke, fylliga armar, vackra händer och fötter. Med allt detta förenar hon det bästa, det tålmodigaste, det envisaste hjärta och under ett kallt uppförande en förundransvärd ståndaktighet jämte stor tystlåtenhet med dem hon ej känner, och ett så försagdt väsende i åtbörder, att det ofta gjort folk villrådiga, hvad de bort tänka om hennes förstånd. Utan att vara djupt, är detta dock redigt, benäget att anmärka, följaktligen att roa sig åt sina anmärkningar och att frukta andras. — Hon slår sällan felt i sina omdömen, talar lågt, skrattar gärna, går lätt fast ostadigt, dansar väl, rider förträffligt. Fast hon ej är kokett, är en spegel för henne detsamma magneten för järnet. Det är henne omöjligt att gå förbi någon utan att däruti skåda sin afbild. Att vara väl klädd, ligga, äta, må väl är hennes högsta goda. Vällusten är ett träd, hvars alla grenar hon med begär omfattat, i det hon förbigått stammen och roten; men hon är ej den enda giftermålsguden vilsefört.

Hennes bedröfvelse syntes vid det tillfälle jag nu omtalar verka föga på hennes syster prinsessan Louises glädttighet, som med sjutton års ålder lyste i ett par de vackraste blå ögon. Hon hade nyligen blifvit förmäld med prins Karl af Hessen-Cassel, en två och tjugu års herre, rask, medelmåttigt lång, cendré och koppärrig, tysk till sin ställning, men höflig till sitt väsende.

Han blef följande dagen den 8 oktober sin svägerska kronprinsessan följaktig öfver till Sverige. Denna öfverfart var i synnerhet genom ställets läge så förtjusande, att den förtjänar beskrifning.

Ingen ort på jordklotet är bekant, där ett haf genom ett så trångt sund, som här vid Öresund har gemenskap med ett annat haf, åtminstone intet ställe, där förbifarten af fartyg är så stark. Närmaste skillnaden mellan svenska och danska vallen är ej öfver en half mil. Ingen stund gifves, som ej skepp komma och afgå från eller till Nord- eller Östersjön. Städer, byar, åkrar, ängar, skogar, lusthus i båda rikena, som lätt urskiljas öfver ett så smalt hafsvatten, öka utsiktens fägring. Stora Östersjön synes icke, men hela öppningen af Nordsjön, en afbild af omätligheten, ligger uppå, och ögat har åt den sidan intet annat fäste än de fartyg, som på närmare och fjärmare håll, segla i rymden.

En bred gata i Helsingborg, nu uppfylld med uppstädadt manskap och beklädd med blått kläde, går ned ända till Skeppsbron. Vid dess slut var uppsatt ett stort tält, uppdraget på flera sidor, hvarifrån — utom den utsikt naturen där i alla tider utdelar — åsynen af Kroneborgs stora slott och Helsingörs hamn, uppfylld med fartyg, som nu alla flaggade, och efter gifven signal från fästningen tecknade hvar minut med kanonskott, gaf tillkänna en högtidlighet, som uppväckte förtjusning. I samma ögonblick prinsessan gick om bord, gafs en generalsalfva. Skjutningen fortfor med häftighet, och mellan röken syntes först prins Karls af Hessen slup med 18 sluproddare, kort därpå prinsessans med 36 sluproddare, kostbart förgylld, omgifven i halfcirkel af en myckenhet andra slupar, granna, beflaggade, som majestätiskt genomskuro böljan, medan kronprinsen å landsidan, i spetsen för några blå band, och ett stort antal fruntimmer, alla i Robes de cour, samt hela sin hofstat tågade till Skeppsbron, under fullt militäriskt spel och kanoners knall, som å svenska sidan begynte, då den å danska upphörde. Det hela afbildade nästan en händelse i en krönika. Man tyckte sig se denna prinsessan komma till Svithiods höfding, som för riddersmän sina etc. Med ett ord, åskådarnas sinnen voro ej allenast sysselsatta utan hänryckta. Åtminstone gaf prins Karls af Hessen uppförande, då han först kom i land, tillkänna något dylikt. Han sprang genast in i det omnämnda tältet. Där fick hans bestörtning en sådan påökning vid åsynen af kronprinsen och hela svenska hofvet, att han, i det han öfverlämnade honom ett bref från konungen af Danmark, var på väg att kyssa sin svågers hand, större vördnadsbetygelse än dennes värdighet kunde äska, större vänskapsprof än skyldskapen kunde vänta. Deras samtal var ej långt. Kronprinsen gick till nedersta trappsteget af bron att emottaga sin tillkommande gemål. Ett par hundrade alnar, innan slupen anlände till bron, steg hon ur kajutan, underhållen å ena sidan af svenska ambassadören, riksrådet grefve Horn, en vacker herre, å den andra af gamle danska amiralen Danneskjold. Det var ungdomen mellan medelåldern och ålderdomen. Prydd af egen och diamanters glans tycktes denna prinsessa vara en hafsgudinna, som i hela sitt gudomliga anseende ville hedra svenska stranden med sitt besök.

Om hon känt allmänhetens omdöme, hade hon säkert varit mindre försagd. »Tag er tillvara,» (ett hälsosamt och noga efterföljdt råd) voro de första orden kronprinsen på franska sade henne, i det han gaf henne handen för att hjälpa henne ur slupen. Hos honom segrade nyfikenhet och högtidlighet, hos henne en blygsel, som förkväfde alla andra tankar. Hon ville le, hon ville svara, hon bleknade, hon darrade. För att gifva henne rådrum att hämta sig blefvo strax hennes hoffruntimmer henne presenterade på själfva bron, hvarpå prinsen till fots därifrån förde henne till hennes utsedda boning i köpman Kösters hus. Svenska rådsherrarnas yrkande att i procession ej lämna högra platsen till prinsen af Hessen hindrade denne därvid vara följaktig.

Sedan landstigningen var förbi, försvann allt det vackra, det stora, det sällsamma i denna ceremoni. Det löjliga tog vid. Utomhus regerade den största oordentlighet. Inomhus, där rummen voro små, var man värmd, klämd, trampad, fick ursäkter på danska och sent mat. De som ej tillhörde hofven hade svårt att få någon.

Allt hvad man kunnat påhitta till tidens fördrifvande om afton hade ofelbart varit bättre än den bal som anställdes, liksom slumpvis, men egentligen af nyfikenhet att få se kronprinsessan dansa. Där var trängseln sådan att de som förut blifvit trampade nu blefvo sparkade. Några lampetter, unkna citroner och svagt te, ingen uppassning och ett golf sådant, att om stöttor ej blifvit satta under det, då det sviktade, hade Sveriges hopp hoppat sig fördärfvadt, voro allt saker, som uppväckte danskarnas åtlöje. De flesta hade ej väntat sig en bal, de voro i reskläder. Prinsen, stött däröfver påstod, att bland dem fanns flera hvita band än hvita strumpor.

Fem dylika band och ett blått, — det var grefve Rewentlow — skickade från danska hofvet att komplimentera prinsen, kunde ej vid detta tillfälle få mer än ett rum ihop till att göra sin toalett. Hela ambassaden. syntes knappt för puderrök. De sväljde damm och sade grannlåter. Allt annat som förehades var i samma mån oordentligt, fattigt, löjligt.

Prinsessans afskedstagande följande dagen af sina jämn-åriga och sina ungdomsvänner var rörande. Att skåda rätta vänners eviga skilsmässa och jämmer öfver ödets hårda lagar ömmar i alla fall; men att se ungdom och skönhet i tårar smärtar. Ett par kysste prinsessans händer — två — tre omfamnade hennes knän; alla voro i förtviflan. En öfverhetsperson, som själf ej vill undan-draga sig tyngden af denna svåra vänskapens känsla, är värd att uppväcka den hos andra.

Resan till Stockholm anträddes kort därpå. Årstiden var blidare än vanligt, men däraf gjordes missbruk i de order alla hofherrar fingo att resa chapeau bas. Väder-ilningar och bond-armbågar nedstötte ej dess mindre alla tupéer i den gemensamma äntring, som skedde vid om-bytena, mellan allmogen och hofmännen, då bönderna ville skåda, de senare visa sig.

Första middagen åts mellan städerna Engelholm och Laholm vid Skottorp, en gård bekant genom Karl XI:s förmälning, som där skett. Nattlägret blef i Halmstad. En dag hvilades där öfver. Sedan fortsattes resan öfver Varberg och Falkenberg till Gåsvaholm, tillhörigt Ostindiska kompaniets direktör Sahlgren, den rikaste person i Sverige. Den måltid han gaf åt det kungl. paret gaf tillkänna dess yrke. Tallrikar, fat, knifvar, gafflar, dessert — allt var kinesiskt. Samma afton den 14 oktober anlände hofvet till Göteborg. Närmare denna staden på en fjärdedels mils längd var uppställd en haie af karlar med bloss i händerna. På längre afstånd syntes hela denna länk löpa ut åt fältet enligt vägens krökningar som en ofantlig eldorm.

Utseendet vid courerna under resan ända hit var sig likt. Tjocka beställsamma ämbetsmän, fjäskigt hoffolk, dragna välborna gummor, raka fröknar, gapigt borgarfolk.

Göteborg, en vacker, rik och handlande stad var ej illuminerad i proportion emot dess välvilja, men sannade törhända i det hela en gummas löjliga devis öfver ett par taljdankar, hvarmed hon här beprydt sin lilla fönsterluft:

»Välkommen hit, o store prins!
Här brinner alla ljus som finns.»

En äreport på Kämpebryggan var illuminerad alla aftnar
samt ett fartyg, upplyst med lampioner i alla tackel och
tyg, lagdt midt för fru Sahlgrens hus, där kronprinsessan
bodde. Mycket folk; mycket sorl, gaf likväl Göteborg
ett visst högtidligt utseende. Fyrverkerierna afbrändes.
En talrik bal masqué gafs på Stadshuset, mycket måltider
och indigestioner åt hoffolket. Rika borgares gästfria
välmening har i alla tider varit ett af försynens medel
att förkorta hofmäns dagar.

Kronprinsessan var den enda, som ej syntes nöjd, eller,
snarare sagdt, hvars arbete med sig själf att synas vara
det, man lätt kunde skönja. Hon imponerade icke dess
mindre oaktadt all sin blyghet på ett fruntimmer af
borgerskapet, som framkalladt att presenteras ej gick fram,
vände ansiktet mot väggen, uppväckte löje, men undslapp
presentation.

Ett af Göteborgs borgerskaps privilegier är att inom
staden utesluta all annan lifvakt kring de kungl. personerna.
Kronprinsen afslog all vakt. Det var ej att uppmuntra
välviljan och höfligheten. Den aftog märkeligen ju när-
mare man nalkades Stockholm. Vanan är halfva naturen,
och ikring residenset är hoffolk ej annat än hoffolk.

På Gräfsnäs, prinsessans första nattläger från Göteborg,
då prinsen låg en kvart mil därifrån på Livered, var ingen
cour af landets adel. De hade samlats i Skara följande
dagen, men Skara var ändock ingenting mindre än lysande.
Kronprinsen tog vid afresan härifrån en omväg, för att
bese Varnhems kyrka, en af de största och vackraste i
riket. Ett grafkor i denna kyrka, af de la Gardieska famil-
jen, vida öfverträffande de kungliga man där finner, vittnade
på en gång (som ty värr ofta händer) om denna släkts
makt och vanmakt. Den förra syntes i anläggningen, den
senare i underhållningen. Så hämnar sig tiden på hög-

färden i de åminnelsetecken, den senare uppreser för att trotsa den förra.

Landshöfdingshusets läge i Mariestad på en holme i Vänern, som dock är sammanbunden genom en bro med staden, gjorde dess illumination glad och behaglig.

Middag åts den 21 oktober på Hofva gästgifvargård. Nattlägret blef på stora och lilla Lassona. Mindre rymliga hus förente sig här med etiketten, så att det tillämnade höge brudparet ej logerade under ett tak. Det var bland de få gånger etiketten för till bekvämlighet.

Cour, fyrverkeri, illumination, bal gafs i Örebro, där hofvet rastade öfver en dag. Kronprinsen tog vägen därifrån öfver Strömsholm, dess tillkommande gemåls lifgeding, passerade städerna Arboga och Köping, superade endast i Västerås och begaf sig samma afton den 24 oktober därifrån genom Enköping till Drottningholm. Kronprinsessan for till Stäke gård, grefve Pontus de la Gardie tillhörig. Hon bidade där en dag öfver och undfick där både konungens och bägge arfprinsarnas besök. Hon var härvid mindre tvungen eller snarare mindre förlägen än vid sitt första sammanträde på Säby gård med drottningen.

Det kungliga fjäsket upphörde den 28 oktober, då det höga brudparet från Karlbergs slott begaf sig till Drottningholm. Vid Karlberg emottog det lyckönskan af de fyra talmännen i spetsen för en deputation, den ständerna innan deras skilsmässa anbefallt denna höflighets afläggande, den enda de under sin sammanvaro framtedt.

Högtidligheterna vid Drottningholm voro kostsamma, vackra, ledsamma. Sluparnas antal, som förde deras högheter och en stor del af deras svit öfver vattnet, slottets lysande byggnad, siden- och sammetskläders ännu varande bruk, skådespelen, den noga tillsyn, att intet skulle felas till de närvarandes förplägning vid flera bord, folkmängden, spelet följande dagarna, sådant som det kunde förväntas bland vida samveten efter en nyligen slutad riksdag, allt detta sammanlagdt gaf det hela utseende af ett rikare hof,

i ett mäktigare land. Det enda som saknades var — —
nöjet. Sällan finns det vid hof, än mindre bland stimm.

Hofvet, som den 3 november kommit in till Stock-
holm, emottog följande dagen i full gala kronprinsessan,
hvars intåg skedde mellan borgarinfanteriet, gardet, artille-
riet, Upp- och Södermanlänningarna, hvilka alla voro upp-
ställda på ömse sidor om hennes framfart från Carlberg,
där hon legat öfver natten. Kungliga och rådsvagnar foro
framför henne, andra följde efter. Tre skvadroner borgar-
kavalleri öppnade intåget; en slöt det. Allt detta var
hvarken vackert eller fult. Nummertalet af en pomp var
där, men rikedomen var borta för goda orsaker.

Olyckligtvis syntes själfva fattigdomen om afton i
kapellet, där deras högheter, klädda i silfverdukskläder,
öfverhopade med juveler, omgifna af ett talrikt hof, und-
fingo välsignelsen af ärkebiskopen, prydd i hela sin andliga
skrud. Gudinnan jag nämnt, denna vid detta tillfälle
olämpliga Sveriges skyddsgudinna, visade sig, eller man såg
snarare skymten af henne mellan en molnstod, alstrad
af den talgimma, som uppkom från de öfre ljusen i kapellet.
Utan denna olyckshändelse, styrkt af talgdroppar, som
nedfläckade de främmande ministrarnas kläder, hade ljusen
törhända i allmänhetens tankar och kanske i räkningarna
fått gå för vaxljus. Men detta moln beröfvade åskådarna,
dem oberäknade som däraf dånade, nöjet att se hela
förmälningsakten i sin ståt. Att vid sådana tillfällen
sjunges, läses, musiceras, lyckönskas är vanligt, och det
blefve tungt att ingå i en allt för omständlig beskrifning
däraf. Hofkavaljererna och fruntimmerna hade ej ändrat
deras vanliga klädedräkt i annan mån än att de först-
nämnde buro utslaget hår (queue de renard) de sistnämnde
brudlockar till deras robes de courer.

Vid ett bord i hästskoform i rikssalen spisade öfver-
heten, bland hvilka brudparet innehade främsta rummet,
med samtliga rådsherrarna, klädda i sina talarer, gammal-
modig men bekväm dräkt af silfverduk, öfver hvilken
hängde en cramoisie-fotsid sammetskåpa med armar, på

hvilken brämen, uppslagen och kragen voro garnerade med hermeliner. Själfva hatten, rund med nedslagna skyggen, var äfven därmed beprydd.

Med denna värdiga men varma dräkt dansade samtliga rådsherrarna efter supén, för att ej uraktlåta ett urgammalt bruk, en långdans, fackeldansen kallad på grund af de facklor de höllo i händerna, och föllo ur eller i takt efter öra och förmåga. Precederad af fyra hofmarskalkar, dansade kronprinsen med drottningen och prinsessorna, och kronprinsessan gjorde å sin sida en dylik dans med konungen och prinsarna.

Då dansen var förbi fördes kronprinsen i nattrock, beledsagad af alla hofkavaljerer, af konungen till kronprinsessans rum, där drottningen med prinsessan Sofia Albertina bevistat dennas natt-toalett. Här fälles gardin.

Stockholms illumination följande afton var vacker. Bland annat, som därtill mycket bidrog, var ett skepp, lagdt midt i Norrström, en stor tremastare illuminerad till tackel och tåg, hvilken tindrade i tysthet omgifven af sex andra fartyg, hvilka ej syntes i mörkret utom vid skenet af de kanonskott, som vid hvar half minut ömsom af dem lossades. Den lyckligaste devisen var den vid observatorium. Öfver sjustjärnan stod skrifvet: »Den sjunde är funnen». Ett fynd, som på himlahvalfvet ännu ej då var gjordt, men hvars tillämpning hade afseende på kronprinsessan, som blef den sjunde af kungl. huset. Den löjligaste devisen var en tysk skomakares, hvilken erinrad därom, att han uteslutit prinsessan Amalia i Preussen från det beröm han utöst på resten af kungl. familjen, satte inunder till hennes heder med små bokstäfver:

»Die Prinsessin Amalia
Ist auch nicht keine Canalia.»

De olika staternas presentationer, en ceremonibal i rikssalen och några andra mindre prunkande nöjen slöto högtidligheten. Jag förbigår dem. Det nöjet som beskrifves är sällan det nöjet som kännes.

År 1767 uppdagades några små hoftrakasserier för obetydliga för att vidlyftigt omröras. Mellan drottningen och kronprinsessan uppväxte ett kvinnohat, grundadt utan tvifvel på den förras svärmorstitel, på den sistnämndas ungdom, oskuld, törhända juveler. Följden blef en köld mellan det nygifta paret, som tycktes göra kostnaden vid förmälningsakten om intet. Kronprinsen syntes vara förtjust uti sin mor. Vid deras små missämjor förlikte han sig med sin gemål, och denna lilla ebb och flod af intriger sysselsatte de orkeslöse och hofvet, det vill säga pluraliteten.

De flesta nöjen bestodo i skådespel. Före fastan åskådare, under fastan aktörer, var hofvet så sysslolöst som sysselsatt. Konungen gick emellanåt i rådet, svarfvade, gaf cour, gäspade vid tragedier och var passiv i alla de små hoftvister, hvilkas ursprung jag gifvit vid handen. Drottningen, kronprinsen varierade tidsfördrifven med lektyr. Baler tycktes utgöra prinsessornas förnämsta nöjen, komedirepetitioner och kortspel arfprinsarnas, oberäknadt den dessa herrar kunde finna i deras menlösa kärlek till hoffröknarna Brita Horn och Ulrika Fersen. Prins Karls vänskap för den förstnämnda, prins Fredriks för fröken Fersen var lämpad efter båda fruntimmernas olika karaktärer. Fröken Horn var blond, ärbar, ömsom kall ömsom öm. Hon hade så när bragt sin influence till passion. — Fröken Fersen lustig, glad, munter, capricieuse ansåg hela underhandlingen för ett litet tidsfördrif, som smickrade hennes egenkärlek och lät därvid bero.

Denna sinnenas författning varade påföljande sommaren, med den omärkliga förändring landtlefnaden däruti kunde göra under vistandet vid Drottningholm.

Hofvet gjorde äfven denna sommar en lustresa till Uppsala. Kronprinsen, alltid fallen för högtidligheter lät vid en gudstjänst han bevistade i domkyrkan, klereciet genomlöpa alla kyrkoceremonier lutherska liturgien kunde medgifva. Trenne timmar tillbragtes i kyrkan. Man sjöng på tron en half timme. Kronprinsessan, i sin särskilda

tribun, hade framför sig en psalmbok stor som en liten
bibel. För att slå upp tron n:o 4, hvarpå hon i sin tid ej
gifvit akt, öppnade hon psalmboken midt uppå, kastade
ögonen ofta däruppå, sjöng flitigt och uppväckte ett tyst
löje i hela församlingen, som på en gång märkte hennes
välvilja och misstag.

Åt ett upptåg — blandning af välvilja och hushållning
— roade hela hofvet sig oändligen. Landshöfding Funck
i Uppsala hade för att göra sin cour låtit kort före öfver-
hetens ankomst i så måtto ändra Karl XII:s porträtt, att
han på nämnde monarks figur befallt en målare afskildra
regerande konungen Adolf Fredriks ansikte. Denne herre
var själf helt flat att se sig i en så ovanlig militärisk
rustning.

Drottningholmsvistandet hade varit angenämare med
mindre tvång och mindre etikett. Till Kina, ett litet lust-
hus tätt där bredvid begaf öfverheten sig merendels hvar
middag med några få utvalda. Det öfriga af hofvet gick
dit om eftermiddagarna. De artigare kavaljererna buro
knytbrädena. Fruntimmerna voro sysselsatta nog. De
hade inga händer med höstilningarna. Konungen svarfvade,
drottningen afhörde sin lektör, kronprinsen ritade i samma
rum. Prinsessorna knypplade, prins Karl seglade på en
fregatt, prins Fredrik sprang omkring på fälten, vakten
rökte tobak. Öfverheten blef gemenligen kvar vid Kina.
De som återvände till Drottningholm afvaktade under
spelpartien dess ankomst, då åter en ny slags cour förde
en långt in på natten. I en vrå talade drottningen politik,
konungen i en annan om hö- och hafrepris med sin stall-
mästare, kronprinsen om moder och Frankrike med gref-
vinnan Ribbing. Prins Fredrik smådisputerade med sin
skönhet, prins Karl stod träget bredvid sin, men teg.
Kronprinsessan småtrampade, leddes, — resten af hofvet
gäspade eller sof.

Den lättare lefnadsart, som kronprinsen senare på hösten
samma år förde på sitt slott Ekolsund, där friheten i
umgängessättet gaf flera varierande landtnöjen ett nytt lif,

var så mycket angenämare, som han då satte hela sitt nit uti att vara en god värd, och det kontrasterade med drottningholmsvistandet på ett sätt, som vid jämförelsen ej lände detta till förmån. Det furstliga hofvet fann knappt i Stockholms vinternöjen 1768 en fyllnad mot alla de njutit vid Ekolsund.

Medan blott nöjen syntes sysselsätta hofvet, började ställningen i landet blifva bekymmersam. Den var följden af en partioperation på Hattarnas sida. Man erinrar sig lätt, hvad jag omnämt rörande deras politiska nederlag (därest jag får betjäna mig af det ordet) vid 1765 års riksdag, den då skedda förföljelsen mot flera rika bankirers hus, samt huru hofvet medels en förening med Hattpartiets chefer, trott sig återvinna sitt förlorade anseende.

Dessa olika driftjädrar verkade i tysthet, och rådet, tillsatt af Mösspartiet, visste ej, hvad det skulle tillskrifva än mindre på hvad sätt det skulle hämma den i hast fallna växelkursen, som hade ett så ansenligt inflytande på alla rikets näringsgrenar och i synnerhet på bergverken.

En för stor sedelstock, förökad för att bestrida Pommerska krigets omkostnader, hade under Hattarnas styrelse satt svenska banken i misskredit. Denna bank, hela rikets långifvare, hade full säkerhet för utlånta kapital genom förpantade fastigheter, men dessa kunde ej lätt delas till sedlarnas inlösen. På grund af fattigdom på guld och silfver steg kursen på riksdalern från 46 à 47 mark den borde vara till 108 mark. Varudyrhet blef däraf en följd.

1765 års ständer hade för att afhjälpa denna svårighet utstakat en progressiv sänkning 4 mark årligen medels tillgångar till realisation, som efterhand vore att förvänta. Dessa författningar, vidtagna i afsikt att hämma all befarad osäkerhet i penningrörelsen, voro visa, och törhända de enda som hade ett dylikt insegel af alla, som man utarbetat under partiyra och partihämnd vid 1766 års riksdag. Men Hattpartiet, understödt af de förnämsta handelshusen och de tillgångar franska ministern meddelade, forcerade operationen och inlöste i hast åren 1767 och 1768 svenska bankosedlarna till den myckenhet, att kursen blef till al pari eller cirka 47 mark.

Järnet föll i proportion men ej dagsverksarfvodena, ej tackjärnet, ej alla vid en bergslagshandtering nödiga omkostnader. Brukspatronerna, bragte i förtviflan, då de af utlänningen för ett skeppund järn ej finge mer än hvad tillverkningen kostat dem i landet, missbjödo snart landtmannen. Denne, som ej var i stånd att genast sänka sitt folks löner och sina utgifter efter samma måttstock, deltog snart i bergsmannens missnöje och fattigdom. Kronoutlagorna kunde ej indrifvas utan förpantningar; kronan undfick klädespersedlar, kreatur, husgerådssaker. De allmänna utgifterna kunde ej därmed bestridas. Man hade svårt att utröna, hvilket hade öfverhanden allmänna missnöjet eller oredan.

Båda tillskrefvos af allmänheten de styrande eller rådet. Detta som med skäl ansåg sin makt blifva öfverändakastad vid ständernas sammankallande sökte på annat sätt afvärja den hotande stormen, men förgäfves. Hofvet förlorade ej sin tid under 1768 års sommars menlösa tidsfördrif. Kronprinsen, som här fann en vädjoban lämpad för sitt snille, gaf nu, i synnerhet under en resa till bergslagen, prof uti intriger som förtjänt mästarebref, och Hattarna funno en vällust i att störta sina kontraparter just med samma förslag, dessa ansett för sin ära. Den politiska gallan, däri lik den fysiska att den meddelar den bästa frukt sin smak och sin amperhet, förhärdade till den grad Hattpartichefernas hjärtan, att de, utan afseende på rikets våda, ej drogo i betänkande att sätta på grund ett fartyg, på hvilket de ej förde styret.

Af alla hjulen i denna komplicerade politiska maskin var konungen själf det svåraste att få i gång. Han erinrade sig med bäfvan 1756 års misslyckade tillställning, men van att lyda andras vilja medverkade han slutligen i sin mån i den nu anlagda planen.

Sedan alla mått voro vidtagna, flera supliker, som klagade öfver nöd och begärde hjälp, inlämnade från landsorterna, alla de ränkor använda, som gemenligen plägade äga rum vid riksdagsmannaval, och till yttermera säkerhet en hemlig skrift blifvit lämnad åt hofvet af de förnämsta Hattcheferna med löfte att bispringa hans majestät i det djärfva beslut hans gemål intalat honom, förklarade han i sittande råd den 17 december 1768, att rikets ömmande tillstånd och rådets hårdnackenhet att ej förekomma landets fall föranläto honom att nedlägga en spira, den han ej hade makt att föra sina undersåtar till fördel.

Ständernas sammankallande, en följd af tronledigheten, blef en nödvändighet. Rådet, för hvilket på en gång uppdagades hela planen af de intriger, som så länge brydt det, och som tillika i perspektiv såg sin undergång och sin afsättning, använde förgäfves böner, nästan knäfall att förmå den svage regenten återtaga en krona, som han i själfva verket varit i förtviflan att förlora. Han sviktade i sitt beslut. Kronprinsen, själen i hela anläggningen, bragte sin far till ståndaktighet och förde honom ur rådskammaren. Riksrådet Friesendorff sökte med samma medel kvarhålla honom och fattade den villrådige monarken i andra armen, ett brott som aldrig gick ur prinsens minne, och som verkade på den hämnd han vid slutet af sin regering tog mot en af nämde riksråds söner. Lämnadt åt sig själf blef ej rådet fogligare. Det beslöt att förblifva uti riksstyrelsen och ej sammankalla ständerna, hvilket beslut genast antyddes kollegierna.

Dessas hufvudmän, justitie-kanslären Stockenström, presidenterna Hermansson och Liljeberg i spetsen för kammar- och bergskollegierna, Löven för statskontoret, underståthållaren Axelson för magistraten i Stockholm, hvilka alla deltogo i denna civila konspiration, förfogade sig genast till rådskammaren, förklarade sina olika departements inactivité under tronledigheten, begabbade alla hotelser och bespottade alla löften. Så tvangs rådet, öfvergifvet af alla, men i synnerhet fällande modet, då grefve Axel Fersen, öfverste för gardet, på omvägar låtit förstå, det han ej

kunde svara för sitt regemente, att sammankalla ständerna —
enligt deras eget senaste beslut i Norrköping.

De tre månader, som lagarna utsatte mellan riksdagarnas
utblåsande och öppnande, gåfvo väl rådrum att gifva Ryss-
land vid handen hvad Frankrike verkat men ej att taga
förhållningsorder och penningar från Petersburg samt skaffa
Mössorna öfvervikten.   Med ett ord: Hattarna segrade.
Den största enighet i tänkesättet mellan konung och ständer,
man försport sedan detta regeringssättet, ådagalades genast
i Norrköping, där riksdagen tog sin början den 19 april
1769, och öfverste Pechlins öfvergång på Hattarnas sida
grundade oryggligen detta partiets välde.

Öfverste Pechlin kan räknas bland de genier man sett
elda (men sällan världen till fromma) en Mahomet, en
Cromwell och dylika jordklotets gissel.   Hans stora vett,
hans djupa kunskap om människor, i synnerhet om
deras behof och dessas verkan i ett fattigt land, hade
satt honom i stånd att utforska sättet att få och fästa sig
anhängare.   Hans hjärta, lika hårdt och kallt som vinterns
isar, kunde som dessa bära de tyngsta bördor, vara till-
förlitligt för ingen och halt för alla.   Han var egentligen
hufvudman för alla dem, som ej kände någon annan
politik ingå i sina afsikter än den, som riktade deras kassa.
Han behöfde fylla sin egen och vägrade återlämna det
kontrakt jag omnämnt, i hvilket flera af de betydligaste
bland Hattarna med sina namns underskrift tecknat sin
ofärd om Mösspartiet blifvit rådande, ett papper som drott-
ningen oförsiktigt öfverlämnat åt denna svenska Machiavelli,
i afsikt att han vid granskningen af det anhang hon hade,
skulle märka hvad skydd han själf kunde förmoda, om
han biträdde hofvets planer.   Riksdagens preliminär-under-
handling blef att med två tunnor guld inlösa en akt, som
Pechlins affall till hofvets ovänner hade gjort högst vådlig.
Af sådana länkar var den kedja sammansatt, som skulle
förskansa Sveriges frihet.

Af så stora anstalter, af en tronledighet, af en ovanlig
öfverensstämmelse bland alla delarna i riksstyrelsen väntade

man sig de största och de hälsosammaste förändringar. Några få personers ärelystnad gjorde om intet en så fägnande utsikt. Grefve Axel Fersen blef åter landtmarskalk. Förra rådet afsattes enligt hvad det visligen förutsett till större delen. De förnämsta af rådande partiet, Bjelke, Hermansson, Stockenström, Sinclaire undfingo talaren. Tjänster borttogos och blefvo de maktägandes belöning, Frankrikes louisdorer deras underhåll, hofvet smickrades med hopp, ständerna med hofgunst. Mösspartiets finansoekonomiska och politiska författningar kullkastades, andra bearbetades och denna gärning, dessa konvulsiva rörelser fingo namn af gyllene tider.

Men en lycka utan varaktighet förtjänar knappt det namnet. En så lydande begynnelse borde stadfästas. Konstitutionssaken föreslogs för att återsätta 1721 års regeringsform på sina första grundpelare.

Det som rubbat den därifrån, det som förorsakat dess nuvarande oskick, var det redan omnämnda och alltid af det undertryckta partiet öfverklagade 1723 års riksdagsbeslut, som gaf ständerna makt att enligt ståndens pluralitet ändra och förbättra grundlagen. Denna hade dymedels undergått sådana skakningar, att 1721 års lags esprit var förlorad. Denna skulle återställas. Konungen skulle åtminstone i tjänstevägen undfå mera makt, ständernas enhällighet fordras till grundlagens ändring, och utan att betaga den lagstiftande makten dess rättigheter skulle åt den lagskipande delen gifvas en styrka, som parti-inkräktningar förut beröfvat, men hvars brist erfarenheten visat åstadkomma en ovärdig lamhet i själfva riksstyrelsen.

Man trodde, och med något skäl, att Sveriges välstånd dymedels skulle grundläggas och alla välsinnade medborgares önskan uppfyllas, men riksstyrelsen, huru felaktig den ock var till sin beskaffenhet, hade det gemensamt med de bästa att gifva anseende åt dem, som voro dess driffjädrar. Grefve Axel Fersen var ur stånd att nu mer finna, hvarför de rikstömmar borde stäckas som han förde, och dessa åter kunde ej afpassas efter monarkens vilja och rikets behof utan att frånryckas aristokratiens händer.

Var det för att vara laglydige man våldfört all lag? Och borde dennas stumma bokstaf binda högtänkta varelser, som så länge vant sig vid att leda menigheten af lågtänkta i hvad ämne som helst? Hvart stånd hade sina konungar, och de hade möda vid att aflämna spiran åt Sveriges.

Frankrikes afsikt att göra riket till en krigande, till en betydande bundsförvant och sålunda inhemsk lagbunden makt stämde ej öfverens med egennyttans förslag. Dessa kunde ej hafva all äskad verkan. Norrköping var en liten stad, där hofvet och franska ministern grefve Modène hade i ögonsikte sina pensionärer och sina spioner närmare vid handen. Stockholm spridde både de ena och de andra och var äfven bekvämligare i anseende till sitt utrymme. Så blef, i den afsikt jag berörde, föreslaget af grefve Fersen att hufvudstaden skulle blifva stället, där konstitutionssaken (han för öfrigt sade sig mycket gilla) skulle afslutas. Riksdagen flyttades till residenset. Där var det, som vid skenet af Petersburgs fröjdeeldar, och då planen till Sveriges lagliga styrelse förkastades och den förra förblef i sitt oskick, som sannskyldiga medborgare kunde förutse, hvilka olyckor förestodo deras fädernesland af det rådande partiets regeringslystnad och hofvets förbittring. Ty hofvet var nästan bragt till förtviflan, då samma partihand, som omstjälpt den kalk, tronens despotiska anda iskänkte 1756, nu försköt den som hofvet, drifvet af ett mer patriotiskt sinne, erbjöd 1769. Men politiken tillät ej misshälligheten yttra sig med all sin hätskhet. Förtroendet mellan ständer och konung syntes fortfara. Den senare fick sina band förvandlade till Montezumæ gyllene kedjor. Hans skuld betaltes med cirka tjugu tunnor guld, och denna omständighet lär hafva varit trängande, om den anekdoten äger grund, att han och drottningen, liksom på skämt, plundrat grefve Modènes fickor, för att utforska, om han i subsidievägen uppgifvit alla tillgångar. I öfverflöd af välvilja, anslogo de frikostiga ständerna ansenliga summor till alla tre prinsarnas resor.

Prins Karl började sina utländska resor följande sommaren 1770, beledsagad af riksrådet grefve Schwerin, under hvilken tid hofvet fick ny anledning till nya fester och följaktligen till ny skuld i det besök prins Henrik af Preussen aflade hos sin syster, drottningen i Sverige. Han var beryktad som en hjälte. Han blef på grund häraf mottagen med alla de ärebetygelser den störste monark knappt kunnat vänta sig. Amiralen grefve Wrangel, som var honom till mötes på Pommerska redden med ett örlogsskepp och tvenne fregatter, förde honom till Karlskrona. Under hela Svenska flottans salutering, komplimenterades han om bord af riksrådet grefve Sinclaire och fältmarskalken grefve Fersen, sända i detta ärende af deras majestäter. Denne sistnämnde omfamnade då ömt en prinsens följeslagare, generalen grefve Hård, hvars dödsdom Fersen vid 1756 års riksdag påyrkat och underskrifvit. Fester i Stockholm, fester vid Drottningholm svarade mot denna första reception. Uppriktighet och vänskap tycktes vara själen i dem. Kronprinsen var den enda af kungl. huset, hvars förställningsgåfva ej undföll prins Henriks skarpsynta öga.

Mot hösten for denne herre till Petersburg öfver Finland och blef, huru van han än var vid vapenbrak, bestört vid den oförmodade knallen af två hundratjugufyra- och trettiosexpundiga kanoner, som generalen grefve Ehrensvärd på en gång lät aflossa vid prinsens inträde på Sveaborgs fästning. Knallen var så stark, att prinsen vid den hoppade högt i vädret och att själfva fästningens grundval, hårda hälleberget, skakades. Det är tillåtet för en hjälte att göra en sats, då ett hälleberg darrar.

Prins Karl var, som nämndt är, under denna tid stadd på sina utländska resor, åtföljd af riksrådet grefve Schwerin. Den hederlige mannen, tysk till nationen, uppdagade i hög grad sin födelseorts lynne, dygder och svagheter. Det behöfdes ej mer för att göra ett original. Sådan åtminstone föreföll han i alla fransmäns ögon. Det var den 24 augusti

1770 som prins Karl anlände till Paris under namn af grefve af Vasa.

Grefve Schwerin handhade prinsen reskassa. Denna kassa var svag och tillät ej gifva lysande måltider, i anledning hvaraf grefve Schwerins oekonomiska afsikter gynnades af svenska ministern grefve Creutz' litet egoistiska förslag att på prinsens bekostnad visa höflighet åt flera lärde, med hvilka bemälde grefve var i nära bekantskap. Nämnde orsak verkade gemensamt, att desse parnassens söner bemästrade sig så prinsens tid, det han helt förundrad ej såg annat än lärde, var omgifven med intet annat än vitterhet. På franska parnassen spelte denne herre rollen af le médecin malgré lui, men som detta var blandadt med de ombyten, som Paris allmänna nöjen medföra, oberäknadt flera små lustresor till kringliggande lustslotten samt en liten apparation på franska hofvet etc., så försvann en månads tid på ett sätt, som ej kunde annat än behaga en ung herre. Ofelbart lefde Paris åtanka lifligare i hans minne än hans hågkomst hos parisarna, som knappt visste af den heder, som skett dem medelst detta kungliga besök.

Ganska få af de förnämare i Paris inlätos vid prinsens bord utom några af de utländska där vistande ministrarna. Till en af dem, den ryska, (som yttrade sig om någon framgång han från sitt hof fått höra, att ryska vapnen haft mot de turkiska) sade grefve Schwerin helt öppenhjärtigt, att man ej borde tro allt skvaller som berättades. Flera sådana utbrott förtröto dem som fingo uppbära dessa, men roade af hjärtat alla, hvilka kände den stora uppriktighet i det gamla riksrådets karaktär, som föranledde därtill. — Han gaf därpå ett prof i Potsdam vid prinsens återresa till Sverige öfver Berlin, som roade hela berlinska hofvet. Konungen i Preussen tog ticque till grefve Schwerin, öfverhopade sin systerson med vänskapsbetygelser men hans mentor med ett synligt förakt, talade ej till honom, lät alltid vid bordet placera honom långt ifrån sig etc. Detta allt var för uppdagadt för att kunna undfalla ämnet för denna kallsinnighet. En dag föll talet vid middagsmåltiden på fysionomier. Konungen påstod, i det han fäste ögonen på grefve Schwerin, att om i uppsynen andra själens egenskaper vore tvetydiga, så kunde dumheten ej räknas däribland, och att man sällan efter ansiktets anvisning misstog sig häruti. »Förlåt mig, ers majestät bedrager sig i detta fallet,» inföll grefve Schwerin, »ers majestät är rätt klok men misstager sig fördömdt understundom. Det är intet att vara kvick, om kvickhet kväfves af fördomar.» Han fortfor i denna ton och bannade upp Schlesiens eröfrare på ett sätt, som intet europeiskt hof någonsin vågat. Detta oväntade uppträde roade den eldige preussiske monarken otroligt. Från den stunden visade han sin nya tuktomästare den aktning, denne verkligen förtjänade och tillstod själf sedan, att han verkligen förhastat sig i sitt omdöme om honom.

Det var som ett öde för de svenska prinsarna att vara beledsagade af orginaler, under deras utländska resor. Riksrådet grefve Scheffer, som följde ut med kronprinsen och hans bror prins Fredrik Adolf, så snart prins Karl var hemkommen, var ej mindre besynnerlig, men i en helt annan smak. Allt franskt hade så intagit hans sinne, att han förkastade allt hvad det vara månde, som ej bar fransk prägel. Han fann intet däraf, hvarken vid danska hofvet än mindre vid det eutinska, där prinsarna i förbifarten uppvaktade deras farbror, biskopen af Eutin. — »Tala tyska min herre — tala tyska min herre, jag ber er,» sade han åt den eutinske utskickade, som vid gränsen komplimenterade prinsarna på plattyska. Han drog på axlarna vid allt, som föll honom i ögonen på resan åt Zweibrücken, men hade däremot kronprinsen att synnerligt beundra minsta koja inom franska gränsen. Slutligen blef denne lika förtjust som sin mentor. En gång drog prinsen ut något halm ur ett halmlass, man for förbi och påstod, att franska halmstråna vida öfverträffade de svenska. Detta fann grefve Scheffer själf nog öfverdrifvet. »Nej, halmen intet, min nådig herre — halmen intet, men allt annat — allt annat.»

Sådana drag tyckas vara obetydliga, men i det de måla entusiasmen grundlägga de ofta betydligheter. Svenska kronprinsen blef så intagen af allt hvad Paris framtedde, att han i sin lättsinnighet glömde, huru litet hans fattiga fosterland var i stånd att hinna den franska prakten och föresatte sig att så vidt hos honom stod, förena båda rikena i seder, i belefvenhet, i yppiga utsväfningar, som i politisk alliance.

Att befästa den personliga vänskapen båda hofven emellan, utgjorde egentliga föremålet för hans resa till Paris, i hopp att genom franska hofvets bemedling förskaffa det svenska en utvidgad makt. Detta sistnämnde var ej nöjdt med de gränsor, inom hvilket det rådande partiet satt det vid 1769 års riksdag, och franska hofvet, som sökte i norden en motvikt mot det ryska, kunde svårligen vinna sitt ändamål under en svensk monark, hvars inskränkta välde knappt kunde bibehålla sig mellan vacklande men alltid regeringslystna partier.

Hertigen af Choiseul, fransk premierminister, insåg detta och hade lofvat en hjälp, som försvann i rök vid denne hertigs oförmodade fall, då en hofintrig af konungens maitresse m:me Du Barry störtade honom få dagar före Svenska prinsarnas ankomst till Paris.

Det var i Zweibrücken de härom fingo tidning och rådgjorde i första bestörtningen, om resan skulle fortsättas till Versailles. Vid nogare öfvervägande fann man att anständigheten fordrade det, och i följe däraf anlände de till Paris den 24 februari 1771.

Grefve Scheffer, som afmålat flera fruntimmer där för kronprinsen som Floras eller Hebes afbilder, blef litet flat då han efter tjugu års frånvaro igensökte i forna bekanta dessa gudinnors fägring och liflighet men fann nymphers taille förvandlad till gondoler, och den hy, som täflat med liljans färger, ombytt till ett rödbrunt pergament. Hans okonstlade förundran hade kunnat ådraga honom ovänner, betydliga om ej deras välde varit förbi på hvad teater som helst. I en ny värld voro nya aktörer, hvilka kronprinsen tillvann sig med en höflighet, en lätthet och ett minne, som på ett smickrande sätt sträckte sig till alla namn och till de minsta familj-anekdoter. Fransmännen själfva förundrade sig öfver en eld, de ej trott sig finna utom eget land.

Deras smicker blef lämpadt därefter, i synnerhet efter de vänskapsbetygelser, med hvilka grefvarna af Gottland och Öland (namn under hvilka prinsarna reste) blefvo mottagna vid Versailles. Svenska ambassadören grefve Creutz' hotell, där de bodde, var uppfylldt af Frankrikes förnämsta adel, som gjorde dem sin cour, utom prinsarna af blodet, som pretenderade första visiten.

Detta påstående utgjorde i brist på andra ett underhandlingsämne, men ej nog viktigt för att störa det minsta af den myckenhet nöjen, supéer, jakter, baler och spektakler, som upptogo prinsarnas tid. Ett stort antal unga svenskar hade stött till i Paris för att uppvakta prinsarna. De som voro af sviten vederforos i synnerhet all möjlig höflighet, och alla som blifvit presenterade vid hofvet tillätos att bevista ett slags kammarspektakel, uppfördt i Versailles af franska truppen, men till hvilket endast de mest förtrogna af själfva franska hofvet inbjödos.

Man skall hafva förlorat minnet eller känslan för att ej blifva mer än rörd vid åtankan af de personer, som då voro uti Ludvig XV:s loge, en loge till hvilken allas ögon vände sig, en loge som gaf återsken af diamanternas glans och som tycktes innefatta själfva lyckans högsta föremål. Konungen oberäknad, voro uti den m:me Du Barry, dauphin, sedan Ludvig den XVI, dess bröder, grefvarna af Provence och Artois, svenska kronprinsen, prins Fredrik Adolf af Sverige, grefve Breteuil och svenska ambassadören grefve Creutz. Utom den siste samt konung Ludvig själf och prins Fredrik var ingen där, som ej ödet utset till olyckor, hvilka uppväckt Europas fasa eller medlidande. La dauphine satt i närmaste loge, denna prinsessa lika förnedrad af lasten i sin lifstid som af bödelsyxan vid sitt slut. Hvad tankeämnen uppväcka ej dessa blotta namn?

Hur förmildras ej alla olycksfall i jämförelse med dessa personers missöden? Då dyrkades de som halfgudar. Tidens täckelse dolde ännu för allas ögon schavotten och Anckarströms mordgevär.

Men en annan ändring förestod. Midt under åtnjutandet af alla de nöjen Paris så ymnigt framtedde, ankom kammarherren baron Örnfelt den 1 mars 1771 som kurir, med den oförmodade tidningen, att konung Adolf Fredrik den 12 februari, hastigt betagen af svår kolik, lämnat detta världsliga, och att följande dagen kronprinsen, under namn af Gustaf III, blifvit utropad för konung.

Allmänheten, alltid fallen för misstankar vid hvar hög persons oväntade frånfälle, tyckte det omnämda inträffa i en så passande period för den nya tronföljaren, hvilken svenska konungamakten till förmån nu kunde återupptaga vid franska hofvet de i detta ämne nästan afbrutna underhandlingarne, att samma allmänhet trott detta dödsfall varit åtminstone förutsedt af den aflidne monarkens efterträdare. Dessa rykten hafva vunnit liksom burskap, då denne sistnämndes mer kända slöga moral kunde gifva anledning till hvarjehanda tankar. Men man behöfde ej andra ingredienser till döden än de, hvarmed den afdöde konungen vid middagen själf öfverlastat en svag mage. Han blandade däruti hetvägg, surkål och ostron, svimmade vid sitt quadrille-bord om aftonen, bars ut i ett yttre rum och afled genast i en ålder af nära 61 år, efter en regering som varit mindre uppfylld med obehagliga skiften, om han ej själf varit regerad.

Hans gemål, som i hans hviloställe såg sitt väldes graf, sörjde honom med förtviflan, och otrons beskyddarinna uppfylldes vid detta tillfälle med så mycken vantro, att hon i flera timmar instängde sig i ett mörkt rum, endast i hopp att ännu en gång få se sin aflidne makes hamn. Men evigheten hade för alltid sväljt honom och med honom inom kort den frihets skugga, som ännu fägnade de mindre klarsynta i landet. Men berättelsen får ej så hasta, att den för mycket förekommer händelserna.

TREDJE TIDEHVARFVET.

Från år 1771 till år 1773.

Gustaf III konung, och konung utrustad med alla de snillets gåfvor som kunde göra honom till en intressant bundsförvant till Frankrike, blef ansedd vid Versailles' hof under en helt annan synpunkt än dess företrädare. Ärebetygelserna fördubblades. Samma dag man vid franska hofvet blef underrättad om denna förändring, affärdades hertigen af Duras från Versailles för att condolera sorgen. Alla närvarande svenskar fingo sedan tillträde i samma ämne. Grefve Creutz' hotell förvandlades till ett slags hof. Prinsarna af blodet, förut så granntyckta, äntrade nu om hedern att få företräde och då anständigheten förbjöd konungen och prins Fredrik att offentligen emottaga besök samt att oftare fara ut än för att taga frisk luft, skedde alla uppvaktningar så godt som inkognito. De aimablaste franska hoffruntimmerna bytte om att hålla konungen sällskap, och glädjebetygelserna ur de inre rummen, som återskallade i förmaken, gåfvo de därvarande svenskarna tillkänna, att djupa sorgkläder och draperade vagnar var den enda sorgebetygelse man af dem äskade. Prins Fredrik var den enda, hvars hjärta var innerligen rördt. Han hade dånat flera gånger vid tidningen af sin fars frånfälle.

Den forna franska ministärens ändring hade till följd ett ombyte i själfva ambassadörens val. Grefve d'Usson hade förut blifvit nämnd till Sverige, i dess ställe var grefve Vergennes nu utsedd. Detta stora snille, som nyss förut uppviglat turkarna till ett krig emot Ryssland, hvilket ännu varade, hade täta underhandlingar med den nya monarken och grundlade under de trenne veckor, han ännu kvarblef i Paris, de förändringar som sedan tilldrogo sig i Sverige. Ansenliga summor öfverlämnades såsom förskott af väsentligare löften, och båda konungarna superade tillsammans, till vänskapens stadfästande, i ett litet sällskap vid Ruel, grefve Maurepas landtegendom, ej långt från Paris.

Fänrik Liljehorn var redan förut affärdad till Stockholm och medhade, såsom ett första prof af monarkens tillämnade allvarsamhet, en supression af franska komedianttruppen, hvilken före afresan från Sverige utgjort hans yppersta nöje, jämte en annan skrift, som innehöll en edlig försäkran om hans tillgifvenhet till 1721 års regeringsform.

Han själf begaf sig den 25 mars på återresan till fäderneslandet, detta kära namn, som han tog till valspråk på alla sina mynt. Han begaf sig först till S:t Denis, besåg detta klosters skatt och de kungl. grafvarna samt afvaktade i Chantilly hos prinsen af Condé, sin bror prins Fredriks ankomst den följande dagen. Prinsen hade af en opasslighet blifvit en dag kvarhållen. De unga svenska herrar, några och tjugu till antalet, som ej tillhörde sviten, beslöto att göra prinsens uttåg lysande medels en kavalkad kring hans vagn till närmaste postombyte. Det är svårt att väcka uppmärksamhet i Paris. Detta skedde likväl på ett sätt, som ej var smickrande. Folket ropade hvar de foro fram: »Mon Dieu! Que de valets de pied il a donc ce prince de Suède.»

Från Chantilly togo konungen och prins Fredrik vägen öfver Berlin till Stralsund, där svenska örlogsfartyg voro dem till mötes och öfverförde dem till Karlskrona. Fredrik II misstog sig på Gustaf. Han trodde dennes ärelystnad blott sträckte sig till moder och blef förundrad, då han vid 1772 års revolution lärde i honom känna en ung medtäflare i politiken.

Det som nu egentligen utgjorde den unga svenska monarkens ögonmärke var en utvidgad konungamakt. Man skall vara född prins för att kunna utgrunda, hvarför nationens representativa rättighet i en hand är fördelaktigare för folkslagen än då samma rättighet hvilar i fleras. Man kan ännu mindre finna af hvad orsak länders grundlagar skola omstörtas, deras invärtes ro störas, de äfventyrligaste uppträden företagas för att vinna det förstnämnda ändamålet. Men konungar, det vill säga krönta egoister, filosofera sällan, och Gustaf III gjorde det mindre än någon annan.

Uppblåst af egenkärlek hade han redan som barn gifvit sitt lynne i den delen tillkänna 1756 under hofvets största förnedringstid. Man förebrådde honom en gång då, att han förkört det enda spann hästar han vid den tiden ägde och föreställde honom, att om han så fortfore när han blefve konung skulle han ödelägga hela kungl. stallet. »Det bekymrar mig inte,» svarade han, »har jag inga hästar, så få mina undersåtar draga mig.»

Dessa despotiska principer hade vuxit med åren men blifvit lika sorgfälligt dolda. De fingo ett nytt lif vid den förtjusande utsikt franska och preussiska hofvens envälde framtett för honom. Han brann af åtrå att njuta en lika förmånsrätt inom sitt land, och hans afsikter i detta ämne lättades oändligen genom Sveriges grannars och rikets invärtes ställning.

Konungen af Preussen, nöjd med de lagrar han skördat men ej med de länder han eröfrat, hade sin uppmärksamhet spänd på de polska oroligheterna och på den delning af detta rike, som han i samråd med Ryssland och Österrike klanderlöst kort därpå verkställde.

Ryssland, var utom samma syftemål stadd i ett blodigt krig med Turkiet, som, ännu ej utmattadt, uppoffrade sina skatter och trupper att bibehålla sitt öfvervälde i Krim.

Uti norra Amerika grodde de oenighetsfrön, som vid deras första uppdagande redan ådrogo sig engelska ministärens uppmärksamhet, vid deras utbrott sysselsatte den, och vid slutet tilldanade en ny stat, hvars exempel och frihetsanda åstadkommit en så förunderlig hvälfning i de flesta europeiska nationers tänkesätt.

Danmark under en galen konung styrdes af en svag regering förd af drottning Karolina Mathilda och Struensee. Den uppväckte där ett nog allmänt missnöje för att föga lämna rådrum att gifva akt på det, som regerade i närgränsande stater.

Alla dessa makter åstundade ingen förändring i svenska regeringssättet. Men med uppmärksamheten fäst på större eller närmare föremål ansågo de det som en mindre befarad bisak.

Den unga, sluga svenska monarken visste ej mindre att sig begagna af denna utländska politiska dvala än af det nya misshällighetsfrö, som uppväxt genom det svenska rådets oförsiktiga steg vid slutet af konung Adolf Fredriks regering.

En vicepresidentssyssla hade blifvit ledig i Åbo hofrätt, till hvilken som sökande anmälde sig tvenne ofrälse män, ett hofrättsråd vid namn Tollstedt, stark Mössa, och en lagman Paléen, ifrig Hatt fordom bonde-sekreter, det vill säga styresman för en fjärdepart af dem, som styrde riket. Båda blefvo af rådet uteslutna från förslaget, på den grund, att en vicepresidentssyssla utgjorde ett af rikets högre ämbeten och enligt adelns privilegier således endast tillhörde detta stånd.

Här var nu ej fråga mer om partiernas olika tänkesätt. Ett nytt tvisteämne uppkastades emellan frälse- och ofrälse-rättigheter. I Sverige utgör en syssla dagligt bröd, och under ett i själfva verket demokratiskt regeringssätt borde rådet darra för det hämnderop, som från alla kanter upphäfde sig mot dess aristokratiska grundsatser.

Tvisten var en ännu till namnet okänd Jakobinisms första gnista, men som hotade att brista ut i full låga vid första tillfälle. Detta utbrott, skådadt af rådet på afstånd, fick oförmodadt luft vid den riksdag, som i anseende till en ny konungs tillträde till regeringen var en nödvändig följd, utstakad i Regeringsformen och som i Stockholm öppnades i juni månad 1771.

Under denna sinnenas förbistring hade Gustaf III anländt till Karlskrona den 18 maj 1771, och syntes af hjärtat sysselsatt att dämpa de stridigheter, hvars tillväxt utgjorde hans och franska ministerns åstundan.

Versailles nya ministär, till hvars chef hertigen af d'Aiguillon blifvit utnämnd (oaktadt den dödsdom Paris' parlament nyss förut fällt öfver honom), klandrade bland andra dess företrädares och i synnerhet hertigen af Choiseuls felsteg att på de utländska kabinetten utösa ofantliga summor.

En större sparsamhetsanda syntes ingå i d'Aiguillons utländska politik och vid detta tillfälle tjänade de afsikter man i Versailles fattat, att i Sverige göra en regementsförändring. Franska ambassadören grefve Vergennes anlände till Stockholm, men efter utsago obemedlad. De ryska rublerna och de engelska guineerna fingo öfvervikten och med detsamma Mösse-partiet och den demokratiska förbittringen.

Konungen önskade, som sagdt är, ingenting högre, men hans första försök på denna politiska bana var ett det farligaste och tillika mest invecklade någon prins företagit och gjorde själfva banan till en af de slipprigaste någon monark genomvandrat. Han skulle med äfventyr af sin egen krona (för att utvidga dess makt) underblåsa det rådande partiets öfvermod, locka det till utsväfningar samt grunda på de felsteg, öfverdåd alltid åstadkommer, sina ärelystna afsikters utförande. Han skulle insöfva sina motståndares misstroende till hans redan kända egenskaper, om möjligt vore uppväcka deras förakt, men tillika underhålla den nödiga aktning hos sina egna anhängare, för att ej genom deras misströstan förlora ett understöd, som var honom oumbärligt.

Inom sitt eget hof fann han ett hinder i sin egen mor, hvars lättsinniga regeringssjuka han kände. Med förtjusning samtyckte han således till hennes föreslagna resa till Berlin, som hon samma år om hösten 1771 anträdde med sin dotter, prinsessan Sofia Albertina.

Prins Karl var fjättrad af grefvinnan Löwenhjelm och hon genom nöjen vid konungens hof. Prins Fredrik var i de lyckliga men tillika obetydliga åren, då tidsfördrifven bestå i att uttrötta skjutshästar på landsvägen och sig själf på jakt i skogen. Regerande drottningen, ostörd lämnad åt en orkeslös lefnad, hade trott störa sin ro, om hon tänkt på en gemål, som så litet tänkte på henne.

Monarken, fredad på alla dessa sidor, fäste numer blott sin uppmärksamhet på ständerna, och för att undandraga sig deras misstankar, yttrade han inga andra bekymmer än de han tycktes förspörja öfver sinnenas söndring, samt sysselsatte sig i sin enskilda lefnad efter utseendet med de obetydligaste föremål. Han gjorde många småresor emellan lustslotten, inrättade en svensk opera-trupp, försummade få af dess repetitioner, broderade själf jämte hoffröknarna på båge aktörernas kläder och lät ständerna tro, att det största storverk hans omtanke kunde åstadkomma, var en ordensinrättning, den han med deras samtycke instiftade den 28 maj 1772, till belöning för landets och fria konsternas odlande, under namn af Vasaorden. Den bestod af en oval, genombruten rundel med en vase midt uti, hvilken medaljong af riddarne bars på ett grönt band omkring halsen; kommendörerna buro sina band öfver axeln en bandoulière; de af stora korset voro utsirade med stora broderade stjärnor på rocken. Med ett ord, han förblindade till den grad sina motståndare, att själfva 1772 års revolution ej kunde betaga dem den tanke, att naturen förnekat honom både det politiska och fysiska kuraget. Hans täta föreställningar till hvartdera partiets hufvudmän att förena sina olika intressen ansågos som nya bevis på hans försagda feghet. Men under det han med lönliga men ej desto mindre stora steg hastade till sitt föremål, vakade försynen flera gånger öfver, att det ej blef röjdt genom hans egen oförsiktighet.

Vid Haga gick han af och an i ett rum med sin bror prins Karl och rådgjorde om hela revolutionstillställningen. En page vid namn Cederfeldt, som satt bakom en skärm och där somnat, vaknade vid deras tal, tordes då ej yppa sig, afhörde hela planen, men var konungen nog tillgifven att sedan genast för honom uppdaga hvad han hört med löfte om en tystlåtenhet, den han höll, och som någon tid där- efter grundlade hans framtida lycka.

Samma sommar 1772 lögade konungen sig vid Ekol- sund, saknade vid återkomsten ett papper, där hela samman- gaddningen var upptecknad, vände genast om till samma ställe, där han efter ett par timmar blef varse sin förlust och ännu fann papperet kvar på stranden.

Prins Karl, svag och kär, upptäckte hela hemligheten för grefvinnan Löwenhjelm, ett ungt fruntimmer af aderton års ålder. Naturen gjorde här ett fenomen. Hon teg.

Ständerna voro i den djupaste okunnighet om allt hvad mot dem förehades. De gingo i sin yra och sin tvedräkt samt det rådande partiet i sitt öfvermod blindt in i den snara, som var utsatt för dem. Den 13 juni 1771 öppnades riksdagen. Hofmarskalken baron Axel Leijon- hufvud, en svag, hofvet tillgifven, ända till pedantism sirlig man blef landtmarskalk. De andra stånden valde till sina talmän hofvets största motståndare. Den aflidne konung Adolf Fredrik var knappt jordfäst, förr än de började sysselsätta sig med rådets afsättande, gjorde af fruktan en guldbro åt riksrådet grefve Sinclaire, och, då de ej vågade låta honom dela sina medbröders öde, utnämnde de honom till generalguvernör i Pommern. De bortgåfvo sysslor till sina anhängare, kullkastade alla näst föregående riksdagars för- fattningar och i synnerhet beifrade de med all bitterhet den nyligen uppkomna frågan om åtskillnaden i tjänsteväg mellan adel och ofrälse, påstodo rättigheterna å ömse sidor vara lika samt öfversvämmade landet med smädeskrifter, som likväl ej blefvo obesvarade. Riksrådet Beck-Friis drog ej i betänkande att vid ett stort bord göra en lång historia om en rackare, som på väg att drunkna, emedan ingen vålade att hjälpa honom, blef frälst dymedels att han föll på det lyckliga rådet att ropa, att han vore en odalrackare.

Ofrälse soldaten, en skarp libell mot adeln, handterade ej detta ståndet ömmare.

Sådant underblåste elden, men oaktadt bitterheten syntes hafva stigit till sin höjd gjorde ej oenigheten nog hastiga framsteg. En lämning af patriotism hos de klokare i båda partierna hämmade ännu tvedräktens utbrott, då för att häfva detta hinder, kompositionspartiet påhittades, för hvilket konungen själf gjorde sig till hufvudman.

Från den stunden tycktes själfva furierna hafva bemästrat sig allas sinnen. Det rådande partiet uppehöll sig flera veckor med blotta orden: »*Oafbruten Regering*», som skulle införas i konungaförsäkran, till förekommande af ett dylikt steg som det konung Adolf Fredrik tagit 1768. Det lät äfven oförsynt trumla efter den, som låtit trycka ett af den nye konungens tal, däruti han förmanat talmännen, som han uppkallat, till samdräkt. Mild, öm, vänlig, syntes monarken detta oaktadt outtröttlig i sin föresats att befordra nämnda föremål, men vid minsta tecken till framgång i ett förslag, som så snörrätt stridde mot hans afsikter, hade han lönliga sammanträden på lustslotten, i skogar, hvar som helst med illasinnade medborgare, som gjorde om intet alla fredsunderhandlingar. Man lät bondeståndet förstå, att det ej var oberättigadt att bekläda rådsstolarna. En vid namn Lidberg i borgarståndet kittlade till och med Hjos och Trosas borgmästares öron med berättelser om Roms konsulers forna makt. Demokratiens raseri, lik eldens som ökas af sin egen tillväxt, började slutligen ej känna några tyglar, knappt sina egna hufvudmäns, som medels sitt inflytande inom hvardera sitt parti tycktes hafva något slags anseende af aristokrater.

Sinnena tycktes vara i den häftigaste jäsning, då kröningsakten den 29 maj 1772 och hyllningen trenne dagar därefter den 1 juni på kort tid gåfvo dem ett föga varaktigt lugn.

Ceremoniers beskrifning tröttar, men man har svårt att lämna ur all åtanka en högtidlighet, där svenska rådet spelte en roll förmodligen för sista gången. Somliga af rådsherrarne i talarer till häst, förde på blå sammetshyenden regalierna: kronan, spiran, svärdet, äpplet, nyckeln samt manteln af karmosinsammet med guldkronor. Riksrådet Ribbing näst konungens person förde riksbaneret. Riksrådena Gyllenstierna och Beck-Friis voro utsedda till drottningens écuyers. Två rådsherrar anförde krigsbefälet. Själfva kröningsakten förrättades i Storkyrkan af ärkebiskop Beronius, men tåget dit gjorde en omväg förbi Skeppsbron, där åskådarnas myckenhet, skeppen som flaggade, flera vivat, som ropades af matroserna i tackel och tåg, förenade något glädtigt med själfva högtidlighetens majestät. Ordningen bibehöll folket inom sig själf, då militärens ganska ringa antal var därtill otillräcklig. Stockholms pöbel hade ännu ej blifvit upphetsad till tygellösa utsväfningar. Vid aftonmåltiden i rikssalen sutto konungen och drottningen ensamma vid ett bord uppvaktade af rådet. Öfverstar inburo faten, kammarherrar förrättade pagernas syssla. Arfprinsarna Karl och Fredrik Adolf åto vid ett särskildt bord, uppvaktade af hofmarskalkar.

Följande söndag sjöngs Te Deum i Slottskapellet under pukor, trumpeter och styckeskott. Vid sådana tillfällens långvariga gudstjänst, där sinnena blott sysselsättas, afmäter hvarken andakten tiden eller tiden andakten.

Ceremonien vid konungens hyllning den 1 juni öfverträffade nästan själfva kröningens högtidlighet i anseende därtill, att ett helt folks representativa majestät syntes här liksom ännu mera uppdagadt. Ställets läge bidrog äfven att förtjusa sinnena. Man hade därtill valt Logården, en af kungl. slottets borggårdar, som har utsikt mot sjön. Kungliga tronen var upprest mot själfva slottet under en himmel af blå sammet. Inom samma afskrankning sutto å ömse sidor prinsarna och rådet. Till höger om tronen, utom denna balustrad, var drottningen placerad med hela hofvet. Till vänster andra af de förnämsta åskådarna och de främmande ministrarna i loger öfverklädda med blått kläde med gula kronor och täckta med ett tälttak i prismatisk form, prydt med flaggor af alla Sveriges provinsers vapen. De andra tre sidorna äfven intagna med dylika loger uppfylldes af alla fyra stånden, krigsbefälet samt fruntimmerna. I öppningen mot tronen låg ett tremastadt skepp beflaggadt och bevimpladt, där en militärisk musik understundom lät höra sig. Den afstannade, då konungen höll sitt tal, vackert, lämpligt, utfördt med hög stämma och behagliga manér. Det var folkets fader, som rådde sina barn till enighet och samdräkt. Kunde de förmoda efter en så öm varning, att han så hastigt ämnade göra dem till urarfva? Eden förestafvades de olika stånden efter hvarandra af riksrådet Düben, hvarpå dem lämnades tillträde att mangrant kyssa hans majestäts hand, och ögat förlorade under de särskilda personernas granskning, hvad det hos dem beundrat i det hela. Om aftonen var i rikssalen en ceremonibal.

En vida gladare bal gafs få dagar därefter åt gemene man på samma logård, där hyllningen försiggått. Intet underläts för att vända deras välvilja till den unga frikostiga monarken. En dominobal med stor supé på slottet samt en ganska präktig bal, som ryska ministern grefve Osterman gaf i sitt hus, utgjorde och afslöto alla de öfriga festerna.

Riksdagsärendena begynte åter sysselsätta de maktägande. Konungen, som knappt kunde räknas till deras antal, tycktes ensam vara bekymmerslös. Med Svenska Botten (så kallade sig den del af riddarhuset, som ingått med konungen i hans kompositionsparti) roade han sig understundom att utföra små krigsevolutioner på Ladugårdsgärdet. Ingenting var menlösare. En olycka inträffade likväl härvid. En ung baron Stjerncrona blef händelsevis den 17 juni vid en dylik exercis omkullriden af öfverste Sprengtporten, slog hufvudet i en sten och dog följande dag.

Vid dessa militäriska lekar, som i sakernas nuvarande ställning hade ett tvetydigt utseende, kunde en ung grefve Löwenhjelm ej afhålla sig från att vid en liten supé i enrum med monarken tillstyrka honom att ej alldeles låta denna ungdomens nit kallna utan begagna sig däraf. »Åh,» sade konungen, »äpplet är ej ännu nog moget.» Sådana oförsiktiga uttryck undföllo honom ibland. Det var ett mödernearf; men då han alltid var nog lycklig att ej yppa sig för andra än de, hvars tystnad ej förrådde honom, lades intet hinder i vägen för hans afsikter.

Ofvannämnde öfverste Sprengtporten var ansedd för Svenska Bottens hufvudman, följaktligen för en af konungens ifrigaste anhängare. Han hade i sin karaktär eld, djärfhet, flera stora militäriska egenskaper, men tillika en så öfverdrifven äregirighet, att denna var nästan märkt med ursinnighetens stämpel. Under förevändning af en saltkommissions bestyrande afsände ständerna honom till Finland, dit han begaf sig med behöriga instruktioner i ett helt annat ämne från konungen, hvilken själf med sin bror prins Karl begaf sig till Loka bad.

Vid samma tid gjorde drottningen en resa till Claëstorp i Södermanland för att aflägga ett besök hos sin forna hofmästarinna grefvinnan Stromberg, som stått hos denna prinsessa i en oafbruten nåd allt ifrån ankomsten till landet. Denna drottning hade i vänskapsvägen en ståndaktighet, som förtjänar anmärkas. Hennes dåvarande hoffröknar Uggla och Duvall voro hennes, och det besynnerligaste, hvarandras favoriter, förblefvo det utan moln och äro det ännu i denna stund, jag det antecknar oaktadt ett förlopp af några och tjugu år.

Hofvets skingring sommaren 1772, dess oskyldiga tidsfördrif, då de kungliga personerna åter råkades, allt bidrog att förblinda. Konungens höga kall fordrade hans närvaro i Stockholm, men hälften af hvarje vecka tillbragte han på Ekolsund. En regent, som så litet älskade affärer, kunde svårligen misstänkas umgås med anläggningar, brydsamma för ständerna.

Dessa voro nu mera alldeles otyglade, då ledsnaden vid en tröttsam riksdag bragt deras förnämsta motståndare att begifva sig på landet, och de började hota med ej mindre än en extra kommission — en räfst med själfva adeln. Det var där — det var vid den förtviflan ett sådant förslag uppväckte, som monarken väntade dem.

Enkedrottningen var stadd på återresan från Preussen. Riksrådet Sinclaire afsändes att mottaga henne i Stralsund,

Prins Karl till Skåne, ty revolutionsplanen innefattade till sina följder hela riket och till sin utförsel hela dess vidd. Denne sistnämnde herre hade blifvit precederad af jägmästaren Toll, hvars djupa snille, outtröttliga bemödande och ganska lediga moral hunnit så bereda vägen, att vid prinsens ankomst till Landskrona, han där genom en kurir blef underrättad, det den 12 augusti en kapten vid namn Hellichius (sedan Gustafsköld), som kommenderade en bataljon af konungens regemente i Kristianstad, låtit tillspärra denna fästnings portar och en budkafle utgå, uti hvilken han uppsade riksens ständer, som han kallade ett löst parti, all tro och lydnad.

Detta var ett formligt uppror, men en lika formlig lag förbjöd under ständernas sammanvaro truppers sammandragande, dem oåtspordt. Tiden tycktes ej medgifva ett dylikt uppskof. Alla de förnämsta officerare och egendomsherrar blefvo genast af prinsen kallade till en krigskonselj, hvars beslut stannade däruti att sammankalla trupper och marschera mot Kristianstad. Det rådande eller Mössepartiet i Skåne var det ifrigaste att anskaffa proviant och krigsförnödenheter. En löjtnant Boltenstern affärdades genast till Stockholm med bref i sin taskbok till konung och råd men tillika med en särskild rapport till den förstnämnde, insydd i sin ridsadel.

Innan hans ankomst hade ryktet om hvad sig tilldragit, redan ankommit till residenset genom öfverståthållaren Rudbeck. Man hade på en hans resa vägrat honom att slippa in i Kristianstad. Han ilade till Stockholm med denna underrättelse till sitt parti och vardt förundrad att finna dess hufvudmän i full kunskap om hela sammangaddningen.

Stulen ur franska kansliet, hade planen därtill kommit till England, därifrån till detta rikes minister i Sverige, chevalier Goodrike. Riksrådet Funck utnämndes genast till generallissimus. Upp- och södermanlänningarna uppbådades till Stockholm, och vid öfverståthållare Rudbecks ankomst dit var öfverläggningsämnet i rådande partiet, om man ej borde bemäktiga sig konungens person. Den engelska

ministern och den ryska grefve Osterman styrkte därtill,
men Funcken afstyrkte det på den grund, att konungens
fall väl i början skulle medföra deras, som voro hans an-
hängare, men kunde sluta med hela adelns ofärd, då ingen
makt vore i stånd att styra ofrälseståndens raseri. Denna
erinran frälste Gustaf III i det äfventyrliga vågspel, på
hvilket han själf satt sin krona.

Han var försagd. Revolution hade utbrutit i Skåne,
men motvind hindrade att få några tidningar, huru öfverste
Sprengtporten lyckats i detta ämne i Finland. Utan
minsta motstånd hade denne eldige officer där haft den
utmärktaste framgång, med list bemäktigat sig riksrådet
Reuterholms person, fästningarna Lovisa och Sveaborg.
Kommendanten på sistnämnda ställe, general Biörnberg,
en uråldrig man, plågad af podager, ropade i första be-
störtningen: »Hvar äro mina jungfrur? Hvar äro mina
pistoler?» Jungfrurna kommo fram, pistolerna togos bort,
och inom fjorton dagar besvor hela Finland 1721 års
regeringsform, men lydde sedan utan invändning eller det
minsta klander den, som antogs den 21 augusti 1772 i
Stockholm.

Konungen i full okunnighet om dessa lyckliga om-
ständigheter var villrådig då riksrådet Kalling, hofvets
häftigaste motståndare, äskade audiens af honom, begärde
att få se det enskilda bref prins Karl tillskrifvit sin bror
och ville utforska i konungens uppsyn, hvad del han hade
i skånska oroligheterna. Monarken märkte detta, svängde om
på klacken på så sätt, att riksrådet Kalling fick solen i ansiktet
på sig och konungen dymedels rådrum att hämta sig. Hans
vältalighet hade så när bragt Kallingen att tro det hela
hans parti misstagit sig på konungens tänkesätt.

Dennes oro minskades ej af detta besök. Han märkte,
att hans motståndare hade kunskap om hans planer, och
han blef öfvertygad därom genom en biljett af en grefvinna
Posse, född Wrangel, som bekommit säker underrättelse i
detta ämnet af en släkting, en hofpredikant Wrangel. För-
synen hade verkat för omedelbart, därest en revolution

kunnat utföras utan någon åtgärd af fruntimmer och präster. Faran för monarken var större än han själf förmodade. Riksrådet Düben hade uppgifvit det rådet att bemäktiga sig Boltensterns person och aftvinga honom sanningen genom pinligt förhör i Rosenkammaren. Men Boltenstern var redan afrest och bragte till prins Karl framför Kristianstad, där han låg med de trupper han samlat, tidningar som drogo denne herre ur ett så betydande bekymmer, att han med sin rådslagare, generalen baron Hampus Mörner var redan sinnad att förfoga sig ombord på tvenne franska fregatter, som express lagt sig utanför Ystads redd, i afsikt att frälsa honom vid tillfälle af en olycklig utgång.

Den dolda makt, som utan fria viljans tvång hos människorna efter sitt behag styrer händelsernas lopp, hade som sagdt är hindrat riksrådet Dübens förslag yppas i rättan tid. Hade det skett, stode ej 1772 års revolution bland de svenska häfderna. Detta projekt uppgafs den 18 augusti; den 20 inväntades till Stockholm de uppbådade trupperna. I sin bestörtning rådfrågade konungen skriftligen dåvarande major Saltza, som låg sjuk, huru han skulle förhålla sig. Denne officer, ingenting mindre än djuptänkt, men som var kall och käck, svarade med få ord: »I morgon eller aldrig». Samma afton var stor supé och konsert på slottet. Den muntraste, den ledigaste i sällskapet var konungen. Han jollrade med fruntimmerna, bläddrade i notböckerna. Följande dagen den 19 augusti ändrade han svenska regeringssättet.

Bittida om morgonen denna dag samlades omkring hans person några af hans förtrognaste, kammarherren baron Taube, stallmästaren grefve Leijonhufvud, korporalen vid drabanterna major Boije samt flera andra. Han utdelade bland dem penningar som nu mer ej tröto, sedan han af franska och spanska hofven undfått öfver 80 tunnor guld till sina afsikters utförande. Det teatraliska öfvergaf ej en gång denne prins vid detta tillfälle. I det han gick ur sina rum, sade han åt de närvarande: »Skulle jag omkomma, så lämna min blodiga skjorta till min bror, prins Karl.» Orden voro af en hjälte, men uppsynen var litet modfälld, rösten litet stapplande och alla hans rörelser lifligare än hans hy. Han hämtade sig likväl strax, och hela hans uppförande var sedan lämpadt till det djärfva steg han tog.

Gardesvakten ombyttes klockan tio förmiddagen vid hans utgång ur slottet. Han förfogade sig till dess högvakt, där alla officerare voro samlade. De flesta af dem tillhörde Svenska Botten och voro honom tillgifne. Han hade knappt börjat yppa sitt anlitande förr än den orolige riksrådet Kalling ville tränga in i samma rapportsal, men vid ingången blef han så klämd, så illa bemött, att konungen utan afbrott fick fullfölja sitt tal. I korthet antydde nu konungen för de närvarande officerarne: att rikets väl ömmade honom för mycket för att han ej trodde sitt kall äska, att som förste medborgare i riket söka hämma det våld, man där såg hota den personliga säkerheten, att hans ändamål ej var att åter införa enväldet, men väl att ställa alla saker på den fot, de voro förc 1680, hvilket han bedyrade vid sin paroll och edeligen.

En ung baron Liewen, då löjtnant vid Gardet, afbröt hans tal med att lyfta fingrarna i vädret och svärja honom tro och huldhet. De flesta officerarna, hvaraf en del voro i förtroendet, följde dennes exempel. En baron Düben dånade. Baronerna Fredrik Cederström och Taube samt en annan kapten vid namn Löwenhjelm öfverlämnade sina värjor. De båda sistnämnda återtogo dem genast. Den förstnämnde var obeveklig. »Baron Cederström,» sade konungen, förfärad af ett dylikt efterdöme, »huru kan en adelsman sätta i jämförelse sin konung eller några borgare?» — »Jag har svurit dessa senare min ed,» svarade Cederström med en ferm röst (nästan den enda frihetsandan upphof vid detta tillfälle), »och som jag ej kan återtaga min värja utan att bära den mot eders majestät, är jag nöjdast med ödets skickelse, som lämnat den i en konungs händer, jag vördar utan att nu kunna försvara.» Tiden var för knapp till långa tal. Vakterna skulle bytas om, de förenades, och under det kedjorna drogos upp ikring slottet, ryckte hela vakten samfäldt inom borggården, just i det ögonblick då i ett obetydligt ämne någon skiljaktighet i tankarna yppades inom rådet, som efter vanligheten var samladt i rådssalen. Riksrådet Wallwijk blef händelsevis från fönstren varse någon ovanlig rörelse. Han bad sina medbröder upphöra, emedan konungen själf tycktes på borggården justera protokollet. De ville rusa ut men möttes i dörren af kapten Aminoff, som med vakt beledsagade hvarje rådsherre i olika rum inom slottet.

Då af fruktan att uppväcka misstankar ingen anstalt var gjord till ammunitions anskaffande, och följaktligen den var så otillräcklig, att de kanoner man dragit utanför slottet ej en gång voro laddade, fann konungen rådligast, att, klockan mot tolf, sedan han åt gardet låtit utdela penningar, rida med dragen värja i spetsen för en del däraf till artillerigården, hvilken han bemäktigade sig, allt under folkets tillopp, glädjerop och hurrningar.

General Pechlin, som af ingen fara kunde blifva försagd, hade vid första tidning om konungens förehafvande, rådt att förekomma honom häruti, men alla kontrapartiets chefer förlorade nästan all sansning. Sekreta utskottet skingrades själfmant. Öfverståthållaren Rudbeck sprang halft ursinnig på gatan och ville uppreta menige man, men förgäfves. Han, en präst vid namn Ruström, en Engström, en Lode, bondesekreteraren Odelius samt några få andra arresterades genast, och på själfva artillerigården öfverlämnade generalen grefve Hessenstein, oäkta son af konung Fredrik I, i egen person sin värja åt konungen, hvars anbud, att näst under honom föra befälet i staden, denne till monarkens stora förundran afslog. Då general Pechlin såg, att allt var förloradt, begaf han sig bort, men upphanns i Södertelje af en löjtnant Hjerta, som hade order att under fängsligt förvar återföra honom. Pechlin begärde att få se hans skriftliga order, dessa kunde han ej framte. Pechlin visade sina, som han undfått få dagar förut af rådet, hotade Hjerta själf med arrest, fortsatte sin resa, sökte uppbåda Jönköpings regemente, hvars chef han var, men blef gripen i Jönköping, förd först till Gripsholm, sedan till Stockholm och satt längst inne af alla fångarna, af hvilka de flesta utsläpptes strax efter det 1772 års regeringform blifvit af ständerna antagen.

Intet undföll monarkens omtanke. Vakt skickades till banken, till stadens tullar och till de främmande ministrarnas hus. Officerare affärdades till Upp- och Södermanlänningarna, som ej voro två mil från residenset, med order att vända om igen. En baron Claës Cederström, hvilken kommenderade Upplänningarna och som bort draga sin värja, öfverlämnade den. Soldaterna trakterades, välsignade monarken och lydde. Han fortföljde med en förundransvärd sinnesledighet sitt påbegynta värf, skickade komplimanger till de arresterade herrarnas fruar med försäkran, att intet ondt skulle vederfaras deras män, och, för att öka sina anhängares synliga antal, fäste han omkring sin arm, som revolutionstecken, en hvit näsduk. Detta antogs genast af alla, vänner och ovänner. Hans återfart från artillerigården liknade ett segertåg. Han själf ansågs för en hjälte. Truppen ökades af borgerskapets kavalleri till häst, och båda partierna funno sig inom ett par timmar lika märkta, lika nitiska i gemensamma patruller och lika glada, som de påstodo, öfver en så lycklig förändring, hvilken vid konungens yttrade mildhet till och med emot rådet, som han om aftonen besökte i deras rum, syntes åtminstone ej blifva blodig.

Följande dagen emottog han i stadens rådhus borgerskapets ed, utfärdade en despotisk befallning till alla Stockholms invånare att hålla sig stilla inom sina hus, samt lämnade tillträde åt de främmande ministrarna, hvars lyckönskan öfver hans framgång han besvarade med modesti men värdigt. Alla undfägnades på slottet. Det var likt ett läger i anseende till den myckenhet officerare, som strömtals gingo ut och in. Kansliet var oupphörligen sysselsatt med kurirers affärdande, som skulle till alla städer och orter i riket sprida berättelsen om denna stora händelses lyckliga utgång. Anarkiens förkrossande, efterlängtad af hela landet, uppväckte en glädje, som hindrade nationen att blifva varse de nog synliga bojor, ständerna antogo och besvuro på rikssalen den 21 augusti 1772.

De stora, de oersättliga, en nations rättigheter: själfbeskattning, krig, myntvaluation, personlig- och egendomssäkerhet, blefvo väl i bokstafven nationen förbehållna i den nya regeringsformen, men all motvikt mot konungamakten försvann, då rådet enligt den borde tillsättas af regenten och vara honom ensam ansvarigt för sina göromål. Fina tvetydigheter voro i samma grundlag så spridda i nästan hvarje paragraf, att inga misstag af lagskipande makten ej dymedels kunde urskuldas. Men biskop Serenii yttrade förmodan vid åsynen af de kanoner, som omgåfvo rikssalen, att ofelbart den nya grundlagen blifvit antagen utan granskning såsom ett jus canonicum — denne förmodan säger jag blef till fullo uppfylld. Ingen röst upphäfde sig, ingen enda invändning uppkastades mot den nya regeringsformen.

Man påstår, att flera regeringsformer varit till hands, och att, mindre försagda, ständerna bekommit, om de förkastat denna, en annan som varit mera lämplig till friheten. Till detta föregifvande har likväl konungan alltid nekat och påstått, att om han blifvit bemött med ett oförmodadt afslag, han då stigit upp från sin tron, sagt sig böra genom sin närvaro stilla folkets otålighet samt lämnat ständerna en timmas betänketid med försäkran, att han ej kunde afstå från den nu förelagda och med mogen öfverläggning sammanfattade regeringsformen.

Som ofelbart kan likväl antagas, att den nye lagstiftaren till den grad fruktade grundlagens granskning, att bland flera mått och steg, som han vidtog för att undvika all motsägelse, hans omtanka sträckte sig så långt, att blott för den dagen beordra kammarherren baron Essen, en af hans ifrigaste och djärfvaste motståndare, till vaktgöring hos sig, på det denne såsom tjänstgörande skulle vara på rikssalen utan röst.

Som nämndt är, upphäfdes där ingen stämma till nej. Ett allmänt och gällt ja betog monarken all oro, och denna förminskades de följande dagarna genom de olika kurirernas ankomst, som utom tidningen, att Kristianstad öppnat sina portar, äfven medbragte underrättelse om hela rikets till- fredsställelse och bifall till en regementsförändring, högst nödvändig, högst märkvärdig i alla tiders häfder samt högst ärofull för monarken, som ej befläckat den med en droppa blod, och med så liten förändring i sysslornas ut- delande, att utom rådet, af hvilket ganska få bibehöllos, fältmarskalken grefve Axel Fersen var den enda, som mot sin vilja ökade antalet af de nya riksråden, och öfverståt- hållaren Rudbeck en af de få, som nödgades ombyta ämbeten. Han bekom Uppsala län i stället för den syssla han beklädt.

Nådebetygelser däremot utdelades till öfverflöd. Två- hundra adelsbref, en myckenhet band, medaljer, dekorationer af alla slag, svärdsordenstecken. Dessa senare till en sådan mängd, att en ung baron Lantingshausen, som vid detta tillfälle blef dubbad, svarade på tillfrågan, när han blifvit riddare, att det skett vid ett stjärnfall. Till och med *pager* blefvo svärdsordensriddare, och glädjeförtjusningen var så öfverdrifven inom hofvet, att det var länge som dessa och drabanterna gåfvo ton och där öfverröstade både fruntim- merna och de förnämare ämbetsmännen.

Drottningen var den enda konungen bemötte med köld. Hon med sina fruntimmer och ett par kavaljerer lefde i en ostörd enslighet på Ekolsund sju mil från Stockholm, då revolutionen förehades. Första tidningen därom, men obestämd medbragte en underofficer af Upp- länningarna på detta regementes återmarsch. Hon mötte på en promenad i vurst om eftermiddagen den 20 augusti flera kärror uppfyllda med soldater. Af dem åstundade hon få någon närmare underrättelse; det var omöjligt. De hurrade, viftade med hattarna och tackade öfvermåttan för god för- plägning. Om aftonen samma dag ankom först kammar- herren grefve Löwenhjelm som kurir från konungen. Han hade ensam företräde hos drottningen, som ej kom ut till supén. Då audiensen var slutad, omgafs han af fruntimmer och frågor. Midt under dem dånade han, uppbars i sin kam-

mare, följande morgon klockan fyra var han redan borta.
Hela drottningens hof, lika okunnigt som nyfiket, blef först
underrättadt den 21 augusti vid middagstiden af en löjtnant
Rosen om förloppet af en händelse, som så nära rörde
hela riket.

Flera resande foro från alla kanter förbi Ekolsund
men lika illa underrättade om själfva omständigheterna,
visste de blott, att en revolution gått för sig och hastade
till Stockholm för att däröfver betyga sin glädje. Konun-
gen gaf i detta ämne mycken uppmärksamhet på de olika
graderna af nit, och hans forna guvernör grefve Bjelke,
åter nu af honom utnämnd till rådsherre, men som dröjde
något med sin tacksägelse, kunde aldrig rätt försona denna
försummelse och blifva lika väl anskrifven som förut.

Tiden gaf ett sådant tankesätt vid handen, men för
det närvarande syntes all tvedräkt, alla olika intressen, till
och med partiernas namn vara fördränkta i glömskans haf.

Vid Ekolsund hade under konungens frånvaro regerat
en ödslig tystnad. Den afbröts vid hans ankomst dit i
slutet af augusti månad. Det var ett nunnekloster, som
förvandlades till ett läger. Alla drabanter syntes käcka,
alla pager glada, alla fröknar så milda, så vänliga mot
konungens svit, att de uti sitt uppförande liknade Calypsos
nymfer mot Telemaques vänner. Drottningen ensam teg,
neg, stapplade på tungan. Konungen, i förtjusning öfver
revolutionens lyckliga utgång, tänkte ej på annat, talade ej
om annat, men aldrig med henne. För att tydligen gifva
sitt missnöje tillkänna, red han ifrån henne den 17 sep-
tember, då hon till häst farit emot och sedan afvaktat
honom vid Grans gästgifvaregård, samma dag han åter-
kommit från en resa till Stockholm, dit han farit för att
möta forna öfversten, nuvarande general Sprengtporten, som
uppehållen af motvind, nu först med sina trupper kommit
från Finland till residenset. Det var ej långt från afrätts-
platsen vid Skanstull, han träffade denne general, drog
ut sin värja och på stället dubbade honom till kommendör

af svärdsorden. Ett helt olika svärd hade här blifvit blottadt i helt olika afsikt, om lyckan varit oblid.

Prins Fredrik hade i Östergötland å konungens vägnar emottagit undersåtarnas ed och mött konungen vid Ekolsund, men det var först den 18 september prins Karl anlände dit från Skåne. Hans och konungens famntag utmärkte å ömse sidor en djup kunskap om tragediens förnämsta reglor. Fruntimmerna voro rörda till tårar, hela hofvet bragt i förtjusning. Somligas verkliga, andras tillgjorda glädje öfver den timade förändringen förenade sig till den grad, att man var nästan som insvept i moln af rökverk, dem konungen väl ansåg som en söt lukt, men som dock på intet sätt minskade hans vänliga umgängessätt. Prins Karls hufvud tålte mindre härvid. Han bevärdigade sällan någon annan än generalspersoner med ett ord. En grefve Hamilton, drottningens kammarherre, ådagalade sin förundran öfver ödets skickelse, som vid hela revolutionen ej tillåtit annat blod att rinna än en hästs, hvilken blef blesserad af en förflugen kanonkula från Kristianstads fästning, samt tillade, att vid så liten utstånden fara gafs mycken anledning till fägnad, men ej den minsta till att alexandra. Det ordet verkade, prinsen talade från den stunden äfven med kammarherrar.

Änkedrottningens och prinsessan Sofia Albertinas ankomst från Berlin den 20 september ökade det allmänna sorlet om ej glädjen. Trängseln blef sådan, att under deras tre dagars vistande på Ekolsund det kungl. hofvets kavaljerer måste kampera i tält. Under återresan hade änkedrottningen i Stralsund fått ett återsken af all den äras glans, som i fäderneslandet omgaf hennes son. Hon hade emottagit den nya tro- och huldhetseden af hela Stralsunds garnison under all vanlig militärisk honnör, hvilket så mycket mer borde fägna henne, som hennes bror, konungen i Preussen, åtminstone ej bortskämt henne med smicker.

På klagan där att hennes bord ej var nog kostbart, indrogos några rätter. På de besvär hon anförde mot sin son konungen i Sverige, blef enda svaret, att hon vore den lyckligaste af alla Preussiska monarkens systrar.

Blodsbanden, som så litet verkade på denna herre i ceremonivägen, gjorde dock på honom något intryck i den politiska, om man skall tro hans eget yttrande. Vid första tidningen om svenska revolutionen var han i tanke att begagna sig däraf och inkräkta Pommern. Han afstod likväl från denna föresats, utan tvifvel egentligen därtill föranledd af det kloka eftersinnande, att en ökad konunga-makt i Sverige förskaffade honom med detsamma en ökad motvikt mot Ryssland, hvars tillväxande styrka han skär-skådade under dess rätta synpunkt.

Hvad han insåg, undföll ej heller den ryska ministären, men denna makt, ännu alltjämt invecklad i ett blodigt krig med Turkiet, ville ej genom ett nytt fredsbrott ådraga sig nya fiender. Den sökte, som det föregafs, sätta Dan-mark i harnesk, men detta är mindre troligt.

I Köpenhamn hade vid slutet af år 1771 tilldragit sig en revolution inom kungl. huset. Regerande drottningeu Karolina Mathilda, en engelsk prinsessa, hade blifvit störtad från tronen, förd fängslad till Kroneborgs slott, därifrån af-hämtad med engelska skepp, och vistades nu i Zelle i Hano-ver. Änkedrottningen Juliana Maria och hennes son prins Fredrik förde nu rikstömmarna, men de voro vacklande. Det var ej en tidpunkt, som medgaf ett fredsbrott mot Sverige, då de i anseende till de nyss förlupne händelserna ej ännu voro försonade med England.

Samma missförstånd hindrade sistnämnda rike att göra gällande det verkliga missnöje det försporde öfver svenska revolutionens framgång såsom menlig för deras handels-intressen, hvilka under partiernas styrelse ofta kunde ledas på sätt Englands minister själf åstundade.

Allt sammanstötte för att lämna den unga svenska monarken ostörd i sin nya makt, då hans kitslighet, ung-dom, åtrå efter all slags ära, törhända omogna råd af mogne män bragte honom att själf upptända en eld, hvars lågor, om de till fullo utbrutit, han törhända ej varit i stånd att dämpa.

På anledningar, som sedan befunnos ogrundade, rörande det missnöje som regerade i Norge, jämte den böjelse detta land hade att underkasta sig svenska kronan, få 12,000 man order i november månad att rycka mot norska gränsen. Konungen själf begaf sig dit, och efter mycken utstådd fatigue, köld, oväder, mycket allarm, marscher, kontramarscher, ridning m. m., nöjde han sig med danska hofvets försäkran, den de genom utskickade gåfvo honom, att det tänkt på intet mindre än störa fredslugnet. Han stack då helt saktmodigt i skidan en värja han aldrig bort draga, då den största stillhet inom Norge betog honom allt hopp om bistånd därifrån, och ryska kejsarinnans för-klaring att anse ett fredsbrott mot Danmark som en krigs-förklaring mot Ryssland, hotade honom med Finlands förlust.

Förtjusningen för honom var sådan inom riket, att detta ungdomsuppträde ansågs för ett försiktighetssteg. Gustaf III emottogs i Stockholm, där prins Karl under hans frånvaro fört befälet, och dit han med prins Fredrik vände om i december månad 1772, som anarkiens seger-vinnare och politikens mönster.

Man glömde och man ville glömma, att detta krigståg, att denna ärans rök kostat riket tolf tunnor guld.

FJÄRDE TIDEHVARFVET.

Från år 1773 till år 1779.

Ingen prins borde önska att vid sin regerings början i stället för lärospån göra mästerstycken, i synnerhet i de yrken, hvartill naturen tyckes hafva danat honom.

Hade ej Karl XII vunnit segern vid Narva, är att förmoda det han ej slagits i aderton år. — Om ej politiken krönt 1771 års revolution med en så lysande framgång, torde Gustaf III ej konstlat i tjuguett år, och ett falskt begrepp om den sanna äran hade kanske ej påskyndat båda dessa monarkers olycka.

Utan denna reflexion vore svårt att förena de olika synpunkter, under hvilka Gustaf III:s första och sista regeringsår visa sig, det tidehvarf, som tilldanade hans förställningsgåfva och det, till hvars oroligheter denna åter ensam var upphofvet.

Vid den nyss lyckligt fulländade revolutionen hade ej åtgått tiondedelen af de summor Frankrike och Spanien förskjutit. Med det ansenliga öfverskott konungen ägde var han i stånd att betala sin mors och sina bröders skulder. Deras vänskap var den belöning han väntade af denna rikostighet. Kölden mellan honom och hans gemål skred ej till utbrott. Dyrkad af sina undersåtar, aktad af sina grannar, beundrad af hela Europa, monark öfver ett rike numera starkt genom sin enighet, starkt genom sitt nya regeringssätt, om det aldrig blifvit kränkt, med föga öfver en million riksdalers utländsk skuld, säkert på att i bankens hvalf flera millioner riksdaler redbart mynt voro förvarade — hvad anspråk på gyllene tider! Hvad utsikt till den ärofullaste regering under en konung af tjugutre års ålder, full med snille, och som i den minst blodiga regementsförändring häfderna omtala gifvit prof på det bästa hjärta. Vid 1773 års början var ingen i häkte för statsbrott, ingen hade i sin person eller egendom blifvit förfördelad, intet det minsta spår att en så betydlig skakning nyss förevarit.

Under denna synpunkt har man svårt att ej tillskrifva styrmannens oförsiktighet ett väl byggt skepps förolyckande, som på ett stilla haf går i marvatten.

Den gemensamma endräkten gjorde vintern mellan 1772 och 1773 till den mest lysande Stockholm på flera år haft och sedan någonsin sett. En allmän täflan uppstod att medels nöjen yttra tillfredsställelsen. Supéer, assembléer, baler, ofta hedrade med konungens och prinsarnas närvaro, välvilja från hofvet, välvilja till hofvet. Det var en yrsel, men åtföljd af alla de ljufva känslor en närvarande glädje förenar med ett ännu större tillkommande hopp. Man ansåg som Scepticus, den, som drog detta i tvifvelsmål; man belog som misantrop, eho som klandrade den minsta af monarkens gärningar.

Han skipade ej rättvisan på öppna fältet som de äldsta tiders konungar, men han lofvade den åt alla i enrum. Vissa dagar i veckan blefvo utsatta, då alla sökande fingo tillträde, men tilloppet blef sådant, att man måste afvakta flera veckor, innan man efter tur fick audiens. Värdet af ett tvetydigt svar, hvars följd intet verkade, blef slutligen kändt. Allmosehjon utgjorde till slut dessa courer, som efter någon tid upphörde af sig själfva.

Annat var med leveerna om förmiddagarna. De fortforo under hela konungens lifstid och voro så inrättade efter Versailles' etikett, att till och med själfva sängkammaren var därefter modellerad. Vakthafvande officerarna blefvo här som där försedda med små svarta käppar med hvit elfenbensknapp, i Frankrike ett märke af en oinskränkt exekutiv makt, som medels ett: De par le Roi inmanade i häkte hvem som helst, var detta enväldstecken i Sverige, hvarest konungen i justitiævägen blott förbehållit sig två röster, nästan löjlig, och blef det ännu mer, då änkedrottningen förbehöll sig och erhöll för sina vakthafvande officerare samma förmånsrätt.

Sådana ganska små saker förstorades. En outtröttlig flit vid en operatrupps formerande, ett synbart förakt för ämbetsmannakåren, glädjerop och bifall, så af böjelse som politik, vid allt öfverflöd, som försvagade samma adel han för öfrigt i allt syntes gynna, mycken tid förspild på komedier, i hvilka konungen själf spelade hufvudroller, en förtjusning för maskerader och nästan alla glimrande nöjen, allt detta sammanlagdt började först väcka uppmärksamhet, sedan köld, slutligen ett med förakt blandadt missnöje hos en stor del af nationen.

Liksom de cirklar hvilka uppväxa i vattenbrynet efter en ditkastad sten, och som ju längre de äro från medelpunkten hafva dess större omkrets, så ökades äfven de utspridda ryktena om hofvet. På ju fjärmare afstånd man kom från Stockholm, desto oblidare voro de. Med ett ord: den man kort förut ansett för lagstiftare, för hjälte, för halfgud, betraktades nu blott som en människa och tadlades som en felaktig människa.

Men det var allmänhetens missräkning på ett felslaget hopp som snarare uppväckte denna ton än själfva felen, ty ännu kunde föga annat tillvitas konungen, än det som tillhör mänskligheten, och hvilket ganska oförlåtligen sällan förlåtes regenter. Rikets erkänsla hade bort vara densamma den förut varit. Revolution hade krossat anarkien, men det var konungens visa uppförande i tjänsters- och nådebetygelsers lika utdelande mellan båda partierna, som i synnerhet kväfde oenighetsandan, grunden till alla föregående olyckliga, ofta ohyggliga uppträden. Släkter, vänner, anhöriga, grannar, utan afseende på politiken, från hvilkens styrelse de voro uteslutne, började ej allenast nu umgås

med hvarandra, utan umgås förtroligt. Hatte- och Mösse-
namnen blefvo nedgräfde i arkiven.

Själfva regeringssättets natur medförde en viss ordning
inom riket, och fanns anarkien någonstädes, så var det
inom själfva hofvet. Konungens ännu fortfarande glädje
öfver revolutionens lyckliga utgång, förenad med hans ej
alltid klanderlösa böjelse för pager, unga drabanter och
gardesfänrikar hade gjort dessa till hofvets behärskare. De
trängde in i alla sällskaper, kastade sig, under vistandet på
kungsgårdarna, i fåtöljer i drottningens sängkammare,
blandade sig i allt, talade i allt och dömde i allt. Deras
yra var utan gränsor, då blott en anekdot, berättad vid
bordet törhända ej utan afsikt af öfverstemarskalken,
riksrådet Liewen om konung Karl XII, satte en bom för
denna ström. Han hade varit page hos nämnde monark.
Han beskref dennes stränghet mot den dåvarande ungdomen,
och blott för att ej för mycket afvika från en beundrad hjälte,
sattes samtida ungdomen i den ordning, som anständig-
heten fordrade. Ekolsunds-uniformen, gula rockar, blå
västar med guld inrättades. Den medförde några små in-
trädesrättigheter. Pagerna blefvo i yttre rummen, dra-
banterna i drabantsalen.

Några små hoftrakasserier uppväcktes i ceremoniväg
af änkedrottningen. Hennes pretentioner att vid alla till-
fällen hafva företrädet före regerande drottningen upptogo
de sysslolösas tid samt utvidgade det hat, som sedan hade
häftigare utbrott och omnämnas blott nu som en anledning
till följande händelser.

Prinsarna Karl och Fredrik Adolf hade nyligen be-
kommit titlar af hertigar till Södermanland och Öster-
götland. Båda affekterade krigsmannaära, och det till den
grad, att den förstnämnde vid det läger af södra Skå-
ningarna, han sommaren 1773 hade hopdragit vid Knä-
torps by i Skåne, önskade riket ett krig blott, som han
sade, för att ådagalägga sitt regementes färdighet. Detta
uttryck vann intet bifall.

Konungen var äfven en del af 1773 års höst i Skåne,

uppehöll sig längst i Lund, lät i Malmö intaga sig till Knutsbror, besåg omigen Landskronas fästning och afreste till Ekolsund den 16 september, där han förblef till sent på hösten. Mycket bjudet främmande omgaf honom ständigt, men bekvämligheterna saknades. Vagnarna bland annat stodo under bar himmel. Detta gaf anledning till ett löjligt infall af riksrådet Hermansson. Han kom från sin gård, for till Ekolsund i en chaise och mötte konungen, som mycket brydde honom för ett dylikt ekipage, och frågade, om det vore passande efter värdigheten. »Nej visst inte, ers majestät,» svarade han, »men väl efter Ekolsunds vagnshus.»

Vintern mellan 1773 och 1774 var äfven i Stockholm anslagen till nöjenas regering, men de voro mer sammandragna inom själfva hofvet, från hvars fester likväl den regerande drottningen var utesluten med en ohöflighet, man kunde säga hårdhet, som minst vanhedrade henne. Det teatraliska tog så öfverhand, att det framlyste vid de minst lämpliga tillfällen. Då Gustaf I:s bronsbild upprestes den 13 december 1773 på Riddarhustorget, måste hela Stockholms garnison defilera förbi denna staty och salutera den. Det är snedt sedt (och det hände som oftast Gustaf III) att så förhärliga sina förfäder, att ärebetygelserna förlöjliga ättlingarna.

Dessa ättlingar borde likväl ökas, och det var föga anledning att fägna sig med detta hopp å konungens sida. Han beslöt sålunda att förmäla hertig Karl med hans kusin, prinsessan Hedvig Elisabeth Charlotta från Eutin, men prinsen kunde svårligen därtill bekvämas, förr än konungen med det heligaste bedyrande försäkrat honom, att ingen annan tronföljare skulle påtänkas till Svenska kronan.

Om våren 1774 utskickades general Mörner till denna underhandling, hvilken grefvinnan Löwenhjelm, tillbedd af prinsen lättade dymedels, att hon på det ädelmodigaste sätt erbjöd sig att följa med sin man till en beskickning i Dresden, hvartill han i detta afseendet utnämndes. Kupido hämnade sig öfver detta förolämpande på löjligaste sätt

inom själfva konungahuset.   Det var vid denna tid man
började märka, att han sårat änkedrottningens hjärta för
hennes kammarherre Sten Piper, som hon öfverhopade med
presenter och nådebetygelser, som hon gjorde till sin hof-
marskalk, till sin favorit, till sin förtrogne, till allt, utom
hvad hon mest åstundat.

Hon var en nedgående sol. Hennes strålar kunde
ej uppvärma hans kalla hjärta eller gifva lif åt hans för-
sagda saktmodighet. Denna platoniska böjelse varade till
hennes död, utan andra följder än att sysselsätta henne
ensam och roa båda hofven. Jag säger båda, emedan
hennes hof, sommaren 1774 flyttades till Fredrikshof, en
stor byggnad tätt invid Ladugårdslandet. Förevändningen
å konungens sida var ett nödvändigt utrymme inom slottet
för den hit väntade hertiginnan af Södermanland, egent-
liga anledningen att sätta sin mor på ett visst afstånd.

Han hade redan till sin stora fägnad blifvit kvitt gene-
ral Sprengtporten. Denne stolte, egensinnige, obändige
mannens blotta åsyn plågade konungen, men han var
honom erkänsla skyldig. Han nedlade alla sina ämbeten,
och det var med största möda man kunde bekväma honom
(ehuru själf obemedlad) att emottaga 15,000 plåtars pension.
Konungen hade mot hans vilja gjort honom till chef för
gardet. Vid en krigskonselj satte han en officer af sitt
förra regemente, lätta dragonerna, öfver en gardeslöjtnant
vid namn Liljehorn. Denne senare var en af konungens
favoriter. Han klagade, Sprengtporten fick ett tilltal, hvilket
han besvarade med sitt afskedsmemorial. Han begagnade
sig nu blott af tillfället att yttra den dolda harm, som sårat
hans hjärta, ifrån den stund han fått se, hur dubbelt Gustaf III:s
var. Vid ett samtal långt förut hade monarken och han
omrört, hvad de äfventyrat ifall 1772 års revolution miss-
lyckats. »Jag vågade allt,» sade Sprengtporten; — »men
jag litet eller intet,» svarade konungen. — »Jag hade ers
majestäts skriftliga order, dem hade jag blifvit nödsakad
framvisa, de hade gjort oss lika skyldiga.» — »Visa mig
dem,» sade konungen, som alltid ville lysa med sin slughet,

om det ock var på försiktighetens bekostnad. Detta gjorde Sprengtporten och blef förundrad att finna det namnet Gustaf i stället för att vara efter vanligheten tecknadt med långa bokstäfver och slutadt med ett f, var skrifvet med ganska små bokstäfver och slutadt med ett v. Han insåg det svarta i hela detta gyckelspel, som kunnat kosta honom äran och hufvudet, förbittrades, tog sitt beslut och verkställde det nu.

Detta förhållande å konungens sida tycktes hafva ett nära samband med samma herres yttrande några år därefter till en baron Adolf Barnekow, att om revolutionen tagit en elak vändning, innan han förklarat sig, hade han gjort det mot sitt eget parti. Då Barnekow föreställde honom, huru olyckliga hans anhängare blifvit genom ett dylikt steg, hvarade han: »Det är sant, men min ära hade blifvit frälst.» — Hvad för ära? Hvad begrepp om ära?

Änkedrottningen var den enda, som vågade göra honom förebråelser vid dylika eller andra afsteg. Hon underlät det aldrig eller vid minsta anledning. Somliga voro understundom bitande. En kunde monarken i synnerhet aldrig förlåta henne. Han kom till henne åtföljd af en tamboursöm, på hvilken han tänkte arbeta, under det han passerade aftonen hos henne. Hon frågade blott, om det var en Karl XII:s efterträdare, som åtföljdes af en dylik attiralj? För att hämna sig, och af egen regeringslust tillät han henne däremot ej minsta åtgärd — det allra obetydligaste inflytande i regeringsärendena.

Han förde dem själf, och hvad de saknade i djuphet, sökte han ersätta medels ett vidsträckt omfamnande af nästan alla deras grenar. Han vidrörde dem alla, ändrade och kullkastade, omskapade allt, ej (skref en poet, stor sanningspredikant) för det bättre blifver, men därför att det blifver nytt. Flottan bör härifrån undantagas. Den satte han, med tillhjälp af franska subsidier, på den respektablaste fot, den törhända varit sedan Sverige blef rike.

Penningar tröto och penningar skulle anskaffas. Inom 1778 års början så vidkändes nationen flera förr obekanta penningesugrör. Diskontverket bör ej sättas bland antalet. Denna inrättning lättar handeln och rörelsen utan att ockra; men 1773 uppsattes privilegier till ett Asistancekontor eller Lombard, vid hvilken den nödställde ej känner annan skillnad på enskild och allmän procentare än att den senare erkännes af lagen.

Äfven inrättades ett nummerlotteri. Den fattigare klassen uttömde där först sin kassa och fördärfvades sedermera. Stockholms gator blefvo osäkrare, ny anledning till en poliskammare, ovanlig domstol som extra judicialiter afdömde mindre brottmål. Den förskaffade en slags ordning och säkerhet inom residenset, orsak hvarför den ej klandrades af ständerna 1778, men bidrog att krossa ständerna 1789, och bör i alla fria stater ej allenast bannlysas, utan äfven som domstol anses som ett blott tankeämne, för en gåta. Som sådan hämmade den våldets utsväfningar bland undersåtarna, men gynnade de från tronen.

En invitation utkom år 1774 till ett omättligt drygt arrende för alla rikets invånare att få begagna sig af rättigheten att själfva tillverka brännvin. Nationen blef enligt afsikten stum. 1775 eftergafs brännvinsafgiften tolf tunnor guld, kronobrännerier uppbyggdes med otrolig kostnad, bortarrenderades, den ädlaste skogen bortgick, kronans vinst blef obetydlig, men folkets vana att själfva bränna hade det svårt att komma ifrån. De lönbrände, de gjorde mened, de pliktade, fördes på fästningar, och flera tusende olyckligas tårar befuktade ett drätselverk, som hofvets yppighet och nöjen alltid satte på obestånd. Allmogen led ensam härvid. De förmögnare, adeln tego då. En dylik frihet borde vid tillfälle sakna försvarare och saknade dem äfven.

Allt detta ville ej förslå. Kronan indrog ytterligare från banken, medels ett konungabref af den 3 juni 1774, alla kronans till banken pantsatta hypoteker för Karl XII:s skuld. Bankofullmäktige protesterade och 1778 års ständer eftergäfvo hela fordran, cirka 400 tunnor guld.

Flottans förmånligaste läge är onekligen Karlskrona,

och lämpligaste stället för det kollegium, som med flottan har närmaste befattning tyckes böra vara där flottan är. Icke desto mindre blef amiralitetets kollegium förlagdt till Stockholm. Ämnenas myckenhet påskyndar tidräkningen. Den flyttning jag omnämner, påtänkt 1774, verkställdes likväl ej förr än 1776, samma år som Vasa hofrätt in- stiftades i Finland, hvars vidlyftiga landsträcka äskade en dylik domstol, som lättade Åbo hofrätts besvär.

Ej nöjd med dessa betydliga förändringar sträckte monarken dem äfven vid den tid, jag nu egentligen be- skrifver, våren 1774 till sitt eget hof, där han med ett maktord skingrade alla hoffröknar, hvars oskyldiga glädtig- het så mycket bidragit till de nöjen man där njutit. Han antog i stället för drottningen och tvärt emot hennes vilja sex statsfruar, hvilka med sina familjeintressen naturligtvis införde all den intriganda, som med dessa är oskiljaktig. De först utnämnda voro grefvinnorna Rosen, Cederhjelm, Oxenstjerna, Karl Piper samt friherrinnorna Wrangel och Örnsköld. Deras första ungdom var förbi, den aftynade hvar dag. Genom nämnda förändring bekom hofvet ett mystiskt och åldrigt utseende.

Allt skulle undergå räfst, allt vidrördes. Jönköpings hofrätt var på väg att afsättas för fel, som enligt kännares utsago voro högst obetydliga.

Hvem hinner följa en herre i hans oroliga gång, en prins som lämnat ingen regeringsgren orörd, utan att en enda af dem vid hans frånfälle kunnat framte bevis på för- bättring? Han ville med sitt rykte uppfylla både sitt land och Europa, högst obekymrad hvad båtnad detta rykte medförde för själfva riket.

Politiken tillhörde visserligen detta ämne. Den var egentligen hans hufvudyrke, och hans konstiga själ syntes honom själf af naturen vara danad att häruti vinna mästar- bref. Men han hade tvenne grannar, som tjänte honom till en förödmjukande motvikt. Den ene var konungen i Preussen, nu likväl till hög ålder kommen. Den andra, kejsarinnan i Ryssland, hvars vidtfrejdade namn och det som värre var, så nära angränsande ofantliga makt hindrade alla hans tilltänkta utsväfningar. Hon var sysselsatt åt Turkiska och polska sidan och hade hitintills nöjt sig med alla de komplimanger, hvarpå Gustaf III var frikostig då hans intresse så fordrade.

Bland flera af dessa hade han utlåtit sig, det han önskade muntligen i Petersburg kunna få för henne uttrycka all sin vördnad och tillgifvenhet. Hon tog honom på orden. Hon yrkade på detta besök. Sommaren 1774 blef härtill utsedd, men franska hofvet afstyrkte denna resa såsom äfventyrlig. Konungen själf var därtill mindre hugad, oviss på hvad fot han skulle mottagas, och han nyttjade som ursäkt den tidspillan, som åtgått att afvakta hans svägerskas, hertiginnan af Södermanlands ankomst för att sedan som skedde undvika hela denna uppvaktning.

För att vinna detta ändamål borde en dylik tidsutdräkt sökas. Den 1 maj 1774 anträdde den svenska ambassaden, som skulle afhämta hertiginnan, resan från Stockholm. Det var först den 21 juni denna prinsessa anlände till Wismar.

Riksrådet grefve Axel Fersens fru var utnämnd till ambassadris. Hon hade sin instruktion. Den visade hon åt presidenten i Wismarska tribunalet baron Höpken vid ankomsten till Wismar. Han hade helt stridande förhållningsorder. Tvisten kunde ej biläggas utan medels en kurir, som skickades till Stockholm. Det var allt hvad monarken åstundade. För eutinska hofvet var allt detta en gåta. Det kunde ej afhålla sig från att visa sin otålighet. En baron Kurtzrock skickades därifrån till Wismar. Kuriren var då återkommen, och prinsessan mottogs nämnda 21 juni med all den prakt Wismar kunde åstadkomma. Dess borgerskap paraderade, och att det såg ut som ett vandrande klädstånd, tillhörde kostymen. Trumslagaren hade törnrosor i munnen, och om aftonen var staden illuminerad. Hvad kunde man mer begära? Följande dagen skedde vigseln genom prokuration, vid hvilken presidenten baron Höpken agerade brudgum.

6. — *Sv. memoarer.* IV.

Den unga hertiginnan Hedvig Elisabeth Charlotta, född den 22 mars 1759, var blond, hade nästan för hög panna, vackra glada blå ögon, något krum näsa; munnen var ej ful, men gapade för ofta. Liten till växten, smal med små händer och fötter, kunde hon till det yttre anses för en angenäm prinsessa, och det inre har aldrig gifvit vid handen annat än en med munterhet beledsagad, dock understundom öfverdrifven godhet.

Hon syntes likväl nog bekymmerslös vid saknaden af sitt förra hof, som efter ett par dagars vistande i Wismar af ömhet undandrog sig att taga afsked af henne. Den 25 juni gick hon ombord på krigsskeppet Sofia Albertina, konvojeradt af tvenne fregatter. Beflaggade, kanonerande krigsskepp, allt detta borde synas nytt för henne. Hon syntes ej synnerligen fästa sin uppmärksamhet därpå. Hon hoppade omkring på däcket, lade sig på magen för att se officerarna äta i rummen under däck, ropade genom luren på sin hårfrisör. Sammanlagdt voro dessa löjliga utsväfningar små barnsligheter, hennes år ursäktade; men det man hade svårare att förlåta henne var den tillgjorda, törhända från hemorten anbefallda vaktsamhet hon yttrade vid sitt intåg sjöledes till Stockholm den 7 juli, förmodligen det vackraste hvarmed någon svensk prinsessa blifvit hedrad. Efter en lycklig sjöresa ankrade hon den 1 juli vid Dalarö skans. Den 3 begaf hon sig till Erstavik, en liten landtgård, tillhörig kungl. sekret. Petersen, emottogs där af riksråden Falkenberg och Bunge. Hon undfick där äfven ett par besök af sin tillämnade gemål, hertig Karl. Ett par dagar därefter for hon till rådman Dreijers gård Nyckelvik. På en äng, i en stor vagn, Burmania kallad, omgifven af sin vakt, mötte konungen hertiginnan under resan dit. Allt var afpassadt efter den noga beskrifning 1770 års avisor gjort på Ludvig XV:s och La Dauphines möte. Ingen omständighet var glömd.

Vid Nyckelvik blef hertiginnan emottagen af båda drottningarna och prinsessan Sofia Albertina. Hela kungliga familjen superade tillsamman. Under hela supén kallade

hertiginnan änkedrottningen för ma chère. Hon hade för
brådtom för att hinna säga ut ma chère mère. Den 6 juli
var rastdag. Den 7 skedde nämnda intåg, en mil sjöledes
till Stockholm.

Lokalen bidrog oändligen till detta intågs lysande
prakt. Hertiginnan, afhämtad af sex riksens råd, fördes i
en stor, förgylld och med spegelglas utsirad slup. Öfverst
lyste en ansenlig förgylld kunglig krona mot solstrålarna.
Trettiotvå andra slupar följde, flera af dem uppfyllda med
musikanter. Några hundra båtar, speljakter, små fartyg af
alla slag omgåfvo den lilla slupflottan, beständigt saluterad
af de å ömse sidor liggande köpmansskeppen en haye, och
Logården vid slottet, uppfylld med en mängd åskådare,
hvars fröjderop emottogo hertiginnan, då hon där steg i
land under en baldakin man express upprest, ökade fäg-
ringen af detta verkligen förtjusande spektakel. Hon ensam
syntes härvid tankspridd och orörd. Hon aflade sin upp-
vaktning hos drottningarna genast, emottog en cour af rådet,
deras fruar och de främmande ministrarna, fördes till slotts-
kapellet, vigdes, intog vid bordet med sin gemål högsätet,
och öfverlämnades med vanliga ceremonier om aftonen till
sitt ändamål.

Några fester följde häruppå. En maskerad i Kungs-
trädgården var i anseende till årstiden och utrymmet ganska
angenäm. Änkedrottningen gaf den 15 juli en stor middag
vid Fredrikshof. Om aftonen samma dag var en ännu
talrikare supé hos konungen. Häröfver yttrade sig rege-
rande drottningen kort därefter med ett skämt i ögonen,
som röjde hvad hon menade, att den dagen var en dubbel
fest, nämligen en då man for till Fredrikshof och en vida
större då man begaf sig därifrån. Harmonien var ingenting
mindre än återställd mellan dessa tvenne prinsessor, men
ännu var regerande drottningen den lidande parten i an-
seende till alla de kungliga personernas samfäldta förening
mot henne. Hertiginnan deltog i detta tänkesätt utan att
dock därvid skedde andra utbrott än en viss köld, som

yttrade sig vid Ekolsund, dit hela hofvet begaf sig de sista dagarna af juli månad.

Det unga brudparet dröjde ej längre än till medio af augusti 1774, då det begaf sig till Skåne, hvarest konungen (allt för att ursäkta sig vid ryska hofvet) anbefallt ett läger. Det var ej långt från öfverste Ramels gård Vidarp, som hertiginnan tog sitt kvarter, men årstiden blef så regnig, och själfva lägerstället var så sankt, att man vadade i dy, att evolutionerna hindrades och att konungens i Preussens spådom om nämnda läger i det närmaste uppfylldes, i det han utlåtit sig om det, att där skulle blifva få trupper, några baler och mycket fruntimmer.

Detta läger bröt upp den 15 september. Konungen vände om till Ekolsund och fortföljde sin korrespondens med riksrådet grefve Höpken, hvilken han ville hafva till-baka i rådet och som slutligen samtyckte därtill. Anledningen till denna föresats å konungens sida var löjlig.

Vid Ludvig XVI:s tillträde samma år på franska tronen hade han på tillstyrkan af de papper hans far, förre Dauphin lämnat honom, anmodat gamle grefve Maurepas, redan statssekreterare i Ludvig XIV:s tid, att åter ingå i ministären. Denne hade vägrat mottaga anbudet, förebärande sin höga ålder. En öm brefväxling hade dymedels blifvit öppnad mellan den unge monarken och den gamle statsmannen. Slutligen hade denne åtlydt hans enträgna begäran, och den unge regenten följde däremot sin rådgifvares anvisningar, så länge Maurepas lefde.

Detta hade frapperat Gustaf III. Han ville finna en svensk Maurepas. Grefve Höpken, lärd, klok, statsbevandrad, blef utvald. Lika brefväxling, lika utslag. Grefve Höpken gick åter in uti rådet. Här blef någon skillnad. Ifrån den stunden begärde konungen aldrig hans råd.

Grefve Ulrik Scheffer förrättade premierministersysslan och gjorde det med sådant eftertryck, att så länge han satt vid styret yppade sig inga regeringsmisstag af betydenhet. Han var likväl ej i stånd att afböja operahusets byggnad, som kostade åtta tunnor guld, och i allmänhet sagdt, att hindra konungens och största delen af kungliga husets teatraliska utsväfningar, hvilka vintern mellan 1774 och 1775 gingo till ytterligheter, som hvar dag tilltogo. För obekymrade åskådare voro likväl flera af dessa fester nöjsamma, men dessa glömde, att detta ej var det yrke, för hvilket staten underhöll en konung.

Man beklagade detta så mycket mer, som understundom vissa drag visade, hvad monarken kunde vara. Kammarkollegium återfordrade vid den tiden, som en kronotillhörighet, Paikola gods, Wredeska familjen tillhörigt, skänkt af konung Karl IX åt barnen af en Henrik Wrede, som räddade hans lif med sitt eget lifs förlust. Tvisten var om själfva donationen ägt rum eller icke? Hvad Karl IX ej gjort, gör jag, sade konungen. En som uppoffrat sitt lif för sin konung fordrar alla regenters erkänsla. På den grunden blef Paikola tillerkändt Wredeska familjen för evärdeliga tider.

Nämnda familjs nuvarande chef, general Wrede, tycktes hafva af ödet fått på sin lott att visa Gustaf III:s karaktär i den vackraste dag. Flera år efter den tid jag nu berör utfor denne general Wrede (hos sin vän premierministern grefve Creutz) med mycket allarm och hög röst mot något af konungen begånget fel. Denne, som ofta oväntad genom löntrappor gjorde besök hos grefve Creutz, fick höra en del däraf, steg in i rummet, då general Wrede gick därutur, bekände för Creutz, att honom ej kunnat undfalla en del af Wredes utlåtelser; »men,» tillade han, »hela det missnöjet hvilar i hans hufvud och ej i hans hjärta», och han visade sig aldrig hvarken då eller sedan förolämpad däröfver.

Men jag återvänder till händelserna i deras lopp enligt tidräkningen.

Den köld, som en tid regerat mellan konungen och änkedrottningen, aftynade genom en hennes sjukdom i mars månad 1775, under hvilken han lofvade att betala hennes skuld. Detta löfte hade verkan af det bästa recept. Hon tillfrisknade och skulden blef betald.

Vid slutet af maj månad samma år begaf monarken

sig till Finland. Han tog tillfället i akt, medan ryska kejsarinnan var i Moskva, dit han skickade stallmästaren grefve Adolf Lewenhaupt med komplimanger och ursäkter, som voro grundade på det långa afståndet och som måste godkännas.

Vid återkomsten till Sverige nyttjade konungen Loka bad, hvarefter tvenne små hofintriger vid Ekolsund sysselsatte såväl honom som hela hofvet.

Den ena var af mindre betydenhet. Hertig Fredrik hade flera år varit dödande kär i riksrådet grefve Axel Fersens dotter, fröken Sofie Fersen. Hon förtjänade hans kärlek genom sin fägring och sitt vett; också hade denna passion fått en sådan tillväxt, att han började tala om giftermålsbalken. Sådant var i svenska häfderna ej ovanligt. Grefve Fersen hade nog högmod för att ej förkasta ett dylikt anbud; men änkedrottningen och konungen hade åter för mycket för att gilla det. Slutet blef att denne senare gaf härtill sitt bifall, men att grefve Fersen afslog det, och fröken Fersen blef den 22 oktober i konungens närvaro förlofvad, sedan gift, med kammarherren grefve Adolf Piper, hvars roll här i alla afseenden var den djärfvaste.

Den andra intrigen var doldare, den var förunderlig. Man hade föregifvit, att hertiginnan var i välsignadt tillstånd. Ingenting var naturligare. Hon vistades vid Ekolsund. Barnmorskan, fru Båld, acoucheuren, voro ute flera gånger. Ingen drog denna sak i tvifvelsmål. Hertiginnans hofmästarinna, grefvinnan Sprengtporten, bedyrade det. Symptomerna kunde ej undfalla denna prinsessa själf. Hon trodde vara sin förlossning så nära, att då alla hofven stötte tillsamman i Stockholm vid november månads början 1775, gjorde hon sin resa dit fot för fot. Riksrådinnor utnämndes vid detta tillfälle att vara som vittnen närvarande och ankommo från alla kanter. Kanoner, ämnade att öppna fröjdebetygelserna, utdrogos. På en gång upphörde alla förböner i kyrkorna, kanonerna indrogos, de vördade omnämnda fruarna vände om till sina gårdar, ryktet om en

arfvinge afstannade, och Sverige fann med förundran en
af sina prinsessor nog lättrogen, att i nio månader miss-
taga sig mellan en konungslig väderspänning och ett helt
rikes hopp.

Att hertiginnan var dupe af sin ungdom och oerfaren-
het, är det vissa. Af flera anledningar, bland hvilka somliga
innehöllo elaka andra orimliga gissningar, är den troligaste,
att hela tillställningen kom från konungen själf. Han fruk-
tade allt inflytande af hertig Karl på nationen, äfven som
far till en tronföljare. Han fann för mycken sämja mellan
honom och hans unga gemål. Nämnda tillstånd skilde
prinsen från henne, vande honom vid andra, en sed han
sedan aldrig öfvergifvit, och ändamålet vunnet fann monar-
ken det ridiculen ej skulle drabba någon annan än det
äkta paret. Allt detta lyckades.

Denna förmodan synes så mycket sannolikare, som
han vid samma tid, förmodligen i enahanda afsikt, förlikte
sig med sin gemål, regerande drottningen. Han gaf själf
första anledningen därtill på en promenad vid Loka med
grefve Claës Ekeblad och baron Karl Ehrensvärd. Han
beklagade sig för dem öfver det missförstånd, som regerade
mellan honom och hans gemål. De invände, att intet vore
lättare att mäkla än denna fred, att stallmästare Munck,
konungens förtrogne, gjorde sin cour för drottningens
kammarfru, mamsell Ramström, som hade fullt tillträde till
drottningen. Konungen gillade detta förslag, som verk-
ställdes vid återkomsten till Ekolsund. Ingen blef härvid
offer utom hofmästarinnan grefvinnan Hjärne, som okrafdt
framfört obehöriga tidningar. Hon måste efter ett och ett
halft års förlopp lämna sin syssla åt riksrådinnan, grefvinnan
Karl Sparre.

Den svåraste förlikningspunkten de båda kontraherande
parterna emellan var sänglaget. Konungen liksom af blygsel
kunde aldrig förmå sig att gå in till drottningen. Hon, på
inrådan, skickade sin stallmästare baron Rålamb till Stock-
holm efter sitt porträtt. En afton, den 2 augusti 1775, då
konungen skulle gå i säng, fann han det fäst vid inre

sparlakana, med en öm skriftlig förevitelse öfver en köld, som numera borde försvinna. Stallmästaren Munck var närvarande. Han styrkte den vankelmodiga monarken. De gingo båda samfäldt in i drottningens sängkammare. Vid ett dylikt tillfälle är ett dubbelt uppträde högst ovanligt. Detta gaf flera illasinnade anledning att utsprida det fästningen slagit chamade för Auxiliaietrupperna.

Muncken var helt ung, några och tjugu år gammal, liten men väl växt, blond, hade tycke af hennes majestät, och all den tilltagsenhet, som gemenligen åtföljer de personer, hvars förtroende till eget vett utesluter andras därtill. Tystlåten, redlig af naturen, fattig men högmodig fikade han efter värdigheter och rikedomar på ett oförfalskadt men tillika så oförsiktigt sätt, att dess välgörares frikostighet snarare ökade än minskade allmänhetens misstankar i detta ämne.

I stället för att grefve Ekeblad och baron Ehrensvärd som prof på drottningens erkänsla för välmenta råd bekommo ringar af medelmåttigt värde, undfick Muncken ej allenast en ring af 5,000 riksdalers värde utan äfven ett ännu kostbarare med diamanter besatt ur, med drottningens porträtt i botten. Urs vanliga gömställen tyckas vara mindre passande till en så stor heder. De gissningar, som härifrån togos till grund, jäfvas af en säker anekdot, som tilldrog sig några år senare, men som jag anför, medan jag är på ämnet.

Vid de utbrott, som föreföllo 1778 mellan änkedrottningen och regerande drottningen efter kronprinsens födelse, beslöto prinsarna och prinsessorna att göra det yttersta för att utverka en förlikning. Konungen, som ingenting högre fruktade, springer genom en löntrappa upp till sin gemål, och i närvaro af en enda ganska trovärdig person, som bedyrat mig sanningen af detta förlopp, säger han häftigt åt henne på franska: »Om ni förlåter, så tror jag allt, ja det är intet, som icke jag då tror;» och efter denna varning begaf han sig genast bort utan att afvakta svar. Huru förena en dylik hotelse med de rykten, som blifvit utspridda om hans connivence i hela denna mystiska underhandling. Äktenskapshemligheter, nämligen då de ej stå i Dagligt Allehanda, äro giftermålsguden ensam förbehållna.

De kungliga personernas förening gjorde nöjena lifligare vid Gripsholm, där öfverheten tillbragte senare delen af 1775 års höst, och hvarifrån konungen allenast gjorde en hastig resa till Karlskrona på cirka åtta dagar. Han var tillbaka den 5 oktober.

Vintern emellan 1775 och 1776 var äfven mer regelmässig än de förra. Måndagar och torsdagar voro anslagna till större supéer, tisdagarna gafs cour, de öfriga dagarna i veckan gåfvo statsdamerna på konungens bekostnad supéer, hvilka varit artiga nog, om ej rummen varit nog små, nog trånga för hoffolk, som så gärna se hvarandra på behörigt afstånd. Konungen, högst sällskapslik, gjorde hvad hos honom stod för att muntra sitt sällskap. Man kände honom, man kände hans fel, icke desto mindre var han intagande. Ett infall han vid en af dessa supéer hade bör anföras som kvickt och sinnrikt. Någon i sällskapet påstod öfver bordet, att den högsta lycka var den att kunna utdela välgärningar (Être la source des grâces). Konungen lät då tillställa sig en butelj vin, men vinkade åt alla fruntimmerna att begära därutaf. Detta skedde så häftigt, att utdelaren fick intet själf. »Ni ser nu,» sade konungen, »hvad der är att vara la source des grâces.» Utrustad med ett förträffligt minne och lätt begrepp var denna konung äfven vältalig, så att som sällskapskarl kunde han anses som en bland de yppersta, men alltid förhastad i sina omdömen, påstod han, att denna egenskap var för hvem som helst den första af alla. Han utdelade ofta ämbeten och belöningar efter den måttstocken, och de föllo visst ej alltid på skickligheten.

Nyårshelgen 1776, som tillbragtes på Gripsholm, gick teateryran till sin höjd. Måla hofvets lefnad där, är att beskrifva lasternas regering. Under det prästerna predikade i nedra rundelen, repeterade konungen tragedier i den öfra. Middagen var knappt förbi, förrän alla fruntimmer för-

svunno, om aftonen syntes flera af dem åter med blossande
färg, matta ögon, opudrade chignoner, bevistade spektaklet,
superade, hvilade för att begynna följande dagen en lika
lefnad. Slutligen superade konungen offentligen i sina
aktörskläder. Detta var för långt gånget. Ett rykte utgick
i hela riket, att han blifvit svagsint. Det kom till hans
kunskap och utverkade så mycket, jämte hans forna
guvernör grefve Karl Scheffers och franska ambassadören
grefve d'Ussons föreställningar, det han gaf dem sin parolle
att för sin egen person ej spela mer komedier.

Riksrådet grefve Axel Fersen, större kännare af män-
niskor, påstod däremot, att man gjorde illa däruti att vända
monarkens håg från ·bagateller, och att om den vändes
till allvarsammare föremål, blefve det till rikets fördärf.
Utgången tyckes hafva bestyrkt hans utsago.

I anledning af konungens fattade beslut speltes det
öfriga af vintern från 1776 års början mindre komedier.
Andra små ingenieusa fester uppfyllde tiden, ty nöjet
ansågs som i det forna Rom Vestas eld — det fick aldrig
slockna.

Hertig Fredrik, olycklig i sin kärlek, deltog minst
däruti. För att trösta sig fick han sommaren 1776 till-
stånd att göra en resa åt Italien, och för att roa sig själf
anställde konungen (efter slutad kampering på Ladugårds-
gärdet med gardet) ett stort tornerspel vid Ekolsund.

Samma brinnande åtrå, som uppeldat honom vid hans
teaternöjen, intog honom för detta nya tidsfördrif. Han
var outtröttlig. Uppe ibland klockan tre om morgonen
för att öfva sig. Man talade, man hörde ej annat talas om
än om karuseller, lansar, sköldar, spjut. En sådan mycken-
het folk sammandrogs till Ekolsund, att hettan jämte
sammanpackningen urartade till en epidemisk feber, som
ryckte bort några och i hvilken nästan alla sjuknade.

Kostnaden vid allt detta var ansenlig. Detta tadlades
nog bittert, men nästan med ofog. Af alla nöjen vid ett
hof kunde svårligen uppfinnas något anständigare och för
kroppsöfningen nyttigare. Det är att vara korttänkt att äska

att en konung, hvars kall omfattar de största föremål, och öfverser i sin verkningskrets så tillsägande alla Europeiska stater, skall i sina tidsfördrif inskränka sig inom en enskild persons trånga utrymme, och kostnaden här gick utomdess på intet vis utom riket.

En page, half favorit, vid namn de Besche föll vid detta tillfället i en kort onåd. Han nekade att vilja bära konungens sköld, då monarken vid tornerspelet intog en af riddarnas ställe (en baron Oxenstjerna), som i hans kadrilj oförmodligen sjuknat. En pages fall väckte mer uppmärksamhet än om det varit ett riksråds. I allmänhet voro pagerna i synnerlig nåd, och konungens olyckliga böjelse i detta ämnet var ingen hemlighet, men det som var mindre kändt men ej dess mindre visst är, att de som emotstodo hans anbud, om de ej ledo indirekt förföljelse, dock fingo erfara hans motvilja i befordringsvägen. Det gifves en slags immoralitet i själfva lasten, som på visst sätt ökar dess vederstygglighet.

I andra delar var konungen mindre vällustig. I synnerhet var han icke läcker på mat. Hans bord var också ingalunda förträffligt, och han kunde ej själf hålla sig från löje, då senare på hösten 1766, hvilken hofvet passerade på Gripsholm, en ovanlig stank vid måltidstimmen inträngde i de kungliga rummen, och vid tillfrågan om orsaken en baron Ehrensvärd svarade, att det var supén, som agerade hofmästare och annonserade sig själf.

Julen 1766 tillbragte hofvet äfven vid Gripsholm och vintern 1777 i Stockholm, där olika små fester gåfvos, som sysselsatte det med nöjen, under det att landet fick fägna sig med en länge efterlängtad realisation och erhöll speciemynt i allmänna rörelsen.

Denna realisation utropades för storverk men var egentligen ej annat än ett förtjusande bländverk. Förhållandet var i korthet följande. Ständerna hade, vid sin hastiga skilsmässa 1772, i brådskan inneslutit banken i konungens nådiga åtanka och omvårdnad. På den grunden gör kronan, under bankens garanti ett lån i Genua af tre millioner riksdaler i silfver, inlöser med det flera kronohypoteker från banken, sätter den dymedels i stånd att kunna inlösa sina sedlar vid anfordran, efter en förutgången afkunnad bankrutt af femtio procent. En förmånlig frakthandel under pågående krig mellan England och Nordamerikanska kolonierna, inkastade äfven i bankens hvalf mycket silfver, men om detta verk fick en viss stadga, ökades likväl nationens utländska skuld, och kronoutlagorna samt tullafgiften, hvilka ehuru bibehållna till sitt nummertal dubblades. Detta nödgade kronan, för att iakttaga någon billighet, att fördubbla alla penninglöner, men hvad vinst det allmänna härvid egentligen gjorde, är svårt att inse.

En allmän välmåga, som utländska lyckliga konjunkturer i handelsvägen tilldanade, verkade så mycket på allmänheten, att den ej var granntyckt. Den deltog äfven i hofvets nöjen, och Stockholm tycktes vara förtjust i det ganska vackra tornerspel, vid hvilket konungen och hertig Karl anförde kadriljerna på Adolf Fredriks torg i slutet af maj och första dagarna i juni 1777. Vid detta lysande nöje saknades intet, utom blott någon lämplig anledning därtill.

På statskontorets tillstyrkan skedde det visst icke, ty det var tomt, och dess utgifter blefvo helt oväntadt ökade genom konungens oförmodade resa samma månad till Petersburg. Ryska hofvet (underrättadt om alla de hinder, det franska lagt i vägen för denna tilltänkta resa, till och med om den fara för konungens person, hvarmed det sökt injaga skräck hos svenska monarken) började yttra sig ur en så hög ton, då kejsarinnan trodde sin ära förolämpad, så genom dessa misstankar, som resans uraktlåtande, att dagen efter general Trolles ankomst från Finland beslutet togs, att ej längre med ett onödigt vägrande reta en stolt och öfverlägsen granne. I Petersburg emottogs svenska konungen ej allenast med en asiatisk prakt, utan med ett så oväntadt vänligt bemötande, att det liknade förtroende. Han trodde kunna häraf begagna sig och förmå kejsarinnan att garantera 1772 års regeringsform. Detta vägrades höfligt, men nöjena och presenterna fördubblades. Dessa senare voro så kostbara, då bland annat på en käppknapp af juveler den mellersta stenen ensam var värd en tunna guld, att konungen, för att frälsa sin höghet från förebråelsen att stå tomhändt, efterskickade svenska riksrubinen, värderad till tre tunnor guld, och skänkte den åt kejsarinnan. Hans lagliga rättighet till denna rubin, är väl ännu oafgjord, men icke desto mindre hvilar den för det närvarande i ryska skattkammaren, utan att där göra stor parad. Den var stor, i pyramidalform, två tum hög, en tum i basis, men opolerad.

Efter konungens återkomst från Ryssland anlände hertig Fredrik i september månad från Italien, och på hans anmodan, anbefalld af monarken själf, blef prinsens följeslagare, kammarherren baron Taube, dubbad till kommendör af svärdsorden. För denne baron Taube, kall, tystlåten, djuptänkt, lika stor egoist som monarken själf, hade denne ifrån barnaåren hyst en oafbruten vänskap eller rättare sagdt böjelse, emedan vänskap mellan egoister lärer blott vara ett tankespel — en ordförblandning.

Andra då varande favoriter: kammarherren baron Bror Cederström, stallmästaren Munck, lifpagen Cederfelt, voro konungen på förståndets sida så litet vuxna, att de med skäl kunde anses som kikare, igenom hvilken han själf såg sin person i förstoring, men däremot föreställde monarken i allmänhetens ögon uti förminskningsglaset. De voro ej elaka, de voro blott obetydliga.

Vid hofvets vistande 1777 om hösten på Gripsholm tilldrog sig en händelse af ovanligt slag. Hertig Karl var strax efter middagen i sina rum med grefve Claës Ekeblad och baron Fredrik Strömfelt. Någon klämtar och vrider på låset, men utan att komma in. Prinsen går själf och öppnar, men flyger några steg tillbaka vid åsynen (som han påstod) af en blåklädd, blodig och hufvudlös människa. Baron Strömfelt såg enligt föregifvande ej något däraf. Grefve Ekeblad blott en skymt, som försvann bakom en koffert. Antingen denna syn nu var verklig eller en frukt af inbillningen hos tvenne fullvuxna karlar, midt på ljusa dagen, så var den alltid besynnerlig.

Frankrikes och Spaniens förskott och insparade penningar vid 1772 års revolution voro numer försvunna, de kungliga personernas enskilda skulder ökade. Detta verkade på vinternöjena mellan 1777 och 1778. De blefvo inskränkta till vanliga spektakler, maskerader samt några supéer. Finansverket var på så svaga fötter, att ofta af-löningen brast, så för civil- som militärstaten, men sinnena fördes snart till andra tankeämnen. En stor nyhet före-stod och med den stora uppträden.

Uti april månad 1778 blef för allmänheten kungjordt, att drottningen var i välsignadt tillstånd, och i kyrkorna togo de vanliga förbönerna genast sin början. Denna tidning var redan vid slutet af februari månad på ett högst obegripligt sätt känd uti Petersburg. Hvad till minsta del denna tidiga kunskap gifver vid handen är, att detta ämnet var ett föremål för utländska ministrarnas upp-märksamhet.

En olycklig omständighet inträffade härvid. Ifrån drottningens stånddrabantsal gick till hennes boning en bak-dörr. Inom den var till höger en liten trappa, som förde till kammarfrun, mamsell Ramströms kammare. Till vänster åter var en mörk gång, som ledde till drottningens rum. Hvar dag, ofta hvar dag gick Muncken i allas åsyn inom den yttre dörren, men tog han till höger, tog han till vänster? Det visste ingen, däruti bestod schismen.

Änkedrottningen, häftig, illa underrättad, var bland antalet af dem som trodde, att han gick till vänster. Vid tidningen om drottningens fruktsamma tillstånd yppar hon oförsiktigt sina tankar härom till hertig Karl. Han, ännu oför-siktigare, låter henne oåtspord uppkalla Muncken och äskar hans bekännelse. Den utföll som man kan förmoda. Han ej allenast nekade, utan från hertigen går han direkt till konungen och klagar. Saken var af vikt och konungen med hela sin konungsliga myndighet förskräcker till den grad sin bror, att denne måste tillstå, att hans misstankar,

endast vore grundade på den anledning, han därtill fått af
änkedrottningen. Den regerande drottningen, underrättad
om hela förloppet af stallmästaren Munck, smälte i tårar
— ropade på hämnd. Ny scen vid Fredrikshof. Monarken
begaf sig upptänd af vrede dit. Man påstår, att änkedrott-
ningen i visst afseende gjort afbön, men under de djupaste
förbannelser öfver hertig Karl. Härvid förblef det intet.
Konungen begaf sig med sex riksråder, omgifven af sin
stora vakt och all konungslig ståt, i den ofantliga riks-
vagnen Burmania, ett par dagar därefter åter till Fredrikshof
och lät där formligen inprotokollera, att han ej tillhörde
det stora bröderskapet. Akten är sällsynt i sitt slag och
vid en häradsrätt hade den säkert uppväckt häradets åtlöje.

All gemenskap, allt umgänge blef icke desto mindre
afbrutet mellan konungens och änkedrottningens hof, och
denna herre ansåg själfva detta fredsbrott för ett sådant
fredslugn, att han själf, som omförmäldt är, med yttersta
sorgfällighet, afstyrde alla förlikningar. Hertig Fredrik be-
ifrade till den grad hertig Karls uppförande mot änke-
drottningen, att man påstår det han en gång till hälften
drog värjan emot sin bror.

Nationen var försagd, lystrade, fällde intet utslag, tills ett
nytt tankeämne förströdde dess uppmärksamhet. Det var en
ny nationell klädedräkt. Anledningen därtill å konungens
sida var pur egenkärlek. Han åstundade omskapa allt, och
han ville visa ryska kejsarinnan, hvad makt han ägde
öfver sitt folk. Hon hade haft ett dylikt föremål. Prin-
sarna Orlov och Potemkin hade burit hennes nya kläde-
dräkt. De hade blifvit utskrattade, klädt om sig, och all
fråga härom försvunnit vid ryska hofvet.

Den nya svenska klädedräkten var åtminstone ej
lämplig till klimatet. Vida underplagg med mycket band-
rosor, en kort väst, ett skärp däromkring, som skämde
bort magen, en kort jacka, en liten kappa, som skämde
bort ryggen, en catogan, som skämde bort kappan, en
rund hatt med ofantliga plymer. I den svarta dräkten
såg den ärbara svensken ut som Scapin, och i alla andra

färger som en narr. Konungen kände detta så väl själf, att hvarken han för sin egen person eller någon af hans suite vågade ikläda sig denna dräkt utomlands.

Icke desto mindre satte han i denna sin föresats' utförande en sådan nit, en sådan drift, skref därom till alla landshöfdingar, till alla öfverstar, uppmuntrade, anhöll så enträget, att den 28 april 1778 ordensdagen hela Stockholm och kort därpå hela landet var omklädt efter hans åstundan. Nog hade en dylik välvilja inom riket kunnat och bort användas på ett nyttigare föremål. Men konungen var ännu så litet känd, följaktligen så älskad, att nationen ofelbart gjort större uppoffringar, om han så äskat. Hvad jag anfört rörande hans tidsfördrif och tänkesätt, var så till sägande doldt inom slottsmurarna. Allmänheten såg intet annat än en förkrossad anarki, en upphörd partianda, lagarnas orubbade hägn, och en sig dagligen spridande välmåga. Han ansågs som upphofsman till så stora fördelar, och nationens hjärta var dess frivilliga offer.

Med dylika tänkesätt sammanträdde ständerna i Stockholm den 19 oktober 1778 att bevista den riksdag, till hvilken de voro kallade i förmodan af en ny tronföljare. Hofvet. som tillbragt hela tiden på Drottningholm, under ganska lediga sommarnöjen, hade kort förut inflyttat till residenset.

Vid denna riksdag, där konungen med skäl kunde anse sig som en fader, omgifven af sina barn, borde han hafva åtnöjt sig med en hederlig faddergåfva och regeringssättets befästande, men hans konstiga själ tillät honom ej att inskränka sig inom dessa gränsor.

Ståndens första rådplägning upplifvades af smicker. Bondeståndet anhöll genom en deputation hos hans majestät, det han själf ville i nåder utse ståndet en talman. Detta åtog han sig med försäkran att äfven framgent härmed fortfara. Bonden Anders Matson från Skåne blef härtill utnämnd.

Åt borgarståndet, som tvekade vid ett dylikt steg, blef indirekt förständigadt, att konungen kunde gifva det

ärkebiskopen till talman, enligt 1617 års riksdagsbeslut.
1772 års regeringsform var något helt annat. Icke desto
mindre verkade denna hotelse. En lika deputation, ett
lika andragande och ett lika svar. Borgmästaren Eckerman
från Stockholm blef utvald till talman. Prästeståndet hade
sin själfskrifven i dåvarande ärkebiskopen doktor Mennan-
der, en saktmodig, foglig och lärd man.

I anledning af 1772 års regeringsform hade konungen
rättighet att välja landtmarskalk. Han utsåg därtill den
vid revolutionen nämnde baron Saltza, nu generalmajor,
vid riksdagens slut utnämnd till grefve. Han var detta
verk alldeles icke vuxen, hvarken genom kunskaper eller
umgängessätt. I sig själf välmenande, okonstlad, men
sjuklig, häftig, och egensinnig.

Riksdagen öppnades den 30 oktober 1778 i ett plenum
plenorum, där konungen för ständerna uppgaf den vackraste
målning öfver rikets lysande tillstånd, lycklig årsväxt,
lyckligt penningverk, blomstrande handel, fred ut- och
inomlands. Han gaf likväl i själfva sitt tal en liten anstöt
åt föreningen inom kungliga huset, i det han omåttligen
berömde hertig Karl, men ej nämnde hertig Fredrik, ehuru-
väl båda voro närvarande.

Talet var sirligt men långt. Hans första stallmästare
grefve Adolf Lewenhaupt somnade därvid, och svarade
sedan uppå konungens förebråelse, det han i början fäst
vid detta tal all sin uppmärksamhet, men då han af det
förnam, i hvad lugn ställning Sverige befann sig, hade han
utan betänkande slagit sig till ro. Den 31 oktober upp-
lästes för ständerna alla oekonomiska målens förvaltning,
hvaruti ej nämndes ett ord om de regala brännerierna,
som under hela denna riksdag ej sattes ifråga, icke en
gång af själfva bondeståndet. Hans majestät rekommende-
rade då äfven i ständernas omvårdnad den dyra pant, som
skulle befästa tronen och nu snart väntades.

Det dröjde ej längre än till den följande dagen. Natten
mellan den sista oktober och den 1 november blef drott-
ningen sjuk. Vittnen åtminstone till att hon var moder

7. — *Sv. memoarer.* IV.

till barnet feltes ej.   Alla yttre rummen vimlade af hof-
folk och inom sängkammaren voro express tillkallade:
båda hertigarna, riksrådena Lieven, Höpken, Bielke, Karl
och Ulrich Scheffer, landtmarskalken Saltza, hertiginnan,
riksrådinnorna Scheffer, Sparre, Hiärne och Rudensköld.
I detta talrika sällskap framkom den unge prinsen till
världen klockan tre kvart på sju om morgonen den 1
november 1778.

Stockholm blef därom genast underrättad och väckt
medels 1024 kanonskott.   Ett stort tillopp af folk utbrast
i glädjebetygelser, som snart afbröts.   Hofvet var knappt
återkommet från ett solennelt Te Deum, afsjunget i Stor-
kyrkan, förr än en biljett, som pagen de la Grange åter-
förde från änkedrottningen, till hvilken han blifvit sänd
med tidningen, kastade allt i förvirring.

Brefvet var till konungen.   Efter ömma uttryck af
sin glädje slöt hon det med orden: »Förnöjd däröfver,
att all missämja nu mehr vore häfven, skulle tiden
ännu mehr visa hennes oskuld och draga täckelset af
konungens ögon.»   Hon alluderade på prins Karl, som
missbrukat hennes förtroende.   Den illistige monarken
kunde ej härutinnan misstaga sig, men som han ej önskade
någon förlikning, låtsade han tro dessa ord innehålla en
förhärdelse och hafva afseende på själfva kronprinsens
födelse.

I denna akt och mening visade han brefvet först för
hertig Karl, som gaf ett anskrik, sedan för hertig Fredrik,
som dånade.   Det är lätt att begripa, hvad intryck det
gjorde på de närvarande.   Alla blefvo bestörta.   De äkta
hofmännen talte ej om mindre än att sätta på Grips-
holms slott den halsstarriga änkedrottningen.   Hon, långt
ifrån att förvänta denna oro, var redan på väg från Fredriks-
hof till slottet i all konungslig ståt, med presenter och
dyrbara barnkläder, då helt hon oförmodadt får order, att
ej visa sig.   Hennes dotter prinsessan Sofia Albertina
fortsatte ensam sitt tåg.   Alla voro redan vid hennes
ankomst skingrade i förbittring.   Hennes audiens hos

konungen aflopp fruktlöst.   Hon använde tårar, böner,
nästan knäfall.   Konungen ansåg sig förolämpad, som
konung, som son, som far.   Ingen afbön kunde afböja
en oundviklig skilsmässa från modern, hvilket hårda beslut
konungen utförde ända till sista dagarna af hennes lefnad.

Merendels blandar sig alltid något komiskt i de allvar-
sammaste ämnen.   En förhastad utlåtelse af hofmästarinnan
grefvinnan Sparre, onekligen den försiktigaste af sina
samtida, roade hela hofvet.   Under ett joller med lilla
kronprinsen, som den gången var barhufvad och ej hade
mer hår än barn vanligen plägar hafva, sade hon i hastig-
heten: »O Gud välsigna det där lilla — lilla munkhufvu-
det.»   Hon hade så när dånat.

Ett sådant kungligt trakasseri som det anförda gjorde
i början mycket uppseende, men riksdagsärendena slappade
uppmärksamheten.   Dessa ärender fördes med en sällsam
enighet.   På hofvet var två à tre gånger i veckan supéer
för etthundra personer.   Inom stånden äntrade man om
frikostighet mot kungliga huset.   Konungens och drott-
ningens handpenningar ökades, faddergåfvan utsattes till
aderton tunnor guld, af hvilka konungen till lindring
för den fattigaste delen af sina undersåtar eftergaf sex
tunnor guld.   Öfverallt gåfvos fester.   Döpelseakten gick
för sig den 9 november.   Den unga tronföljaren bekom
af ständerna, bjudna till faddrar, namn af Gustaf Adolf.
Äldsta grefven, grefve Brahe, bar prinsen till funten.   Hela
hofvet hade nu för första gången anlagt den nya gala-
dräkten, hvit och röd; vacker dräkt att se på i det hela,
men som gaf hvar enskild person utseende af en teater-
herde.   Jag förbigår de öfriga ceremonierna ofta tunga att
bevista, alltid tunga att beskrifva, ännu tyngre att läsa.

Stockholms illumination den 12 november var vacker
och bevittnade den allmänna uppriktiga glädjen.   Bland
de lyckliga deviserna var urmakaren Lindgrens.   Öfver
hans vanliga skylt, där visaren pekade på tre kvart till sju,
prinsens födelsestund, lästes blott de orden: »I välsignadt
minne.»

Högtidligheterna på hofvet, efter emottagna lyckönsk-ningar, bestodo i ett par maskerader och tvenne bals parés, där efter franska bruket, som aldrig åsidosattes, vissa par nämndes och dansade menuet för öfverheten och hela allmänheten. En myckenhet nådebetygelser utdelades, och för första gången excellenstiteln åt andra än rådsherrar, hvilken titel medförde lika värdighet och förmånsrätt. De utnämda voro grefvarna Brahe, Charles Emil Levenhaupt, Pontus De la Gardie, Spens och Hamilton.

Slutfestiviteten var högst olycklig. Stockholms stad, som erbjudit sig att till firande af prinsens födelse uppföra en ny bro eller annat nyttigt monument, lät efter afslag härpå bygga på Norrmalmstorg ett stort hus, där pöbeln vid flera skänkar skulle trakteras. Medels oförsiktiga an-stalter och för liten vakt trängde menigheten så till på den utsatta dagen den 30 december, att de började nedtrampa hvarandra. En enda ingång, ingen annan utgång, gjorde häraf en fullkomlig massaker, vid hvilken inemot ett hundra personer satte lifvet till och dubbelt så många blefvo illa medfarna. Man trampade tarmarna ur halsen på somliga; fostren ur lifvet på mödrar. En nygift man sökte med sina armar frälsa sin unga hustru från den påträngande faran, men samma armar tillklämdes så, att hon mellan dem gaf upp andan. Pöbeln redan besupen stod ej att styra. Man bad dem ej trampa på de döda människorna, de begärde nya glas och ropade hurra för liken. Denna olycka hade ej haft några gränser, om ej en major vid namn Stedt (hvars ädelmodiga gärning knappt omtalades, men som bör förevigas) hade frälst flera hundra personer.

Han satt på en läktare, var själf utom all fara, såg med grämelse den tilltagande folknöden samt blef tillika varse, att några portar voro på sidan af huset, men framför dem bräder tillslagna. Utan betänkande kastar han sig ned för läktaren, ropar till sig några af stadsvakten, gör sig plats ej utan lifsfara, kommer till nämnda bräder, rycker dem bort, låter öppna portarna, och gaf med detsamma en fri öppning åt det tillströmmande folket, som dymedels blef frälst. Konungen hade varit närvarande vid denna olycka, då den var i sin höjd, men var detta oaktadt den ende vid sin supé, — jämte en hans favorit, en ung kammarherre, baron Bror Cederström — som härvid syntes orörd och ansåg nästan som något smickrande den likhet, som förspordes mellan denna händelse, och den som timat i Paris vid dauphins bröllop 1770. En dylik känslolöshet synes strida mot mänskligheten, och att yttra den mot första elementen af en sund politik, men jag talar härom som åsyna vittne, ville men kan ej jäfva en så ohygglig erinran.

Monarken var ej dess mindre nationens afgud.

De förtjusta ständerna insågo ej, eller ville ej inse, att han oaktadt deras beredvillighet i nåder utsådde oenighets- frön, hvilka inneburo vidsträcktare afsikter. Han inskränkte sig inom adeln. Detta stånd hade i riksdagskallelsen blifvit anmanadt, att ställa sig 1626 års riddarhusordning till efter- rättelse. Enligt den valde familjen capita. Men vid efter- sinnande att med samma skäl kunde en dylik omröstning sträcka sig ända till kungliga tronen, föreslog konungen själf ändring häruti i ett riddarhusets plenum, där han var ordförande, hållet på rikssalen den 3 november. Man fattade då det beslut, att förstfödslorätten skulle nu som förr gälla, men den 9 samma månad i ett dylikt plenum blef på hans inrådan adeln indelt i trenne klasser: herre-, riddar- och svenneklassen. Politiken var synbar. Första klassen, som endast bestod af grefvar och baroner, skulle blifva ett föremål för de andras afund; men denna politik misslyckades. En väl besutten man i svenneklassen trodde sig vida själfständigare än en fattig grefve, och den fattige grefven trodde detsamma. Vid ett så gemensamt tänkesätt kunde ej titulaturen utgöra ett afundsämne.

Ett litet moln i anledning af bankinstruktionen tycktes som hastigast uppstiga mellan monarken och ständerna. Riksrådet grefve Fersen hade uppsatt den och därvid till- lagt den proposition, att revisorer mellan riksdagarna skulle med ständernas makt öfverse bankverket. Detta förslag antogs af de tre stånden, som garanterade banken, men misshagade hans majestät, hvilken under tysthetseden blott ville hafva befattning med bankofullmäktige. Riddarhusets ståndaktighet, att anse denna sak för afgjord (då kort därpå, så som i ett oventileradt ämne, ett memorial däremot ingafs af amiral af Trolle) genomdref detta beslut. Grefve Fersen, som härvid varit hufvuddriftjädern, sökte enligt en dykningsvana, som han alltid följt, åter förlika sig med monarken. Han begärde en audiens. Konungen, stolt öfver detta förnedringssteg, frågade samma dag högt öfver bordet vid middagen en af gästerna, hvad omdöme, man skulle fälla om en man, som ena dagen syntes vilja vara folkets beskyddare, och andra dagen var en ganska ödmjuk tjänare af konungen? — Hvad omdöme fälla, svarade den tillfrågade, annat än det, att den mannen tror de båda sakerna oskiljaktiga. Konungen, som märkte sitt misstag, flatnade. All hans slughet gaf ofta vika för dylika utbrott.

Kort efter denna riksdag försäkrade han grefve Fersen (alltid att anse som oppositionens hufvudman), att han ville hafva så mycken makt, som någon svensk konung förut ägt. Det var att med tydliga ord tillkännagifva, att han åsyftade öfverskrida 1772 års regeringsforms gränser.

All ständernas adulation hindrade ej de klarsynta att inse denna föresats vid riksdagens slut. Dessa hade genom den nogaste enhällighet i lagfrågornas bejakande (nämligen de frågor som vid riksdagens början för en syn blifvit uppkastade till rådplägningsämnen), hindrat konungen att utöfva sin decisionsrättighet, om två stånd vore mot två stånd.

Han åstundade intet högre. Det hade varit att genom ett prejudikat grunda hans välde i ståndens oenighet, och denna missämja kunde lätt åstadkommas. Men då oaktadt allt hans bemödande detta förslag blef om intet, bröt han isen vid konungaförsäkran och lät förljuda, att all grundlag utgifven före 1680 borde för sådan anses i närvarande tid, eller detsamma, att ständerna vid denna propositions bifall underkastade sig ofvannämnda (ännu ej samtyckta) konungsliga prerogativ af valrätt vid ståndens paria vota.

En kunglig sekreterare vid namn Hummelhielm, lika

vältänkande som djärf, gaf ej monarken rådrum att häruti
verka med sin politik. På riddarhuset omtalade han, att
ryktet ordade om ett förslag å konungens sida, som han å
sin del ej kunde förena med 1772 års regeringsform.
Han protesterade i förväg (utom i det som anginge riksdags-
ceremonier) mot ett sådant försök, bragte riddarhuset att
instänima i samma tänkesätt och förmådde konungen, som
ej ville låta sina ännu omogna projekter komma till en
vådlig granskning hos ständerna, att genast den 26 januari
1779 afblåsa en riksdag, märkvärdig dels genom den säll-
synta enighet, som regerat mellan alla lagstiftande maktens
delar, dels genom den solida grundläggning, som ett fri-
villigare samtycke än 1772 års riksdags gifvit åt den nu
först lagligen bejakade, då påtvungna regeringsformen.

FEMTE TIDEHVARFVET.

Från år 1779 till år 1786.

Det nu mer genom ständernas sanktion befästade regeringssättet var i hela sin vidd monarkiskt, men hade lönnvägar, som kunde föra till despotism. En vid namn Halldin, ansåg detta för afgjordt i ett dagblad och gaf konungens förvaltning namn af dygderegering, såsom blott hvilande på monarkens enskilda lynne och dygd. Halldin blef förföljd, inmanad i häkte, men af Svea hofrätt endast dömd till att sitta tvenne veckor på vatten och bröd. Konungen, som gjorde sig ett nöje af att förklena rådet, kunde ej i justitierevisionen bringa riksrådena Stockenström, Hiärne och Höpken att skärpa hofrättens dom, men öfvertalade riksrådena Beckfriis, Karl Sparre, Bielke och Ulrich Scheffer, att döma Halldin till döden. De uttryck, konungen nyttjade den 23 maj 1779, då han benådade samme Halldin, och tillgaf en öfverdrifven frihetsanda i anseende till det medborgerliga nit, som varit dennes driffjäder, voro indirekta förebråelser mot hans domare, hvilka vid detta tillfälle spelade enahanda roll som den morian, målaren Ehrenstrahl alltid tecknade vid sin dotters porträtt, endast ditsatt för att upphöja glansen af hennes fägring.

Rådet borde likväl hafva varit på sin vakt. Redan några år förut, hade vid tillfället af tryckfrihetsförordningen, ett dylikt missöde träffat det. Ömmare om ämbetsmannakårens befriande från tadel, än om det allmännas förmån, hade rådet afstyrkt tryckfriheten och trott sig dymedels ej misshaga monarken. Han åter påyrkade i sitt votum mänsklighetens rätt, honom obetaget, att sedan han kastat på rådet den skugga han önskade kort därpå betaga samma frihet dess kraft genom det ansvar, han ålade boktryckaren.

Om mitt minne ej bedrager mig, var det sommaren 1779, prästerna blefvo utsirade med stjärnor och band. Biskoparna blefvo kommendörer af Nordstjärneorden, de mindre graderna antogos under namn af ledamöter i samma orden. Instiftningens afsikt och verkan inhämtas i hela dess vidd genom det infall, en major Billberg hade mot en doktor vid namn Backman, som han mötte sedan prästen från patriot blifvit rojalist vid 1789 års riksdag och därför belönats med Nordstjärnans lilla kors. »Ah!» sade han, »nu känner man er, nu vet man hvem ni är, ni bärer vilddjurets tecken.» I själfva verket kunde detta tecken på deras personer (få af det heliga ståndet undantagna) ej anses annorlunda än som ett brännmärke i moralen.

Dagen efter Halldins benådande begaf konungen sig till Karlskrona för att taga i ögonsikte den del af flottan, som under hertig Karls befäl som storamiral skulle kryssa i Nordsjön. Ett bitande infall af engelska premiärministern, lord North, hade i sin mån bidragit till denna expedition. Då svenska envoyen i London, baron Nolken, förständigat honom, att som engelska kapare fortforo att ofreda svenska handelsfartyg, hade konungen i Sverige fattat det beslut att låta konvojera dem med fregatter, svarade lorden blott, »ah, var af den godheten ... säg mig ... hvem skall konvojera fregatterna?»

Efter återkomsten från Karlskrona, gjorde konungen den vanliga kamperingen på Ladugårdsgärdet med sitt garde, hvars läger uppbröt den 1 juli 1779. Det öfriga af året, till och med julhelgen tillbragte hofvet på kungsgårdarna, i synnerhet på Gripsholm i en ovanlig tyst lefnad, med inga andra nöjen än de, som äro oskiljaktiga från hof. Men all hoflefnad medför merendels moralens glömska.

En grefvinna Ribbing, som ville visa, att hon ej alldeles åsidosatt anständigheten, beklagade sig för konungen, att dragonerna lögade sig tätt utanför hennes fönster. Han lät kalla chefen för dem, baron Karl Ehrensvärd, känd för de mest saltade infall.   Hon upprepade sina klagomål. »Men,» sade han, »äro de helt nakna?» — »Ja,» svarade den förbittrade grefvinnan, »jag försäkrar er, alldeles nakna.» — »Var nådig och säg mig,» invände han, »huru vet grefvinnan då, att det är dragoner?»

Under till utseendet menlösa nöjen förglömde konungen ej den regeringsprincipen, att landet var en svamp, som skulle pressas.

1780 års början såg uppdagas ett projekt till en allmän tiondesättning. Mot detta förslag, så ömt för äganderätten, uppstod ett knorr i hela riket af den betydenhet, att det aldrig under konungens regering mer kom i fråga.

En prins af Holstein, konungens kusin, en aimable och berest herre, upptog hofvets uppmärksamhet vid samma tid. Han öfverhopades till den grad med etiketter, att han med nöje öfvergaf Stockholm.

Konungens eldiga, men ostadiga sinne tycktes nu mer för egen del äfven ledsna, så vid sitt residens, sitt hof, sig själf som vid sina forna nöjen. Sedan han uttömt alla, hade han sökt nya i det mystiska frimureriet, i andebesvärjningar, till och med i alkemien eller guldmakeriet. Vid denna sistnämnda svekfulla vetenskap framtedde han något karaktäristiskt. Han visste (och hvad visste han ej) att i en familj inom riket förvarades ett dokument, ditlämnadt af den ryktbare Paijkul, som innehöll dennes kemiska operation vid guldtillverkningen. Monarken lät kalla till sig äldsta sonen af nämnda hus, gaf honom dyrkar att göra inbrottsstöld hos sin far för att bemäktiga sig detta papper och lämna honom det. Dyrkarna, mottagna i afsikt att hindra andra att hedras med samma förtroende, blefvo aldrig använda. Dokumentet låg i ro, och Gustaf III såg sina inbrottsförslag och sin guldtillverkning uppgå i en och samma rök.

Man ledsnar vid mindre. I alla de nöjen denne prins' oroliga själ eftersträfvade, fann han slutligen en tomhet, den han ej trodde sig kunna fördrifva annat än medels utländska resor och ombyte af luft. I det afseendet föregaf han opasslighet och anträdde resan till Spa med den häftighet, att han verkligen sjuknade i Dammgarten, en liten pommersk stad och måste sedan för nöd skull nyttja en hälsobrunn, den han endast utvalt för ro skull som en samlingsplats af Europas förnämsta dagdrifvare. Detta vistande kostade honom flera tunnor guld, och vid sin återkomst på svensk botten med ett danskt handelsfartyg den 15 oktober 1780 i Landskrona var han så utblottad på penningar, att han blef nödsakad taga ur fortifikationskassan för att därmed fortsätta sin resa till Gripsholm, där han tillbragte det öfriga af hösten.

Vintern mellan 1780 och 1781 hade blifvit utan andra talämnen än de som nya moder à la Spa kunde uppväcka hos de sysslolösa, därest ej prins Fredriks kärlek för en fröken Wrangel, riksrådets dotter, åter hade hotat med en förmälningsakt. Den fick samma öde, som de förslag han förr haft i dylikt ämne. Fröken Wrangel blef gift med en Aminoff, och prinsen återtog sin forna mätress en mamsell Hagman, nog intagande så till det yttre som inre för att slutligen fästa prinsens ostadiga hjärta. Det var omöjligt i hennes stånd tänka ädelmodigare. Som prof härpå kan anföras hennes uppförande mot en fattig juvelerare. Prinsen hade på kredit köpt en dyrbar ring af honom till mamsell Hagman men vid betalningsterminen måste han efter antagen sedvana förlora sin tid ohulpen i prinsens yttre förmak. Mamsell Hagman såg honom i förbigåendet där så ofta, att han fäste hennes uppmärksamhet. Då hon utforskat hans ärende, sade hon honom: »Prinsen är för närvarande ej stadd vid penningar, jag kan allt för väl umbära denna prydnad men ej er välfärd.» Hon återställde honom ringen och anbefallde honom tystnad, men hans erkänsla utspridde snart ryktet härom.

Det händer understundom ... så när hade jag sagt

ofta... att själfva giftermålsguden ej ingifver dylika tänkesätt.

En besynnerlig process uppväckte äfven denna vintern löje. En pasquillskrifvare hade med allusion på les bals parés vid hofvet, beskrifvit en dylik på en krog. Herr Ehrencastrat hade vid den öppnat balen. Svea hofrätt beifrade obetänksamt detta, och auctor, tillspord af denna rätt, hvem han menat med detta namnet, svarade blott: Jag skall i ödmjukhet anhålla att få veta, hvem den höglofliga rätten tror, att jag menat. Häruppå föll intet svar. Hofrätten log, och den spefulle gazettskrifvaren slapp saklös.

Detta jämte några andra dylika uppträden gåfvo dock tillkänna, att förtjusningen började aftyna i det allmänna, hvars öron voro dagligen uppfyllda med mångdubblade vackra anstalter i alla ämnen, men hvars ögon ej försporde någon synlig verkan däraf.

En köld af betydligare följder yttrade sig äfven från ryska hofvet. Gustaf III hade egentligen varit upphofsman till förslaget rörande en armerad neutralitet till sjös, som skulle skydda den nordiska handeln, och ryska kejsarinnan sökte tillvälla sig hedern af denna uppfinning, ehuru hon för sin .del minst bidrog därtill. Konungen i Sverige, som själf i Karlskrona sommaren 1781 bestyrt om sin eskaders utlöpande, hvilken i Sundet skulle förena sig med den ryska och danska flottan, och som gjort sig en otrolig möda i detta ämne blef häröfver stött till den grad, att han ämnade låta slå en medalj, hvilken skulle föreställa honom som presiderande vid den gemensamma öfverläggningen mellan de nordiska rikena. Hans kalla och försiktiga premierminister, grefve Ulrich Scheffer, afstyrde visligen detta kitslighetsutbrott.

Ej nog härmed, ryska hofvet, mindre mon att vinnlägga sig om det svenska hofvets vänskap, hitskickade ministrar, som på intet sätt anstodo konungen. Han utverkade ryska ministern Simolins rapell, men var föga nöjdare med dennes efterträdare Markov, och ännu mindre med dennes successor Razumovskij.

Sådana förhållanden verkade ej förtroende, men ännu var det långt från ytterligheter och konungen tillbragte sommaren 1781 på Drottningholm med flera karusellers anställande, och det nöjet, en förbättrad fransysk komeditrupp gaf honom, på hvilkens underhåll han vedervågade otroliga summor.

Ej mindre kostnad nedlades på rummens dekoration i Stockholms slott. De blefvo prydda med flera vackra marmorbilder af professor Sergel, född svensk, men Europas förste bildhuggare. En Venus, modellerad efter grefvinnan Höpken, var ett verkligt mästerstycke. En Apollo förtjänte samma beröm, oaktadt Stockholms stads arkitekts misstag vid denne sistnämnda, hvilken han beundrade, men som han tog för en Venus.

Om hösten detta år kom kronprinsen ur fruntimrens händer. Riksrådet baron Fredrik Sparre, systerson och elev af den förr omnämnde grefve Tessin, blef utnämnd till hans guvernör.

Skilsmässan mellan det regerande kungliga hofvet och änkedrottningens fortfor. Denna prinsessas aftynande hälsa, kunde ej uppväcka naturens känslor i konungens hjärta, och han yttrade dem ej förr än om sommaren 1782, då han medels flere bud från Drottningholm, där han vistades, till Svartsjö, hvarest hans mor låg sjuk, slutligen gjorde sig förvissad om, det hon var utan hopp. Då ilade han dit, förde med sig den lille kronprinsen och yttrade enligt alla tragediens regler de ömmaste... de lifligaste känslor af sorg och förtviflan.

Änkedrottningen var underrättad om hans förhållande, och ville alldeles icke se honom. Han yrkade, hon vägrade. Denna scen varade länge. Slutligen trängde han in uti hennes sängkammare. Oaktadt sin mattighet utbrast hon i hårda förevitelser, dem han medels tårar och knäfall till slut förvandlade i välsignelser såväl öfver honom som den lille kronprinsen, åt hvilken hon skänkte några juveler. Detta oaktadt blef han som barn så förskräckt för henne, att man långa tider därefter, hörde honom ofta säga för sig själf: »Den farmor... den farmor, den förglömmer jag aldrig.» Denna prinsessa afled (af en invärtes obstruktion, som slog sig till lungsot) den 16 juli 1782 med full visshet att hon lämnade ett olyckligt lif, förenad med en ännu olyckligare skeptisk osäkerhet om sitt tillkommande öde. Ett stort förstånd, men underkastadt häftiga passioner, vidsträckta men ostädade kunskaper bidrogo till hennes lefnads vidrigheter i tiden och ovissa tänkesätt om evigheten. Hon testamenterade sin kvarlåtenskap endast åt hertig Fredrik och prinsessan Sofia Albertina.

Det nummertal, hon innehaft inom kungliga huset, blef snart åter uppfylldt genom en ung prins' tillkomst den 24 augusti samma år. Han blef i dopet kallad Karl Gustaf, undfick titeln hertig af Småland, men lefde allenast några månader, ett offer som man påstod af medicinska fakultetens försök att medels kalla bad härda barnaåren.

Änkedrottningens frånfälle var en lisa för monarken. Han tyckte sig få ännu friare händer, och då teaterpassionen omöjligen helt och hållet kunde öfvergifva honom, sammansatte han nu teaterpjäser. De voro väl skrifna, och mycket för väl för en konung. Hans första snilleprodukt, som syntes 1782 vid jultiden, var en heroisk komedi (Lars Sparre och Märta Banér), hvilket teaterstycke, såväl som andra han sammanskref, utmärkte genom flera vackra strofer, att dygdens uttryck kunna alstras af förståndet, ehuru deras känslor ej hvila i hjärtat.

Det snille, hvarmed konungen var begåfvad, gjorde att han af egen böjelse befordrade bokvett och fria konster. Någon tid efter änkedrottningens frånfälle, tog han ej allenast i sitt skydd den vitterhetsakademi, hon instiftat, utan inrättade själf den så kallade Svenska akademien. Ledamöternas antal här voro aderton, och alltid med sinnet fäst på hvad sig tilldragit i Frankrike, i synnerhet under hans föresyns, Ludvig XIV:s tid, befallde konungen att som där var antaget att vid alla akademien rörande akter tillägga: Un des quarante de l'Académie Française, äfven här alltid titulera akademiens medlemmar för en af de aderton i Svenska akademien. Till landets förmån verkade likväl detta

konungsliga skydd. Man såg andra produkter än Mose
och Lambsens visor, andliga svansånger etc. I teatervägen
gjordes framsteg, flera öfversättningar af goda utländska
författare utkommo, men snillets stora eldningar... den
sanna upplysningen kväfdes af regeringssättet.

Mån att bibehålla detta, till och med angelägen att
föröka konungamakten, var denne i alla andra mål lätt-
sinnige monark förunderligt systematisk i detta. Den ung-
dom, som till större delen utgjorde hans hof, voro ämbets-
mannaämnen. Dem lät han försoffa i den onyttigaste
orkeslöshet. De stego sent upp, bevistade leveen, åto,
spelte, voro på spektaklet... Han själf, sedan den stora
teateryran var förbi, använde nu mera nyttigt sin tid. Före
— ibland efter leveen — promenerade han till häst vid kungs-
gårdarna. Tvenne gånger i veckan var vanlig konselj, en
gång finanskonselj. Middagen slutad, tillbragte han en
nästan lika lång tid i sin garderob... Sedan började lektyren,
merendels i historiska ämnen. Under dess afhörande som
oftast omgifven af fruntimmer, ritade han till spektakel-
timmen. Vid dessa tillfällen lämnade han vissa utdunst-
ningar ett obehindradt utbrott. Då dessa voro lika obe-
höriga för hörseln som alltid förgripliga för lukten, gaf
han själf till ett flatt och häftigt skratt och försonade ej
därmed på något sätt det förolämpade vackra könet, en
obegriplig ohöflighet af en annars höflig herre.

I Stockholm var tiden mera afbruten. Han spelade
då i societeten ibland reversi, mest schack. Den böjelse
han alltid ådagalade att trichera sträckte sig ej längre än
till små spel med fruntimmer, som ej kunde förlåta honom
detta intrång i en deras rättighet, antagen för sådan i hela
Europa men som bland svenska könet ännu ej vunnit
burskap. För att ej matta genom ett onödigt sakernas
upprepande, skall jag tills vidare lämna ur ögonsikte hans
enskilda lefnadssätt, af hvilket ofvanstående beskrifning kan
gifva ett begrepp, för att följa denne herre på hans politiska
bana, där han numera med stora steg hastade till sin och

rikets ofärd, drifven därtill af ett nytt stöd för sina äregiriga afsikter, som dymedels uppmuntrades.

En verkligen olycklig förändring tilldrog sig vid den tiden i ministären, därigenom att riksrådet grefve Ulrich Scheffer 1783 nedlade sina ämbeten vid en tilltagande ålder, hvilken denne sluge man insåg kunde bidraga att minska hans inflytande, som varit sådant, att konungen sällan i de viktigaste mål gått ifrån hans råd. I hans ställe utnämndes till premiärminister ambassadören i Paris, grefve Creutz, vitter, lärd men af en svag och lättsinnig karaktär, som gjorde honom högst obetydlig.

Tvenne andra personer hade äfven haft i vissa regerings-grenar, konungens förtroende. Öfverstekammarjunkaren baron Taube, och general Toll. Ingendera hade missbrukat det. Den förstnämnde af en medfödd köld och försiktig-hetsanda, den andre genom sitt tänkesätt, som önskade sin egen uppkomst, men grundad på landets anseende.

En tredje favorit, det nämnda politiska stödet, upp-dagades nu olyckligtvis, som ej allenast stötte alla de andra ur brädet, utan medels sin djärfhet, stålsatte så till sägandes konungens själ, och bragte honom till företag, han lämnad åt sig själf, aldrig vågat, emedan de faror, som hans vid-sträckta snille insåg och fruktade, numera trotsades på den nya gunstlingens inrådan.

Denne var den ryktbare baron Gustaf Maurits Arm-felt, ännu vid 1783 års början ung officer, löjtnant vid gardet, hvars vackra figur, rödlätta ansikte, öppna uppsyn, dolde den ofantligaste ärelystnad under ett gladt och otvunget umgängessätt. Han hade den lyckliga egenskapen att i början roa monarken, sedan den, att så fästa hans vänskap, att konungen i senare åren intet företog sig honom oåtspord. Vid den moderna Tiberii sida uppväxte en ny Sejanus, som i en blandning af det stoltaste och det lastfullaste uppförande, följde sin modell nära i spåren. Slutligen blef nämnde Armfelt öfverstekammarjunkare, general, kommendör af svenska Serafimer-, ryska S:t Andræ-och danska Elefantorden, Åbo akademis kanslär, gaf courer,

utdelade gracer, lät vid sitt eget bord alltid servera sig
först och visade efter vanligheten med lyckans gunstlingar,
despotismens alster och vanära.

Han jämte öfverstekammarjunkaren baron Taube voro
konungen följaktiga den 9 juni 1783 till Finland, dit
konungen begaf sig från gardets läger vid Ladugårdsgärdet
för att bevista ett ännu större af nära sju tusen man, han
låtit hopdraga vid Parola malm. Dagen efter hans ankomst
dit, eller den 12 juni, blefvo de som voro närmast konun-
gens person vid truppernas exercis varse, att konungen
halkade utför hästen, på hvilken han red, fast den var sedig,
och stod helt stilla. De lupo till. Hvilken bestörtning.
Efter föregifvande var öfre delen af vänstra armpipan tvärt
afbruten. En bår tillagades genast, på hvilken hans majestät
bars till sitt tält. Midt för fronten stannade han, begärde
ett glas vatten, ställde sig som om han fallit i vanmakt.
Vid berättelsens ankomst till Stockholm om denna olycks-
händelse försäkrade kirurgiska fakulteten där, att konungens
arm fordrade ej mindre tid än sex veckor eller två månader,
för att kunna helas. Den fick med förundran höra, att
efter fjorton dagars förlopp denne herre med botad arm,
fastän förd i band, själf kommenderat trupperna på samma
Parola malm. Fakulteten trodde ej på mirakler, men den
trodde ej heller på armbrottet, och i samma tanke lär
ryska kejsarinnan ha instämt.

Var afsikten att medels detta (det många trodde) und-
vika ett sammanträffande med henne, så misslyckades den.
Armbrottet notificerades henne af konungens kammarpage
Peyron. Man vet ej, hvad depescher hennes kammarjunkare
Wadkowski medfört till svenska lägret, men den 29 samma
juni månad möttes de båda höga regerande personerna i
Fredrikshamn inom rysk gräns. Föremålet var att bilägga
den misshällighetsanda, som dagligen syntes tillväxa mellan
båda hofven. Den kväfdes efter utseende, men utslocknade
ej vid detta möte, som blott varade i fyra dagar, och där
kejsarinnan, på ett för konungen förödmjukande sätt före-
skref honom lagar och repeterade till allt svar vid hans

8. — *Sv. memoarer.* IV.

undanflykter »monsieur, décidez vous, la guerre ou la paix». Mellan dessa anbud af krig eller fred antog han det sista med full föresats att börja fejd, när den minsta lägenhet kunde yppa sig därtill.

Men armbrottet borde hafva någon förmånlig följd. Då ryska hofvet ej bedrogs däraf, borde åtminstone det landet blifva dupe, som viss vana redan gjort därtill ganska lämpligt. Sverige skulle under förböner för konungens lyckliga resa till Pisa bad i Italien glömma, att Loka bad inom riket kunde göra samma nytta, och med nöje bestå en kostsam utrikes resa, hvilken hade ett så stort föremål som dess regents hälsas återställande. Svenska rådet syntes i början hafva åtskilligt att häremot invända. Det vägrade sitt samtycke till resan. Detta vägrande hade varit gällande, så vida rådet förblifvit enhälligt vid sitt beslut, emedan 1772 års regeringsform utsatte, att vid en dylik förefallande omständighet rådets enhälliga pluralitet öfverröstade konungens votum.

Konungen häfde dock detta hinder utan svårighet och öfvertalade lätt sin nya premiärminister, grefve Creutz, att tillstyrka nämnda resa. Anstalter därtill vidtogos genast. De voro kostsamma för riket. Bankens silfverförråd, som genom lyckliga handelskonjunkturer ernått en så stor tillväxt att där talades om utlåningar, medtogs till så ansenlig myckenhet, att detta låningshopp alldeles försvann. Årsväxtens otillräcklighet hotade dessutom landet med hungersnöd. Den utväg, konungen däremot tog i den hemliga instruktion han gaf den regering, han tillsatte under sin frånvaro, bestod däruti, att om nöden blef allt för stor borde vid hjälpens utdelande göras afseende på åldern och de till åren komna öfverlämnas åt sitt öde och försynens skickelse. Denna hulda omvårdnad om landets barn hade ej en gång kommit fråga, om landets fader funnit för godt att inställa sin onödiga resa, som anträddes den 27 september 1783.

Denna resa hade till föremål nöjet och politiken. Det förra söktes och erhölls i Italien, Europas trädgård och fria konsternas hemvist. Konungen uppehöll sig kort i Pisa men flera månader, vintern mellan 1783 och 1784, uti Rom, råkade där kejsar Josef II, utan att den personliga bekantskapen mellan dessa båda prinsar kunde åstadkomma den personliga vänskapen. Konungen tyckte, att kejsaren hade u:seende af en preussisk korpral och beledde hans bemödande att i allt modellera sig efter den ännu då lefvande gamle konungen i Preussen, Fredrik II. Kejsaren var hårdare i sina uttryck. Han kallade den svenske monarken, Le scandale de la Royauté: konungsliga värdighetens vanära.

Om ett dylikt uttryck trodde Gustaf III ingen dödlig tunga. Italienarna, alltid beräknande, mjuka och smickrande, upphöjde honom till skyarna. Han köpte för flera tunnor guld målningar och antika marmorbilder, men indrog sitt kök på franska ambassadören kardinalen Bernis bekostnad, af hvars bord han nästan dagligen begagnade sig. Full med åtrå efter all slags ära eller rättare af pur lust att alltid utgöra ett samtalsämne, tyckte Gustaf III, att han bland präster och munkar ej borde uraktlåta den hedern att synas nitisk för en lära, som Gustaf I infört i Sverige, och hvars försvar Gustaf II beseglat med sitt blod. I detta afseende befalldes express till Rom svenska ordensbiskopen, baron Taube, för att tilldela honom nattvarden. När man kände konungens lediga religionssatser kunde ej ett dylikt heligt gyckelspel förefalla annorlunda än som ett bländverk för världen och ett skämt mot himmelen.

Neapolitanska hofvet firade äfven den höga, nordiska gästen, men beledde honom till den grad, att sedan han en dag visat sig i den svenska nationella dräkten, hvarken konungen eller någon af hans svit efter detta misslyckade försök vågade vidare under hela resan bära den.

Resan från Italien till Frankrike om våren 1784 hade i så måtto politiken till ögonmärke, att då han ej såg sig kunna uppreta franska hofvet mot det ryska under det samband, som var mellan detta sistnämnda och österrikiska

huset, som styrde franska drottningen, han likväl utverkade
för sig betalningen af återstående subsidier.

Frankrike hade i alla tider önskat en nedlagsplats för
franska varor i Göteborg. Denna förmån svenska manu-
fakturerna till skada erhöll det nu, mot det att konungen
i Sverige fick den lilla obetydliga blott en mil i omkrets
mätande ön S:t Barthélemy i Västindien. Han var smickrad
att i en så aflägsen världsdel kunna uppresa svenska flaggan
och svenska vapnet och att där (som sedan skedde) få före-
viga sitt namn med en ny stads anläggande, som skulle bära
hans namn Gustafvia. Detta kände den dåvarande sluge
franske premiärministern, grefve Vergennes. Denne lät före-
lägga till konungens val kartor öfver flera små öar i den
nejden, af hvilka S:t Barthélemy var den obetydligaste, men
som i anseende till ett fördelaktigt läge, hvilken förmån
egentligen söktes, föll svenska monarken i ögonen. På grund
häraf utvalde han för sig just den stenklippa, franska hofvet
minst saknade och åstundade skulle tillfalla honom.

Själfva den nyss omnämnda hufvudanledningen till
konungens resa till Versailles verkade ej där så lifliga
vänskapsprof, som han åtnjutit vid sin första resa till Paris.
En obehaglig händelse ökade denna köld. En grefve la
Marck, oändligen väl anskrifven vid Versailles, hade några år
förut framför fronten af sitt regemente låtit förklara ovärdig
tjänsten och kassera en svensk vid namn Peyron, hvilken
tjänade vid samma regemente, men vägrat att med detta
efter order gå öfver till Amerika. Denne Peyron var nu
ej allenast lifpage i svenske konungens svit, utan äfven en
slags favorit. Genom flera bref hade man anmodat konun-
gen eller som han kallades på sina resor, grefven af Got-
land, att ej taga Peyron med sig. Därpå hade han ej fäst
afseende. Följden blef att grefve la Marck och Peyron duel-
lerade. Den senare, stucken genom ögat, föll på stället,
men dess kontrapart blesserades nog illa att fara blef för
hans lif. Han räddades från döden, men hela hans släkt
och själfva franska hofvet kände ingen afsaknad vid den
prinsens afresa, som af de flesta ansågs vara hufvudorsaken

till detta mordiska uppträde egentligen på grund af för mycken efterlåtenhet mot Peyron, som åstundade komma till Paris.

Hans majestät återkom till Drottningholm den 2 augusti 1784 från denna sin utländska resa, hvilket ej hindrade honom att senare om hösten åter göra en course i rikets södra provinser för att tillfredsställa sin naturliga oro medels ständig omväxling och jämn rörelse. Denna rörelse var häftig på resor. Han körde omåttligt, och som ett besynnerligt drag i hans regering kan anmärkas, att ingen svensk konung så illa handterat allmogens hästar, och detta oaktadt så mycket varit af den älskad. Ett begrepp om hans sätt att färdas kan man göra sig af en hofrättsherres svar till honom i detta ämne. För detta hofrättsråd, hvars namn undfallit mig, hade hästarna skenat på Stockholms gator. Vid första levée frågade konungen honom, om ej pöbeln sökt att åtminstone stanna hans hästar. 'Nej, ers majestät', svarade han. 'Folket blott misstog sig och sade endast: Gud välsigne vår nådige konung'. Denne log häråt, körde och dyrkades af de flesta nu som förr. Den allmänna välviljan var likväl vid den tiden märkligen aftynad, och den utländska resans onödighet hade inom riket ökat det missnöje, som där i flera ämnen började spörjas.

Bönderna knorrade öfver de fortfarande höga brännvinsböterna, borgarna öfver det chartek, hvartill deras privilegier af 1772 förvandlades, medels det i regeringsformen inryckta tillägg »såvida ej andra omständigheter, annorlunda fordrade.» Prästerna öfver den simoni och offentliga försäljning af pastorater, statssekreteraren Schröderheim utöfvade, hvilken man påstod delade hela vinsten på högre ort. Alla tre ofrälse stånden instämde i klagan öfver adelns utmärkta företräde i tjänstevägen, och själfva detta stånd blef ej konungen dess mer förbundet, då nådebetygelserna antingen blott sträckte sig till vissa utvalda släkter eller betalades med så stora ackorder, att båtnaden för familjen syntes tvetydig.

Man tadlade numera allt, och nationen gillade alldeles icke det uppsåt konungen vid denna tid hyste, men som

generalamiralen af Trolle behändigt afvände, att i Köpen-
hamns hamn låta den svenska flottan utan föregående krigs-
förklaring uppbränna den danska.

Anledningen skulle vara att hämnas öfver Danmarks
ofog, som i Sundet fortfor att taga tull af svenska handels-
fartyg, oaktadt den sista handelstraktaten innehöll, att efter
sextio års förlopp (nu förflutna) denna afgift skulle upp-
höra.

Hofvets kostbara sommarnöjen och präktiga karuseller
sommaren 1785 ansågos som en öfverdådig kontrast mot
det elände, som hungersnöden nyss förut medfört i flera
af rikets provinser. En viss ovanlig hårdhet vid dessa
nöjens föranstaltande förspordes äfven å monarkens sida.
Han, som förut, då han blef förtörnad, aldrig sade annat än:
»Hvad skall det heta? hvad skall det vara?» satte nu vid
minsta förseelse folk allt som oftast i arrest, snäste och snäste
allvarsamt, svor och svor redigt.

Han brouillerade sig äfven för evärdeliga tider med
sitt eget garde. Sex tusen riksdaler hade saknats ur drott-
ningens byrå. Polisens efterspaningar kastade misstankar
på en officer, som tjänade vid gardet, en baron Sparre.
Regementet beifrade det, officerarna nekade göra tjänst
med honom. Konungen försvarade honom med så mycken
hetta, att misstankarna rörande brottet delades mellan parten
och advokaten. Sparren blef nödsakad taga afsked.

Konungen försökte att genom en passevolance in-
förande i svenska armén få den mera i sina händer, då
dess underhåll vid mötena, sedan rothållaren därför ett för
allt betalt en viss afgift, endast berodde på kronan. Men
detta beskattningsförsök, ofta af regementscheferna illistigt
genomdrifvet vid de i detta ämne sammankallade mötena
ansågs af alla klarsynta för högst lagstridigt.

Desse voro ej nöjdare med de krigsrykten, som fortforo
att utbreda sig; med ett ord, den fordom älskade konungen
var numera föremål för ett hätskefullt klander, då han
troligtvis okunnig om detta landets mindre gynnande tänke-
sätt hastigt sammankallade ständerna till maj 1786.

Smickret döljer alltid för regenter folkets rådande om-
dömen. Hans majestät förmodade så litet finna motstånd,
i det han ämnade vid riksdagen föreslå, att han offentligen
försäkrade de främmande ministrarna, det ständernas hela
göromål skulle bestå däruti, att komma, samtycka och
fara bort.

Med hvilken förundran blef han ej varse en helt annan
ton. Dessa förmodade fogliga ständer började med att
afslå de tvenne första af hans oekonomiska propositioner,
rörande passevolancen och rättigheten vid skattehemmans
köp för den närmaste arfvingen att enligt den af siste
ägaren utfästa lösepenningen få inlösa hemmanet. De af-
prutade äfven af de etthundrafemtio tunnor guld, monarken
begärde till magasiners inrättande vid påkommande miss-
växtår, två tredjedelar, och af de beviljade femtio tunnor
guld tillstadde de ej att af banken få lyfta årligen mer än
sex tunnor guld. Ej nog härmed. För att genom exempel
stadga sin rätt att öka eller minska bevillningen, afdrogo
de på den förra bevillningen en procent, granskade utom-
dess grundlagen, inbegrepo tjänsternas helgd (som blifvit
något kränkt) inom det i regeringsformen sanktionerade
ordet välfärd, utstakade grundlagens rätta förstånd och
mening i flera dess delar, och i synnerhet var riddarhuset
angeläget att bestämma, hvad pluralitet fordrades för att
utgöra ständernas röst, i hopp att dymedels komma ur
den vid 1778 års riksdag befarade vådan af konungens
valrätt mellan ständernas paria vota. Det var häruti så
ifrigt, att det sina medständer oåtspordt afsände sin landt-
marskalk, generalen baron Duwall, till konungen med för-
frågan, om ej hans majestäts tanke vore, att trenne stånds
yttrande utgjorde ständernas röst, och att då två stånd
vore emot två stånd saken skulle anses vara obesvarad.

Monarken, som genast insåg hvad fördel han härutaf
kunde draga, svarade i största hast genom en lapp skrifven
med blyertspenna, att adeln häruti förekommit hans tanke,
i hvilken de andra stånden genast instämde. Man gjorde
ej härvid annat undantag än uti privilegii- och bevillnings-

mål, som fordrade alla fyra ståndens enhälliga samtycke, och på riksrådet grefve Fersens afstyrkande sträckte man ej detta förbehåll till grundlagen i gemen.

Oaktadt ständernas enighet, nit och patriotism gjordes vid denna riksdag för litet eller för mycket, och trenne märkliga oförsiktigheter grundlade rikets påföljande missöden. Den största och väsentligaste bestod i utelämnandet af ordet grundlag bland de mål, som fordrade ständernas förenade bifall. Den andra grundade sig i den dispositionsrätt, som lämnades konungen öfver de till magasiner anslagna penningarna, utan hvilken fond han varit ur stånd att påtänka något offensivt krig. Som en tredje förseelse bör man anse bristen på ordhållighet hos riddarhuset mot bondeståndet, hvilket enligt adelns löfte hoppades på frihet att tillverka brännvin.

Konungen äskade som evärdelig brännvinsskatt till kronan för denna frihet aderton tunnor guld årligen. Ständerna vägrade ej att underkasta sig själfva skattläggningen, men de ville ej antaga den som orygglig, och en direktör vid namn Frietzcky bestridde i ett välskrifvet och grundligt memorial själfva kronans rätt att anse det som ett regale. Detta memorial lade riksrådet Fersen, allrådande vid denna riksdag, på bordet till nästa riksmöte, ett ovanligt och farligt prejudikat, som på en gång betog bondeståndet dess önskan och allt förtroende till adeln, som svikit dess hopp.

Konungen å sin sida påskyndade slutet af en honom så vidrig riksdag. Han förebar nödvändigheten af sin närvaro vid ett läger, han låtit sammandraga i Skåne. Detta skäl blef utan grund äfven antaget för giltigt, och efter tvenne månaders förlopp afblåstes riksdagen, just i det ögonblick, då sinnena hunnit i full jäsning, utan att sakerna erhållit en behörig ordning och nödvändig stadga.

Ständerna gjorde ingen anmärkning på det nyligen inrättade riksdrottsämbetet, hvarmed en grefve Wachtmeister blifvit hedrad emot konstitutionens ordalydelse, och i den af konungen uppkastade lagfrågan, om ej barnamörderskor borde slita ris hvarje år på samma dag mordet blifvit be-

gånget, hemställde de, om det ej vore mera enligt med vår
tids seder och mänskligheten att göra inrättningar af nödiga
arbetshus för dylika odygdiga kvinnfolk och barnhus för
deras olyckliga foster.

Detta förslag förkastade konungen i anseende till brist
på tillgångar, lät dekorera landtmarskalken, oaktadt hans
vunna förtroende hos adeln med blå bandet på själfva
riddarhuset, men affärdade för öfrigt stånden med oblida
uttryck, hotade att ej på längre tider sammankalla dem,
besvarade ej under påstående riksdag deras besvär och af-
slog dem allihop ett par månader därefter. Grefve Brahe
i sitt svar å adelns vägnar rättfärdigade sitt stånds för-
hållande, appellerade häruti till eftervärldens domslut, och
monarken begaf sig, sedan ständerna blifvit skingrade, till
skånska lägret med en harm, den han oaktadt all sin för-
siktighet hade stor möda att dölja, i det han lät förfölja
och döma till vatten och bröd en af borgarståndet för ut-
tryck denne under riksdagen haft, missfirmande som konun-
gen påstod för majestätet, men för hvilka utlåtelser nämnde
borgare i ett land, där sannskyldig frihet regerat, endast
bort vara sitt eget stånd ansvarig.

SJÄTTE TIDEHVARFVET.

Från år 1786 till år 1789.

Gustaf III kallade själf de år, som förflutit ifrån hans regerings början till 1786, sina lyckliga år. De påföljande, under hvilka rikets missöden grundlades, förtjäna visst ej det namnet, och om jag nu går i en ännu nogare detalj, sker det af öfvertygelse, att de minsta drag, som kunna sprida ljus i ett så viktigt ämne, förtjäna en uppmärksamhet, hvilken åtminstone kan tjäna till varning, där varning förmår verka.

En härskare, hvilkens list var uppdagad, som var bragt i förtviflan, utrustad med ett öfvadt och djupt snille och väpnad med högsta maktens styrka, måste nödvändigt blifva farlig för hvad samhälle som helst. Konungen, som såg sig besviken i sitt hopp att kunna med konster leda sitt folk, blef nu mer blott betänkt på medel att kasta det under despotismens ok, för att utan den obekväma och numera onyttiga dygdens larf kunna få gifva sina böjelser fritt utrymme.

Därest ej Rysslands hotande varningar och ständernas ovilja mellankommit, var skånska lägret sammandraget i helt annan afsikt än att som nu blifva ett lustläger. Konungen ditförde den lille svenske kronprinsen och emottog den danska samt prinsarna af Augustenborg med största höflighet.

Han iakttog den äfven mot svenska adeln mer än någonsin förr, oaktadt detta stånd alltid kunnat berömma sig däraf. Nu sträckte han sin välvilja längre än det nästan åstundat, stängde för ofrälse stånden tillgången till nästan alla militäriska sysslor och lät utgå ett bref till alla regementschefer att ej föra på förslag till officerare andra än frälse män, och till öfverstlöjtnants- och öfverstebeställningar inga andra än grefvar och baroner. Han vann sitt ändamål till fullo, adeln blef ett föremål för de andra ståndens fullständiga hat och afund.

Men detta var blott en svag början. Det talrikaste ståndet i riket, bönderna, skulle vinnas. 1787 lät han tillbjuda dem och hela riket ett moderat brännvinsarrende på tio år, som, oaktadt att det ej var högt tilltaget, ökade hans inkomst och tillvann honom allmogens lifligaste tillgifvenhet. En åttondel af rikets hemman, mest frälse, vägrade likväl detta anbud som ett obehörigt och lagstridigt sätt att öka drätselverket, men alla boställsinnehafvare ingingo häruti så mycket enhälligare, som man förständigade dem, att konungen i befordringsvägen hade en lätt utväg att hämna sig på dem, som vågade afslå detta anbud.

Denna förberedande plan verkställdes lyckligen genom landshöfdingarnas och andra ämbetsmäns ensidiga nit och bemödande, och om hösten 1787 börjades med ifver arbetas i Karlskrona på flottans iståndsättande, på de båda skansarnas reparation, hvilka där försvara inloppet, och på landtarméns utredning, allt likväl med den försiktighet och tysthet, att inom landet dessa rustningar väckte föga eller ingen uppmärksamhet.

Någon skälig anledning till missnöje mot ryska hofvet kunde konungen förebära. Öfverste Göran Sprengtporten (bror till den förut omnämnde generalen) hade gått i rysk tjänst och medfört kartor öfver hela Finland. De misstankar, ryktet om kejsarinnans nåd mot honom uppväckte, föranlät konungen att skicka till Petersburg en vid namn Ehrenström. Denne visade sig där missnöjdare med svenska hofvet än Sprengtporten själf, vann hans förtroende, blef hans handsekreterare, bemäktigade sig hans papper och vände med dem om till Sverige. Uti dessa påstås planer hafva funnits, som angått Finlands själfständighet, hvilket land, som frånskild republik, skulle blott aflägga en viss skatt till svenska kronan men skyddas af Ryssland. I hvad mån Petersburgska hofvet häruti ingått är oafgjordt, men att tiden till denna plans utförande då ej var påtänkt, syntes af ryska gränsens värnlöshet. Huruvida i alla fall dylika af-sikter nu kunde förekommas snarare genom ett förödande krig än genom mäktiga allianser och de försiktighetsmått, tiden dels tilldanar, dels gifver vid handen, kan mindre lätt utrönas än olagligheten af krigets utbrott å konungens sida.

1772 års regeringsform, tvetydig i sina flesta paragrafer, var klar i den fyrtioåttonde, som sade: »Ej må konungen krig och örlog föra utan rikets ständers ja och samtycke». Denna paragraf försvarade en af nationens ömmaste rättig-heter, och var af så mycket större vikt, som i Sverige me-delst indelningsverkets beskaffenhet ett krig involverar be-skattning.

Hufvudanledningen till detta lagbrott, till denna oför-modade fejd, börjad utan penningar och utan allierade, bör endast sökas i konungens karaktär, och hans hufvudfavo-riters ensidiga afsikter.

Gustaf III var egoist. Han var i sina ögon allt, landet intet. Äregirig, trodde han krigsäran vara nu mer den enda han saknade för att se sitt namn förevigadt. Hämnd-lysten, kunde han svårligen glömma det förödmjukande uppträde han med kejsarinnan haft i Fredrikshamn.

Af hans favoriter var Tauben passiv. Muncken och Tollen ansågo ett krig som ett medel att undanrödja Arm-felt, om hvars militäriska egenskaper de tviflade. Denne åter åstundade intet högre för att, som han verkligen gjorde, kunna ådagalägga de han ägde.

Monarken, vid åtanken af sin vanmakt och Rysslands öfverlägsenhet (oaktadt det blodiga krig detta rike nu förde mot turkarna), var likväl villrådig. Ett enda samtal, som det påstås med Armfelt, deciderade honom.

En afton, då konungen syntes ledsen och modfälld, svarade han på Armfelts tillfrågan om orsaken därtill, att hans skuld och verkliga penningebehof, som ständernas sist yttrade vidrighet ej syntes vilja afhjälpa, bekymrade honom.

»Ers majestät,» invände Armfelt, »har ej mer än trenne sätt att komma ur denna förlägenhet. Antingen genom den största indragning i lefnadssätt och den starkaste hushållning eller medels ett nytt ständernas sammankallande med formlig afbön för skedda misstag uti finansen, eller slutligen ett krig, i hvars kostnaders beräkning de forna utgifterna utan svårighet kunna bortblandas. Lyckas detta krig, så är svenska nationen så beskaffad, att intet ansvar äskas, intet understöd nekas, ingen makt vägras en segervinnare. Misslyckas detta förslag, står afbön alltid öppen, och om dess föremål är ett krigs omkostnad eller en misshushållning i fredlig tid, blifver förhållandet å ers majestäts sida, och slutföljden å ständernas enahanda. De knorra, men betala.» Han föreställde vidare, huru lätt kejsarinnan kunde öfverraskas, som, trygg vid svenska regeringssättets ordalydelse, aldrig kunde förmoda blifva från denna sidan antastad.

Konungen gillade utan betänkande denna sist nämnda utväg, föreläste själf i rådet föregifna depescher från sin minister i Petersburg, uppfyllda med berättelser om så fientliga anläggningar å ryska sidan, att rådskammaren tillstyrkte arméns sammandragande mot ryska gränsen.

Detta skedde i största hast. Från regementsmötena sommaren 1788 blefvo de svenska regementena beordrade med den skyndsamhet till Finland, att inom en månads tid voro ungefär trettio tusen man sammandragna vid Helsingfors. För att förblinda menigheten syddes kosackkläder i Stockholm och öfversändes till öfverste Hastfer i Savolax, som vid ryska gränsen skulle bestyra om ett förment anfall från den sidan af förklädda svenska soldater. En handbiljett till honom från konungen innehöll följande landsfaderliga uttryck: »Bränn, härja, plundra, förstör, men döda intet.»

Samma öfverste Hastfer kringrände sedan Nyslott. Tvenne ryska excercisfregatter, uppfyllda med kadetter, bortkaprades före krigsförklaringen, som å svenska sidan innehöll blotta obevista tillmälen och, till gensvar å den ryska, en svenska konungens biografi, hvilken var ingenting mindre än smickrande.

Svenska örlogsflottan, aderton krigsskepp och några fregatter, löpte ut vid samma tid från Karlskronas hamn under hertig Karls befäl. Den mötte vid höjden af Gotland sju ryska örlogsfartyg, förda af amiral Dessen. Den salut, hertigen äskade af denna eskader, vägrades icke. Han slapp dymedels undan, lade sig i Sundet, gjorde där sedan genom kaprande ett stort afbräck åt svenska handeln, brände i Skåne upp Råsby, som vägrat honom hämta vatten samt satte hela den kusten i den största förskräckelse.

Hertig Karl, under hvilken amiral Wrangel förde befälet, hastade till finska skären och mötte där den 17 juli 1788 vid Hogland ryska flottan, anförd af amiral Greigh. Denne var ämnad till Medelhafvet, och all sund politik hade fordrat att låta den dit fortsätta sin kosa. I det stället angreps den af svenska flottan. Bataljen varade till sent på aftonen. Segern blef oafgjord. Te Deum sjöngs å ömse sidor. Svenskarne förlorade endast ett skepp, fördt af grefve Clas Wachtmeister, men mindre starka till segel och kanoner, inlade de en oväntad och odödlig ära, med hvilken de, jämte en rysk pris och illa åtgångna fartyg, inseglade i Sveaborgs hamn.

Landtarmén vid Helsingfors hade enligt all krigsmaxim bort skyndat att draga fördel af Rysslands bestörtning vid ett så oförmodadt anfall, men i stället för att äfven skörda sig lagrar rådde den teatraliska andan, och tiden bortgick med att fira dem flottan förvärfvat sig. Dessa voro dock i sig själfva lika lysande som onyttiga, då kort efter svenska arméns slutliga afmarsch till ryska gränsen den ryska flottan uppspädd och förstärkt i Reval och Kron-

stadt af de fartyg, som varit ämnade till en observations-
eskader i Östersjön, anlände utanför Sveaborgs redd och
uppbrände i denna fästnings åsyn ett svenskt örlogsskepp,
utlupet att rekognoscera, men som strandat på ett grund,
och hindrade svenska flottan den återstående delen af som-
maren att utlöpa.

De från ryska fartygen eröfrade flaggor och vimplar, som
genast skickades till Stockholm, beundrades väl af denna
stads pöbel som segertecken, men hvarken dess fröjde-
betygelser eller de på polismästarens anstiftan utösta hädel-
serna mot de officerare, som ankommo från Finland,
där de på grund af ett olagligt krig tagit afsked, kunde
förmå själfva svenska nationen (lika förundrad som den
ryska öfver ett så oförmodadt krig), att rätt yttra sina
tankar däröfver. Den fällde händerna, var ännu stum, af-
vaktade utgången och hade ögonen fästade på svenska ar-
méns rörelser.

Dessa blefvo obetydligare än man af omständigheterna
kunnat förmoda. Ryska fästningen Fredrikshamn attacke-
rades i början af augusti månad af konungen själf på land-
sidan, af general Siegroth på sjösidan. Något förfall hin-
rade denne general att anlända på utsatt tid. Han repous-
serades. Monarken, hvars unga favoriter försäkrade honom,
att hans närvaro med fyra sexpundiga kanoner skulle förmå
fästningen att slå chamade, förmärkte, men något sent, att
groft artilleri hade härtill verkat kraftigare. Ingen anstalt
var därom gjord. Det saknades likaledes proviant i ett
så magert land, och reträtt blef befalld. En del af svenska
trupperna stannade likväl under återmarschen vid ett fördel-
aktigt ryskt pass, Högfors. Den öfriga delen af armén,
till större delen bestående af de finska regementena, drog
sig inom svensk gräns under general Armfelt, en sjuttio
års man, hvilken konungen förmått att antaga befälet som
general-en-chef.

Ett så börjadt, ett så utfördt krig gaf anledning till
ett det förunderligaste uppträde, inom nämnde general Arm-
felts kår, hvars oförmodade följder grundlade rikets olycka.

Grundlagen var kränkt, hela armén missnöjd, ,flottan in-
spärrad, det inre af själfva Sverige värnlöst, dess kuster
blottställda.   Under en så förtviflad utsikt sammanträdde i
själfva kommenderande generalens öfvervaro uti hans hög-
kvarter Anjala öfversterna Montgommery, von Otter, Hästesko,
Lejonstedt, öfverstelöjtnanterna Enehjelm och Klingspor
samt majorerna von Kothen, Klick och Jägerhorn.   Där upp-
satte de en föreningsskrift, hvaruti de förbundo sig att
med lif och blod försvara fäderneslandets gräns, men till-
lika försäkrade edeligen att ej gå öfver fiendens, ett steg
som redan var gjordt och nu för sent att återkalla.   Denna
skrift undertecknades nästan af alla de till hands varande
officerare, och till råga på denna militäriska olaglighet af-
skickades en not till ryska kejsarinnan med samma för-
klaring och anhållan om hennes yttrande öfver hvad för-
hållande hon tänkte vidtaga vid en dylik omständighet.

Det lyckligaste vid denna obehörighet var, att ryska
armén, i hast hopsamlad, vid denna tidning höll sig på
lika defensiv fot som den svenska den öfriga delen af
denna kampanj.   Konungen, som härvid insåg vidsträcktare
följder, ropade med glädje, då han genast af de om-
nämnde cheferna härom blef underrättad: »Ah, nu är
jag frälst.»

Den räddning, han för sin egen person sedan däraf
drog, föranlät många att tro, det första anledningen till
denna sammangaddning kommit från honom själf.   De
grundade sin förmodan på general Armfelts släktskap med
favoriten eller öfverste kammarjunkaren Armfelt, som var
dennes brorson, på flere af de nämnda chefernas tänkesätt,
kända som ifriga rojalister, på det förtrogna samtal konungen
två dagar före Anjalaförbundet (hvilket slöts den 10 augusti)
hade med major Jägerhorn, som han höll under armen, i
det han promenerade med honom kompagnieluckorna upp
och utför, på edeliga försäkringar af några de brottslige
om konungens medvetenhet.   Å andra sidan har man
svårt att tro det en prins, så fintlig på utvägar, ej kunnat
hitta på en mindre förödmjukande att hämma ryska vapnens

framgång. Tiden ensam kan upplösa denna gåta. Blotta misstanken vore olämplig vid tal om någon annan monark.

Hvad han i alla fall ej förmodade, var ett så allmänt bifall vid detta ovanliga steg, hvilket han ej genast beifrade, men fruktade till den grad, att han trodde sin personliga frihet vara i fara. Han lämnade af denna anledning arméns öfverbefäl åt sin bror, hertig Karl, och begaf sig med liten svit helt oförmodadt i slutet af augusti månad till Stockholm.

Herostrates brände, som bekant är, för att tillvinna sitt namn odödlighet Diana-templet i Efesus. Om någon i denna Herostratiska vägen, enligt hvad jag förr anmärkt, förtjänar att beundras, kunde svenska monarken just vid denna tidpunkt göra därpå anspråk. Utan penningar, utan stöd, med en overksam flotta och en till hälften upprorisk armé, hade han emot sig hela norden, Ryssland, Danmark och Sverige. Få månader därefter var Danmarks anfall tillintetgjordt, Ryssland ännu på defensiven och Sverige (under en fåkunnig menighets ursinniga fröjderop), i bojor för Gustaf III:s fötter.

Denna förundransvärda händelse bevisar blott, hvad ett samvetslöst snille, förenadt med högsta makten, kan verka på en nation, då det har under sin hand predikstolarna, posten och tryckfriheten. Af alla dessa tre medel begagnade sig konungen mästerligt. Men han blef vid sin ankomst på svensk botten förvånad att finna rådet, som i anledning af de troféer han skickat ifrån Finland då kallat honom en vän på tronen, nu så kallt, att det ej såg någon annan utväg till vänskapens bibehållande än ständernas sammankallande, helst man befarade ett anfall af Danmark, hvilket rike genom traktater var förbundet att med tio tusen man hjälptrupper bispringa Ryssland, då det blef angripet eller offensivt behandladt.

Konungen, som för egen del ansåg tidpunkten till ett riksmöte visst ej vara inne, svarade blott, att han ansåg det vara fåfängt att begära råd af de rådlösa, och innan den dagen inföll, på hvilken termin han lofvat sitt

9. — *Sv. memoarer.* IV.

slutliga utlåtande öfver rådets yttrande, begaf han sig åtföljd af ganska få personer till Dalarne.

Hvar som helst i dessa okunniga trakter någon minnesvård fanns efter Gustaf Vasa, höll denne hans ättling rörande tal till allmogen. Hvar denne store konung kunde nämnas, där nämndes han. Armén gafs ut för förrädare, danskarna (af hvilka ett inbrott förmodades) för lika regeringslystna nu som då, dalallmogen för Sveriges i alla tider utkorade skyddsänglar. Med kurirer (ty annars hade det varit omöjligt) bragtes inom fjorton dagar ofrälse ståndet i hela landet på regentens sida, och en ton blef allmän ifrån Torneå till Ystad. Öfverallt utspriddes paskiller af följande innehåll. Ryssland hade angripit oss i tanke att göra Finland självständigt och afhända det från Sverige. Armén hade lämnat konungen blottställd, hela svenska adeln deltog i förräderiet, ett projekt till en ny konstitution utgafs såsom från armén, efter hvilket prästerna skulle uteslutas bland riksstånden. Så mycket affekter i förening med all den enfald och okunnighet, som kunde uppretas, sattes i den jäsning, att i de allmänna papperen den ena sidan var uppfylld med de orimligaste försmädelser och tillmälen mot rikets första stånd, den andra med tillbud af frikårer, af lif, af blod, af egendom från den ena nitiska socknen, den ena förtjusta staden efter den andra.

Blotta sunda förnuftet kunde gifva vid handen att det stånd, hvars förmånsrätt och privilegier uppväckte de andra ståndens afund, minst af alla borde genom otidig oro sätta på vågspel ett så lysande tillstånd. En så simpel eftertanke undföll den sanslösa menigheten. Förblindelsen var omöjlig att häfva, osanningen omöjlig att vederlägga, då intet fick tryckas, som kunde därtill tjäna. Hos alla folkslag blifver det ett axiom, att på hvilken ort och i hvilket land envåldsandan än medels en för inskränkt tryckfrihet söker hindra människor att skrifva, den innerst har i sinne att förmena dem tänka.

Dalkarlarna, hvilka jag kommit något att lämna ur ögonsikte, voro ej svåra att öfvertala. De trodde sig lika

ärorika nu, då de smidde bojor åt sitt fädernesland, som
fordom då de befriade det från dylika, och utlofvade till en
början en frikår af tre tusen man. Flere rikets provinser
följde detta exempel. Dessa frikårer blefvo äfvenså många
despotismens förfäktare. Danskarnas förut befarade och nu
inträffade infall i Dalsland, huru ometodiskt det ock var,
bidrog mycket härtill. Tio tusen man af dessa hade i slutet
af september gått öfver svenska gränsen under befäl af prins
Karl af Hessen, åtföljd af kronprinsen i Danmark, hvilken
som volontär ville bevista denna kampanj.

Den var ej lysande. I början togo de väl till fånga
en sex hundra man stark kår, mest af Skaraborgs rege-
mente, som, i hast sammandragen under öfverste Tranfeldt,
fattat posto vid Kvistrums pass. Danskarnas antågande
skedde med den senfärdighet, att dagen för deras ankomst
till Bohus' ruinerade fästning konungen kastat sig i Göte-
borg, där preussiske ministern Borck och i synnerhet
den engelske envoyen Elliot, båda komna från Köpenhamn,
med sådant eftertryck hotade den danska ministären å deras
hofs vägnar, att tiden gick bort i negationer och danska
armén, efter den mest förundransvärda overksamhet, vände
om i november 1788 till Norge med intet byte och än
mindre lagrar.

Ett sådant förhållande gaf anledning att misstänka ett
hemligt förstånd mellan svenska och danska hofven. Detta
sistnämndas intresse borde ej vara att se Rysslands redan
ofantliga makt tillväxa på Sveriges bekostnad, en sanning,
hvilken lika litet kunde undfalla en så upplyst man som
danske premierministern grefve Bernstorff, som å andra
sidan hans kännedom af svenska monarkens karaktär tillät
honom att göra denne furste ett förtroende om sitt gynn-
samma tänkesätt för Sverige, hvilket denne i dylikt fall
ofelbart missbrukat och törhända själf meddelat Petersburgska
hofvet.

Verkan blef densamma. Ryssland knorrade vid danska
arméns återtåg, men Sverige fick andrum. Hela Göteborg
ansåg konungen för sin skyddsängel och pöbeln där för ett

helgon. Han grät med magistraten och i kyrkan tog han
själf upp psalmer, under det han medels krigsrätter mot de
officerare, som varit vid Kvistrum, sökte kasta en ny
skugga på militären och adeln. Öfverste Tranfeldt anförde
förgäfves till sitt försvar de order han undfått att ej skjuta
första skottet, hvilket tillät danskarna omringa honom, innan
attacken begyntes. Han blef suspenderad. Öfverstelöjt-
nanten vid artilleriet baron Friesendorff, son af det förr
nämnda riksrådet Friesendorff, miste sysslan, och landets
hätskhet mot sina vanmäktiga och i dess tanke förrädiska
försvarare steg till den grad i hela riket, att konungen
utan betänkande trodde stunden vara inne till ett riksmötes
sammankallande, hvilket hans penningbrist gjorde högst
nödvändigt.

De klokare insågo genast vid riksdagskallelsen tillställ-
ningen vara sådan, att konungen ovedersägligen skulle taga
allt eller blifva intet.

De befarade ej utan skäl det förra, då nästan ingen
socken, ingen stad fanns, som ej vid riksdagsmannavalen
anbefallde sina fullmäktige att taga konungens nådiga vilja
till ovillkorligt rättesnöre, och denna nådiga vilja kunde ej
vara tvetydig.

Prästståndet, som var mindre okunnigt, hvarken borde
eller kunde vara lika vilsefarande. Men med fullt minne af
många hemmavarande barn och autentisk tabell på alla lediga
bättre regala lägenheter och några med ögonen fästa på sina
nya ordensdekorationer, beredde Herrens tjänare sig att
under fridens guds anropande med sitt bifall stadfästa ett
olagligt upprest krigsbanér.

Med tiondedelen af hvad blott påföljande kampanj
kostade Ryssland, hade likväl denna makt efter antagen
plägsed lätt kunnat ändra tänkesätt och fred däraf blifvit
en slutföljd. Petersburgska hofvets afsikt med en dylik
sparsamhetsanda är svår att utgrunda. Svenska adeln ville
ej vara frikostigare och vänja sina medständer att af det
besoldas för att bibehålla förmåner, af hvilka de drogo en
gemensam fördel. Konungen fick dymedels de friaste

händer. Mycket penningar utdelades å hans vägnar till de ofrälse stånden; mindre betydande summor, men smörgåsar och tobak i öfverflöd till den lågtänkta och föga talrika del af adeln, som han bragt på sin sida.

Det uppväxta agget var tillräckligt att afbryta all gemenskap mellan ofrälse stånden och adeln. För att säkrare vinna detta ändamål sattes borgarvakt för Bondklubben, och hvar danneman fick vid inträdet i residenset en liten besoldad sekreter till sin ledsagare på Stockholms gator och i politiken.

Den 2 februari 1789 utblåstes riksdagen, men innan vi ingå i berättelsen af de ärenden där föredrogos, torde vara nödigt att gifva en kort teckning på en del af de förnämsta atleterna å ömse sidor.

Den verksamme konungen, föga bemedlad vid riksdagens början, utdelade endast löften bland sina anhängare. Men säker om dessa löftens verkan, då all annan motvikt saknades, var han för öfrigt ej nu mer den herren, hvars intagande umgängessätt förtjuste äfven dem, som voro honom minst tillgifna. I hans ögon, i hans ansikte, i hela hans uppförande röjde sig en oro, som tydligen gaf tillkänna, att om förhärdelsen gått till hans förstånd, den ännu ej sträckt sig till hans samvete, ett gissel, som svårligen fullkomligt lärer hvila vid ett tygellöst öfverdåd. Denna sinnesstämning hade ett nära inflytande på hans lefnadssätt. Under hela riksdagen gafs ej mer än en enda cour. Hans vanliga sällskap förströddes och samlades aldrig mer omkring honom på den glädtiga fot det förut varit. Han märkte det, led men tröstade sig vid poeters smicker och pagers gyckelverk.

De som egentligen omgåfvo honom och biträdde hans afsikter med sina råd voro följande. Preussiske ministern Borck, en fullkomlig berlinerupplaga af Macchiavelli. Den förr omnämnde favoriten Munck, en slags förment amfitrion, stallmästare, president i kammarrevisionen under riksrådet Karl Sparres opasslighet, nu förvaltande öfverståthållarämbetet, okunnig, grof, hård, som kunde fälla tårar under bedyrande af välmening och ingå i hvad anläggning som helst, då verkställighet tarfvades.

Baron Ruuth, finansminister, hvars olika steg till dess nu innehafvande ämbete, kan gifva ett begrepp om hans lynne och kunskaper. Han hade varit fänrik vid gardet, landtjunkare, brännvinsarrendator, förste stallmästare hos hertig Karl. Patriot i sina första skiften, nu slaf af hof-gunst. Vanlottad var han till det yttre, och naturen tycktes om ej just dymedels hafva gifvit en skylt åt hans själ likväl varnat för en nog intagande popularitet.

Lagman Liljensparre, fordom kallad Sivers, polismästare, slöddrets anförare, moraliter slöddrets utskum, riddar-husets skamfläck, en af de svarta, nedriga varelser, som tycker sitt blod förädlas, om ett förnämare kan utgjutas, djärf, listig, outtröttlig. Tecknad likväl af försynen. Sämre uppsyn är sällsynt utom på galerer.

Wallquist, biskop i Växiö, bar mildheten i sina ögon, uppriktigheten i sitt umgängssätt, äran på sina läppar men äregirigheten i sitt hjärta. Han var dock utrustad med nog insikter för att veta betäcka med blomster de bojor, som tillreddes fäderneslandet, och hvilka han såväl som hans medbröder ej ovillkorligen antogo, förr än de enligt mo-narkens vanliga praxis blifvit för dem enskildt smidda af guld. Denne mannen blef slutligen sitt stånds och hela ofrälse delen af secreta utskottets förstyre och driffjäder.

Lagman Ahlman, bondeståndets sekreterare, spelade en dylik roll med nästan samma medel inom sitt stånd. Det var Edens orm, som tillbjöd ett förtjusande syndaäpple, åt människan stadd i okunnighetens tillstånd.

Jag förbigår en prost Nordin, en lagman Nordin, utsedd till landtmarskalken Lewenhaupts vägledare, en lagman Sten-hoff, preses i konungens klubb, ovärdiga men nödvändiga redskap, som omgåfvo majestätet, befläckade hans glans och förnedrade hans tänkesätt.

Som en driffjäder, men på afstånd, till de flesta här träffade öfverläggningar, bör nämnas general Toll nu lefvande i Skåne, till hvilken kurirer afsändes stundligen.

Född med en Cromwells geni, förfäktade han enväldet med lika nit som denne i England sökte störta det. Sådana snillen använder försynen som ormgift: till hälsan eller döden.

Om denna konklav afskildras med mindre glada färger, bör man erinra sig, att det är ämnenas fel, då en penna, helgad åt sanningen, synes vara doppad i galla.

Adeln, endast upplifvad af hämnd öfver utstådda försmädelser och af fruktan för fortfarande inbrott i egna och landets rättigheter, ansåg nu som förr i början af riksdagen riksrådet grefve Axel Fersen för sin första partichef. Men hans vacklande uppförande vid hans våldsamma arrestering, den förbannelse, hvarmed han hotade sina barn, om de till bevis på sin harm lämnade sina hoftjänster, några utspridda, törhända ogrundade rykten om hemliga sammanträden med monarken; under det grefve Fersen satt på Fredrikshof, hans oafbrutna hofgunst efter slutad riksdag, allt lät hans kredit aftyna och kom många att tro, det han varit i ett hemligt förstånd med konungen, samt att han svikit sitt eget parti på ett sätt, som af eftervärlden kan få namn, men ej nu, då endast anledning finnes men visshet saknas.

Kammarherren baron Carl de Geer, hade redan vid 1786 års riksdag uppkastat sig till ett slags hufvudman för oppositionspartiet. Han var djärf, nitisk och den rikaste adelsman, törhända den förmögnaste enskilda person i Sverige. En viss höghet i umgängssättet gaf likväl tillkänna, att om enväldet misshagade honom var det blott hos andra. Af en sådan skylt hos en frihetsförfäktare dömer man lätt om hans skarpsinnighet, hvilken åter med de mest intagande maner blifvit den vida mindre bemedlade, den nästan derangerade baron Stiernelds lott. Paret, men nödvändigtvis paret, kunde gillas till partichef. Till lycka gjorde vänskapen och tänkesättet dem oskiljaktiga.

En värdig patriot, som äfven hyste adelns oinskränkta förtroende, var direktör Claes Frietzcky, en man, som med insikter, ståndaktighet, ett mer upparbetadt än genomträngande

vett förenade den mest oförfalskade kärlek till fädernes-
landet, och hade bort förtjäna lagrar i stället för bojor. Flera
andra inom adeln voro lika nitiska men få lika upplysta.

Till landtmarskalk utnämnde konungen grefve Charles
Emil Lewenhaupt. Oaktadt denne herre hunnit i tjänste-
vägen till generalmajorsgraden, uppväckte detta val åtlöje,
men det fordrades mycket förstånd till att uppleta en med
så litet. Man insåg ej ännu, hvad förfärligt vapen i
listens händer den dumhet kan blifva, som af pur djurisk
öfvervikt är okunnig om sina första moraliska plikter.
Ärkebiskop Troil var själfnämnd prästeståndets talman.
Till talman för borgarståndet utvalde hans majestät rådman
Lidberg i Stockholm, och för bondeståndet dannemannen
Olof Olsson från Östergötland. Denne afled i medio af
mars 1789 i samvetskval öfver de jordiska skatter, han
denna riksdag förvärfvat, som han ej utan fog trodde
kunna utesluta honom från de himmelska. Han fick till
efterträdare bonden Anders Anderson från Västernorrland,
en adelns hätskaste fiende.

Monarkens inträdestal vid riksdagens öppnande på
rikssalen den 3 februari var långt men föga öfvertygande,
och en timmes sofismer kunde ej öfverändakasta regerings-
formens nämnda enkla uttryck i 48 §, som består i två
rader. Egentligen yrkade han däruppå, att man ej kunde
anse, utan såsom ett fientligt offensivt steg en grannes
hemliga, fördärfliga planer. Denna nya statsmaxim verkade
föga på de sinnen, som ej voro förblindade af fördomar.
Då konungen i sitt tal bland annat sade: »Ett fel har
jag begått, mina herrar, ett fel förebrår jag mig,» väntade
alla, att det skulle blifva detsamma, som hela riket förevitade
honom, nämligen fredsbrottet. Ingalunda. Det som gra-
verade herrens samvete var precis det som kunnat gifva
lugn åt ett annat och bestod däruti, att han innan skedd
krigsförklaring ej gifvit order åt sin flotta att bemästra
sig den förr omtalade ryske amiralen Dessens eskader,
som enligt hvad redan omförmäldt är gaf en äskad salut
och undvek en verklig fara. Så slapp moralitet hos regen-

ten i den utvärtes politiken gaf vid handen, hvad man borde vänta uti de inhemska ärendena. Relationen, som för öfrigt gjordes åt ständerna om de händelser, som tilldragit sig, var sådan som Altonaiske Mereurius redan gjort bekant. Slutet blef att till ärendenas vidare öfverläggande äska af adeln tolf ledamöter och sex af hvardera de andra stånden till ett sekret utskott, som enligt 47 § i regeringsformen skulle sitta med ständernas makt.

De ofrälse stånden gjorde genast valet. Adeln uppsköt det och beifrade först med häftighet ett yrkande af exemplarisk hämnd öfver alla de förgripliga paskiller, som så ohemult hela föregående tiden förolämpat ståndet. Äran är så ömtålig, att denna otålighet ej bör åstadkomma förundran hos den, som känner människans hjärta, hvilket sällan vålar förekomma ett tillkommande ondt, förr än det hunnit afskudda sig det närvarande. Eftertänksammare torde det hafva varit att låta detta nit hvila, men åtta hundra personer, af hvilka åtskilliga blifvit personligen antastade, kunna ej alla anse en skymf med lika filosofisk köld, och flera bittra utlåtelser på riddarhuset ådagalade en länge kväfd harm.

Denna oaktadt instämde det dock i borgarståndets proposition, att med ofrälse stånden genom en deputation tacka konungen för gränsernas försvar eller med andra ord bifalla till kriget, göra det till nationens sak och rättfärdiga dess utbrott. Allt detta förehades vid adelns första sammanträde, så att beskyllning för tidsutdräkt är här olämplig.

Vid adelns val kort därpå af ledamöter till sekreta utskott, yrkade direktör Frietzcky, att en instruktion borde uppsättas till dessa deputerades rättesnöre, utrustade i vidrigt fall med en för hela riket äfventyrlig makt. Detta bifölls på riddarhuset den 12 februari men upptogs till ståndets största förundran som oafgjordt påföljande plenidag med de sällsamma uttryck af landtmarskalken, »att herrarna kommo sist öfverens om en instruktion till sina ledamöter i sekreta utskottet, men se därvid finner icke jag mig». En orm kastad i en myrstack kan ej där åstadkomma den

rörelse, dessa ord uppväckte bland adelns uppretade sinnen.
»Saken är afgjord,» ropade de flesta . . . »Herr landtmarskalken
äger intet votum . . . Äro vi här siffror? Ty det är
ovärdigt . . . Låt oss höra ja . . . nej . . .» Ett buller, ett
oerhördt stim.

En biljett, som ankom och upplästes från monarken
till landtmarskalken med antydan, att han ej skulle göra
proposition på instruktionsfrågan såsom stridande mot re-
geringsformen, afbröt oljudet. Det var despotismens första
ängelsbasun. Tvenne minuters tystnad förrådde sinnenas
häpnad och villrådighet. Då uppstod på sin bänk den ärorike
patrioten Frietzcky. Med en frimodighet, värd samtids och
eftervärlds beundran, bevisade han sin sats' oskuld och i syn-
nerhet, att den antagen af ståndet förra plenidagen borde
anses för dess oryggliga beslut. — Landtmarskalken invände
häremot, att han väl då gjort härom en proposition, som
blifvit bifallen, men att det ej var någon verkande proposi-
tion. En så orimlig utlåtelse kunde ej annat än utesluta
all aktning. Raseriet steg till sin höjd. Somliga hoppade
in öfver skranket. Några förebrådde den enfaldige mannen,
hvad dumhet som låg i hans undflykt, andra åter hvad
nedrighet. Grefve Axel Fersen beifrade själf med en hetta,
som dock ingalunda öfverskred hans värdighet, den adeln
skedda oförrätten så skarpt, att den fege gubben Lewen-
haupt slutligen gjorde sin ursäkt och medgaf, att beslutet
en gång redan i detta ämnet var taget hos ståndet, och
skilde det åt med glädje.

Ofrälse stånden, som hvarken haft sin angripna ära
att förfäkta eller att äntra med sina egna talmän om de
mest helgade rättigheter, ansågo för sanning allt hvad man
hviskade dem i örat om adelns köld, om att de borde ömma
för det allmänna bästa och emottogo med glada ansikten alla
de loford, de fingo från tronen i det plenum plenorum, som
hölls d. 17 februari. Deras fägnad steg nästan till förtjus-
ning, då konungen med ett uppeldadt ansikte under flere
hårda slag med spiran i bordet förebrådde adeln dess upp-
förande. »Det är,» sade han, »snart trenne veckor sedan

riksdagens början, och intet beslut rörande sekreta utskottet
är ännu kommet från adeln. Härjas kusterna, uppbrännes
Stockholm af fienden, det är alltsammans adelns skull. I
det stället,» fortfor han, »uppfyllen I edert samlingsrum
med oljud och dragen ej försyn vid att i landtmarskalkens
person angripa min egen höghet (ny rikslag, som ingen känt).
Till prof å hvad jag anför äro här de klagomål, han in-
lämnat.» Dessa lästes upp. En samling af de mest ogrun-
dade tillmälen, där hvar rad tolkade ilska eller dumhet, be-
skyllde en stor del adelsmän att hafva förolämpat honom
personligen samt grefve Fersen, en sjuttioårig man, att hafva
hädt honom, allt underskrifvet och med ed besannadt af
femtio närvarande adelsmän, af hvilka fyrtio knappt öfver-
stego subalterngraden, och alla de femtios tänkesätt voro
i en så subaltern grad af ära, att det var en lika heder att
af dem beskyllas som en evärdelig skam för riddarhuset
att inom sina murar hysa så lågtänkta varelser. Tonen, an-
klagelsen, folket som anklagades, allt förde ens håGkomst
tillbaka till Kristian Tyranns och Gustaf Trolles förehaf-
vande 1519.

Adertonde seklets mildrade seder hade likväl det in-
flytande på domen, att skarprättaren uteslöts. Domslutet,
afkunnadt från tronen, blef, att adelns sista plenidags
protokoller skulle utplånas samt adeln själf genast förfoga
sig till riddarhuset och därifrån ofördröjligen affärda en
deputation att göra afbön till landtmarskalken, som var i
sitt hus. »Med denna deputation, anförd af grefve Brahe,»
fortfor konungen, »befaller jag, att I grefve Axel Fersen
och I baron Carl De Geer skolen vara följaktiga.»

Dessa despotiska utlåtelser föreföllo så mycket besyn-
nerligare, som konungen nyss förut sagt, »att han med för-
undran hört, att honom påfördes att umgås med envålds-
tankar, dem han tvenne gånger afsvurit, en ed som han
själfkrafd nu tredje gången förnyade.

Grefve Fersen ville göra några invändningar, men under
fördubblade slag med den förfärliga spiran ropade konun-
gen: »Här är ej fråga om att resonera, här är endast fråga

om att lyda». En afundsfull förnöjelse lyste i de andra
ståndens ögon. Men sedan grefve Fersen i korthet begärt,
att adeln, lämnad för sig själf, måtte få urskulda sig och
konungen med en mildare uppsyn svarat, »att det vore en
rättighet han lämnade den ringaste af sina undersåtar och
sålunda ännu mindre kunde vägra sitt ridderskap och adel»,
afträdde hela detta stånd tvärtemot riksdagsordningens tyd-
liga föreskrift. Det lämnade kvar i rikssalen konungen och
de tre ofrälse stånden, som sedan tillbragte en half timmes
tid med lagstridigt smicker å ena sidan under lika lag-
stridiga löften om enskilda privilegier å den andra.

Adelns så mycket klandrade förhållande vid detta till-
fälle var ej feghet, ej försiktighet; det var blott en följd af
den maskinartade drift, som i alla tider gjort att fåren följa sin
herde och partier sin chef. Denna drift är i politiken till
och med högst nödvändig, ty en partichef bör känna och
afvärja faror, som för en allmänhet ej alltid kunna upp-
dagas.

Om en enskild person, uppeldad af ärans känsla
vid detta tillfälle stigit upp, vägrat att gå och sagt sin
rättighet till det ställe han innehade på rikssalen vara lika
helgad som den konungen ägde till sin tron, hade onek-
ligen hela adeln instämt med honom. Men om konungen
då (hvartill både sakens natur och några svaga underrättel-
ser gifva anledning att förmoda) gråtande afsagt sig sin
krona, teatraliskt nedlagt sin spira och sedan af de tre
ofrälse stånden på stället blifvit anmodad att återtaga den
med den oinskränktaste makt, samt om samma dag riks-
dagen blifvit afblåst, och som en följd den hårdaste envålds-
beskattning på adeln lisat de andra ståndens utlagor, huru
svåra tillvitelser hade ej den korttänkte frihetsförfäktaren
ådragit sig? Med hvilken grämelse hade ej hela adeln före-
brått sig själf sin obetänksamma ståndaktighet och otidiga
frimodighet?

Att dessa skäl ej voro de, som föranläto grefve Fersen
att gå ur rikssalen, därom är jag öfvertygad, ty han förebar
dem aldrig till sin ursäkt, men jag är ock lika förvissad, att

om han och adeln ej gjort det följden blifvit den jag omnämnt. Gustaf III var för slug, för att ej vid ett ganska förmodadt vägrande hafva en bakport öppen att ännu säkrare vinna sina afsikter.

Det han anbefallt adeln uppfylla på riddarhuset, blef ej åtlydt. Frågan om deputationen till landtmarskalken afbröts där med åtlöje. En formlig dementi mot dennes ohemula anklagelse inprotokollerades och de brydsamma öfverläggningarna om ett fullständigt urskuldande uppskötos i anseende till tidens korthet till nästa plenum.

Detta var ej nära. Konungen utsatte själf tiden därtill, och vid denna riksdag alltid på dagar, då de andra stånden ej voro samlade för att hindra all laglig kommunikation. En betydande scen skulle föregå. Efter tvenne dagars stilla förlopp samlades de ofrälse stånden och begärde medels en samfälld deputation till konungen, att han enligt regeringsformens femte § ville sätta riksdagen i aktivitet. Denna paragraf talade om skydd, ej om våld. Dess bokstaf lyder: »Konungen äger styra och råda, frälsa och beskydda borgom och landom och allom sin och kronones rätt, som lag och thenna regeringsform säger».

Dessa orden uttyddes eller förtyddes å konungens sida på det sätt, att sedan ofvannämnda deputation framfört sitt andragande Stockholms borgerskap fick order att beväpnadt sitta till häst, och ifrån klockan elfva förmiddagen den 20 februari till sent på aftonen inmanades i häkte och sattes inom galler på Fredrikshof af adeln: riksrådet grefve Axel Fersen, generalen grefve Fredrik Horn, kammarherrarna baronerna Carl De Geer, Stierneld och Gustaf Maclean, öfverste Rutger Maclean och direktör Frietzcky, samt i stadens andra fängelser öfverstarna Almfelt och von Gerdten, löjtnant Almfelt, kungl. sekreteraren von Engström, riddarhussekreteraren Bungencrona, riddarhusfiskalen Ihre; slutligen i deras rum general Pechlin, grefve Brahe, major Billberg och lagman Spaldencreuz, hvilka trenne sistnämnda så väl som riddarhussekreteraren och fiskalen kort därpå blefvo frigifna. Ett anslag till ett förfärligt plenum plenorum följande dagen skulle bidraga att på denna nu innevarande hämndedag nedslå sinnena.

Adeln blef bestört men ej förkrossad. Den fäste ännu något hopp vid arffurstarna.

Hertig Fredrik var välmenande men högst obetydlig.

Hertig Karl, som både genom slaget vid Hogland och i synnerhet genom sin djärfhet att på en ganska sen årstid hösten 1788 föra svenska flottan från Sveaborg till Karlskrona hade förvärfvat sig en viss krigsära, syntes vilja förena med den en nitisk patriotism.

Denna slocknade vid en kort handbiljett han arresterings-dagen om aftonen bekom af monarken, som lämnade honom valet emellan att sitta som statsfånge på Gripsholm eller genast bekomma till sin skulds betalande tre tunnor guld. Han betänkte sig ej länge och hade, hertig Fredrik oåtspord, ett sammanträde med konungen, hvars verkan uppdagades följande dagen den 21 februari.

På rikssalen omrörde konungen nämnda dag i stän-dernas plenum plenorum den oenighetsanda, som föranlåtit honom att taga de allvarsammaste mått till det helas frälsning. Understundom räddas fartyg dymedels, att man själf sätter dem på grund. Så föreföll alla opartiska den som botemedel föreslagna förenings- och säkerhetsakt han lät uppläsa, hvilken af femtiotvå paragrafer i 1772 års regerings-form nedslog i grund tjugutre och försvagade de återstående tjugunio paragrafernas verkan.

Innan man skred till denna akts uppläsande, uppstod hertig Karl, begärde att få tala och tolkade otydligt ur ett papper en tillstyrkan att antaga den påtänkta säkerhets-akten samt en anmaning att i allt, hvad ej vore mot den stridande, för öfrigt förfäkta 1772 års grundlag med lif och blod. Orsaken till prinsens stapplande röst föregafs sedan vara de korrektioner och ändringar, konungen med egen hand och mindre läslig stil i hast gjort vid detta tal, hvilket före deras förlikning varit uppsatt i helt annan tanke, och först denna dag om morgonen uppvisats för hans majestät. Hertig Fredriks tal som stridande mot detta i dess nu förändrade skick låg färdigt i hans ficka, blef där liggande och han själf helt försagd stillasittande på sin stol.

Hertigens af Södermanland tillstyrkan att förlikna vid den en Mufti kunnat göra kristenheten att antaga alkorans lära med bibelns bibehållande uppväckte i lika grad adelns förundran och åtlöje som själfva säkerhetsakten dess förbittring.

Denna akt (en förödmjukande afsägelse af människans förnämsta rättigheter) var knappt uppläst, förrän konungen proponerade dess antagande först till de tre ofrälse stånden, som inom rikssalen alla innehade sitt säte på en och samma sida till vänster om tronen. I anseende till afståndet kunde största delen omöjligen hafva fattat nämnda akts sammanhang. Detta oaktadt blef svaret ett allmänt ja, fördubbladt af en hop obehörigt folk, som trängt sig in, notarier och småskrifvare, hvilka instämde med grof röst i samma ja, pratade med sina vänner af borgarståndet och bjödo bondeståndet snus. På ett så löjligt, på ett så ovärdigt sätt missvårdade dessa riksdagsmän sina hemmavarandes förtroende och uppoffrade sin egen och deras frihet för ensidiga afsikter.

På tillfrågan hos adeln hördes i början ett tillställdt ja, som snart öfverröstades af det allvarsammaste nej, oaktadt larmtrumman, trumpeter etc., på ett barnsligt sätt utanför rikssalen skulle inom dess murar injaga skräck.

Kammarherren grefve Adolf Hamilton, den ende af adelns sekreta utskottsledamöter af första klassen, som var på fri fot, steg då upp, framdrog 1772 års regeringsform, uppläste ur den slutet af fyrtioandra paragrafen rörande sättet att afskaffa gammal och antaga ny lag. Med ett ord, med själfva lagens bokstaf förebrådde han lagstiftaren lagbrott, sade sig nu sakna hvad nämnda paragraf stadgar angående rådets yttrande vid ny lags proponerande samt begärde å ståndets vägnar, att det måtte få begagna sig af riksdagsordningen och om hvad å bane var rådslå på sina kamrar.

Ett ömmande tal af kanslirådet Adlerbeth (ett af rikets kvickaste snillen), uti hvilket han besvor konungens ära, konungens hjärtelag, styrkte de sanningar grefve Hamilton frimodigt, men okonstladt framfört. Sex hundra adelsmäns dundrande instämmande i en begäran, som ej utan yttersta våld kunde afslås, nödgade monarken (hvilken ej väntat sig detta motstånd) att härtill samtycka, sedan han förut åter vändt sig till de ofrälse stånden och afdem ännu fått tvenne omgångar med ja.

Riksdagsordningen har (i fruktan för en öfverumpling sådan som den, hvilken nu inträffade) trott formaliteten vid en ny lags antagande af den vikt, att enligt den intet stånds bifall bör anses för lagligt, innan därom blifvit rådslaget på dess samlingsrum eller kamrar. Det anseende af chartek säkerhetsakten fått i grund af denna ojäfaktiga sanning styrker den tanken, att nämnda, och såväl som all på annat än det omförmälda sätt antagen, grundlag i själfva verket aldrig kan erkännas för sådan. Prästeståndet, som insåg detta, hade anbefallt sin vice talman, biskopen i Linköping Lindblom, som i ärkebiskopen Troils frånvaro (hvilken efter order låg sjuk) nu förde ordet, att yttra samma åstundan som adeln. Hade detta skett i rättan tid, och två stånd sålunda varit mot två stånd, då hade följden blifvit att frågan varit ansedd som obesvarad, och konungen hade svårligen vunnit sin afsikt.

Detta undföll ej Lindblom. Han uppdagade ej sitt värf, förrän konungen på grund af trenne gifna ja kunde med något skäl afslå denna så sent anförda begäran. Man har svårt att inse, hvilken förtjänar största klander, Lindbloms politiska dröjsmål eller hans medbröders sega tystnad. Det var ingen ledamot af det heliga ståndet förment att afbryta den. De tego. Göra deras samveten det äfven?

Biskop Wallquist sökte under fridsamhetens och enighetens larf förmå monarken att kvarhålla riddarskapet och adeln, men löftet var gifvet och plenum afslöts.

Förbittringen öfver all denna oförrätt steg till den grad hos den alltid lättrörda, men oförsiktiga ungdomen bland adeln, att åtskilliga bland dem ej tänkte på mindre, än att påföljande söndag, vid Beurse assembleen, den

konungen alltid bevistade, sammanskocka sig, formera en
handel och under tumultet rödja ur vägen upphofvet till
det närvarande väldet. De äldre i detta stånd, som insågo
sin totala undergång i detta omogna besluts fullbordan,
hade största möda att afstyra detta utbrott. Denna assemblée
gick för sig i tysthet. Konungen bevistade den, få andra.
Tomt på fruntimmer, endast friherrinnan Ruuth samt några
fruar af stadens borgerskap. »Var där något folk?» frågades
fru Schröderheim på en supé, dit hon for från assembléen.
— »Jag såg nästan ingen där,» svarade hon, »utom konungen,
Ruter dam och några hackor.»

Nya ledamöter till sekreta utskottet skulle väljas i de
arresterades ställe. Adelns första tanke var att undandraga
sig alla rådplägningar, men vid eftersinnande, att de femtio
skamfläckar, som underskrifvit landtmarskalkens klagomål,
kunde representera hela ståndet, försvann denna utväg.
Elektorernas val upplästes och uttyddes vid ett plenum,
där allt hvad gallan, vreden, raseriet, förtviflan kunde utösa
bittert syntes flyta nästan ur hvar och ens tal, som till en
ansenlig myckenhet på riddarhuset yttrade sina tankar.
En påstod, att konungen efter svensk lag brutit edsöre.
Konungen, så öm om landtmarskalkens heder, beifrade icke
sin egen äras förolämpande. Hans afsikt var vunnen. Han
lät blott riddarhussalens eko gifva genljud åt det fåfänga
hämndeskrik han förutsett, och som han med skäl trodde
mindre farligt efter något slags utbrott.

Detta var likväl ej det enda. Baronerna Fleming
och Lejonhufvud, båda öfverstar, men som vid krigets
början tagit afsked, uppfyllde luften med klagorop öfver,
att konungen oaktadt de voro pensionsmässiga utstrukit
dem ur pensionskassan, med hvilken konungen ej hade
någon befattning och i hvars fond de själfva insatt sina
egna penningar. Men vid denna epok tego alla lagar.

Satiren däremot var ej stum. Ampra, ofta rätt bitande
epigrammer uppfyllde residenset och roade de sysslolösa.
De sparade ej monarken. Det följande anföres ensamt,
såsom kort, sinnrikt och saltadt.

>Med Gustaver oss nu händer
hvad man ser i våra länder
alltid ske med klöfverfrö,
tredje skörd ger sämsta hö.»

Motpartiet svarade intet, men det förplägades. Det bättre
folket i stallmästar Muncks vackra rum. Lagman Sten-
hoff höll den så kallade smörgåsklubben i anseende därtill,
att herrar subskribenter (så kallade af deras underskrift
under landtmarskalkens klagopunkter), som föga tåldes af
de bättre rojalisterna, med denna magra förfriskning jämte
en sup brännvin trakterades till sin supé.

Landtmarskalken hade på rikssalen den 21 februari
utbedt sig en vikarie. Den, som i hans ställe under hela
riksdagen förde klubban och understundom på Stockholms
gator nyttjade landtmarskalksstafven till spatserkäpp, var
nu och förblef den då utnämnde vice landtmarskalken,
öfverste Liljehorn. Känd och lagsökt för de skändligaste
tillmälen uppfyllde han sitt rum med en köld, med en
retfull envishet, som flera resor ådrog honom de hårdaste
förevitelser. Allt hos honom utvisade, att det själen var
till hans kropp, det var egennyttan till hans själ.

Man hade föreburit, att det var för att sätta riksdagen
i aktivitet som en del af adelns ledamöter, och i dem hela
ståndet, blifvit våldförd. Detta oaktadt blef ej efter om-
nämnda bittra riddarhus-plenum uppfylldt med klagorop
något plenum anslaget på tre veckor.

Men sekreta utskottet var tillsatt, och dess arbete
fortfor. Det var blott ett hemligt statsutskott. Konungens
hufvudändamål var att från detta utskott, utrustadt
med ständers makt, få bevillningen meddelad blott under-
rättelsevis, så att ståndens enda operation sedan skulle
blifva att inom sina plena utgöra repartition. Hade adeln i
sekreta utskottet varit af lika tänkesätt med de öfriga stånden,
hade den sista frihetsgnistan varit utsläckt. Beskattnings-
rätten hade genom detta prejudikat hvarje riksdag indirekt
kommit i konungens händer, eller detsamma som tre och

en half million människors egendom under trettio personers oinskränkta disposition. Hvad giller låg i 1772 års re-.geringsform?

Hela denna plan blef till intet genom adelns sekreta utskotts ledamöters enighet, patriotism och högst raffinerade politik, då denna gren af ett så mycket stormande riddarhus visade en foglighet, hvilken bedrog monarken med all sin slughet, frälste beskattningsrätten och sin egen heder samt hufvuden, om laglig räfst genom tidernas omskiften ägt rum.

Alla dessa ledamöter utmärkte sig med lika nit, skilnaden bestod endast i karaktärerna. Kammarherren grefve Adolf Hamilton, hvilken vid det svenska hofvet utmärkt sig med en satirisk anda och sett de flesta större europeiska hof, framtolkade sanningar med den sälta, som tillhörde hans lynne, och den lätthet, man sällan ernår utom i stora världens umgängessätt. Af de nyss invalda kungl sekreteraren baron Mannerheim, öfversten baron Lantingshausen och majoren baron Silfversköld, var den förstnämnde ej mångordig i sina tal, men djuptänkt och fallen för epigrammer. Monarken liknade honom själf vid en rakknif, och de båda sistnämnda uppdagade, i det de förde ärans språk med detsamma sina hjärtans doldaste tankar. Lagman Spaldencreutz, riddarhusets bäste talare, hade tillika den kunskap i pennan, som hindrade motpartiet att skena med sin i protokollerna. Baron Rappe, öm, rörande i sina utlåtelser, uträttade med dem här, det Orpheus åstadkom i ödemarken med sina luta. Vilddjuren lystrade däruppå, men utan att ändra sin natur. De ofvan nämnda ledamöterna understöddes med styrka fast med saktmod af de öfriga: general Hermansson, major Didron, kammarherre Bergensköld, öfverstelöjtnant Ehrenborg, löjnant Bäärnhielm och kanslirådet Ferrner.

Denna långa katalog bör ursäktas. Eftervärlden, om dessa rader hinna dit, är berättigad att känna atleter, som spjärnat mot den illistigaste konung, som törhända suttit på svenska tronen, och tre stånd, hvilka senare sökte ut-

leta i regentens ögon hans åstundan och funno i sina en-
skilda begärs torftiga känslor en afbild af monarkens samt
i ett gemensamt biträde en ensidig, men icke desto mindre,
säker vinst.

Till att ernå denna lät konungen, som alltid när-
varande själf förde presidium, uppläsa flera rapporter från
Finland om den nöd där, under en af våra strängaste
vintrar, tryckte armén utan kläder, utan strumpor, utan
skor, om den brist på fourage, som bortryckte hälften
af trosshästarna, hvilka blifvit vid lif därest kredit eller till-
gångar tillåtit förse magasinerna med nödig hafre, samt om
svårigheten att uppfylla lasaretternas oundgängligaste behof,
som dagligen ökades genom tillstötande sjuka, allt i brist
på penningar. Dessa ömmande omständigheter förhöjdes
medels den rörande skrifart, hvarmed rapporterna voro
sammansatta, hvilka alla instämde däruti, att det minsta
dröjsmål kunde sätta hela armén i våda att gå förlorad
och dymedels äfventyra själfva riket.

Konungen proponerade, om ej det närmaste och säk-
raste medlet till att afhjälpa en så öfverhängande fara
vore, att han med sekreta utskottets godtfinnande genast
kunde få lyfta de tjugufyra återstående tunnor guld ur
banken, tillslagna af 1786 års ständer till allmänna maga-
siners formerande, så mycket hellre som dessa penningar
slutligen ändock skulle komma i konungens händer och
rikets räddning så vinnas medels blott en ändring i ter-
minerna, då nämnda summa skulle lyftas. Det är omnämndt,
att sex tunnor guld skulle årligen få däraf uttagas, enligt
första anordningen.

Hvem kunde härtill neka? Adelns nej hade ensamt
intet verkat. Den biföll förslaget, men med hvad hjärta,
då den tydligen i denna penningmassa såg den dolk,
med hvilken friheten skulle mördas! De öfriga ledamö-
ternas ja beledsagades under den eldigaste glädje med ut-
tryck, där ädelmod voro förenade med en känslofull män-
niskokärlek — med den varmaste patriotism.

Slutet blef, att denna medborgerliga anda, sedan pen-

ningarna hunnit lyftas, nedlades af de tre ofrälse stånden för
konungens fötter. Han fick i deras utskott, i deras plena
den största pluralitet och tabellverket på hvar riksdagsmans
votum var kändt: fem à sex tusen riksdaler till de mest
betydande och så gradatim. Men den nödlidande armén
i Finland erhöll med möda några och tjugu tusen riksdaler,
hvarmed den öfverlefde vintern för att till en del slås ihjäl
om sommaren.

Då denna för monarken så nyttiga penningoperation
aflupit efter önskan, uppgafs statsverkets tillstånd i flera
folianter. Man måste, man kunde ej annat, än hålla sig
till deras extrakt. Granska, utreda allt, hade varit ett halft
års arbete. Under förevändning af vårens och krigets
annalkande i Finland, som fordrade konungens närvaro där,
hindrade han nu här att skärskåda denna ömtåliga sak
med den noggrannhet, dess vikt äskade.

Ett nytt giller utlades här för adeln. Med en öppen-
hjärtighet, som betog, erbjöd monarken stånden att efter
godtycke ändra, minska inom hans hof den så kallade hof-
förtäringen. Han undandrog ej därifrån sina egna och hela
kungliga husets handpenningar. Därest adeln kunnat vara
nog enfaldig att härvid fastna, hade han afvändt från detta
stånd prins Fredriks, drottningens och båda prinsessornas
välvilja, som adeln nu verkligen ägde, och sedan det väl
kringskurit nämnda medel, anslagna till hofvets behof, hade
ofrälse stånden i och för af anständigheten vid majestätets
underhåll och i stöd af en brinnande tillgifvenhet ikull-
kastat hela arbetet.

Adeln bockade sig och beklagade blott, att rikets om-
ständigheter ej tilläto att öka snarare än minska de kungliga
personernas villkor.

Dessa omständigheter voro förtviflade. Riksskulden
från tio millioner riksdaler före kriget uppgafs nu till
tretton millioner på grund af den kostnad 1788 års kam-
panj äskat. Utan kredit, utan penningar under ett brin-
nande krig, fanns inom landet ingen annan tillgång än
banken, och den var otillräcklig, och dessutom ännu, och

med mycket skäl, af alla fyra stånden ansedd som en helgedom.

Fred var en annan utväg. Konungen bestridde väl ej denna sanning, men han motsatte sig andra lika ojäfaktiga, såsom att fred äskar fiendens samtycke. Att anhålla därom ansåg han vara tillförlitligaste medlet att få den neslig och osäker; att alla staters maxime varit den att rusta som starkast, då man önskar fred; att en talrik krigshär är den pålitligaste fredsmäklaren; slutligen att femtio tusen man behöfdes till innevarande års kampanj, och att till arméns och flottans underhåll fordrades åtta millioner riksdaler.

Hvad utväg vidtager den som utan kredit vid en tryckande utgift ej har mynt, ej kan få mynt, men kan förfärdiga tecken, som godkännas lika med mynt? Han utväljer denna sisénämnda tillgång af den simpla orsaken, att han har svårt att vidtaga någon annan. Så gjorde precis sekreta utskottet. Ett pappersmynt, under namn af lån, med löpande tre procents ränta, skulle till åtta millioners värde fabriceras. Plan till ett riksgäldskontor utarbetades, som skulle handhafva förvaltningen af denna oundvikliga myntteckens pappersoperation. Ett utskott af åtta personer tillsattes, vid hvilket grefve Hamilton var ordförande, som fingo i uppdrag att uppsätta en instruktion för det tillkommande riksgäldskontoret, en ömtålig kommission, där hvart ord borde granskas, för att så mycket ske kunde undanrödja konungen från all befattning och ej tillägga de tilltänkta kommitterade för mycken makt eller för litet ansvar.

Detta senare blef i instruktionen ej för litet tilltaget, man nyttjade i anseende till de angelägnaste skyldigheterna ordet »högsta ansvar», som gemenligen betyder hufvudet, men en ömtålig omständighet förekom.

Riksgäldskontoret kunde komma på obestånd: ej vid utländska lån få den kredit som fordrades; räntorna, som skulle utgöras af en ny bevillning (hvilken från tolf tunnor guld, den förut varit, nu kom att stiga till åttiotvå tunnor guld) kunde möjligtvis ej indrifvas; andra oförmodade tillfälligheter kunde tillstöta och bidraga att bringa kontoret i förlägenhet. Detta fick vid ofvannämnda ansvar i instruktionen ej öka riksskulden. Hvart, till hvem skulle det då vända sig? Instruktionens utkast, hvilket kammarrådet Lagerheim, sekreta utskottets notarius och nu det mindre utskottets sekreterare, sammanfattat, innehöll den meningen, att uti ett dylikt fall hade kontoret att sig vända till kungl. majestät, som därvid kunde taga de författningar honom syntes vara nyttigast. Baron Silfversköld invände häremot, att medels de orden öfverlämnades åt konungen en oinskränkt makt att disponera rikets kredit och medel, hvilket man egentligen sökte undvika; ständerna voro de rätta principalerna, de enda som borde höras. Men han medgaf tillika, att konungen åter vore den enda, som kunde sammankalla dem. För att afhjälpa denna brydsamma omständighet, bad nämnde baron kammarrådet blott tillägga till de nämnda orden — honom synes nyttigast vara — följande tvenne ord: enligt regeringslagarna. — Lagerheim var en beskedlig man, känd för sin patriotism, men vågade ej införa det äskade och högst nödvändiga tillägget med sin stil i fruktan för rapporter. Sådant var våldet, sådan skräck hade det injagat. »Jag vågar det,» sade baron Silfversköld, tog papperet och kompletterade meningen.

Då instruktionen var färdig, framteddes den till hela sekreta utskottets granskning, upplästes där, och skulle efter skedd pröfning sedan stadfästas medels konungens och sekreta utskottets ledamöters namns undersättande. Detta dokument kom ej till ständernas plena. Huru farligt hade det följaktligen ej kunnat blifva, om nämnda ord — »enligt regeringslagarna» — blifvit af oaktsamhet uraktlåtna eller ej ditsatta, på grund af att det förstods af sig själf, hvilket konungen då helt annorlunda uttydt.

Det var likväl fara värdt, att just det skälet skulle användas af monarkens parti för att få dem undanröjda, och biskop Wallquist hade med sina blomstrande uttryck kunnat invända, att de syntes gifva tillkänna förklenliga misstankar mot majestätet. Monarken själf, som genast insett, hvad fördel han kunnat draga af att nämnda ord hade blifvit utelämnade, torde härom hafva börjat en strid med adelns ledamöter, den de i sitt foglighetssystem alldeles önskade undvika, oberäknadt ännu betydligare följder, om de blifvit öfverröstade. De kunde ingalunda bekväma sig till ett passivt förhållande. De ville ej utesluta uttryck, hvars införande tillhörde deras plikt, och som förekom ett framtida ansvar samt all möjlig tillkommande räfst. Ett glädtigt påfund af grefve Hamilton redde lyckligt hela denna härfva. Hans granne på främsta adelsbänken inom utskottet var baron Lantingshausen, som kände hela sammanhanget och var bekymrad om utgången, därest händelsevis saken kommit i fråga. Hamilton hviskade till Lantingshausen: »Gif rätt nu akt uppå, hur lätt vi skola komma ur denna labyrint». Lagerheim uppläste instruktionen. Alla fäste däruppå den yttersta uppmärksamhet. En allmän tystnad rådde, men just som Hamilton väntade de (under all annan än en våldsregering) föga äfventyrliga orden — »enligt regeringslagarna» — så nös Hamilton. Nysningen syntes komma honom i vrångstrupen, en hosta följde däruppå men sådan, att konungen och hela sekreta utskottet måste kasta ögonen på honom. Orden utlästes, anmärktes ej. All strid undveks, hela akten gillades, underskrefs, beseglades. Baron Lantingshausen höll på att dö af skratt, hvilket han lyckligtvis hann kväfva.

Sekreta utskottets arbete var härmed slutadt, hvilket jag anfört i ett sammanhang, för att ej för mycket sprida ämnena. Men ett ännu äfventyrligare uppträde förestod vid slutet, då konungen skulle utlåta sig, huruvida han ville låta sekreta utskottets göromål gå till plena, äfven en honom förbehållen rättighet uti 1772 års regeringsforms 47 paragraf.

Adelns ledamöter hade väl i första session förbehållit sig, att i allt, hvad som rörde finans och bevillning, deras samtycke blott vore provisoriskt, därest hans majestät ej i dessa ämnen uppdagade utskottets beslut, men däremot, om det skulle komma till ständernas kunskap låta det bero vid deras en gång yttrade bifall. De andra stånden gjorde samma reservation, men magasinspenningarna voro då ej ännu lyfta.

Hade konungen nu ej till riksens ständer uppgifvit den författning sekreta utskottet vidtagit (hvilket adelns ledamöter så mycket snarare trodde, som då en riksdags praxis ansågs som ett rättesnöre för de följande riksmötena, ett dylikt prejudikat vid denna hade varit högst gagnelig för despotismen), så var dessa ledamöters beslut oryggligen fattadt. De hade nekat till all slags bevillning. Monarken, som omöjligen kunde umbära adelns andel i bevillningen, hade af två — ett. Antingen att af riddarhuset begära andra mindre halstarriga deputerade, och, till befordrande af ett svar efter sina afsikter, ofelbart insätta de närvarande på Fredrikshof, eller (hvilket varit nästan troligare i den nära förening han stod med ofrälse ståndens deputerade) låta utrycka den förut omnämnda reservationen i protokollerna: att utskottets bifall varit endast provisoriskt. Men sedan, efter afblåst riksdag hade han klanderlöst utfärdat förordningar, beskattningar etc. i stöd af sekreta utskottets tagna beslut.

I detta fall voro adelns ledamöter nödgade att bryta tysthetseden och uppdaga till sitt rättfärdiggörande samt för att undvika framtida ansvar det oerhörda våld, som vederfarits dem inom sekreta utskottets murar. Gjorde de ej detta steg, voro de vanhedrade, törhända stenade, gjorde de det åter, torde de i vagnar förts först till Fredrikshof, och sedan till schavotten.

Ganska få i riket kände och känna denna deras kritiska belägenhet, och ingen tror sig vara dem tack skyldig, då alla törhända endast genom deras uppförande njuta åtminstone beskattnings- och med detsamma äganderätten.

Konungen bör, då han ej förleddes af fördomar lämnas den rättvisa, att han förträffligt kände människor och att i hans hjärta hvilade en viss aktning för dygden, ehuruväl han ej trodde den vara ett prof af synnerlig förståndsskärpa. Han ansåg adelns ledamöter för tolf romare, som hellre uppoffrade sin välfärd än sin plikt och ära. Häruti

bedrog han sig på intet sätt. Deras foglighet däremot
föreföll honom som ett tecken till mindre djuptänkt snille,
och trodde han, då dessa voro deras utvalda, kunna subtrahera
mycket häraf på riddarhusets massa. Det var just detta de
ville han skulle tro. Hela deras förhållande hade ingen annan
afsikt, men i denna uträkning bedrog han sig oändligen.

Följden häraf blef följande. Konungen uppgaf sekreta
utskottets beslut till plena, där det i de ofrälse stånden enhälligt
bifölls. Men det mötte honom mer svårigheter vid riddar-
huset. Hvad bevillningstiden vidgick, utsatte ofrälse stån-
den den till nästa riksdag eller på obestämd tid, medan adeln
förblef vid det fasta beslut att blott sträcka bevillningen till
två år, under hvilken tid den hoppades, det riket, visare af
kriget torde ändra, hvad en blind yrsel nu verkat. En följd blef
slutligen också, att då adelns hårdnackenhet fortfor, konungen
nödgades göra revolution den 27 april, det vill säga utöfva ett
våld, som ökade olagligheten i denna riksdags beslut, efter
hvilka Sverige styrdes intill konungens död, utan att dock
lämnades honom nöjet att se hans älskade foster, säker-
hetsakten, på ett lagligt sätt antagen eller besvuren.

Dessa äro uppdagade, onekliga följder af adelns sekreta
utskotts ledamöters förhållande. Samtiden bör känna det,
historien uppteckna det och eftervärlden bära dem därför
en ovärderlig erkänsla.

Jag har gått i en nästan för omständlig detalj, men
den var nödvändig för att sätta i full dag en så märklig
händelse som den att i beskattningsrättens helgd förvara
frihetens yttersta gnista, som kunde en gång åter upplifva
hennes nästan andelösa varelse, på lika sätt som i Eng-
land, där ett svagt parlament under en tilltagsen regent,
Henrik VIII, förklarade alla akter med undantag af be-
skattningen utfärdade från konungens kansli af lika kraft
som en bill eller en grundlag. På denna trappa har nämnda
rike sedan uppstigit till den höjd af frihet och välstånd,
som Europa sedan mer än hundra år dels afundats, dels
beundrat. Men engelska folket har en nationell karaktär,
och det har det svenska sällan visat utom i krig.

I residenset uteslöt en viss partijäsning ledsnaden, men nöjena voro matta. Konungen affekterade ofta en ovanlig glädtighet. »Finner ni ej,» sade han åt sin stallmästare baron Essen, »att jag är lika glad oaktadt de trumpna ansikten, som ofta omgifva mig?» — »Ja, ers majestät,» svarade denne, »och det är så mycket underligare, som ers majestät är den enda, som är det uti sitt rike.» Konungen log och vände på klacken. Essen blef lika väl anskrifven som förut. Denne baron var af Robespierres sats, som trodde, att under despotismen gifves blott en lycklig, en medborgare, en patriot, och att denne är despoten — De öfriga äro — intet.

Landtmarskalken grefve Lewenhaupts mer än korttänkta utlåtelser roade äfven som oftast staden. Hans funktion var numera blott inskränkt inom den trånga krets att halfsofvande sitta på en taburett framför adelns bänkar i sekreta utskottet. Där öppnade han aldrig sin mun. På riddarhuset satte han aldrig sin fot. En dag, då han kom från utskottet, mötte han riksdrotset grefve Wachtmeister, som hostade något. »Ers excellens är enruhmerad,» sade grefve Lewenhaupt. »Jag är det mycket,» svarade grefve Wachtmeister. — »Hör! si,» sade Lewenhaupt, »gör som jag, si, jag bär alltid kork i mina sulor, för si, då man är landtmarskalk, bör man hafva klar röst».

En annan oklokhet var till sina följder ledsam, men till verkställigheten löjlig. Lewenhaupt underskref säkerhetsakten i konungens kabinett i början af april månad 1789. Man hade haft en otrolig svårighet att förmå honom därtill. Intet verkade på honom utom hans öfvertygelse, men denna tog ofta miste och alltid beundransvärdt. Nu var den i kamp med konungens fina snille. Lewenhaupt var obeveklig. — »Jag är väl ridderskapets och adelns landtmarskalk, men jag kan ju inte det? Adeln har ju sagt nej.» — »Ah!» invände den konstige monarken, »ni är ju inte allenast ridderskapets och adelns landtmarskalk, utan ni är tillika samtliga riksens ständers landtmarskalk.» — »Hvad ers majestät, är jag riksens ständers landtmarskalk? si, det visste jag inte.»

— »Ja, men nu vet ni det» — »Jaså, är jag riksens ständers landtmarskalk, ja, si då skall jag skrifva inunder.» Han underskref i följd häraf säkerhetsakten och »satte på rikssens ständers vägnar» näst ofvanför sitt namn. Kort därefter bockade han sig och frågade, »ers majestät har intet mer att befalla?» — »För denna korta tid,» svarade statssekreterare Schröderheim (äfven vid denna riksdag sekreterare i sekreta utskottet), »för denna handvändning,» sade han, »tyckes det vara nog.» Grefve Lewenhaupt, hade på ett ögonblick bortskrifvit sin heder ... vid en omväxlande konjunktur säkert sin timliga lycka, törhända sitt hufvud.

Öfversten baron Wachtmeister, härom underrättad, for genast till honom och äskade i vittnens närvaro hans yttrande om sanningen af detta rykte. Den enfaldige gubben tillstod sin underskrift. Följden blef på riddarhuset en den solenellaste och allvarsammaste protest, hvilken nästan var onödig, emedan sakens natur gaf vid handen, att en talmansunderskrift ej verkar vidare än den yttrar ståndets beslut, och adelns vedervilja mot säkerhetsakten låg förvarad i riddarhusets protokoller, hvilkas tryckning var förbjuden, men som ej dess mindre var känd i hela Europa.

Lika onödig var en sexternmässig justifikation mot landtmarskalkens klagomål, sammanfattad i en juridisk stil af vice president Stjerngranat. Den ena lagstiftande delen är den andra ingen redogörelse skyldig. Den borde alldeles hafva uteblifvit. Den sysselsatte riddarhuset ett par plenidagar, men upplästes där sedan aldrig, hvilar nu begrafven i riddarhusets arkiver i ett evigt lugn.

Den luntan bör likväl lefva i adelns erkännsamma åtanke, vid minnet af det nöje den förorsakade ståndet den dagen den bifölls. En präst och adelsman, benämd Castanie, förmodligen i skydd af sitt heliga ämbete och i hopp af ett pastorat (som mindre slog felt) var den ende, som vågade protestera mot denna justifikation. Förbittringen blef allmän. Grannarna började att spotta honom i ansiktet. De öfriga bänkarna gjorde sedan detsamma genom deputationer, så mangrant, att då prästen, som ej dröjde länge, förfogade

sig bort, såg han till slut ut som Azor, och hans svarta
kappa liknade en tigerhud. Salvor af skratt beledsagade
hans bortgång. Adels hämnd var kitslig, var högst oanstän-
dig, men hvad medfart förtjänar ej en sanningspredikant,
som jäfvar den mest uppdagade sanning och det till sitt
eget stånds vanära.

Sådana utbrott teckna snarare passionernas häftighet
än de måla tidehvarfvets seder. Vida mer i sin ordning,
var den hämnd adeln tog på den som människa så ganska
obetydliga, men som landtmarskalk så ofta nämnde grefve
Lewenhaupt. Adeln förbjöd på den sedan så olycklige baron
Bielkes proposition sitt riddarhus' betjäning att bland de
öfriga landtmarskalkarnas porträtter låta uppsätta eller
anskaffa något, som föreställde den nu varande och stödde
detta förbud på den föga smickrande grund, att hans afbild
lika som hans person vore ett ämne, som på intet sätt
kunde fägna riddarskapets och adelns ögon.

Adelns vedervilja mot säkerhetsakten var konungen ej
obekant. Innan han lät ståndet formligen häröfver rådpläga,
trodde han sig böra försöka mildra nämnda afsky, och i
detta ämne, om möjligt vore, känna sig för hos riddarhusets
chefer, general Duwall och öfversten baron Wachtmeister,
hvilka ansågos vara för akten. Den förre, landtmarskalk vid
1786 års riksdag, bevisade blott med det dubbla förtroende han
då tillvann sig af båda partierna, att han kunde lova utan att
känna navigation. Ingen kunde förneka honom besitta in-
sikter och kunskap i flera grenar samt urskilning. Några och
sextio års man, var han erfaren i affärerna, men den jämna
gång, den enformighet hans tankar framtedde, var ej utrustad
med de själens eldningar, som utmärka ett genomträngande
förstånd. Då man några resor hört honom tala, var hans
orationssätt att förlikna med andra människors stil, som
man ej behöfver se mer än en gång för att sedan alltid
känna.

Den senare, baron Wachtmeister, en man af ett oklan-
derligt vett, excellent umgängskarl och rätt god militär,
nedlade på ett ärorikt sätt, strax efter de ofvan omnämnda

riksdagsmännens arrestering den 20 februari, alla sina tjänster och ämbeten, sitt underguvernörskap hos kronprinsen, ett indräktigt regemente, allt blef offer för hans patriotiska nit. Ej nöjd därmed upphäfde han sig till talare. Han förde med mycken redighet sanningens språk. Mindre bemedlad som han var, hade hans uppförande redan blifvit beundradt. Hans nit förtjänade och tillvann honom adelns samfäldt yppersta förtroende.

Dessa båda herrar hade naturen utrustat med välvilja, deras hemlige rådgifvare, vice president Stjerngranat, med det djupaste snille. Han tordes ej visa sig på öppen bana, men han var driffjädern. Han hade varit sekreterare vid den olycklige grefve Brahes process vid 1756 års riksdag och uppgifvit projektet till landets tionde sättning tjugu år därefter. Ett sådant förhållande var litet genstridigt. Förtroendet var också ej allmänt, men nu syntes han och borde efter allt utseende vara häftig patriot. Ett bevekande skäl därtill var, att han hade egendom, och frågan nu angick ingenting mindre.

Konungen begärde ett samtal med Duwall i hopp af någon jämkning. Denne åstundade till auscultanter nämnde Wachtmeister och Stjerngranat. Detta var ett felsteg. Det var ej att känna Gustaf III. Han hade för mycket insupit teatermaximer för att icke alltid vara konung i vittnens närvaro. Skulle hans nästan outrannsakliga själ på något sätt utletas, ville man hafva minsta förhoppning att finna tråden till en så invecklad labyrint, borde det ske mellan fyra ögon, och så aflopp detta sammanträde fruktlöst. Stjerngranat läste upp ett stort patent, konungen svarade däruppå, som från sin tron. De bockade sig, och intet blef afslutadt.

Med grefve Hamilton, hvars gladare lynne alltid anstått honom, var han uppriktigare. Han erbjöd sig, att afstå allt i säkerhetsakten och på nämnda grefves erinran förbinda sig, att till undersåtarnes skydd åter införa det i säkerhets-akten utelämnade ordet välfärd, med förbehåll att tjänsters

af- och tillsättande, krig samt fred skulle bero på hans
godtycke.

Han sade, att hvad först i denna akt blifvit infördt,
och som redan nu var ändradt, nämligen att konungen
kunde · ej allenast styra och regera utan äfven skipa lag
och rätt, som honom nyttigast syntes, var ett misstag. Till
detta barbariska uttryck hade ofrälse stånden likväl gifvit
sitt bifall. Den enskilda vinnings- och hämndlystnad vid
denna period var ej allenast blind, den var ursinnig.

Men nämnda kompositionsplan förkastades af patrio-
terna, och i det tio timmars långa, men ganska vackra
plenum, som hölls den 16 mars, bekom säkerhetsakten
på riddarhuset sin dödsdom, medels det enhälligaste nej,
som någonsin skallat inom dess murar, de enda inom hvilka
friheten ännu tordes gifva genljud, ty de andra stånden
styrdes redan efter denna akt, som ej där blifvit satt vidare
i fråga till någon slags öfverläggning.

Det var i afseende på detta negativa svar, grefve Lewen-
haupt enligt hvad jag redan nämnt, i början vägrade sin
underskrift å säkerhetsakten. Men redigare hufvud än hans
förvillades af den olyckan 1786 års ständer haft att utelämna
ordet grundlag bland de mål, som fordrade alla fyra stån-
dens samdräkt, och de vältaligaste tungor måste i det nu
anförda plenum använda en viss advokatyr för att bevisa,
ej säkerhetsaktens osäkerhet som samband, men dess olag-
lighet som rikslag, en omgång som kunnat undvikas utan
denna försummelse, hvilken nu med bitterhet lades riks-
rådet grefve Axel Fersen till last.

Vid sekreta utskottets uppdagade arbete rörande riks-
skuldens ofantlighet, vid bevillningens grundlösa bråddjup,
förmodade man, att ögonen skulle öppnas på ofrälse stånden.
Ingalunda. Ett bevillningsutskott tillsattes, endast betänkt
uppå att med nit finna medel och utvägar till en årlig beskatt-
ning, som kunde fylla de uppgifna behofven. Prästeståndet
utan betänkande, borgarståndet med en stor pluralitet antogo
ej allenast skuldens garanti, utan slutligen den orimliga
ovillkorliga tiden, som fäste bevillningen till nästa riksdag.

Bönderna, härtill mindre hugade, uppkallades på slottet. Konungen antydde dem där sin vilja med en befallande ton. Några ville invända. Han sade dem »saken är afgjord». De bockade sig underdånigt, och hela Sveriges allmoge bekom genom den reverensen en beskattning, ej allenast odräglig utan tillika i visst afseende evärdelig, tvenne genstridiga ord, som i olycksvägen aldrig borde finna sig förenade, knappt i själfva afgrundens boningar — men därtill förvandlas nästan jorden, när på den under listens spira alla passioner tygellöst få rasa.

Det plenum, som hölls på riddarhuset rörande riksskuldens garanti, var bullersamt, men öfverläggningarna enligt mitt tycke mer drifna af hetta än af förnuft och billighet. Det var till tacksägelsen för gränsernas försvar ... det var till deltagande i kriget man bordt neka, men då detta ej skett, på hvad grund kunna vägra lämna garanti till en skuld, som enligt uppgift endast härrört af samma krigs oundvikliga kostnad? Åter verkade en handbiljett af konungen hans åsyftade ändamål. Monarken tillkännagaf i denna biljett, att riddarskapet och adeln ej nu kunde undandraga sig nämnda garanti, i jämlikhet med de tre andra ståndens gifna bifall utan att sätta riket i yttersta våda.

Många påstå, att han häruti intet högre åstundat af adeln än ett afslag för att få tillfälle och en ej utan allt skäl grundad anledning att utbryta i det yttersta våld, förklara hvar ledamot för fågelfri och hela ståndet sina privilegier förlustigt. Om detta tilltänkta steg bekommo adelns hufvudmän någon slags kunskap. De hade den största möda att sakta de uppretade sinnena. Deras inflytande segrade slutligen. Skulden blef garanterad och adeln frälst.

För sådana försåt, för dylika giller, fordrades den största vaksamhet å adelns sida att vakta sig. Vissa politiska knep kunna all mänsklig vishet hvarken förekomma eller undvika. Det jag (blott för att bevisa denna sats) nu tänker anföra, kom ifrån själfva general Duwall. Vid det i synnerhet i början af inrättningen viktiga valet till de tre ledamöter af adeln, som skulle sitta i det nya riksgäldskontoret,

föreslog han vice president Stjerngranat. Detta tog emot.
Han ändrade då batteri, utbad för sig att få dela förtroendet,
erhöll säte där med det största bifall, lämnade kort efter
riksdagen sin plats, och Stjerngranat kom vid hans bort-
gång att ensam blifva kvar på sätt han och Duwall aftalt.
Hertig Carl bevistade nu konungens konklaver, och röstade
merendels för de hårdaste utvägar. Var det för att hjälpa,
var det för att stjälpa sin bror? Därom kan ingen döma,
som ej kände hans afsikter, men i adelns hjärta inneslötos
de båda i lika mild åtanka. De omnämnda rådplägningarna
kunde ej hållas till den grad hemliga, att icke ständiga
hotelser utspredos än om ny arrestering, än om dalkarl-
frikårens intåg till Stockholm.

Den hade blifvit från riksdagens början kallad och af
baron Armfelt, konungens favorit, denna kårs chef, inkvar-
terad vid Drottningholm, där den under afvaktan af vidare
order emellertid bevakade baron Stjerneld och direktör
Frietzcky, hvilka man i så olyckliga tider varit nödsakad att
ditflytta, för att vid Fredrikshof lämna plats till de från
Finland strax efter riksdagens början ankomna arresterade
chefer, som deltagit i Anjalaförbundet. Öfver dem tillsattes
genast krigsrätt, såväl som öfver öfverste Hastfer, hvars dubbla
uppförande och misstänkta hemliga förstånd med fienden
ådragit honom ett dylikt och mer förtjänt missöde.

Under lika hård medfart vederfors ej de arresterade
riksdagsmännen en lika laglig åtgärd. De voro utan brott,
utan domstol, utan frihet. Alla adelns föreställningar i det
ämnet blefvo ej emottagna, och de tre ofrälse ståndens
dyrkan för en despotism, som i sin vagga visade sig i en
så förfärlig gestalt, kunde af hvar tänkande varelse ej annor-
lunda anses än som en fullkomlig manicheism.

Huru förödmjukande är det ej för mänskligheten, att
lasten (här var det afunden) kan förnedra den ej allenast
under sin egen natur men under själfva djurens? Kreatu-
ren bära oket, men göra de det af egen drift?

Adeln, drifven ur ett frihetsretranchement i ett annat
hade ej mer än ett enda öfrigt. Det var deras utslag

11. — *Sv. memoarer.* IV.

rörande bevillningstiden. Kunde denna utstakas (och det var nu egentligen ståndets ensak) så involverade en dylik bestämd tid en tillkommande riksdag, då törhända mer upplysning och andra tänkesätt kunde visa sig och som en följd en ändring af allt det, som nu var skett.

Den 21 april 1789 ventilerades på riddarhuset själfva beskattningsmetoden. Sedan rådplägningarne i detta ämne blifvit afslutade, och adeln med uppmärksamhet väntade den ovitiska propositionen rörande tiden, då nämnda beskattning skulle fortfara, uppstod vice landtmarskalken Liljehorn och sade, att det smärtade honom vara nödsakad gifva tillkänna, att han vid sitt hufvuds förlust ej vågade göra någon proposition annorlunda än på obestämd tid. En ej så alldeles oförväntad, men ohygglig utlåtelse satte hela riddarhuset i harnesk. Det kunde ej begripa, att den politiska fräckheten vågade vara nog djärf för att förmena en frivillig gifvare makten att utsätta, huru länge gåfvan skall fortfara, emedan ingen bättre än han bör känna, huru länge han mäktar fördraga den förbindelse han ingår.

Lagman Spaldencreutz bevisade med sin vanliga eld och styrka, att om också bevillning på bestämd tid innefattade nödvändigheten af en riksdag efter samma tids förlopp, kunde denna nationens rättighet väl sägas vara i kollision med den, som konstitutionen tillägnade regenten att ensam sammankalla ständer, men gjorde denna sista ej illusorisk, som konungen påstod uti en ny biljett till landtmarskalken. Fåfängt sökte flera af adeln öfvertyga denne, att en till tiden gränslös bevillning upphäfde hvarje samhälles syftemål, till hvilket hvar medlem trodde sig bidraga, i det han aflämnade en del af sin förmåga för att freda det öfriga, men han kunde ej uppoffra allt för att förvara intet. Liljehorns på egennytta grundade envishet var oöfvervinnelig. Och man var ej i stånd att förmå honom under detta eller påföljande plenum den 24 april göra någon annan proposition än på obestämd tid. Adelns svar härpå var likformigt. Man hörde hvarken ja eller nej (till den grad fruktade den all förtydning), utan endast orden: På tu år, på tu år. De uppfyllde rummet, och då vice landtmarskalken i vredesmod afbröt ett så bullersamt plenum, förföljdes han med samma ord af en kitslig ungdom trappan utför ända till sin vagn.

Så mycken hårdnackenhet gjorde hofpartiet nästan försagdt. Konungen insåg äfven såväl som adeln, att all hans politik, alla hans ränkor, alla penningeuppoffringar varit förgäfves, om han ej förmådde häfva detta hinder. Detta oförmodade Gibraltar uppväckte hans förtviflan, men rådlös var denne herre aldrig. Af erfarenhet kände han, att närmaste trappsteget intill listens är våldets. Dit steg han.

Ej nöjd därmed att såväl hertigen af Södermanland som han själf hela riksdagen anfört nattpatruller, nedläto sig båda nu till den grad, att de vid tvenne nätters traktat åt Stockholms största slödder foro själfva ikring på krogarna och utdelade penningar. Detta allt hölls tystare än man kunnat förmoda af själfva sakens natur, men verkan däraf uppdagades den 27 april, svenska frihetens sista dag, då alla fyra stånden, nästan för första gången ifrån riksdagens början, voro hvart och ett på sitt samlingsställe.

De trenne ofrälse stånden antyddes att afvakta slutföljden af konungens uppträde på riddarhuset, hvilket skedde med den tysthet, att han till de flestes högsta förundran intog landtmarskalksstolen, innan man knappt visste, att han var inne, endast åtföljd af kaptenlöjtnanten vid drabanterna, grefve Adam Lewenhaupt.

Monarkens utseende vid detta inträde är omöjligt att förglömma: höflig, något försagd, ögonen tindrande af en lömsk mildhet. Man tyckte sig se en räf komma in i en hönsgård.

De grannaste uttryck, de mest smickrande loford blefvo använda. Konungen sade, i början med en nog stapplande röst: »att han i skydd och under Vasavapnet (detta hängde just öfver landtmarskalksstolen) intog sitt ställe i ett så ärorikt samfund, att han för att förena sig med sitt ridderskap och adel, med detta stånd, från hvilket hans hjärta aldrig kunde vändas, nu helt ensam ankommit till riddarhuset.» Ett stort oljud af mot 10,000 man pöbel, som dels beväpnade, dels obeväpnade på signal kolonnvis uppträdt på riddarhustorget, gaf honom i samma ögonblick den mest förnedrande dementi, gjord löjlig af en vid namn Rosenstein, som med en gäll och späd röst ropade åt dem ur ett af riddarhusfönstren: »Tig edra kanaljer, han talar själf».

Utom detta stöd, hvilket ett fruntimmer sedan med nog fog kallade konungens stora vakt, var borgarkavalleriet färdigt att sitta upp under hertig Karls befäl. Adeln var likväl ej utan allt försvar. Flere personer af egen drift, hertig Fredrik själf med sina anhängare, alla beväpnade, voro äfven på riddarhustorget i tanke att möta våld med våld.

Då första rörelsen var förbi, sökte hans majestät, som nu något hämtat sig, att med mer köld framställa de mest bindande anledningar för att förmå adeln samtycka till en bevillning på obestämd tid. Det förnämsta skäl han anförde var, att han haft bref ifrån Holland, att på blotta ryktet om adelns beslut att härtill vägra sitt bifall hade de därvarande handelshusen blifvit så misstrogna, att intet lån stod att förmoda utan den ovillkorligaste bevillning, hvaruti de andra ständerna redan ingått.

Monarken betänkte icke orimligheten af ett dylikt föregifvande, ty då adelns beslut ej var åtta dagar gammalt, huru kunde tidningen därom kommit till och från Holland? Och hvad svag grund att rubba svensk konstitution, för det att holländska handelshusen ej kände dess beskaffenhet. Lagman Spaldencreutz bevisade detta, och att ständernas omtanke att vid tätare riksmöten ofta utsöka medel till garantiernas uppfyllande snarare borde öka än minska allmänna krediten.

Olyckligtvis var han ej den första som talade. Han blef förekommen af öfversten baron Wachtmeister, hvilken intagen af den fördom, att det bästa värn mot våld ... det som mest aftynade dess verkan, vore att säga, det man vek för makt, nyttjade i sitt tal detta obehöriga uttryck, och tillade, att han omöjligen kunde bifalla konungens proposition utom med förbehåll, att det ej skulle tjäna till prejudikat, och med reservation af hela ståndets rättighet. Det var att reservera sig sina fötter och afsäga sig rättigheten att gå. Den sluge regenten märkte felsteget, och samtyckte därtill genast. »Skrif», sade han åt riddarhussekreteraren, som förde protokollet, »att adeln bifaller proposition om bevillning till nästa riksdag, men utan att det länder till prejudikat och med reservation af all sin rätt.»

Utkastet blef gjordt enligt nämnda föreskrift hvilket utan detta baron Wachtmeisters så högst oförsiktiga, så litet djuptänkta utlåtande, aldrig ägt rum. Han förstörde på en minut genom obetänksamhet allt hvad han i tvenne månader upprätthållit genom välvilja, i saknad nu af sitt råd, sin mentor, adelns osynliga men törhända förnämsta drifjäder, grefvinnan Klinckowström, riksrådet Fersens dotter, det kanske af alla svenska fruntimmer naturen utrustat med det eldigaste snillet samt den starkaste själen, och som fick hvad hon saknade i erfarenhet uppfylldt genom instruktioner af sin far, hvilka inbakade i bröd gingo till och från Fredrikshof.

Inom detta sista, men ganska fasta bröstvärn, under hvars skydd adeln nu skulle förfäkta frihetens sak, borde ej vara fråga om annat än segra eller dö. Flere talare upphofvo sig. Vice landtmarskalkens son sammanblandade i en röra Cyrus, Gustaf III, Alexander Magnus etc. En stor del sade rent af nej. Åtskilliga, som ägde ingenting, erbjödo allt hvad de hade. Många talade och visste ej, hvad de sade. Frihetens själatåg var förbundet med vanliga dödssymptomer, yra och konvulsioner.

Slutligen gjorde konungen proposition, som besvarades med ett blandadt, nästan lika starkt ja och nej. Orsaken till denna oförmodade likhet härrörde däraf, att strax efter konungens ankomst öfver tre hundra obehöriga, men väl beväpnade personer inkommit medelst falska poletter, och att i ordet ja förenade alla de sig, som med baronerna Wachtmeister och Duwall trodde, att ett framtida begagnande af den gjorda reservationen kunde mildra en närvarande olycka.

Två tredjedelar af riddarhuset instämde likväl alldeles icke i denna fåkunniga tanke. Icke desto mindre uppstod monarken efter adelns afgifna svar, där man oaktadt sorlet tydligen kunde märka att nej hade öfvervikten, och sade med en mild röst och förbindlig uppsyn: »Jag har orsak att tacka ridderskapet och adeln för deras yttrade beredvillighet». Tacka för ja, då man fått nej, var ett nytt foster af Gustaf den III:s snille, okändt tills dato af den oblygaste politik.

De nekande bland adeln fällde händerna af förundran, men snart började man höra nej — nej — nej — med en lägre stämma, sedan med den största häftighet nej — ja —votering — ja — nej.

Denna vackra operation repeterades tre gånger, blandad med folkets oljud, ej allenast på torget, utan invid själfva riddarhussalens dörrar. Emellertid började deputationen ropas upp, och de sämsta af konungens parti erbjödo sig med glädje därtill, förvissade för denna dagen om fullt dagtraktamente. Hofmarskalken grefve Mörner, af helt annan frejd och tankesätt (ty bland alla grefvarna fanns ej enda rojalist) blef öfverrumplad. Framkallad af konungen, framträdde han att anföra deputationen till de tre andra stånden med det så kallade adelns beslut, till hvilket pluraliteten sagt nej.

Kammarherren grefve Hamilton, högst otålig patriot, som såg våldets fortgång utan att kunna hindra det, steg då upp, och med anletsdrag, i hvilka förtviflan var målad, protesterade han för sig, för det säte han innehade och för sina efterkommande emot allt som var skedt. Häruti instämde med ej mindre häftighet flere, men i protokollerna vågade sekreteraren, försagd af nyss öfvergången arrestering, ej tydeligen anföra annan protest än den omnämnda grefve Hamiltons, bifogad med baronerna Posses och Kurcks bifall. Konungens enda svar härå var: »Protestera, protestera, min grefve, saken är ändock afgjord». En ung grefve Ribbing, bitter, eldig, rask, frågade på hvad grund votering kunde nekas? »Jag förklarar,» sade konungen, hvars mod vuxit,

›den för rikets fiende, som ej anser saken vara afgjord.›
Denna hotelse verkade föga. Under ja och nej — öppna
dörrarna — igen med dörrarna — omgifven af ett förfär-
ligt buller, aftågade emellertid den nämnda deputationen.

För att tysta detta buller, stilla missnöjet och gifva
de upprörda sinnena tid att sätta sig, omnämnde konungen
ganska slugt, att det nu vore tid att tala om de på Fredriks-
hof insatte adelns ledamöter, om hvilka han förut ej velat
höra talas, ehuru grefve Claes Lewenhaupt därom ordat.
Monarken fick vid ett så kärt ämne genast ljud. Han
namngaf ingen af de arresterade, men talade om de flesta
i sådana uttryck, som gåfvo vid handen, hvem han menade,
och sade, att alla de skulle lössläppas, som ej vanvördat
majestätet genom uppenbar dementi.

Till svar häruppå talades för mycket om nåd. Gene-
ral Duwall i synnerhet sade grannlåter och undfick kom-
plimanger. Några vågade dock slutligen säga, att här vore
mindre fråga om nåd än om rättvisa, och att de arresterade
herrarna borde njuta lagens och deras privilegeriers hägn,
men detta oaktadt var den våldsamma frihetsinkräktaren
nog djärf att gå ur riddarhuset, utan någon åtagen
viss förbindelse å denna sidan annan än sitt godtycke
och genom en tillvällad rättighet af Lettres de cachet
gifva sista dödsslaget åt svenska friheten.

Baron Wachtmeister trodde åtminstone kunna få för-
eviga dess dödskamp och sin egen heder medels riddar-
husprotokollernas tryckande. Solenniter på stället i hela
adelns närvaro gaf monarken härtill sitt bifall. Det vill
säga, att sedan han börjat plenum med att smickra adeln,
under loppet däraf våldfört detta ståndet, slöt han med att
drifva gäck därmed.

Protokollerna blefvo aldrig tryckta. Han återkallade
aldrig sitt löfte, adeln fick aldrig fog att häröfver kunna
klaga. Han blott undvek att justera sitt tal i denna dagens
protokoll, hvilka utan nämnda tal ej kunde med anständighet
befordras till trycket.

I sitt ämne måste man lämna denna herrn den rätt-
visa, att han var lysande, ovanlig, till och med förundrans-
värd och onekligen en af de första i kungliga tyranniets
första klass.

Man påstod, att ett tecken var gifvet af polismästaren
Liljensparre till pöbeln, hvarefter denna skulle rätta sitt för-
hållande. Åkte konungen från riddarhuset, skulle den bete
sig fredligt, red han därifrån borde massakern begynna.
Detta senare är ej troligt. Det är stridande mot tidehvarf-
vets seder, mot konungens lynne, som ej syntes vara blod-
törstigt, och till och med emot hans egna anhängares
säkerhet inom riddarhuset, emedan man ej försport, att
dessa bekommit något särskildt kännemärke för att blifva
fredade. Men snarare är att förmoda, att i ett dylikt fall
menigheten utropat konungen för suverän och åtföljt samt
fört honom i triumf till de andra stånden, hvilka då
stadfäst det beslut, deras medbröder fattat. På blott en
tillsägelse af konungens generaladjutant åt pöbeln att be-
gifva sig bort, skingrades den som lösa skyar vid en
väderfläkt.

Men dagen var anslagen till surpriser. Konungen
hade ej varit en half timme från riddarhuset, där en del
af adeln ännu var samlad, förr än till dess stora förundran
riksdagen afblåstes, hvilken följande dagen den 28 april
slöts på rikssalen med vanliga ceremonier.

Läktarna vid dylika tillfällen voro gemenligen upp-
fyllda med stadens förnämsta fruntimmer. Nu syntes där
ej andra än bindmössor och klippingshandskar. Flera mulna
ögonkast från konungen tillkännagaf hans hemliga miss-
nöje däröfver, men det vackra könet, som ej älskar despo-
tism hos andra, hade varit honom vidrigt hela riksdagen
och därigenom oändligen verkat på de yngre karlarnes tanke-
sätt och ingifvit dem en ståndaktighet, man knappt kunnat
förmoda af folk, hvars lycka till en del berodde af hof-
gunst. Konungen hemförlofvade med ömhet ständerna,
till deras olika kall, och syntes, då han gick ned från tronen,
vara rörd till tårar, utan tvifvel utpressade af glädje öfver

ett riksmöte, som slagit så förträffligt ut enligt hans af-
sikter.

Dessa verkställdes till en del genast. Utom baron Stjern-
eld och öfverste Almfelt, sattes de öfriga arresterade riks-
dagsmännen oförtöfvadt på fri fot. Alla rådsherrarna
afskedades, utom grefvarna Wachtmeister, Bonde och Hes-
senstein, hvilka bibehöllos, emedan säkerhetsakten, som
lämnat antalet af riksens råd i konungens val, ej upphäft
själfva rådet. En så kallad högsta domstol tillsattes, som
endast skulle befatta sig med justitiemål. Dess ledamöter
voro hälften frälse, hälften ofrälse. En riksregering ut-
nämdes. Den bestod af sex personer, som under konun-
gens frånvaro förvaltade de öfriga riksvårdande ärendena,
och i synnerhet ansåg monarken som enväldets väsentliga
segertecken säkerhetsaktens publikation.

I fruktan för adelns motstånd hade han ej vågat låta in-
föra den i riksdagsbeslutet, men nu blef den detta oaktadt
som grundlag uppläst och förkunnad från alla predikstolar
i hela riket, med orden: Å ridderskapets och adelns vägnar,
Charles Emil Lewenhaupt.

Uti originaldokumentet hade, som jag nämnt denne
okunnige landtmarskalk betjänat sig af det ovanliga ut-
trycket: på riksens ständers vägnar, hvilken obehörighet
aftynade underskriftens konstitutionsmässiga verkan. Genom
en liten olaglighet bekom den nu en laglig form. Hur
kan man förmena den, som gjort våld på sina heligaste
förbindelser, på de dyraste eder, på en hel nations rättig-
heter, att utöfva det på ett ark papper?

Öfverste Almfelt fördes till Varbergs slott. Baron
Stjerneld till Carlstens fästning. Deras fortfarande häkte
där, mot privilegier, utan rannsakning, utan dom, efter god-
tycke, på behaglig tid, stridde mot själfva säkerhetsak-
tens bokstaf, men visade endast likheten mellan olaglighet
och ingen lag.

Hvad enskildt agg konungen kunde hafva till den
förstnämnde af dessa herrar, är mig obekant, men hans hat
till baron Stjerneld härledde sig från ett kitsligt svar,

denne för längre tid tillbaka gifvit konungen rörande sin
ätt, den han påstod direkt nedstiga från Erik XIV genom
dess son med Katarina Månsdotter. Från Polen, dit denne
prins flytt, hade hans efterkommande i konung Karl XII:s
tid återkommit till Sverige och blifvit introducerade på
Riddarhuset under namn af Stjerneld. Dessa uppgifter
påstod nämnde släkt sig kunna dokumentera.

Vid tillfälle af en frukost, Stjerneld låtit tillställa på
Ulriksdal i kungliga rummen under hofvets frånvaro, blef
han öfverrumplad af konungen, som häröfver förklarade
sitt missnöje. Stjerneld svarade blott, att en slump, ett
öde, deciderat dem emellan, hvem som hade största rättig-
heten till dessa rummen. Detta i sig själf obehöriga svar
fick Stjerneld nu umgälla.

Sedan alla omnämnda författningar verkställts, begaf
Gustaf III sig till Finland, på ärans fält och krigets bana.

SJUNDE TIDEHVARFVET.

Från år 1789 till år 1792.

Konungens första krigsförsök i början af 1789 under varande riksdag var likväl ej märkt med ärans stämpel. Danska ministärens politiska overksamhet hade frälst honom nyss förut om hösten 1788. Den väntade sig likväl ingen erkänsla, så mycket kände den den svenska monarken, men folkrätten trodde den honom ej om att vilja rubba. Danskarna lefde i tillit däruppå uti den största säkerhet, då en svensk löjtnant vid namn Bentzelstjerna blef uppdraget att i Köpenhamns neutrala hamn, där ryska eskadern under amiral Dessen var vinterliggare, antända den, oaktadt den ögonskenliga fara, som därvid hotade själfva staden att blifva lagd i aska.

Bentzelstjerna anlitade en skeppskapten på en engelsk kutter att vara honom behjälplig i detta berömvärda uppsåt. Engländaren ville draga belöningen i förtid, presenterade å ett handelskontor i stället för prima en sekundaväxel. Dennes utbetalning blef uppskjuten, tills närmare upplysning ankommit. Något missförstånd mellan den engelska sjökaptenen och Bentzelstjerna blef en följd däraf och sammangaddningen upptäcktes. Svenska ministern baron d'Albedyll, hvars hus insulterades af pöbeln, protesterade om sin okunnighet rörande hela denna tillställning, men reste till Sverige. Bentzelstjerna kom på Blå tornet och svenska monarken i alla tidningar, som ett mönster på den minst samvetsgranna af alla samtida regenter.

Oaktadt säkerhetsakten (ej allenast Sveriges utan nästan tidehvarfvets vanära) hade som jag nämnt blifvit publicerad, var det likväl Gustaf III:s vapens framgång, som skulle decidera, huru denna process kom till att afslutas vid till-kommande fredsunderhandlingar. Folkets blod rann nu blott för att stadfästa dess bojor.

Svenska flottan under hertigen af Södermanland, den ryska under amiral Tschitschagoffs befäl höllo båda sjön hela sommaren 1789. De råkades vid höjden af Öland, kano-nerade hvarandra på afstånd utan förlust, och denna kano-nad gafs genast ut i svenska avisorna som en seger. Hertig Karl sade sig haft den i sina händer, om hans signaler blifvit lydda af förre vice landtmarskalken, kontreamiral Liljehorn, som kommenderade arrièregardet. Flera sjömän påstå, att vinden var honom för knapp för att kunna hinna upp kårarmén, som skyndade efter den ryska flottan. Politici däremot gissade, att hemliga order varit orsaken till hans uppförande. Han arresterades. De med honom anställda förhören utredde ej gåtan i så konstiga tider. Han miste sin syssla, behöll sina löner och gjorde på tillsägelse en utländsk resa, åtföljd af rojalisters och patrioters för-bannelser, utgjutna af olika driffjädrar.

Vid samma tid arresterades general Kaulbars i Finland, för en påstådd förhastad reträtt. Under denna saks ut-redande vid en öfver honom satt krigsrätt, yttrade konun-gen, att han skulle tjäna till repressalie mot Liljehorn, och att hvad som vederfors honom äfven skulle drabba Kaulbars, en man full med ära, och som uppväckte hela arméns medömkan. Af denna lilla anekdot kan än när-mare fattas, hvad begrepp monarken gjorde sig om ordet rättvisa. Deras öden blefvo äfven nästan lika. Båda dömdes af med lifvet, benådades, miste tjänsterna, och om ej baron Kaulbars behöll sin lön, erhöll han däremot en pension, utan hvilken krigsrättens dom öfver honom gått i verk-ställighet genom hungern.

Landtkampanjen var ej decisivare. I gazetterna segrade vi ständigt, men i Finland växlade krigslyckan i de obetydliga affaires de poste där föreföllo, då ryssarna aldrig agerade offensive utom för att drifva oss öfver vår gräns tillbaka, hvilket vid Högfors skedde medels en surprise, som så när kostat oss den del af armén, som skulle försvara detta pass. Hela kampanjen bestod af marscher och kontramarscher, hvilka afgjorde intet, men mattade riket.

Enligt utspridda rykten fördes emellertid svenska vapnen i hjärtat af Ryssland. Allt troddes. Bönderna påstodo ofta, att Petersburg var intaget, med variationer af vår förlust därvid, mellan tolf à tjugu man, tio à femton hästar. En gång sattes i tidningarna, att en fått en kontusion af en kanonkula, som gått mellan hufvudet och hattkullen. Det troddes äfven.

Det som doldes var ett nederlag, svenska galer- och skärgårdsflottan led vid slutet af kampanjen. Denna flotta, som kommenderades af amiralen grefve Ehrensvärd, låg säker i Svensksund, men fick order att gå ut och angripa den vida öfverlägsna ryska skärgårdseskadern. De mest förfarna officerare bådo konungen på knä att ej onödigt äfventyra hela svenska skärgårdsflottan. »Äro herrarna rädda?» var hans enda svar. De ådagalade följande dagen, under hans åsyn från ett högt berg, medels 2,000 mans, några och tjugu beväpnade fartygs samt sextio proviantskepps förlust, att de ej voro försagde. Blodbadet ökades dymedels, att Ehrensvärd på konungens skickade muntliga order (så ofta svårligen vidkända) ej ville retirera, förr än han fick dem skriftligen. Då slaget var förbi, kom nämnde grefve till konungen, beklagade den lidna förlusten och föll i ej ringa förundran att blifva tröstad med flera monarkens exclamationer: »Ah, ni kan aldrig tro, min grefve, hvad det var för ett charmant spektakel.»

Det var ej det enda tillfället, där denna konungs känslolösa hjärta röjde sig. En gång befallde han vid landtarmén, att en kanon skulle uppföras mot ett litet ryskt batteri, och ville att i stället för retranchement denna operation skulle betäckas af manskap. Dessa, blottade för ryska elden, undanskötos så fort de visade sig. Till slut beordrades därtill en ung fänrik von Vicken. Denne lät förstå, att hans kurage kunde på nyttigare sätt användas. Närvarande hörde monarken denna utlåtelse. »Är min herre rädd? Vill min herre fara hem och di?» sade han åt den unge officeren, som marscherade fram, fick inom två minuter båda benen afskjutna, bars på en bår förbi konungen, åt hvilken han blott sade: »Var jag rädd, ers majestät?» och dog två timmar därefter.

Försynen besparade upphofvet till så mycket elände. De försåt, som sattes emot honom, blefvo ej röjda men dock häfda af oförmodade tillfälligheter, och lyckan vakade öfver hans dagar. Vid en affär, då konungen oaktadt sin försiktighet satt sig på en sten ihom skotthåll, blef han därför varnad af en officer. Han var knappt uppstigen, förr än en kanonkula slog samma sten.

Dessa faror, dessa bragder voro ej betydliga nog för att icke denne herre själf fann, det han ännu ej förtjänat äreportar. Han bedrog i anledning af denna tanke Stockholms välvilja medels en oförmodad återkomst dit, i början af november månad 1789 helt bittida om morgonen, då hans inkognito, så mycket mer blef iakttaget, som han vid sista ombytet lämnade sin egen vagn och anlände till residenset på bondvagn.

Krigsrustningarna fortforo med ifver under hela vintern mellan 1789 och 1790. De blefvo så mycket tyngre för landet, som en epidemisk sjukdom 1789 års sommar bortryckt mot 13,000 man i Karlskrona, mest sjöfolk, och i anseende därtill, att myntets ringa värde ökade kostnaden. Det kvantum riksgäldssedlar 1789 års ständer hade beviljat till krigets utförande bortjagade ur rörelsen bankomyntet, som utfördes eller gömdes, men förslog på långt när ej till alla utgifter. Nya förestodo till 1790 års kampanj. Konungen hade heligt försäkrat att ej ådraga ständerna oåtspordt riket någon ny skuld. Icke desto mindre förfärdigades utredningskommissions sedlar löpande med ränta

till alla gjorda inköps betalande och för de kuranta ut-
gifterna, finska krigskommissariatets sedlar, kallade Fan-
hjelmar efter den, som undertecknat dem. Båda sedelsorterna
voro så verkeliga valutor utan fond (men med hvilka
påföljande kampanj gjordes), och regeringen fann ej annan
utväg att realisera de sistnämnde än den att tillåta finska all-
mogen därmed betala sina kronoutlagor, som enligt ständernas
anordnande bordt ske i riksgäldssedlar för att minska den
sedelstocken. Riksgäldskontoret led härvid årligen 18 à 20
tunnor gulds förlust och rikets skuld fick en lika betydlig,
riksfördärflig, som oförmodad tillväxt.

Svenska monarken, ej nöjd med ett blodigt krig, tog
ännu till pennan och ett dess höstarbete såg dagsljuset
vid början af året 1790. La Balance du Nord borde
hafva gjort nordens Semiramis till hans oförsonligaste
fiende, om någon annan förolämpning kunde slå rötter
hos krönta hufvuden än den, som rörer deras makt eller
sårar deras intressen. Utom en anmaning till hela Europa
att resa sig mot den förfärliga ryska makten, som efter
utsago hotade till och med Venedig, innehöll denna bok
berättelser om sista ryska tronföljden, som kunde vara
sanna, men hvilka ryska kejsarinnan ej borde vänta sig
från sin like, så till rang som lynne.

Om denna smädeskrift (så emot ryska nationen som
svenska adeln) ty den angrep dem bägge, influerade på
1790 års kampanj — om den uppväckte hos den förra,
hämndlystnad, hos den senare förtviflan, skall jag lämna
osagdt, men det var onekligen den blodigaste under hela
kriget. Den kostade så mycket mer folk, som den i
militäriska historien kan märkas som en, den där å ömse
sidor innefattade de största sottiser och felsteg enligt
alla kännares enhälliga utsago. Konungens egenkärlek,
åstadkom de fel, som skedde till lands, hans okunnighet,
de flottan begick. Förförda af falska spioner voro ryssarna
ej vaksamma nog vid vinterns slut åt Fredrikshamnssidan.
Hans majestät själf surprenerade en del af deras skärgårds-
flotta, brände upp några fartyg, men retirerade genast.

Denna bragd var för obetydlig för att uppfylla sitt ändamål. Vid början af kriget hade han instiftat en ny mellangrad i Svärdsorden: riddare af stora korset, som med ett band bars ikring halsen och utom dess en öfvergrad, hvars tecken var en värja broderad på rocken, hvilket ej utdelades utom för utmärkt mannamod eller erhållen betydlig seger.

Ett par generaler hade erhållit dctta hederstecken, äfven hertigen af Södermanland för Hoglandsaffären, men konungen själf var ej därmed prydd. Han hade förr låtit hela svenska nationen springa öfver klingan än att ej härmed utsiras, men ordensstatutens bokstaf var, att man skulle segra, och — den saken var tvetydig — mot lika stor eller öfverlägsen styrka, sådan som den ryssarna hade vid Högfors och närmast svenska hufvudarmén.

Egoismen deciderade sålunda om denna kampanjs krigsoperation. I början af våren, vid islossningen i det uslaste väglag, det olidligaste väder, i saknad på allt fourage och alla lefnadsförnödenheter, drog konungen sig upp med sin kår öfver trettio mil. Finska bondens hästar kreverade, svenska soldaten var på väg att undergå ett lika öde, allt för att surprenera en mindre talrik rysk kår vid Walkiala. Den blef slagen af vår öfverlägsna styrka, förlorade 400 man och några kanoner. Svenska generalen grefve Gustaf Wachtmeister blef vid detta tillfälle skjuten genom armen, men med ordensstatuterna under den friska armen, åtföljd af hela därvarande officerskår tvang han följande dagen medels sina och deras böner den, modesta monarken att emottaga en dekoration (den broderade värjan), utan hvilken, som jag sagt, svenska nationen förr sett sitt slut, än den sett krigets.

Då denna grannlåtsexpedition var förbi, såg konungen till lands intet ämne till nya lagrar. Det var på ett annat element han skulle söka dem. Där hade de han ämnade skörda ej blifvit till fullo uppdagade. I anledning häraf ilade han till svenska skärgårdsflottan och antog själf däröfver befälet.

Aldrig hade svenska örlogsflottan utlupit så lysande,

och så talrik. Det var en halmeld, som skulle kasta sitt största sken vid sitt slut. Tjuguen rangskepp, åtta à tio fregatter, utom mindre fartyg löpte ut ur Karlskronas hamn och satte uti maj månad 1790 genast kosan på Reval. Af en obegriplig kitslighet och liksom för att uppväcka fiendens uppmärksamhet, hade kort förut ett par svenska fartyg insulterat Lifländska kusten och där uppbränt ett sädesmagasin. Af en lika oförlåtlig senfärdighet löpte ej svenska flottan in uti Revalsviken, förr än den legat ett dygn utanför. Ryska flottan, femton krigsskepp stark, lade sig i ordning förtöjda på sina ankare, vårdkasar antändes, vallarna besattes med kanoner, och under den häftigaste eld löpte svenska flottan skepp för skepp Revalska bukten ut och in liksom i gatlopp. Ett skepp, Prins Karl nämndt, blef så sönderskjutet vid rodret, att det drefs på ryska flottan och togs. Ett annat, Riksens Ständer, blef till den grad illa medfaret, att det efter affären af svenskarna själfva uppbrändes.

Hertig Karl kommenderade, men var ej med i affären, utan låg ur skotthåll på jakten Ulla Fersen. Flottan löpte sedan mot Kronstadt, råkade och kanonerade den ryska eskadern på tolf à fjorton skepp, som därifrån utlupit. I detsamma signalerades Revalska flottan, hvilken genast lyft ankar, då den svenska bortseglat, och för att ej komma mellan tvenne eldar tog hertig Karl på konungens skriftliga order sin tillflykt in uti Viborgska viken, där hans majestät låg med skärgårdsflottan. Följande dagen lade de konjungerade ryska eskaderna sig utanför och inspärrade hela svenska sjömakten.

Scenen, som tilldragit sig vid Sveaborg 1788, förnyades åter nu men i olika omständigheter. På fientlig redd var så mycket mindre hjälp att förmoda som ryska landtstyrkan låg vid Högfors och hindrade all möjlig kommunikation.

Hade ryska kejsarinnan varit tjänad af nitiskt eller upplyst folk, hade svenska örlogs- och skärgårdsflottorna med konung, hertig Karl och allt därpå befintligt manskap varit borta,

Två à tre gamla skeppsskrof, förda ifrån Cronstadt, nedsänkta i det enda smala utlopp, som man bekvämligen kunde nyttja, hade därtill väsentligare bidragit än den västanvind, som nära en månad så betog allt hopp om räddning, att monarken var på väg taga det beslut att sätta armén i land, söka slå sig genom Högfors pass inåt Finland och bränna upp hela svenska flottan.

Den var till provianten redan satt på förknappning, då i början af juli ett östanväder med storm uppstod och gaf svenska flottan, som hissade segel, något hopp, hvilket likväl hade blifvit den betaget, därest den ryska gjort sin skyldighet. Den började ej göra sig klar och förfölja, förr än alla svenska fartygen voro utlupna, hvilken lamhet gaf sannolik anledning till det rykte, som sedan spriddes, att ryska amiralen Tschitschagoffs var bestucken och lofvat, att ej dess flotta skulle uppfylla sitt åliggande, förr än den svenska var till fullo undsluppen ur Viborgska viken. Då eftersattes och jagades den af ryssarna med det eftertryck, att fyra svenska örlogsskepp strandade på grund, tvenne borttogos, två fregatter sprungo i luften, antända genom oförsiktighet af en svensk brännare, och femtio skärgårdsfartyg bortkaprades. Det felades föga, att ej konungen undergått samma öde. Han frälste sig genom skottgluggarna från aktern af den lilla jakten Amphion på sin slup till ett annat fartyg. En kapten vid namn Sillén, som var honom härvid behjälplig, miste i detsamma sitt ena öga och ena armen, hvars benpipa slog ut. Krigets fasa omsväfvade på det närmaste krigets upphof. Men nu som vanligt, blefvo undersåtarna offret på denna olyckliga dag, hvilken inom några timmar gjorde om intet flera års möda och kostnad. Det var ej sex skepp af hela örlogsflottan, inlöpta till Sveaborg, som voro i stånd att hålla sjön.

Svenska skärgårdsflottan med dess omnämnda förlust tog posto inom Svensksund, där kort därpå krigslyckan på ett märkeligt sätt ådagaladе sin ombytlighet. Prinsen af Nassau med den vida öfverlägsna ryska skärgårdsflottan

omgaf den svenska, och för att den 9 juli på ett betydande
sätt fira ryska kejsarinnans upphöjelse på tronen som själf-
härskarinna, attakerade han svenska fartygen i det fördelaktiga
läge, de hade inom flera klippor och skär, med allt det
öfvermod en vunnen framgång och en förmodad otvifvel-
aktig seger gifva. Vinden, som låg på, friskade upp, vände
sig till storm, indref de ryska fartygen som i en dubbel
fara mellan klippor och svenska elden, bortsatte på de
förra mellan femtio och sextio större och mindre fartyg,
åtta à nio galerer. Ryssarne kommo ej ur denna trängsel under
6 à 8,000 mans förlust, som större delen blefvo fångar.
Konungen var från en klippa åsyna vittne af denna batalj
och stäckte genom en så betydlig och högst oförmodad
framgång ej allenast den utländska fiendens tilltagsenhet,
utan tvang äfven den inhemska att tystna och hålla inne
med det knorr, som öfver hela riket hördes öfver Viborg-
ska affären, utom af allmogen som alltid oupplyst påstod
att herrarna, och inga andra än herrarna, inledt konungen
att inlöpa i den fälla, ur hvilken han med så stor förlust
undsluppit.

Utblottad på folk och penningar, törhända öfvertygad
att elementerna, som han tills dato hade att tacka för sin krigs-
ära, ej alltid skulle vara honom lika gynnande, började
konungen önska fred. Preussen, England hade gifvit löften
och låtit därvid bero. Af purt ädelmod gå sällan dylika
förbindelser i verkställighet. Somliga påstå, att ryska
kejsarinnan öppet skickat konungen deras pretentioner för
tilltänkt biträde: Pommern åt Preussen, Gottland åt Eng-
land, ryska Finland åt Sverige. Kriget hade i det fallet
ej blifvit företaget utom till mediatörernas förmån. De
båda krigförande nordiska makterna insågo detta, och i
slutet af augusti månad slöts fredspreliminärerna i Värele
mellan Ryssland och Sverige utan någon främmande makts
garanti. Hvar och en fick utan ersättning kännas vid sin
förlust, som för oss var tjugutre millioner riksdalers kostnad
och 70,000 manbart folks hädanfärd. Vinsten blef säkerhets-
akten. Freden kallades i alla svenska tidningar ärofull.

Landet återskallade af de välsignelsers genljud, som utgötos öfver landets fader, och i några månader var en del af svenska allmogen öfvertygad, att om ej ryska kejsarinnan genast afträdde Petersburg, var det af den orsak, att man med billighet ej kunde beröfva henne mer än andra den rättigheten att vid fastigheters afträdande hafva laga fardag.

I denna kloka nation gafs äfven tänkande — gafs förnuftigt folk. De ryste vid den befallning, som åtföljde fredstidningen, att regeringen i Stockholm skulle utan uppskof besegla den med öfverstarna Hästeskos, von Otters, öfverstelöjtnant Enehjelms samt majorerna von Kothens och Klingspors afrättande. Den sistnämnde ställde sig, som om han förlorat vettet och flyttades från Fredrikshof, där han med de öfriga suttit öfver ett och ett halft år innesluten, till Danviks dårhus. De andra blefvo utförda på Ladugårds-lands torg. Tre fingo nåd på afrättsplatsen. Hästesko miste hufvudet såsom den ende som i sina revolutionsplaner visat, att han hade ett. Det ohyggligaste vid denna exekution var blandningen af blod och nöjen, dans och hufvuden. Baron Stjerneld hade på sin fästmös fröken Gyldenstolpes förböner något före den tiden sluppit ur Karlstens fästning, och som brudgummens far hedrade konungen deras bröllop natten, innan Hästesko aflifvades. Obeveklig mot alla böner, anmodningar och knäfall, sökte han muntra en festivitet under åtankan af bilor och bödelssvärd. Hästesko dog kallsinnigt. Brottslig enligt krigslagarna, förfäktare af fundamentallagen, lämnade han sitt ryktes omdöme åt en oväldig eftervärld, då den blifver nog upplyst att skilja helgedomen från kronor, att ej tillbedja den afgud, folket själf upprest och att uti en monarks mened finna lika ämne till lagens åtgärd och skärpa som vid andra ämbetsmäns trolöshet.

De öfriga så kallade medbrottsliga officerarne i Finland, cirka etthundratjugu till antalet, som underskrifvit det så kallade Anjalaförbundet, fingo nåd, sedan de om vintrarna varit blottställda för krigsfiskaler, om somrarna för fienden, mot hvilken de slogos förtvifladt och lössläpptes slutligen,

efter det att monarken i rikt mått betalat dem plåga för
plåga, bekymmer för bekymmer. Öfverstarna Montgommery
och Lejonstedt, ej brottsligare än de öfriga, miste tjänsten
och ordenstecknet och skickades till ön S:t Barthélemy i
Amerika. Den förstnämnde egentligen för ett tillstyrkande
åt hertig Karl i enrum att begagna sig af arméns missnöje,
och hvilket förtroende denne prins på ett sätt, som ej tål
namngifvas, yppat för konungen vid deras förlikning under
1789 års riksdag. I alla despotiska regeringssätt skyles
merendels våldet under lagarnas täckmantel. Skillnaden
mellan dem och rättsligt fria stater är den, att vid verkställig-
heten godtycke och nycker hos de förra intaga det ställe
endast lagens bokstaf utstakar hos de senare. En slug
despots grymhet består ej i direkt utgifna blodsdomar utan
i vissa undantag vid benådningen.

Monarken hade vid ankomsten till Stockholm blifvit
mottagen med yttre fröjdebetygelser. Ett residens borger-
skap är likväl ej allmoge till en viss grad. Det insåg till
en del, att kriget endast varit en kedja af förluster och att
freden var fredens enda vinst. Detta yttrade en bagare
löjligt vid den däröfver anställda illuminationen. Öfver ett
par dankar läste man:

> Som freden är,
> så lyser här.

Han ursäktade sig hos polisen, dit han blef stämd,
därmed att han förmodligen ej varit nog mäktig svenska
språket, men att hans afsikt varit att yttra, att som det är
fred så lyste här. Hela Stockholm log och poeten slapp
onäpst.

Samma spoliation vid krigsmedlen, samma oordning,
samma oömma medfart med folket, som regerat under hela
kriget och som gjort oss större afbräck än fienden, rege-
rade vid manskapets hemtransporterande. Årstiden var sen.
Detta oaktadt blefvo flera trupper med utslitna kläder hem-
skickade på öppna fartyg. Mycket folk tillsatte härvid lifvet.
Hela arméns första och till en del andra uppsättning åter-
såg ej sin fosterbygd.

Folket och några präster ropade ändock öfverljudt öfver Herrans smorde: välsignad vare han som kommer i Herrans namn, hosianna i höjden. Men poeterna tego och lofkvädena afstannade, mindre af brist på god vilja än på ämnen, ty förut under krigets bragder yrade de till den grad, att en vid namn Leopold i anställd jämförelse mellan Gud och konungen lämnade Gustaf III företrädesrätt. Entusiasmen slumrade nu. Afunden mot adeln vakade likväl, och despotismen lutade mot denna säkra sköld sitt hufvud.

Ett djärft — ett tilltagset steg i finansvägen vid 1791 års början, som åstadkommit uppror bland upplystare och sig själf beskattande nationer, omordades knappt här. Utredningskommissionen hade utgifvit sedlar för öfver tre millioner riksdaler. Krigskommissariatet i Finland för mer än en million trehundra tusen riksdaler. Då dessa sistnämnda emottogos i kronans uppbörd, är lätt att inse hvad betydande deficit dymedelst skulle förorsakas i riksgäldskontorets räkenskaper. Det nödgades anhålla om räntans indragande af riksgäldssedlarna. Fullmäktige i detta kontor hade ingen rätt att därtill styrka. Monarken ingen rätt att därtill samtycka. Förordningen att indraga nämnda ränta (nyttig om den af ständerna blifvit vidtagen) utfärdades detta oaktadt och ej hundradedelen af nationen kände, att en deras ömmaste rättighet våldfördes. Räntan är en gren af kapitalet. Stadgandet öfver båda delarna var en ständernas ensak.

Dessa finansoperationer, några fåfänga försök att upplifva den angenäma societet, konungen hade före 1789 års riksdag (personerna voro desamma men förtroendet var försvunnet), sysselsatte monarken vintern mellan 1790 och 1791. Den despotiska avanie, han gjorde grefvinnan Lantingshausen, då han genom polismästaren Liljensparre lät förbjuda henne ej allenast sitt hof utan äfven att visa sig på något ställe, där han eller någon af kungliga familjen kunde förmodas vara, bidrog ej till hans ändamål. I Stockholmska societeten inträngde snart den förbehållna tystnad, den politiska ledsnad, som röja ett regeringssätts beskaffenhet på lika

sätt, som lukten förkunnar de ämnen, som för den äro mer
eller mindre behagliga. Adeln kunde aldrig förlika sig
hvarken med säkerhetsaktens upphofsman eller ännu
mindre med själfva akten. Öfverste Gyllengranat gaf på
ett löjligt vis detta sista tillkänna, då på tillfrågan af mo-
narken om vid ett supkalas (där alla varit muntra och som
Gyllengranat bevistat) gästerna äfven druckit säkerhetsaktens
skål. »Nej, ers majestät,» svarade denne, »så fulla voro vi
inte.»

Konungen glömde dock bort dessa små inhemska led-
samheter vid åtanken af den lysande roll, han förmodade
få spela på en större utländsk teater. Franska nationen hade
i demokratiska vägen skenat som vi i den despotiska.
Konungavärdigheten där inskränktes till den grad, att själfva
titeln var nästan ett öfverflöd. Ledsen härvid hade Ludvig
XVI fattat den föresatsen att fly ut ur landet till adeln,
som blifvit upphäfven, och af hvilken de missnöjda samlat
sig i Tyskland, längs åt franska gränsen.

Hvad ingrepp mot en makt, den Gustaf III i sitt land
sökte förguda. Han lät enväldigt förbjuda att i någon svensk
tidning införa berättelsen om en så smittande sidovördnad.
Så snart årstiden tillät honom, förfogade han sig till
Aachen, depenserade där flera tunnor guld af ett redbart
mynt, som hans fattiga fosterbygd så litet kunde umbära,
men fick en värja af drottningen i Frankrike med devis:
Till de förtrycktas försvar. Han förplägade tre gånger i
veckan hundra personer af emigrerad fransk adel, som upp-
blandade den deras nation medfödda höfligheten med ett
smicker, som ej syntes spår af i de franska nationella tid-
ningarna, där Sveriges krigshjälte kallades för en krönt
Don Quixotte och Roi Aventurier.

Franska monarken försökte att fly men blef ertappad med
sin gemål och satt i häkte, visligen åter af nationalförsam-
lingen insatt i de rättigheter, hvaraf han lagligen gjort sig
förlustig, sedan han genom sitt bifall erkänt den nya franska
regeringsformen, hvilken han nu för andra gången sank-
tionerade. Denna händelse gjorde om intet Gustaf III:s

projekter att visa sig som den franska konungamaktens återställare. Han vände i augusti om till sitt folk, hvilket han med så liten möda nedlagt i stoftet under sken af själfständighet och bedyran af en fortfarande frihet.

De mindre menlösa af svenska nationen, som ej voro hofvet tillgifna och bekommit namn af patrioter, började å en annan sida blifva allt mer och mer af den ofvannämnda franska avis-skrifvarens tanke. Silfret försvann, dyrheten tilltog, någon utväg mot detta tillväxande onda skulle vidtagas. Många trodde, att beskattningen skulle ökas blott genom en förordning i detta ämne. Rådet var äfven i sina tre sista ledamöter upphäfdt, all motvikt saknades och förblindelsen var aftynad men ej häfven. Förmodligen fruktan, att en dylik följd kunde befaras vid ett så olagligt påbud, hoppet om de tre ofrälse ståndens beredvillighet att tillbjuda honom det lilla, han ännu saknade i en oinskränkt makt, föranläto monarken att i slutet af december 1791 utfärda till den 23 januari 1792 en riksdagskallelse till Gäfle.

I själfva kallelsen stod till min stad Gäfle. Allt tillhörde konungen. Han förständigade det en gång åt en sjöofficer, som i talet kom att nämna rikets flotta. »Jag skall låta er veta, min herre,» sade han till honom, »att det är min flotta.» Åtminstone var den ej ett arf från Eutin.

Hans föremål vid det tilltänkta riksmötet var bankens förvaltande, dess nygjorda skulds åtagande af ständerna, säkerhetsaktens enhälliga besvärjande eller vid adelns förmodade motstånd dess uteslutande från riksståndens antal, och slutligen beskattningsrättens anbud under löften att låta dess tyngd drabba denna hårdnackade delen af nationen. Han och hans favoriter Armfelt, Nordin, Håkansson och Ahlman grundade i synnerhet deras hopp i sistnämnda delen på ett fortfarande af den kitslighet och otålighet, adeln med så mycket skäl visade vid 1789 års riksdag.

De projekter, jag här anför, äro till en del uppgifna gissningsvis och slutsatserna hänledas af alla de anstalter, som vidtogos för att vid denna riksdag ej få motstånd. Kurirer hade afgått som tätast att ernå valen efter hofvets åstundan. Riksdagsstället var genom sitt läge utan synnerlig kommunikation med den södra delen af riket. Alla tjänstgörande officerare, som voro capita, fingo order att blifva inom sina regementen. Trupper lågo vid alla passen omkring Gäfle och tjugu tunnor guld åtgingo till en ny rikssals uppsättande och riksdagsmannaförplägningar.

Af så mycket anstalter alstrades föga annat än 1790 års kampanjs kostnads ersättande genom riksskuldens förökande, en sak som svårligen kunde vägras. Hofvets planer misslyckades, och någon detaljering af adelns kloka uppförande, som verkligen kullkastade hela despotismens hufvudafsikt, kan vara intressant för en filosof om ej just för allmänheten.

Det var under rykten af allt möjligt tilltänkt våld, som fyra hundra adelsmän samlade sig i Gäfle och som riksdagen utblåstes där den 23 januari 1792.

Presidenten baron Ruuth utnämndes till landtmarskalk, besvor säkerhetsakten och vann sitt stånds yppersta förtroende. Denna kontradiktion kan ej uttydas utom af hans ställning och uppförande. Med mindre god karaktär felades honom ej urskiljning. Det var mot hans vilja, han blef utnämnd till denna värdighet, men som finansminister hade han ej fått sin decharge. Han ville ej vägra för att ej få den vägrad. Han måste lyda. Han insåg tydligen, att han skulle bli ett offer för Armfelts politik på detta slippriga äroställe, om han ej handterade det med all försiktighet. Han kastade sig strax i armarna på de mest betydande af adeln, betygade dem, att deras obestånd medförde hans fall, lofvade dem all uppriktighet och begärde ett dylikt förtroende tillbaka.

Detta lyckades honom. Öfvertygad att säkerhetsaktens uppläsande som grundlag, hvilket hela riddarhuset aldrig tillåtit, hade blifvit första krigsförklaringen, undvek han denna med de öfriga grundlagarna iakttagna praxis vid alla de första ståndens sessioner. En slags komposition gjordes, att den på ingendera sidan skulle nämnas. Men samma

akt upplästes ej heller i prästståndet, hvarest man vid 1789
års riksdag den 21 februari gjort ett förbehåll i form af
protest, att allt hvad som afgjordes på själfva rikssalen ej
skulle anses för gilladt, innan det i ståndet kommit under
lagligt öfvervägande och omröstning. Det var sålunda ej
egentligen baron Ruuth, det var själfva sakens tvetydiga
ställning, som adeln hade att tacka för detta fredslugn.

Tio à tolf dagar bortgingo i komplimanger och till valen
i synnerhet af sekreta utskottsledamöter, ett förtroende de
flesta vedersakade i anseende till det rykte, som utspriddes
att sedan detta utskott en gång utnämnts, monarken skulle
taga det med sig till Stockholm och hemförlofva stånden.

Denna farhåga verkade på valen, vid hvilka man sna-
rare gjorde afseende på djärfhet än på kunskaper. Utskottets
finansbetänkande bevittnar det mer än dessa rader. Under
dess arbete var riksdagen i full inaktivitet hos plena.
Man fördref tiden i små kotterier så roligt man kunde, under
journaliera nöjen, utan fruntimmer. Sällan talades annan
politik än om de förefallande riksdagsärendena. Uppkastade
någon i förtroligare sällskap viktigare frågor i detta ämne,
afbröts . vanligen talet af någon, som sade: »Till vår rädd-
ning gifves ej mer än ett medel, det känna vi alla, allt tal
tjänar till intet», och man bytte genast om talämnen. Det
bekanta ordspråket, som säger, att folkets röst är Guds röst,
vågar jag ej vid detta tillfälle anföra, sedan den svenska
allmänhetens en tid bortåt förefallit åtminstone mig som
ett doft eko från afgrunden. Men onekligt är, att i synner-
het en allmän hotelse bör anses som ett stigande moln,
som bebådar åskslag.

Konungen, som trodde sig öfver de blixtrar, själfva him-
melen kan ljunga, förde presidium i sekreta utskottet, bodde
i landshöfdingsresidenset, gaf leveer, publik cour vid sin mid-
dagstaffel klockan fem om eftermiddagen, men såg om
aftnarna blott sitt hoffolk. Han visade sig efter vanligheten
mycket mild. Bland flera prof kan anföras ett, som i syn-
nerhet låg adeln om hjärtat. På kammarherre grefve Ha-
miltons blotta föreställning i enrum att öfverste Almfelts

häkte på Karlstens fästning var ett Lettre de cachet, som adelns heder med all foglighet förbjöd dem att icke beifra, fick bemälde grefve genast löfte om Almfelts lösgifvande vid riksdagens slut med villkor, att under det den pågick ingen deputation från riddarhuset i nämnda ämne skulle afgå. Detta iakttogs, och konungen å sin sida verkställde sitt löfte.

Midt under riksdagen skedde för ståndens deputerade kronprinsens examen. Under religionsförhöret, vid hvilket den unge herrens svar voro uppbyggliga och högst ortodoxa, vände konungen sig till en ung grefve De la Gardie och sade: »Så mycket kan jag ej ljuga på ett helt år.» Jag öfverlämnar domen öfver denna utlåtelse åt det honom så mycket tillgifna heliga ståndet. Den bör blifva lindrig, åtminstone af de tvenne biskopar, som närvarande vid denna riksdag vid den förra förbättrat sina villkor i tiden medels pensioner af de medel, ecklesiastikverket anslagit till de oomvända lapparnas undervisning i kristendom.

Ett kristligt medlidande hindrar mig att namngifva dessa kristliga fäder. Det voro äfven utan ändamål, öfvertygad som jag är, att skampålen ej kan kväfva penninglystnaden hos ett stånd, som ikläder sig den med dräkten. Men denna episod (om något kan få det namnet i så strödda anmärkningar som dessa) är lång nog. Jag vänder om till riksdagsärendena.

En enighet, en kallsinnig höflighet, en foglighet regerade å adelns sida, som var så mycket mer förundransvärd, som oaktadt åtskilliga mindre särskilda klubbar ensamma åtogo sig ståndets sak, en egentlig partichef alldeles saknades. Det var en galer, som genom enskilda årtag gick fram till sitt ändamål. Detta uppförande derouterade monarken, oaktadt den afgjorda pluralitet han ägde i de tre ofrälse stånden. Denna pluralitet ådagalades nämligen tydligt då bevillningen, och agiofrågan (de tvenne hufvuddelar som utgjorde sekreta utskottets betänkande) kommo till ofrälse stånden särskildt på hvar sin dag, klockan 10 på morgonen, och blefvo där så hastigt bifallna, att klockan 11 samma dagar och samma morgnar deputationer redan voro i antågande att åt adeln tillkännagifva detta snabba beslut, hvilket stånd åtminstone begärde en anständig betänketid.

Bevillningsfrågan ökade riksskulden med åtta och en half million riksdaler. Detta gaf tillkänna frikostighet, men själfva Colbert i sin tid och Necker i vår hade begärt som adeln minst några dagars rådrum hvad agiofrågan angick, en den omognaste finansprodukt, som ej kunde ursäktas, om ej någon hemlig politik därunder legat förborgad.

Till att utreda detta fordras någon vidlyftigare uttydning. Sekreta utskottet hade fördelat sig på tvenne mindre utskott. Det första skulle öfverse riksgäldskontorets förhållande och gaf detta full decharge. Dess afsteg hade, om de blifvit beifrade, fordrat ohöfliga utlåtelser mot tronen: Dessa äro sällan och voro minst nu passande.

Riksgäldskontorets olagliga tillstyrkan att utan ständernas kallelse indraga riksgäldssedlarnas intressen klandrades... nämndes ej en gång. För hvem klaga? En påminnelse i detta ämne hade kunnat hos de tre ofrälse stånden gifva anledning att anförtro konungen hela riksgäldskontorets förvaltning.

Det andra utskottet skulle söka reglera finansen och sätta en slags jämlikhet mellan rikets fyra myntsedelsorter, bland hvilka banko gingo 15 procent högre än riksgäldssedlar. Dessa åter hade 30 procents öfvervikt mot de aktier, som buro namn af utredningskommissionssedlar och nästan 50 procent mot en fjärde sort gångbar i Finland, krigskommissariatets poletter kallade.

Det, som förorsakat agiot mellan bankomynt och riksgäldssedlar, var dessa senares myckenhet. Detta hämmades dymedels, att fem millioner utredningskommissionssedlar till 10 procent årligen samt på en gång 1,300,000 riksdaler af krigskommissariatets poletter lades till riksgäldssedelstocken och för att hindra debitorernas ruin vid en så föga finansmässig operation våldfördes äganderätten. Kreditorerna skulle, då de uppsade sina bankkapitaler, få dem betalade i riksgäldssedlar med 6 procents förhöjning.

En simplare och vida bättre utväg uppgafs af en ledamot i sekreta utskottet, men vidtogs ej. Sedan han bevisat omogenheten af ett förslag, som nästan dubbelt ökade en sedelstock, hvars nummertal redan förorsakat penningoredan, sedan han ogillat, att den makt, som borde skydda äganderätten, kränkte den, tillade han: »Sätt bevillningen i sådana osvikliga poster, att den i alla tider uppnår sin bestämda höjd 82 tunnor guld; betala därmed 12 till stadskontorer, 48 till rikets kreditorer, 3 till verkets underhåll, så äro 19 tunnor guld öfver, som delade i annuiteter årligen kunna gifva 4 procent i intressen åt alla aktieägare af utredningskommissionens och krigskommissariatets sedlar samt därjämte afbetala minst 2 procent på kapitalet. »Då ökas,» fortfor han, »ej riksgäldssedelstocken och för att än vidare hämma dess redan yppade olägenheter, så kan för ett rike 10 à 12 tunnor guld i förhöjd årlig bevillning till dessa sedlars förminskande ej vara ett ondt, som svarar mot all den oreda och osäkerhet, som af det föreslagna projektet är att befara. Inom femtio år försvinna, om det nu här uppgifna förslaget antages, alla andra sedlar än de banken utgifver, och agiot måste nödvändigt förhålla sig i den proportion, som blifver mellan bancosedelstocken och den sedelmassa, man söker utrota. Dessa äldre och nyare bevillningsfonder, tillade han, kunna sedan samfäldt göra riket fritt från dess utländska skuld.»

Allt detta ingick ej i regeringens afsikt. Allmogen skulle insöfvas, och äganderätten förr stäckas hos de redan upplysta, än att någon förhöjd beskattning skulle öppna ögonen på det förblindade svenska folket. Utomdess och ehuru gissningsvis antaget, är det ofelbart det monarken smickrade sig, att den uppståndna oredan af utskottets betänkande skulle tillskapa ett sådant trassel — ett sådant missförstånd bland undersåtarna, att de vid ett tillkommande riksmöte skulle uppdraga hela finansvården och följaktligen beskattningsrätten åt regenten, hvilken då på de förmögnares bekostnad kunde despotiskt utreda härfvan, och af allmänheten anses som en ny sol, välgörande till sitt ljus och välgörande till sina verkningar.

Den ledamot, som ingifvit ofvannämnda memorial, insjuknade. Man gjorde intet afseende på hans betänkande (hvilket de antirojalistiska funno klokt af en finanskarl, men under nuvarande monark oklokt af en patriot) utan utskottets projekt, sådant som jag anfört det, blef antaget och meddeladt åt ständerna.

Själfva riddarhuset, bestående af kreditorer och debitorer af mer och mindre upplysta, höll på att i detta ämne komma i yttersta tvedräkt. Despoten log.

Efter ett par dagars hvila på bordet, skulle nämnda agiosak afgöras på riddarhuset den 23 februari. Öfver sjuttio memorialer voro skrifna med och mot, med all den bitterhet egna intresset kan verka, och det som var löjligast med lika fog å ömse sidor, ty då man misstog sig på rätta klaven, sådan ungefär som det i sekreta utskottet inlämnade memorialet uppgifvit, så hade båda parterna rätt.

Intet orättmätigare i kreditorernas ögon än att hafva utlämnat silfver och betalas med papper, förhöjdt till 6 procent; intet orimligare enligt debitorernas synpunkt än att vara bundna genom förskrifningar i banko till en myntsort, som statens hvälfningar utan deras förvållande nästan fört ur all rörelse, och som om fyra år ej torde finnas i landet.

Det skulle blifva för vidlyftigt och ämnet är ej nog viktigt att vid denna saks utförande uppehålla mig med att bevisa, hvad djurisk drift och tankekraft ligger i all samlad menighet och gör den blott skickad att styras, men ej att styra. Nog af, två hundra personer inom adeln, bekände, att agiot, hvilket de tillstyrkte, var ett slags våld på äganderätten, medgåfvo att det stridde mot billighetens och hederns lagar att taga silfver och betala med papper, tillstodo, att de redan vunnit sin afsikt, och att ståndet frälste sin heder, om det sade nej, så vida tre stånd genom deras ja afgjort saken, och detta oaktadt bedyrade alla två hundra, att komme det härom till votering, så

yttrade de sig som ofrälse ståndeen. Vid så sällsamma, så
okloka uttryck, kunde man blott af förundran fälla hän-
derna och bedja försynen lika förskona från mångvälde
som från envälde.

Jag har sedan blifvit underrättad om klaven till detta
besynnerliga förhållande. Tre à fyra demagoger inom denna
flock ville endast visa hvad de förmådde. De åstundade
omtalas, nämnas, blifva ansedde, och hafva det nöjet, att
med en betydande ton kunna ingå i negociation med de
tänkande varelserna af motpartiet. Denna lilla strof tillhörer
människohjärtats historia. Jag har ej kunnat undgå att an-
föra den.

Emellertid byggde monarken på hela omnämnda
schism en plan, som kunnat åstadkomma olyckor. Äga å
ena sidan, härska å den andra var hans passion. Säkerhets-
akten hade ännu ej varit i fråga. Den var äfven, som
nämndt är, nästan bannlyst från detta riksmöte genom en
tyst öfverenskommelse. Detta oaktadt låter konungen de tre
ofrälse stånden förstå, att de borde sätta adeln mellan tvenne
eldar genom en tacksägelseadress, som införd i riksdags-
beslutet skulle antingen antagas eller förkastas af riddar-
huset. I förra fallet bekom grundlagen genom de i tack-
sägelseakten nyttjade uttrycken den ändring de åsyftade. I
det senare kunde de få sin hämnd på detta stånd, då
som straff för dess motstudsighet det i ett plenum plenorum
kunde alldeles annulleras.

Fulla af glädje öfver detta nyttiga förslag, beslöto
de tre ofrälse stånden att uppträda med en deputation, an-
förd af ärkebiskopen Troil i detta ämne och tolka sin
fägnad såväl öfver säkerhetsakten som rådets upphäfvande,
hvilken tacksägelse de hoppades kunna införa i riksdags-
beslutet. Konungen hade redan i denna blotta tacksägelse
vunnit tvenne hufvudafsikter: en numera laglig åtgärd vid
hans olagliga förfarande mot rådet och all tvetydighet i präste-
ståndets samtycke till säkerhetsakten undanröjd. Han åstunda-
de väl äfven riddarhusets bifall, men han ville dock tillika
bibehålla adeln som stånd, som en högst nyttig sköld, hvilken

mottog de skott, för hvilka han af nationen eljes varit själf blottställd. Han affärdade därför de tre stånden med nådebetygelser, men fattade med detsamma det beslutet att med våld söka förmå adeln att införa denna adess i riksdagsbeslutet. Riksdrotset, grefve Wachtmeister, som först skulle underskrifva det och landtmarskalken som fruktade för en uppeldad adels raseri, voro i yttersta bekymmer. Ett intet ... ett harsleri å grefve Hamiltons sida, baron Stiernelds och andra operatörers outtröttliga möda, som i agiosaken utverkade en komposition inom adeln, afvände en olycka, som i sitt utbrott kunnat kosta blod.

Planen gick ej ut på mindre, än att konungen, sedan nämnda tacksägelseadress blifvit införd i riksdagsbeslutet, skulle med kronprinsen resa bort och ej tillåta någon få pass eller hästar, innan hans namn blifvit satt under nämnda beslut. Anekdoten är besynnerlig nog, då den angår ett helt stånds bestånd, för att förtjäna utföras i hela sin vidd.

Klockan tolf på natten 22 februari fick grefve Hamilton underrättelse om den tillämnade anläggningen. Han begaf sig genast till landtmarskalken, hvarest var bal, talar vid honom i enrum och begär upplysning härom. Ruuthen svarade, att sådant varit å bane, men att han förklarat, att han ej skref under, om uti riksdagsbeslutet anfördes det riksens ständer tackat för säkerhetsakten; men om däruti blott omnämndes att tre stånd gjort det, vore detta blott ett relativt faktum, som han ej kunde neka att bevittna. »Ja,» invände invände Hamilton, »men med detsamma skall fjärde ståndets protest införas och då är ju kriget förkladadt.» Ruuthen sade, att morgonen därpå skulle han gifva vidare underrättelse. Knappt var Hamilton hemma, förrän han blef kallad till riksdrotset. Han fann denne blek och försagd och förkunnande samma tidning. De följdes åt till landtmarskalken, och beslutet blef taget, att riksdrotset skulle göra konungen föreställningar i detta ämne, innan de uppträdde tillsammans i sekreta utskottet följande dagen den 23 februari. Tidigt samma dag gaf Hamilton några af sina vänner vid handen, hvad som var å bane och gick klockan tio upp i sekreta utskottet.

Klockan tolf skulle adeln samlas i Hospitalskyrkan eller dåvarande riddarhuset för att gifva sitt yttrande i agiosaken. Trött, ledsen och ond, står Hamilton i sekreta utskottets rum och betraktar lagman Håkansson, upphofvet till allt detta onda, går till Ruuthen och säger till honom på skämt: »Hälsa Håkansson från oss och säg honom, att i morgon klockan tre kvart på nio slå vi ihjäl honom.» Ruuthen sade: »idén är excellent,» gick direkt till Håkansson, tog honom afsides och sade honom, att såsom vän och gammal bekant och äfven såsom kristen borde han underrätta honom, att adeln, som fått vind om hvad som förehades mot deras stånd, beslutit att följande dagen slå ihjäl honom och bondsekreteraren Ahlman. Håkansson visade sig i början käck och svarade att med ett godt samvete fruktade han ingenting. Men lämnad åt sina egna tankar, började han mörkna i ansiktet och gick direkt in i konungens rum, fann där riksdrotset och berättade honom landtmarskalkens förtroende. Grefve Wachtmeister, som märkte afsikten därmed, ökade farhågan medels det han å sin sida gaf tillkänna, att han hört detsamma och vore däröfver högst bedröfvad samt lämnade Håkansson helt försagd, i det konungen lät inkalla riksdrotset. Hans uppförande förtjänade ärestoder. »Jag erkänner,» sade han, »all ers majestäts mig bevisade nåd. Jag går längre, mina omständigheter tillåta mig ej att umbära de vedermälen, jag däraf njuter, men äran är mig kärare än egendom, frihet, ja själfva lifvet. Är här frågan om att underskrifva säkerhetsakten mot mitt stånds vilja, så får jag lämna allt för hedern. Adeln känner dessutom ers majestäts uppsåt och underkastar sig hvad fara som helst förr än den underskrifver denna akt i riksdagsbeslutet, och hafver jag ej vitsord så kan lagman Håkansson här utanför bekräfta, hvad jag i den delen anfört.» Han, konungens intimaste rådgifvare, inkallades, och med all den ifver som lusten att behålla lifvet kan inblåsa... med räddhågans vältalighet utverkade

13. — *Sv. memoarer.* IV.

Håkansson hos konungen men ej utan svårighet, att han skulle afstå från sitt uppsåt. Monarken bekräftades uti sistnämnda föresats, då han få timmar därefter fick höra, med hvilken enighet, adeln på riddarhuset i det närmaste afslagit agiofrågan.

I anledning häraf, då ofrälse stånden samma dag uppförde den omnämnda tacksägelseadressen, svarade konungen, att hvad säkerhetsakten anginge, ansåg han den för så bekräftad, att det ej behöfdes mer än att införa hvad de tolkat i ett separat biafsked.

Själfva riksdagsbeslutet, som utom en förökad riksskulds åtagande intet väsentligt innehöll, underskrefs af alla.

Konungen visade sig lika mild, erbjöd Vasaordens kommendörsband åt direktör Frietzcky uti sekreta utskottets sista sammanträde, hvilket anbud denne till en förundran för monarken, som liknade bestörtning, afslog, under förevändning, att han aflagt ed på att icke mottaga någon orden, en stolt försakelse, som gaf anledning åt någon att säga det Frietzcky i denna afsägelse antagit blå bandet i moralen.

Konungens sedolära däremot uppdagades på ett sätt, som mindre hedrade honom, då han ville öfvertala Frietzcky att anse sitt löfte för mindre gällande, efter det var gjordt för tjugu år sedan. »Det är gjordt,» svarade den vältänkande Frietzcky, »i det väsendets öfvervaro, som ej har afseende på tiden.» Konungen rodnade som en drypande blod och afbröt ett så obehagligt samtal, dymedels att han åtskilde sekreta utskottet.

Samma dag utnämndes landtmarskalken Ruuth till grefve. Adeln en corps, få undantagne, gick om aftonen för att gratulera honom. De undfägnades med ungerskt vin och likörer af alla slag, som hade floden Lethes verkan på hela ståndet. Denna välborna menighet, dessa frihetens matta förfäktare, som glömde 1789 års riksdag, buro Ruuthen på sina armar. Baron Karl de Geer och grefve Brahe voro bland bärarnas antal.

Riksdagen afblåstes den 24 februari 1792 under utseende af en samdräkt, som ej hade rötter i de flestas hjärtan.

Adeln hade visat en ovanlig foglighet. En ringa del däraf, utmärkte under namnet Les enragés, kunde svårligen utplåna ur sitt minne allt det ofog, som blifvit deras stånd tillskyndadt: nära två hundrade officerare mördade i ett olagligen begynt krig, hela ståndet beskylldt för förräderi, utkördt från rikssalen 1789; den dödsdom som blifvit utfärdad mot etthundratjugu stycken officerare efter kriget, som hotat fem vid schavotten och drabbat den olycklige Hästesko, fleres landsförvisning, andras lifstidsfängelse och de bojor, i hvilka de fängslats med hela riket.

Hämndlystnaden, fruktan för nya försök af monarken till säkerhetsaktens antagande samt att kunna få slå frälseräntorna under kronan, enskildt agg följde flera af adeln från Gefle till Stockholm. De förenade sig till alla delar med det tänkesätt borgerskapet i hufvudstaden började hysa mot en regent, som förstört armén, flottan, finanserna, sederna, och på deras förfall endast upprest despotismen, numera satt under Rysslands skydd genom den med detta rike ingångna alliansen. En del förmodade en ny riksdag i Åbo vid den årstid, då hafvet tillstängdt af is skulle förbjuda all öfverfart och gifva konungen fria händer att utsläcka den lilla frihetsgnista, som i beskattningsvägen ännu återstod nationen. Alla visste det monarken umgicks med det riksfördärfliga förslaget att med tolf tusen man förena sig med de allierade makterna mot Frankrike. Alla sågo faran, men ingen botemedlet utom det allseende ögat, hvars makt lika lätt stäcker våldsverkarens raseri medels en vink som det brusande hafvets svallande vågor mot de obetydligaste sandreflar.

Då man undantager verktygen, förmodade likväl ingen den katastrof, som tilldrog sig natten mellan den 16 och 17 mars.

Som en besynnerlighet bör anmärkas, att en mamsell vid namn Arvidsson, hvilken spådde i kaffe, inplantat i konungen en besynnerlig farhåga såväl för mars månad som för en ung grefve Ribbing, hon trodde skulle blifva hans baneman af den anledning, att hon redan 1789 års riksdag sagt honom, att han borde vakta sig för den första, som han vid utgången från henne skulle råka, iklädd röd väst. På Norrbro mötte konungen Ribbingen med en dylik väst. Man kan tänka, hvad intryck detta möte gjorde på en herre, som i det han trodde intet trodde allt.

Nämnda afton, den 16 mars, en fredag, superade han på operahuset, som vanligen på utsatta dagar till maskerad; får under supén en anonym biljett, som sedan befanns vara från öfverstelöjtnant Pontus Liljehorn vid gardet, hvilken varnade honom denna afton för maskeraden och bad honom äfven vakta sig för Haga och andra ställen.

Denna biljett visade hans majestät för stallmästaren, baron Essen, som rådde honom att åtlyda varningen. »Åh!» sade konungen, »sådana har jag fått flera, och mot dylika anslag är jag ej säker en gång i mina egna rum.»

Med baron Essen förfogar han sig till maskeradsalen, finner där litet folk och säger: »Jag måste tillstå, att här ej ser ut, som om man tillämnat ett konungamord.» Men Essen, som från orkestern, där de då voro, såg en grupp masker, som hviskade mycket, gaf honom det rådet att gå bort. »Hu!» sade konungen. »Det öfvergår mig just en rysning.» De gå ned i tanke att lämna salen. Samma flock masker stöta då tillsammans omkring dem och åstadkomma en trängsel, under hvilken ett pistolskott lossas, som träffar monarken med två kulor och sex krökta nubb i veka lifvet öfver höften, där skottet blef fastsittande två tum från ryggraden. »Jag är blesserad,» sade han åt Essen. »Hvad säger ni om mars månad.» Han hade styrka nog att gå några steg, tills man hann komma med en fåtölj, då han bars in i ett rum och där förbands i närvaro af mycket folk, äfven främmande ministrar. Han syntes ännu munter och blef sedan förd till slottet.

Stadsportarna blefvo tillslutna i tvenne dagar, och under Liljensparres diktatur arresterades en myckenhet personer med och utan anledning. En baron Bielke, som trodde sig saker, blef häraf så förskräckt, att han vid polisens

första anmaning att inställa sig med gift afhände sig
själf lifvet. Han ville ej under pinliga förhör förråda sina
vänner. Jag ingår ej i hans salighets ordning, men onek-
ligen innehöll anledningen till hans självmord mycket
ädelmod.

Nu men för sent, sårad, utsträckt på sin säng, fann
Gustaf III det han haft orätt, då han för flera år sedan
försäkrade grefve Axel Fersen, att den man ännu ej vore
född, som i Sverige vågade resa upp sitt hufvud emot honom.

Den mannen fanns och var en kapten vid namn
Anckarström, en ung karl af omkring trettio års ålder,
vacker figur, liten till växten, som under en anständig
tystlåtenhet samt medelmåttigt förstånd, och detta föga upp-
odladt, hyste inom sig en af de ofantliga karaktärer, hvars
styrka visar människan i en synpunkt, som blott tyckes
tillhöra varelser af högre natur.

Han hade tjänat som fänrik vid gardet. Hans utseende
hade rekommenderat honom hos monarken, som aldrig
kallade honom annorlunda än sin vackre Anckarström. Men
då denne åstundade gifta sig med en fröken Löwen, såsom
ock skedde, uppkom ett brouillerie mellan konungen och
honom, hvilket föranlät Anckarström att lämna tjänsten och
retirera sig på landet. Några häftiga utlåtelser, uti hvilka
han yttrat sig vid 1789 års riksdag, gaf anledning att för-
följa honom. Helt oförmodadt blef han efter samma riks-
dag gripen, förd som den störste missgärningsman till Got-
land, utstod där under rannsakningen en hård medfart,
och då slutligen hans sak, hänskjuten till Svea hofrätt, var
där på vägen att afslutas till hans förmån, kom en konun-
gens befallning att låta domen hvila.

Så mycken enskild oförrätt tillagd till det allmänna
våldet, kunde ej annat än väcka det bittraste beslut i ett lynne,
sådant som Anckarströms. Han förglömde hustru, fyra
små barn och uppoffrade lugn, förmögenhet samt timlig
välfärd åt hämnden och patriotismen. Han yppade sitt
förslag att rödja konungen ur vägen för en ung grefve
Horn. Båda sökte taga mått och steg till dess verk-

ställande redan före Gefle riksdag, men oförmodade hinder
mötte. Under samma riksmöte gafs ej heller tillfälle där-
till, oaktadt Anckarströms bemödande, som där aldrig gick
ut utan laddad puffert. En ung grefve Ribbing (den
samma som konungen 1789 mött på Norrbro) fick till
Anckarströms olycka äfven härom förtroende. Ribbingen,
af en äregirighet utan gränser, ville med lönmordet (som
ensamt möjligtvis kunnat döljas) förena en revolutionsplan,
den hans ungdom ej tillät honom inse vara förhastad och
på intet sätt mogen. Till en dylik vidsträcktare författning
fordrades flera sammansvurnas åtgärd, och så många fingo
härom kunskap att i fruktan att blifva röjd det blef en
nödvändighet för Anckarström att hasta med denna gärning.

Den uppväckte naturligtvis en allmän bestörtning och
oaktadt fleres rop, att elden var lös, tillslöts maskeradsalens
dörrar. Banemannen var okänd, men på golfvet fanns ej
allenast den pistol han lossat, utan äfven en annan med
full laddning af dubbla kulor, nubb och hagel samt en stor
knif försedd med hulling.

Pulsslagen måste ej vara jämna vid en dylik gärning.
En viss häpnad, dess naturliga följd och i synnerhet en
Anckarströms onödiga fråga till polismästaren Liljensparre,
sedan alla aftagit sig sina masker: »Ni må väl ej tro, att
det är jag som har gjort det?» samt en utmärkt darrning
i den handen, han med detsamma räckte åt Liljensparre,
gaf denne illistige människokännare full anledning att innan
klockan ett om natten en half timme efter skottet försäkra
general Armfelt, att han redan trodde sig känna mör-
daren.

För att närmare upplysa sina misstankar lät han föl-
jande morgon sammankalla alla Stockholms pistolsmeder.
En af dem igenkände de funna pistolerna och sade, att han
fått dem fjorton dagar förut att laga åt kapten Anckarström.
På den anledningen blef nämnde kapten gripen i sin säng
klockan tio om morgonen och tillstod utan omsvep sitt
brott.

Monarken smickrade sig emellertid med hopp om bättring. Alla dödstankar afvändes sorgfälligt af hans favorit, baron Armfelt, som mellan det att han lät honom underskrifva depescher till hans uppbyggelse läste för honom La Pucelle d'Orléans. Statssekreteraren Schröderheim, full med små historietter, roade honom äfven därmed, och när någon var närvarande, dolde konungen under ett gladt utseende den olidliga smärta han utstod. Han sökte, om detta varit möjligt, att bedraga alla, som omgåfvo honom. Hans kirurg, öfverdirektör Theel, som egentligen hade honom under händer, fick därpå röna ett förundransvärdt prof.

En natt midt under sjukdomen sade konungen, att han ville sofva. Alla gingo ut, utom Theelen, en underkirurg och en så kallad blå gosse. Allt blef tyst; dessa båda senare somnade snart, men Theelen, nyfiken att af konungens sömn döma om hans tillstånd, tog af sig sina skor, så snart han trodde honom vara inslumrad och nalkades ganska tyst hans säng. Han hörde honom då endast och oupphörligen jämra samt voja sig. Detta varade öfver två timmar. Då denna tid förflutit, drog konungen själf upp gardinerna, och med ett muntert utseende frågade han Theelen hvad klockan var. »Tu ers majestät,» svarade denne. »Inte mer,» sade konungen, »jag trodde klockan var fyra eller fem; det är otroligt, hvad tiden går fort, då man sofver och hvad styrka man hämtar af en så förträfflig hvila, som den jag nu njutit.» Theelen föll ifrån skyarna öfver ett bedrägeri så inrotadt, att det sträckte sig till hans läkare och mot sig själf blott af den grundlösa högfärden att vilja synas öfver mänskligheten.

Men under detta lidande, under dessa smärtor, lär denne prins ej glömt sin hämnd och fattat det afgrundens förslag han tänkte utföra. Han lät förfärdiga åt sig en syperb nattrock af silfvermoaré. Klädd i den ämnade han från altanen åt den sidan af slottet, som kallas Logården, haranguera pöbeln, anklaga adeln för sin olycka, kasta ut bland folkhopen sin blodiga skjorta och öfverlämna hämnden åt denna till raseri uppeggade menighet. Följderna äro lätt insedda. Adelns plundring och massaker hade börjat i Stockholm och sedan gått öfver hela riket.

En sådan ohygglig plan kunde, då den ej gick i verkställighet, anses som blott en gissning, därest ej flere personer vid hofvet påstått sig till den grad vara härom underrättade, att de visste med säkerhet det hans öfverste kammarjunkare baron Taube förgäfves gjort knäfall för honom för att afböja denna hämnd samt att andra betydligare adelsmän i landsorten, som voro honom tillgifna och blefvo efterskickade, trodde själfva, att det endast skett i tanke att frälsa dem från den allmänna förödelsen.

I alla fall så stäckte det väsendet, som leker med människans förslag, äfven detta, om det varit i fråga, och det blott genom en kopp buljong. Konungen hade fått en stark upphostning, som lofvade honom några veckors förlängande af lif och plågor, men bittida om morgonen den 29 mars, då Theelen var en stund borta, kom konungens lifmedikus Salomon till honom med en köttbuljong, stark som en jus, och bjöd honom den för att hämta krafter. Den sjuke föreställde sig väl, att den kunde blifva honom menlig, men med fakultetens myndighet ordonnerade Salomon att dricka ur koppen.

Adelns skyddsängel bragte utan tvifvel monarken härtill. Upphostningen tvärstannade. Han blef oaktadt sin svaghet häröfver mycket ond, bortvisade Salomon och var helt upprörd vid Theelens återkomst. »Upphostningen är afstannad,» sade han honom genast. »Den skola vi söka att få tillbaka igen,» sade denne. »O nej, o nej, omöjligt,» invände den sjuke med en ömklig röst. Theelen gaf honom långa pennor att sticka i halsen, det gjorde han med ifver men förgäfves, kort därpå började han omgifvas af dödens skuggor. Hvem som fick brådtom, var Armfelt. Han lät honom underteckna med en döende hand en fullmakt, som utnämnde Armfelt till öfverståthållare i Stockholm, och då svagheten tilltog, måste han själf föra konungens hand vid undertecknandet af det nya testamente Armfelt författat. Också synes endast några otydliga streck. I detta öfverdrogs rikets styrelse i civila mål till riksdrotset grefve Wachtmeister och i de militäriska till Armfelt själf. Det vill säga, att han blifvit ensam regent.

Hade detta förslag gått i verkställighet, hade han ofelbart blifvit en af de tilltagsnaste. Man kan döma det blott af hans djärfhet, att oaktadt konungen samma fredag som han blef blesserad uppsköt målet i konseljen rörande agiofrågan, lät Armfelt på eget beväg utfärda och publicera förordningen därom söndagen före monarkens frånfälle.

En timme innan konungen dog, antydde hans förre lifmedikus bergsrådet Dahlberg honom dödsposten. »Hvad ... hvad ... skall jag dö?» sade han häftigt, vände sig åt väggen och syntes vara rörd. Han var utan sans, då sakramentet tilldelades honom af biskop Wallquist. Vinet rann omkring munnen, oblatet kunde han ej svälja, och klockan elfva samma dag om förmiddagen uppgaf denne konung en anda, som oroat hans familj, hans rike och hela norden, samt lämnade efter sig ett vidtfrejdadt rykte, men hos alla vältänkta och upplysta ett förhatligt minne.

Slottsportarna blefvo genast tillslutna. Den aflidne konungens i hofrätten deponerade testamente upphämtades med solennitet. Hertig Karl, däruti utnämnd till förmyndare, hade blifvit af general Mauritz Klingspor (andra säga af själfva riksdrotset) averterad om det senare testamente, Armfelt hopsmidt.

Konungens död var ej väl bekant förr än denne forne gunstlingen, åtföljd af grefve Ruuth och baron Taube (alla tre ledamöter uti den interimsregering konungen utnämnt dagen efter han blef blesserad), begaf sig till hertigen af Södermanland och begärde audiens. De bockade sig och framlämnade den omtalade akten. Prinsen ser strax efter namnet. »Den är ju ej underskrifven,» säger han. »Här är blott några streck; hvartill tjänar ett dylikt chartek?» Och utan att genomögna det kastar han det genast på elden, i det han ropar: »Hvar är då testamentet?... Kommer man ej in med testamentet?» Allt var i ordning. Dörrarna slås upp, och riksdrotset i hela sin skrud, följdt af hofrätten, inträder. Testamentet uppläses. I kraft af det blifver hertig Karl regent under konungens omyndiga år, och baron Armfelt blott baron Armfelt i hela sin lifstid. Andra påstå, att han och Tauben samtyckt till det sista testamentets förstörande på grund af gjordt löfte, att konseljen skulle bibehållas. Hertigen begaf sig genast ned till den unge konungen Gustaf Adolf, hyllade honom och gjorde honom sin ed, i hvilken säkerhetsaktens helgd äfven var inbegripen. Hela Stockholm följde detta exempel och patrioterna af fruktan att blifva offer för pöbelns raseri voro ej bland de minst nitiska.

Underrättelsen, som lämnades drottningen om konungens frånfälle, tog hon emot med den köld, att hennes tillgifna, fru Ehrengranat, för att ej gifva anledning till för mycket anmärkningar, steg fram och sade: »Jag ser, att ers majestät börjar få någon ansats af sina vanliga konvulsioner,» tog henne i armen och återförde henne till sina rum.

Gustaf III hade förbjudit, att man skulle balsamera honom, törhända för att det tvetydiga rörande hans armbrott ej skulle uppdagas, men fältskärerna ville öppna honom. Då de skulle bära honom till bordet, hade de därvid mycken möda i anseende därtill, att denne herre var ganska korpulent till slut. Ändtligen fingo de aflasta denna kungliga börda, och Theelen sade, i det han drog en djup suck: »O, Gud ske lof, att vi hafva honom väl här!» Detta infall, så öfverensstämmande med det allmänna tänkesättet, föll icke, utan roade hela Stockholm. De invärtes delarna på konungen voro så friska, att de lofvat honom en lång lifstid ännu, vida öfver trettio år.

Sedan vanliga ceremonier blifvit iakttagna och han hvilat på sin paradsäng några dagar, begrofs han med pomp och nedsattes uti kungliga grafven i Riddarholmskyrkan. Denna var kostbart illuminerad och den där uppresta katafalken var omgifven med bilder af alla de dygder, man saknat ikring hans tron.

. I stället för allt det smicker, som uppfyllde långa in-
skriptioner på hans kista, hade han snarare förtjänat den
någon sanningsälskare vid den tiden spridde ut i residenset
på fransk vers. De innehålla så mycken historisk sanning,
att jag ej bättre kan sluta de anmärkningar, jag gjort om
denne besynnerliga monark än därmed att jag anförer dem:

De l'affreux Despotisme, et Fauteur et Victime,
Souillé de cent forfaits, puni par un seul crime,

Gustave a son trépas, applaudi des Enfers,
Par un nouveau prodige, en nous leguant des fers

Acheva ses desseins; et de son Carcophage
Des cendres d'un Tiran, fit naître l'esclavage.

*

Gustaf III hade ej den glädjen att själf öfverlefva
säkerhetsaktens besvärjande, utan det var (som den sista
versen tolkar) af en tyranns aska, som slafveriet skulle alstras.
Förberedelsen därtill skedde genom flera städer, som den
ena efter den andra under konungens sjukdom uppträdde
på sina rådhus, besvuro nämnda akt och gingo därifrån
med det lugna förtroende till eget vett, som merendels
åtföljer oförstånd.

I hufvudstaden hade arresteringarna saktat sig och
statsfångarnas öde blifvit något mildradt efter konungens
frånfälle. Anckarström blef underrättad om detta dödsfall
genom den allmänna klockringningen och kunde ej af-
hålla sig ifrån att häröfver yttra fast med en trivial ut-
låtelse den fullständigaste glädje. »Jo, jo!» sade han,
»jag visste väl, att gamla herren skulle stryka i skrinet.»
Han bekände för ingen, ådagalade i förhören en förundrans-
värd ståndaktighet, men i uppgiften till anledningen af
sitt brott, var hans logik något felaktig. Här gifves väl

ingen sedolära, som kan berättiga en undersåte att mörda sin öfverhet.

Hans dom blef den, att han trenne dagar å rad i halsjärn skulle stå vid påle i två timmar på tre olika torg, undfå där fem par spö dagligen, slutligen mista högra hand, hufvudet och steglas. Denna dom blef på ett barbariskt vis utförd; man slog honom ej med spö utan med små käppar, profossen träffade honom en gång med en dylik midt i ögat. Öfverståthållaren Armfelt hade den obarmhärtigheten att rida in genom spetsgården, för att få en lucka, hvarigenom pöbeln trängde som nästan nedstenade Anckarström. Den 27 april 1792 slöts hans elände, men han kunde ända in vid stupstocken ej förmås att säga annat än det, att han trodde sin gärning vara immoralisk men nyttig för landet.

Af de öfriga sammansvurna blefvo grefvarna Horn och Ribbing, öfverstelöjtnant Pontus Lilliehorn och en ung baron Ehrensvärd genom hofrätten dömda af med lifvet, men af hertigen-regenten blott landsförvista, på den grund, att Gustaf III af ett otroligt ädelmod så äskat på sitt yttersta. Kanslirådet Engeström blef dömd till tre års fängelse, major Hartmansdorff vid artilleriet att mista sysslan och sattes under tvenne åt på fästning, general Pechlin, som intet kunde förmå till bekännelse, skickades äfven till Varbergs slott (där han sitter ännu 1795) för att få betänketid.

Hans öde blef det hårdaste, men denna besynnerliga gubbe, nu sjuttiotre år gammal, var mest fruktad. Redan 1786 års riksdag hörde han intet, såg intet, efter egen utsago, men ledde ändå hela bondeståndet. 1789 fick han husarrest. Vid Gefle riksdag hade han det största inflytande, och nu åter arresterad betygade han sin förundran däröfver, att ingen revolution kunde tilldraga sig i Sverige, utan att han skulle inmanas i häkte. I början handterade man honom hårdt, borttog kaffe, snus, tobak, störde hans sömn. Mot denna sista olägenhet hittade han på en löjlig utväg. Han begärde en präst. Man tänkte, att han med denna ville gå till bekännelse. I det stället sof han, prästen otålig väckte honom. Pechlin sade, att han ej med redighet kunde yppa för honom sitt åliggande, förr än han voro fullsöfd. När han vunnit detta ändamål bortskickade han prästen med oförrättadt ärende. Förgäfves instämde alla hans medbrottslingar i att beskylla honom för medvetenhet i en tilltänkt revolutionsplan. Han åter påstod denna vara för omogen, för att han någonsin därvid lagt handen, nekade direkt till allt och försäkrade — bedyrade nästan, att de alla gjort en sammangaddning mot hans person. Ej öfverbevisad grundade denne generals dom sig ej på allmänna lagen, men på ett konungabref som Pechlin, själf medels ständernas åtgärd utverkat vid 1756 års riksdag mot sina dåvarande fiender. Den stränghet, med hvilken samma dom verkställdes och fortfor, tillskrefs till en del regentens personliga agg till honom, för det rådet man påstod han gifvit de sammansvurna, att utan uppskof då konungen föll bemästra sig hertigens person.

Men det var ej nog för regenten att skingra Gustaf III:s banemän. Hans egen säkerhet fordrade, att han äfven borde sprida den aflidne monarkens så kallade vänner. Det förra skedde genom lagens åtgärd. Det senare genom säkerhetsakten. Somliga fingo mot deras vilja sysslor i Finland, andra bekommo län, prästerna skickades till deras vanliga kall, baron Armfelt blef utnämnd till en mission i Italien, general Toll till en i Varschau. Det var dessa herrar litet oförmodadt att själfva blifva offer för en akt de biträdt i helt annan afsikt, men försynen som i Gustaf III:s person krossat den hand, som förde riset, syntes nu vilja sönderbryta däraf hvar enda kvist.

Inom landet, där mycket knorr och hämndlystnad hade försports vid första tidningen om konungamordet, blef lugnet bibehållet genom visa och allvarsamma åtvarningar. Landshöfding Nordin i Dalarna hade, vid första underrättelse om hvad sig tilldragit, begärt af hertigen få veta, om han med någon del af dalallmogen skulle nalkas Stockholm. Svaret blef, att vid den minsta rörelse å hans ort, skulle han ansvara därför med sitt hufvud. Allt blef sålunda tyst, och då uti hyllningen säkerhetsakten tillika besvors, voro få, som undandrogo sig. En possessionat vid namn Seaton, född engländare, gjorde det likväl på ett enkelt sätt. Han for upp till Västerås landskansli och förfrågade sig, om det var befalldt att han skulle svärja säkerhetsakten? Därtill svarades »nej.» — »Är vid denna ceremonis uraktlåtande intet straff förbundet?» — »Nej.» — »Kan ingen olägenhet därför träffa mig?» — »Ingen.» — »Ja si då,» sade han, »svär jag intet,» satte sig i sin vagn och for till sin gård.

Det fordras icke mycken advokatkunskap för att bevisa en bristande formalitet och i och med detsamma en fullkomlig olaglighet i det sätt denna grundlag nu antogs. De friaste nationer skulle på ett simpelt obehörigt testamente af en döende regent, om ett dylikt efterföljdes, mista alla sina rättigheter. Men man trampar ej på en karl som står rak. Svenska nationen hade redan böjt hufvudet under oket, och denna politiska börda afskuddas ej förr, än den fysiska och moraliska kraft aftynar, som pålagt den. Riket syntes föröfrigt härmed nöjdt. Hertig Karl, som hvarken födsel eller uppfostran danat till filosof, var ej den, som borde åstunda ändra detta tänkesätt. Han hade ej valet. Antingen skulle han söka stödja sig vid den oinskränkta makt, hans broders testamente anförtrott honom eller löpa fara att själf däraf blifva krossad, därest den fallit i hans ovänners händer. En förfrågan hos stånden i detta ämne, ett ädelmod, som haft friheten till syftemål, hade vid denna tidpunkt till och med kunnat blifva äfventyrlig.

Förblindelsens verkan bör vara snörrätt stridande mot upplysningens. Den förra alstrar blott träldom.

Jag har nu uppdagat, genom hvad medel listen och våldet uti en omväxlande verkningskrets förmådt leda en okunnig och afundsjuk nation att själfmant i ett upplyst tidehvarf afkläda sig friheten och antaga bojor, afsäga sig sunda förnuftet och godkänna säkerhetsakten.

Sedan jag sträckt mina anmärkningar till denna föresatta slutperiod, har jag i visst afseende uppfyllt mitt ändamål. Jag har med opartiskhet genomögnat de märkligaste Sveriges skiften mellan de båda betydliga skotten, af hvilka det första gaf konung Karl XII sin bane, och med honom enväldet, och det senare af mindre kaliber, dödade blott despoten men upplifvade despotismen.

Grundad på denna innefattar Gustaf IV Adolfs minderårighet under regenten hertig Karls styrelse en ny regering, nya uppträden och ett nytt tidehvarf.

Anmärkningar.

Sid. 8. Dion, läs Dionysios, antagligen Dionysios den äldre af Syrakusa.

Sid. 11. Orbis pictus, »Den målade världen», känd skolbok med afbildningar på alla tungomål efter J. A. Comenius ryktbara Orbis sensualium pictus 1657.

Sid. 21. Reçois les mânes de Statira. Anspelning på Nicolas Pradons tragedi Om Gustaf III:s teatervurmeri från barndomsåren, jfr O. Levertin, Teater och drama under Gustaf III s. 61. O. Levertin, Gustaf III som dramatisk författare. s. 1—16.

Sid. 35. Prins Fredriks svärmeri för Ulla Fersen. Mer bekant är genom Axel v. Fersens memoarer prinsens förtjusning i den stora hattchefens dotter Sophie Fersen, sedermera grefvinnan Piper, nämnd af Hamilton s. 86. Men som man bland annat vet af L. v. Engeströms Minnen och Anteckningar I 62 — har den lätt antändliga fursten äfven dessförinnan varit mycket förälskad i hennes kusin, Gustavianska hofvets kanske mest kända, af Sergel i Venus aux belles fesses förevigade skönhet.

Sid. 42. Montezumæ gyllene kedjor. Den af Cortez underkufvade konungen i Mexico, mycket känd för 1700-talet genom verk som Pirons Ferdinad Cortez o. s. v.

Sid. 76. Konungen lät i Malmö intaga sig till Knutsbror. Den 12 september 1773 blef Gustaf III medlem af det åldriga Knutsgillet i Malmö, jfr John Kruse S:t Knutsgillet, Malmö s. 70—75.

Sid. 76. Ceremoni vid uppresandet af L'Archeveques staty af Gustaf I på Riddarhustorget den 13 december 1773. Inrikes Tidningar skrefvo därom 13 december »I går afton kl. 11 börjades att transportera Konung Gustaf I:s Bild ifrån Beridarebanan, hvarest arbetet på dess fullkomnande efter gjutningen blifvit gjordt, och är Bilden i dag vid middagstiden kommen till den utsedda Platsen på Riddarehustorget samt blifver på sin Marmorpiedestal upplyft och så ståendes betäckt, till dess den i sinom tid såsom alldeles färdig och i sitt rätta värde läge ställd kommer ett decouvreras till allmänt åskådande för framtiden». Aftäckningen skedde först midsommarafton 1774. G. F. Gyllenborg skref med anledning däraf sitt divertissement »Sveas Högtid eller Fria Konsternas vördnadsoffer åt dygderna».

Sid. 85. Paikola, månne ej Peipålas gods? — eller möjligen var Paikola en af de gårdar under Elimäs friherreskap, som genom Kammarkollegie Resolution 9 mars 1774 blifvit förklarade förlustiga för Wredeska släkten, men som genom kungligt bref af 6 februari 1776 återgafs familjen, jfr. Jesper Mattson Krus' Förteckning öfver adelsgods, utgifne af W. G. Lagus s. 71 och s. 405—411.

Sid. 88. Hamiltons framställning af konungens och drottningens rapprochement och Muncks roll därvid är säkerligen i det hela alldeles riktig, jfr C. T. Odhner, Sveriges Politiska Historia under Gustaf III I, s. 517—525.

Sid. 95. Catogan, stor hårknut i nacken, egenligen Cadogan mode, uppkommet kring 1755 efter som det påstods lord Cadogans uppfinning (generalen William Cadogan 1675—1726).

Sid. 108. Denna paskill om herr Ehrencastrat är utgifvaren ej bekant.

Sid. 109. Oaktadt sin beundran för Sergel är Hamilton ytterst oredig i uppgifterna om hans statyer. Venus aux belles fesses kallar han en Diana. Apollostatyen ifråga är Sergels Apollino i Nationalmuseum, kopia efter original i Uffizzierna, jfr G. Göthe Johan Tobias Sergel. Sid. 304.

Sid. 111. Mose och Lambsens Visor, en pietistisk sångbok, hufvudsakligen författad af assessor Georg Lybecker, och af hvilken första upplagan trycktes 1717, jfr Evert Wrangel, Frihetstidens Odlingshistoria sid. 130. Hur enfaldigt och okunnigt Hamiltons omdöme om den dåtida svenska dikten är, behöfver ej påpekas.

Sid. 111. Reversi, ett kortspel som fått namn däraf, att dess spelregler voro tvärt emot andra kortspel. Spelet förekommer ännu i svenska spelböcker från 1800-talets förra hälft.

Sid. 121. Konungen lät förfölja en af borgarståndet etc. Mathias Keventer docent i Uppsala 1762, källarmästare och rådman, blef för anstötliga memorial vid 1786 års riksdag, dömd till fjorton dagars fängelse vid vatten och bröd och förlust af rätten att föra menighetens talan. Odhner, Sveriges Politiska Historia under Gustaf III. II, s. 506. Johan v. Engeströms Historiska anteckningar, utgifna af E. W. Montan sid. 142—147.

Sid. 137. Altonaiske Mercurius, bekant äfven i Sverige, mycket läst tysk tidning.

Sid. 143. Hamiltons tal på rikssalen refereras på följande vis i Protokollet. Hist. Handlingar V, sid. 221. Cammar-Herren Herr Grefve Adolph Hamilton anförde att som 42 § ur Regerings-Formen tydligen föreskrifver, huru med propositioner till ny Lags antagande bör förhållas; att de till Riksens Råd först böra öfverlämnas och sedan med deras yttrande däröfver, till Riksens Ständer, hvilka därom äga att öfverlägga och öfverenskomma och sedan, på föreskrifvet sätt, deras underdåniga svar afgifva; så anhöllt han, att Kungl. Maj:t täcktes i en således föreskrifven ordning låta Ridderskapet och Adeln njuta denna rättighet till godo, hvilket ock vore med 1617 års Riksdagsordning öfverensstämmande, som stadgar, huru hvart stånd i sina Camrar böra rådslå och öfverväga de puncter, som dem af Konungen blifva öfverantvardade.» (Jfr. O. Wallqvist, Berättelse om Riksdagen i Stockholm 1789 Hist. Handlingar V, sid. 329.) Detta är ju dock blott referat ej verba formalia.

Sid. 147, 152—3. Adolf Ludvig Hamiltons skildring af tillsättandet af Hemliga utskottet vid 1789 års riksdag, samt af spörsmålet, huruvida detta utskott skulle ersätta det vanliga statsutskottet ifråga om granskning af finanserna är så grumlig, att jag till förtydligande aftrycker den klaraste framställning af dessa frågor, som torde finnas, ur G. V. Vessbergs afhandling »Den Svenska Riksdagen, dess sammansättning och Verksamhetsformer 1772—1809 (man jämföre äfven W. Tham, Kung Gustaf III och Rikets Ständer vid 1789 års riksdag).

Vid 1789 års riksdag äskade konungen för första gången ett hemligt utskott enligt 47 § regeringsformen. Däremot tillsattes ej något statsutskott. På landtmarskalkens och talmännens förfrågan, när konungen behagade äska ett utskott enligt 50 § till statsverkets öfverseende, svarade konungen, att det hemliga utskottets öfverläggningar vore af den natur, att staten för detsamma skulle uppvisas såsom stående i sammanhang med de öfriga där förekommande mål.

Mot denna förklaring uppträdde Frietzcky på riddarhuset Med all skyldig vördnad för konungen vågade han dock anföra sina betänkligheter; i 50 § utstakades tydligen, att statsverket skulle uppvisas för riksens ständers utskott; detta måste vara ett annat än det 47 § omförmälda, det hade i annat fall varit öfverflödigt att strax efter föreskrifva ett särskildt utskott, om dess åliggande kunnat förenas med det i 47 § stadgade utskottets, vidare gjorde han adeln uppmärksam på den skillnaden mellan dessa utskott, att det enligt 47 § tillsatta beslöt i ständernas namn, hvilket däremot ej tillhörde det i 50 § stadgade, han anförde slutligen föregående riksdagspraxis och 1779 års riksdagsbeslut som stöd för sitt förslag, att adeln måtte i samråd med de öfriga stånden i underdånighet underställa Kungl. M:jt nödvändigheten att denna liksom föregående riksdagar låta uppvisa statsverkets tillstånd för ett särskildt, enligt 50 § tillsatt utskott. Detta förslag gick igenom med stor majoritet.

Äfven i prästeståndet fäste ett par ledamöter (biskop Benzelstjerna och prosten Juringius) ståndets uppmärksamhet på, att den rättighet, som i 50 § var riksens ständer förunnad, att särskildt välja ledamöter till ett så kallat statsutskott, kunde försvinna, ifall ett sådant utskott tillika af det hemliga utskottet skulle föreställas, och påpekade samma skillnad i de båda utskottens befogenhet, som Frietzcky gjort på riddarhuset. Häremot uppträdde biskop Wallqvist och yttrade som sin mening, att då 50 § sade, att statsverkets tillstånd skulle uppvisas för »riksens ständers utskott» och då Kungl. Maj:t vid denna riksdag för det på grund af 47 § äskade utskottet ville göra detta, fann han så mycket mindre något att därvid anmärka, som sistnämda utskott verkligen var »ett riksens ständers utskott», som 50 § utstakade och genom 1778 och 1786 års riksdagspraxis kvalificerats såsom kalladt och utnämndt enligt 47 §. Han såg ej något skäl, hvarför det utskott, som Kungl. Maj:t äskat på grund af 47 §, icke likväl måtte befatta sig med ett ärende, som förelades i 50 §, som 1786 det fanns för godt, att det utskott, som äskades enligt 50 §, då utan all anmärkning auktoriserades enligt 47 §   Hvad åter angick den frågan, huruvida hemliga utskottet för den del af sin befattning, som rörde statsverkets granskning enligt 50 §, därvid måtte äga den makt, som 47 § gaf detsamma, så hänvisade han till riddarhusordningen, 3 § tilläggsartiklarna, där icke något annat utskott nämnes än bankoutskottet, men alla öfriga sammanfattas under namn af dem, som höra under 47 §; således borde utskottet efter 50 § åtminstone hvad hemligheten angår vara kvalificeradt efter 47 §. Ståndet biföll därpå enhälligt, att de ärenden, som Kungl. Maj:t tillförene efter 50 § täckts föredraga ett särskildt utskott, måtte efter Kungl. Maj:ts vilja i öfverensstämmelse med regeringsformen för denna gång föredragas det efter 47 § tillsatta utskottet. Då äfven de öfriga stånden ej hade någon erinran att göra vid konungens förklaring, ledde adelns beslut ej till något resultat.

———

Det hemliga utskottet på 1789 års riksdag fick af konungen mottaga en redogörelse för rikets förhållande till främmande makter under den senaste tiden. En statskommissarie framlade staten för 1788 och redogjorde för rikets skulder, och de hithörande böckerna lämnades till utskottets granskning. Konungen förklarade, att, då han meddelat utskottet alla upplysningar om statsverket och riksgälden, hade detta skett under den hemlighet 47 § regeringsformen äskade, och att följaktligen han icke för närvarande ansåge lämpligt att annorlunda än i mer allmänna termer meddela det med ständerna. Här uppstod nu en viktig fråga, nämligen om utskottet ägde att i ständernas namn antaga och garantera riksskulden. Konungen yrkade detta under åberopande af 47 § regeringsformen, men ingen af utskottets ledamöter vågade understödja denna mening.

Första gången frågan var före, stannade det därvid, att utskottet för sin del garanterade riksskulden, men frågan om, huru långt dess makt härvidlag sträckte sig, lades på bordet. Man beslöt äfven, att alla saker skulle i utskottet föredragas och afgöras med reservation från både konungens och utskottets sida, att alla beslutens kraft skulle bero på det förstånd, man slutligen kunde öfverenskomma att gifva 47 §. Konungen framhöll, att utskottets ansvar för den projekterade, garantien vore så mycket mindre, som man hade all anledning att föreställa sig, det riksens ständer skulle sådant sig själfva åtaga och deras beslut förmodligen inom åtta dagar kunde stadgas, och att det med anledning af rikets våda af dröjsmål i denna sak kunnat utöfva sin rätt enligt 47 §. På grefve Adolf Hamiltons erinran om 50 §, som han ansåg däremot lägga hinder, förklarade konungen, att dessa försvunno, då statsverkets angelägenheter uti detta utskott blifvit upptagna och eden för utskottet i anledning däraf blifvit rättad och lämpad. Det utförligaste uttalande i saken var borgmästar Ullners. Hvad som borde hemligt hållas, berodde enligt honom på konungen allena att bestämma. Den kunskap, utskottet skulle komma att meddela ständerna om rikets tillstånd och behof, fick af dem icke misstros eller dragas i ringaste tvifvel, ehuru inskränkt den än månde blifva. Detta syntes honom följa af 47 §, enligt hvilken utskottet hade alla ständernas rättigheter, och af 50 §, enligt hvilken statsverkets tillstånd skulle uppvisas för riksens ständers utskott och icke för deras plena. Men som beskattningen ankom på ständerna själfva och de förestående lånen fordrade deras garanti, fann han det billigt, att de på det fullkomligaste öfvertygades om behofvens nödvändighet. Det lyckades slutligen biskop Wallqvist att under enskilda sammanträden med konungen förmå honom att tillåta, det skuldsumman hel och hållen skulle meddelas ständerna och deras garanti begäras, dock med förbehåll, att detta icke finge anses som ett prejudikat för framtiden och att utskottets ledamöter, hvar i sitt stånd, skulle söka befordra verkställigheten af utskottet forslag. I sitt protokollsutdrag till ständerna tillstyrkte utskottet, att garanti måtte lämnas, föreslog den erforderliga bevillningen och framlade ett förslag, hur riksskulden hädanefter skulle förvaltas.

Sid. 162. Adolf Ludvig Hamilton hade den 21 april sitt kanske mest vältaliga och karaktäristiska anförande mot antagandet af bevillningen på obestämd tid. Detta anförande var enligt riddarhuset och adelns 1809 tryckta protokoller II, sid. 886—889 af följande lydelse. »Äganderättens skydd mot ut- och inländskt våld, är egentliga upphofvet till alla samhällen, till alla lagar. Huru öm personliga säkerheten ännu är, visa dock flera vilda folkslags exempel, att den ej alltid förmår människan att underkasta sig det nödvändiga tvång samfundsbanden medföra. Fria, nästan utan behof, utan åtrå, utan bekymmer vandra i Afrikas och Amerikas ödemarker flere människor, tör hända förenade vid någon oförmodad fara, men skingrade och laglöse, då faran är förbi. Det är först man börjar af försiktighet att samla, det är egentligen, då ordet *Äga* blifver kändt, som tvenne förut obekanta behof börja skönjas: försvara å den ena sidan och tillkräkta å den andra. Den starkares inkräktningslystnad lärer då den svagare att i ett förenat samhälles rka söka ,det värn han ej finner i sina egna krafter Den lärer honom att öfverlämna en del af sin förmögenhet för att freda det öfriga, men det lärer honom aldrig att uppoffra allt för att försvara intet; ännu mindre torde det fallit någon förnuftig varelse in att till äganderättens säkerhet bortlofva mer än det man äger. Det är sant, en dylik förbindelse förfaller af sin egen natur men det vanhedrar förnuftet att ens därpå fästa sin uppmärksamhet. Äganderättens helgd, grundad på själfva naturens röst, har varit, är och blifver alla fria staters ömmaste föremål. Jag säger fria stater, ty, mina herrar, under despotismen är mänskligheten så vanlottad, att en grad mer eller mindre af oförrätt där ej kommer i åtanka.

Vår fosterbygd, då den ej suckat under ett oinskränkt envälde, har i sina äldre och senare grundlagar, förbehållit sig en så viktig som naturlig rättighet, att själf beskatta sig Förloras den, är Samfunds Lagarnes föremål upphäfvet i en af deras väsentligaste delar. Tvenne lika kraftiga sätt gifvas att mista denna rättighet. Det ena medelst ett frivilligt samtycke, det andra medelst åtagande på obestämd tid af en större tunga, än man mägtar draga, det första sättet kränger grundlagen, det senare gör den kraftlös. Invände ingen häremot, att en på obestämd tid utsatt skulds garanti fordrar en lika oinskränkt bevillning. Ingen dödelig makt kunde garantera rikets skuld utom rikets ständer, men Hans maj:t själf i sitt nådiga löfte om understöd af subsidier, visar i bevillningsvägar andra tillgångar än blott undersåtarnas otillräckliga förmögenhet. Är en löftesman för det han ingått borgen, dymedelst betagen all åtkomst att jämka sitt betalningssätt, att inse om de anslagna medel varit de lämpligaste till ändamålet? Är honom all rätt beröfvad att ingå ackord med sina kreditorer, att uppdaga, om nöden fordrar sin vanmakt, att söka utvägar till sin räddning. Nej, mina herrar, det är hvar undersåtes, det är hvart stånds, det är mänsklighetens rätt. Blifver ett riksmöte en naturlig följd af en inom viss tid utsatt bevillning, så betages ej därigenom kungl. maj:t rättigheten att det sammankalla, den enda, som är honom förvarad i de orden af regeringsformens 38 §, och »bör ingen för hvad orsak det vara må, hafva makt att kalla riksens ständer till allmän riksdag utom kungl. maj:t allena». En konstitution, som innefattar riksdagar kan göra dem mer och mindre behagliga, men aldrig till missfoster, som kunna kränka någon af de öfriga regeringsdelarnas rättigheter, i synnerhet då den vördnadsfullaste erkänsla skulle blifva den regents lott, som medelst subsidier, statsmedel, hushållning och indragningar såge sig i stånd att göra undersåtarna lyckliga och riksmötena mindre nödiga. Är regentens makt härtill oförmögen, så bör den vara lika kraftlös att för evighet af den skattdragande utkräfva den tunga, han ej mäktar draga. Detta är vår konstitutions esprit. Hans maj:t, som i sitt ömma hjärtelag trott sina undersåtar finna det säkraste stödet mot alla olyckor, torde äfven tillåta dem därjämte så trygga sig vid grundlagens bokstaf i 45 och 46 §§ så väl som vid 1779 och 1786 års riksdagspraxis och lärer ej vid betraktande af de skäl jag nödgat anföra, vidare yrka, att vi medelst en omväg skola göra oss förlustiga af vår beskattningsrätt, den ömmaste af alla, och från hvilken jag, för den Ätt, hvars rum jag här hafver den äran bekläda, förklarar, att jag ej frivilligt afstår, hvarken direkt eller indirekt så länge blodet rinner i mina ådror och min tunga kan tolka mina tankar. Gränslös i sin ömhet för fäderneslandet, då det säges stå i fara: orörlig då rättigheter skola fredas, förmodar jag, att höglofl. riddarskapet och adeln uti denna min särskilda tanka enhälligt med mig instämma.» Denna diktamen finnes bland A. L. Hamiltons efterlämnade papper.

Sid. 166. Under sammanträdet den 27 april uppstod en formlig ordväxling mellan konungen och Hamilton, hvarunder H. åberopade den »uppriktighet med hvilken han vid hofvet yttrat sina tankar» och åter protesterade mot längre bevillning än på fyra år. Ridderskapet och adelns protokoll 1789 den 27 april, II, sid. 965—966, 970.

Sid. 167. Protokollerna öfver riddarhusets sammanträden vid riksdagen 1789 trycktes först i sin helhet 1809 på förslag af Jakob de la Gardie.

Sid. 175. Du Péril De la Balance Politique de l'Éurope, politisk pamflett af Mallet du Pan.

Sid. 176. Enligt Gudmund Adlerbeths historiska anteckningar sid. 203. (E. Tegnérs upplaga) var det generalmajor Pollet, som anhöll, att konungen skulle antaga svärdsordens tecken.

Sid. 182. En vid namn Leopold jämför Gustaf III och Gud och lämnar Gustaf III företrädesrätt. Förvriden framställning af Hamilton, anspelande på Leopolds stora dikt till Gustaf III vid hans hemkomst från kriget 1790.

Sid. 189. En simplare och vida bättre utväg uppgafs af en ledamot i sekreta utskottet. Denne ledamot var Hamilton själf, men hans projekt vann ingen anklang. Jfr Johan Almqvist, Riksdagen i Gefle, sid. 105—7.

Sid. 199. Det nämnda infallet, att Frietzcky, då han afslog gröna Vasabandet, fick »blå bandet» i moralen tillskrifves af flera Hamilton — så af Hjelm litet skvaller i Politiken (handskrift K. B. i Stockholm). Jfr A. Ahnfelt Ur Svenska Hofvets och Aristokratiens lif V, sid. 170.

Namnregister.

De kursiva siffrorna hänvisa till motsvarande sidor i boken (de romerska till inledningen och de arabiska till texten).

Klick, Carl Henrik, f. 1753, major, delaktig i Anjalaförbundet, afskedad, dog i Ryssland *128*.

Klinckowström, Hedvig Eleonora von Fersen, f. 1753 d. 1792, gift 1773 med hofmarskalken hos drottningen, sedermera öfverste marskalken och presidenten friherre Thure Leonard Klinckowström *165*.

Klingspor, Otto Reinhold, f. 1750 d. 1802, öfverstelöjtnant vid Björneborgs regemente, delaktig i Anjalaförbundet, död i Holstein, *128, 180*.

Klingspor, Wilhelm Mauritz, f. 1744 d. 1814, generallöjtnant, fältmarskalk och öfverståthållare i Stockholm, den föregåendes broder *201*.

Kothen, Gustaf von, f. 1748 d. 1808, major vid Nylands och Tavastehus läns dragoner, delaktig i Anjalaförbundet *128, 180*.

Kurck, Knut, f. 1761 d. 1831, löjtnant vid Södermanlands regemente 1782, kammarherre, öfverste kammarjunkare *166*.

Kurtzrock, tysk hofman *81*.

Köster, Peter, d. 1775, handlande i Helsingborg *29*.

Lagerheim, Carl Erik, f. 1742 d. 1813, assessor, kommerseråd, ledamot i rikets allmänna ärendens beredning, president i statskontoret *151, 152*.

La Marck, Aug. Marie Raymond d'Arenberg, f. 1753 d. 1833, chef för ett infanteriregemente i fransk tjänst, vän till Mirabeau *116*.

Langtingshausen, Albrekt von, f. 1751 d. 1820, generaladjutant, generalmajor, oppositionell riksdagsman *67, 147, 152*.

Lantingshausen, Johanna von Stockenström, f. 1753 d. 1809, hoffröken, gift 1777 med den föregående, karrikerad af konungen i hans komedi »Födelsedagen» *182*.

Leijonhufvud, Axel Gabriel, f. 1717 d. 1789, öfverkammarherre hos prinsessan Sofia Albertina, landtmarskalk vid riksdagen 1771, president i Åbo hofrätt 1775, vitterhetsvän och dilettant *55*.

Leijonhufvud, Sebastian, f. 1738 d. 1818, öfverste för Österbottens regemente 1781, afsked 1788 *145*.

Lejonstedt, Olof Wilhelm, f. 1752 d. på San Barthélemy, öfverste, landsflyktig för andel i Anjalaförbundet *128, 181*.

Leopold, Carl Gustaf af, f. 1756 d. 1829, skalden *XXXVI, 182*.

Lewenhaupt, Adam Ludvig, f. 1748 d. 1808, kaptenlöjtnant vid lifdrabantkåren 1780 *163*.

Lewenhaupt (Leijonhufvud), Adolf Fredrik, f. 1745 d. 1791, öfverhofstallmästare, generalmajor *62, 86, 97*.

Lewenhaupt, Charles Emil, f. 1691 d. 1743, general en chef öfver svenska armén i Finland, landtmarskalk vid riksdagen i Stockholm 1734, afrättad *5*.

Lewenhaupt, Charles Emil, f. 1721 d. 1796, öfverste, generalmajor, landtmarskalk vid riksdagen i Stockholm 1789, den föregåendes son *5, 100, 134, 136, 138, 155, 156, 157, 169*.

Lewenhaupt, Claës Axel, f. 1757 d. 1808, kapten vid lifdragonerna, framstående riksdagstalare *167*.

Lidberg, Anders, rådman i Stockholm, f. d. juvelerare, borgareståndets talman 1789 *56, 136*.

Liewen, Carl Gustaf von, f. 1748 d. 1809, kammarherre, generallöjtnant *63*.

Liewen, Hans Henrik von, f. 1704 d. 1781, riksråd 1760, generalguvernör i Pommern, riksmarskalk 1772 *23, 25, 75, 98*.

Liljehorn, Carl Pontus, f. 1758 major vid lifgardet, öfverstelöjtnant i armén, medveten om mordet på Gustaf III, dömd till landsflykt, bodde 1810 i Neu Wied, under namnet Bergheim *196, 204*.

Liljehorn, Pehr, f. 1729 d. 1798, kontreamiral, vice landtmarskalk 1789, afskedad 1790 för subordination *146, 162, 172*.

15. — *Sv. memoarer.* IV.

Ramel, Hans, f. 1724 d. 1799, öfverste *84.*

Ramström, Anna Sophia, kammarfru hos Sophia Magdalena *87, 94.*

Rappe, Adam Wilhelm, f. 1750 d. 1819, brukspatron *147.*

Razoumoffsky, Andreij Kirilovitj, f. 1752 d. 1836, furste, ryskt sändebud i Stockholm *108.*

Reuterholm, Esbjörn Kristian, f. 1710 d. 1773, riksråd, mösspolitiker. Gustaf Adolf Reuterholms fader *61.*

Reventlow, Ditlev, f. 1712 d. 1783, Kristian VII:s öfverhofmästare, statsman, länsgrefve *29.*

Ribbing, Adolf Ludvig, f. 1765 d. 1843, kapten vid Gardet, delaktig i mordet på Gustaf III. Lefde landsflyktig i Frankrike och Belgien under namnet de Leuwen *166, 195, 196, 198, 204.*

Ribbing, Fredrik, f. 1721 d. 1783, riksråd 1766, öfverste marskalk hos änkedrottning Lovisa Ulrica. Den föregåendes fader *57.*

Ribbing, Eva Helena Löwen, f. 1743 d. 1813, gift 1764 med den föregående *36, 106.*

Robespierre, Maximilian, f. 1759 d. 1794, fransk advokat, en af hufvudmännen i revolutionen *155.*

Rosen, Hedvig Sofia Stenbock, f. 1734 d. 1813, gift med kammarherren, riksrådet grefve Fredrik Ulrik von Rosen, statsfru hos drottning Sofia Magdalena, öfverhofmästarinna hos kronprins Gustaf Adolf *80.*

Rosen, Johan Göran, v., f. 1743 d. 1823, löjtnant 1770, major, hofmarskalk *68.*

Rosenstein, Samuel, v. (Aurivillius), f. 1756 d. 1804, andra sekreterare i kanslipresidentkontoret, afskedad 1789 *164.*

Rudbeck, Thure Gustaf, f. 1714 d. 1786, generalmajor, landtmarskalk vid 1765 års riksdag, öfverståthållare, landshöfding i Uppsala län *16, 60, 64, 67.*

Rudensköld, Christina Sofia Bjelke, f. 1727 d. 1803, gift 1756 med riksrådet grefve Carl Rudensköld *98.*

Rutström, Anders Carl, f. 1721 d. 1772, präst, pietist, utgifvare af »Zions sånger» *64.*

Ruuth, Erik, f. 1746 d. 1820, öfverste stallmästare hos hertigen af Södermanland, statssekreterare för handels- och finansexpeditionen, president i kammarkollegium, landtmarskalk vid 1792 års riksdag i Gefle, sedermera generalguvernör i Pommern *134, 185, 186, 193, 194, 201.*

Ruuth, Elisabeth Charlotta Wahrendorff, f. 1765 d. 1831, gift 1783 med den föregående *145.*

Rålamb, Claes, f. 1750 d. 1826, öfverhofstallmästare, kgl. teaterdirektör *87.*

Sahlgren, Nicolaus, f. 1701 d. 1776, grosshandlare i Göteborg, direktör för Ostindiska kompaniet *30.*

Sahlgren, Katharina Kristina Grubb, gift 1747 med den föregående *31.*

Salomon, Elias, f. 1751 d. 1808, förste lifkirurg 1783, förste lifmedikus 1787 *200.*

Saltza, Hugo Herman, von, f. 1726 d. 1785, öfverste 1772, generalmajor 1776, landtmarskalk 1778 *62, 97, 98.*

Schedwin, Daniel, f. 1724 d. 1797, korpral, befordrad till löjtnant och adlad för upptäckten af 1756 års revolutionsplan *12, 13.*

Scheffer, Carl Fredrik, f. 1715 d. 1786, minister i Paris 1743, riksråd, guvernör för kronprins Gustaf och hans bröder *XXIII, 19, 21, 45, 46, 90, 98.*

Scheffer, Ulrik, f. 1716 d. 1799, kanslipresident, framstående statsman *84, 98, 104, 108, 112.*

Scheffer, Christina Charlotta Piper, f. 1734 d. 1800, gift första gången med öfversten grefve Erik Brahe, andra gången 1773 med riksrådet grefve Ulrik Scheffer *98.*

Schröderheim, Elis, f. 1747 d. 1795, statssekreterare *VI, IX, XXI, 117, 156, 199.*

Schröderheim, Anna Charlotta von Stapelmohr, f. 1754 d. 1791, gift 1776 med den föregående *145.*

SVENSKA MEMOARER OCH BREF

V

GUSTAF III:s RESA I ITALIEN

ANTECKNINGAR

AF

GUDM. GÖRAN ADLERBETH

UTGIFNA AF

HENRIK SCHÜCK

STOCKHOLM
ALBERT BONNIERS FÖRLAG

STOCKHOLM
ALB. BONNIERS BOKTRYCKERI 1902.

Det manuskript, som härmed utgifves, förvaras i Kungliga Biblioteket och är bundet i tre prydliga skinnband, tillverkade af F. W. Statlander. Det första bandet tillhörde fordom Karl XV:s boksamling och kom med denna 1873 till Kungliga Biblioteket. De båda senare delarna inköptes, enligt uppgift af Harald Wieselgren, 1896 från lektor Edström i Västerås; »hans svåger hade bekommit dem i Schweiz, och han trodde, att Gustaf IV Adolf dit medfört dem.»

Såsom af dedikationen framgår, var exemplaret utskrifvet för Gustaf IV Adolf och har äfven till honom öfverlämnats. Själfva utskriften har skett under åren 1800 samt 1801, och författaren nämner i dedikationen, att dessa bref varit »snart sjutton år förvarade i mina gömmor». Originalbrefven skrefvos verkligen under resan 1783—84, hvilket är tydligt dels af denna uppgift, dels af notiser i brefven, dels af senare, i noter gjorda tillägg.

Resebeskrifningens officiella titel är »Bref af en Svensk om Dess Resa i Italien Åren 1783 och 1784», och författaren är, som bekant, expeditionssekreteraren Gudmund Göran Adlerbeth.

Konceptet till detta arbete är också i behåll och finnes med signaturen X 406 i Uppsala Universitetsbibliotek, dit manuskriptet kommit med sonens, friherre J. Adlerbeths samling. På ett senare infogadt blad har författaren gjort

följande anteckning: »Med denna titel blefvo följande 70
bref, bundne i tre kvartband, öfverlämnade till konungen
den 15 februari 1801». Sedan han därefter afskrifvit dedika-
tionen, fortsätter han: »Till slut efter brefven följde de
äfven härhos lagda anmärkningar vid Gorani Mémoires
secrets sur les Cours d'Italie. De sex särskilda brefven
öfver resan genom Tyskland voro icke intagne i det till
konungen lämnade exemplar. Min resa genom Tyskland
både till och ifrån Italien skedde så hastigt, att jag icke
med mina anteckningar öfver den trott mig böra öka vid-
lyftigheten.»

Utom dessa »Bref» finnes i Kungliga Biblioteket en fas-
cikel, bestående af sju foliolägg, hvart och ett sammansydt
med silke och linnetråd. Denna fascikel, som 1870 af
B. von Beskows sterbhus såsom depositum öfverlämnades
till Kungliga Biblioteket, är egenhändigt skrifven af Adler-
beth och kallas »Dagbok öfver En Resa genom Tyskland
och Italien åren 1783 och 1784 af G. Adlerbeth». Öfver-
ensstämmelsen mellan »Brefven» och »Dagboken» är ofta
ordagrann, och det är tydligt, att den senare utgjort det
första utkastet till de förra.

Titeln »bref» är icke exakt, så till vida som dessa
»bref» aldrig tyckas hafva varit afsända till eller ens af-
sedda för någon viss person. Detta framgår ock af början
till det första i »konceptet» intagna brefvet:

»I dag för åtta dagar sedan kom jag på tysk botten,
och se! nu begynner jag blifva resebeskrifvare. Jag har
lofvat det, och hvarken resans skyndsamhet eller det arbete,
som ofta upptager mina rasttider, skola hindra mig att upp-
fylla mitt löfte. Jag har föreskrifvit mig en lag, att ingen
afton gå till sängs, innan jag antecknat, hvad jag om dagen
sett eller funnit minnesvärdt. Jag inbillar mig, att dessa

anteckningar framdeles skola roa mig själf och att de äfven torde blifva välkomna hos mina vänner.» (Jämf. härmed detta arbete s. 12.)

Och i dedikationen till konungen yttrar han: »Det var för att hos mig själf emot tidens plånande hand fästa de intryck af nöjen jag åtnjöt, som jag författade närvarande anteckningar, och jag trodde formen af bref vara för dem bäst passande, då mina omständigheter hvarken tilläto mig utarbeta en fullständig resebeskrifning eller följa någon viss ordning i ämnenas framställning».

I Svenska Parnassen för 1784 (s. 94, 120, 154, 188) meddelas utdrag ur elfva andra bref, sända till C. F. Fredenheim, men dessa finnas icke intagna i den handskrifna samlingen.

I dedikationen uttalar Adlerbeth den förmodan, att han ensam bland konungens följeslagare tecknat sig något till minnes rörande denna resa. I den punkten misstog han sig likväl, och i sin monografi öfver Armfelt har E. Tegnér meddelat ganska vidlyftiga utdrag ur dennes bref och anteckningar från den italienska resan.

Adlerbeths arbete utgifves icke fullständigt, utan har jag ansett lämpligt att utesluta en mängd, ofta nästan katalogartade beskrifningar på museer, kyrkor och städer. För vår tid kunna dylika redogörelser knappt hafva något intresse, och de flesta af dem återfinnas med få förändringar i den tidens resehandböcker. Den, af hvilken Adlerbeth tyckes hafva begagnat sig,* var de Lalande: Voyage d'un François en Italie, ett arbete i sju band, hvars andra upplaga utkom 1769.

Ej heller Adlerbeths anteckningar rörande de besök, han aflagt hos den tidens numera bortglömda lärda, har

---

* Se brefvet till Fredenheim. Sv. Parnassen 1784, sid. 121.

jag ansett förtjäna en plats i den tryckta upplagan, som utan dessa uteslutningar skulle hafva blifvit nästan dubbelt så stor som nu. Det värde, som dessa anteckningar numera kunna hafva, ligger naturligen så godt som uteslutande i skildringen af de resande svenskarnas lif i Italien samt af deras intryck af land och folk. Det är också denna synpunkt, som varit den ledande vid redaktionen af den tryckta upplagan. De principer, efter hvilka arbetet utgifvits, hafva för öfrigt varit desamma som vid de föregående delarna. Adlerbeths stil är dock så pass god, att några språkliga rättelser nästan aldrig behöft företagas. Äfven orts- och personnamnen äro i regeln rätt skrifna.

Stormäktigste, Allernådigste konung!

Eders Kongl. Majestät värdes icke anse för ett straff-
bart öfverdåd, att jag under dess högtupplysta ögon vågar
lägga följande bref. Min förtröstan att Eders Kongl. Majestät
upptager dem med nådigt välbehag grundar sig förnämli-
gast på deras ämne. De angå den resa till Italien, hvarvid
jag hade den nåden att vara Eders Kongl. Majestäts högst
salige Herr Fader följaktig. Mitt minne smickras lifligen
af den ära jag ägde att därunder af denne store konung
vara nyttjad till föredragning af kansliärenden samt till bi-
träde vid ministeriella brefväxlingen, en lycka, hvilken till-
lika beredde mig ett önskadt, men annars saknadt tillfälle
att se ett land, det naturen och konsterna, forna och senare
tidehvarf täflat att göra märkvärdigt. Det var för att hos
mig själf emot tidens plånande hand fästa de intryck af
nöjen jag åtnjöt, som jag författade närvarande anteckningar,
och jag trodde formen af bref vara för dem bäst passande,
då mina omständigheter hvarken tilläto mig utarbeta en
fullständig resebeskrifning eller följa någon viss ordning i
ämnenas framställning.

Snart sjutton år förvarade i min gömma utan anspråk
att se dagsljuset, läggas de för Eders Kongl. Majestäts fötter

1. — *Sv. memoarer.* V.

i en stund, då våldsamma skakningar så förändrat det landets utseende, de röra, att det nästan ej annorlunda kan anses än såsom en ruin af hvad det var, då de författades. Och då en del af dess stater blifvit omstörtade, dess regeringar upplösta, dess minnesmärken skingrade, dess mäster-stycken utur dess sköte flyttade, med ett ord, det mesta under segerns hand antagit en ny skapnad, må dessa anteckningar, änskönt allenast med strödda drag, måla, hurudant Italien visade sig för Gustaf III.

Såsom inledning till mina bref torde mig nådigst tilllåtas nämna, att följderna af ett armbrott om sommaren 1783 och läkarnes råd stadgade konungens beslut att nyttja de berömda baden vid Pisa; och den stillhet, Europa detta år återvunnit, gynnade Hans Majestäts uppsåt att på längre tid vistas utom sitt rike för att vid samma tillfälle bese Italiens märkvärdigheter, hvilka icke kunde vara utan behag för en prins af hans snille och insikter. Hans Majestät anträdde sin resa från Drottningholm den 27 september 1783. De personer, som hade befallning att därvid vara följaktiga voro: herr riksrådet m. m. friherre Carl Sparre, öfverstekammarjunkaren m. m. friherre Taube, öfverstekammarjunkaren friherre Armfelt, kaptenlöjtnanten vid lifdrabantkåren m. m., grefve Axel Fersen, hofstallmästaren friherre von Essen, hofmarskalken m. m. friherre Cederström, kammarjunkaren de Peyron, presidentssekreteraren m. m. Franc, undertecknad, professoren m. m. Sergel, konungens lifkirurg, assessor Salomon.

Ifrån Ystad lät Hans Majestät med en postjakt föra sig öfver hafvet och anlände till Warnemünde utanför Rostock den 3 oktober. Så snart Hans Majestät befann sig på utländsk botten, antogs namn och titel af grefve af Haga, under hvilket inkognito den fastställda resan skyndsamt fullföljdes öfver Braunschweig, Nürnberg, Augsburg, München, Innspruck och Verona till baden vid Pisa, hvarest konungen inträffade den 2 november. Sedan de i tre veckor med framgång blifvit brukade, förfogade Hans Majestät sig den 24 november till Florens, den 24 december till Rom, den 31 januari

1784, till Neapel, den 11 mars åter till Rom, den 25 april
till Parma, den 3 maj till Venedig, hvarifrån jag, med en
del af Hans Majestäts svit, hemförlofvades öfver Wien,
Dresden och Berlin; men Hans Majestät själf, endast åtföljd
af friherrarne Taube och Armfelt, grefve Fersen, kammar-
junkaren de Peyron, presidentssekreteraren Franc och asses-
sor Salomon, begaf sig den 15 maj öfver Milano och
Turin till Genua, samt därifrån på feluck till Antibes
och vidare öfver Lyon till Versailles. Konungens möte
därstädes den 9 juni med sin gamla bundsförvant konungen
af Frankrike stadgade den vänskap, som under deras sam-
varo på samma ställe tretton år tillbaka blifvit grundlagd.
Hans Majestät uppehöll sig i Frankrike till den 20 juli. Åter-
resan skedde genaste vägen öfver Reims, Aachen, Düssel-
dorf, Osnabrück och Lüneburg med den skyndsamhet, att
konungen den 29 juli befann sig i Warnemünde, hvarifrån
Hans Majestät på jakten Amadis nyttjade sjövägen till
Dalarön och återsåg sitt rikes hufvudstad bland sina under-
såtars glädjebetygelser den 2 augusti.

Sådan var fortgången af denna resa, som alltid skall
intaga ett utmärkt rum i tideböckerna. Efter konung Kri-
stian I af Oldenburg, Eders Kongl. Majestäts höga stam-
fader både på fäderne- och mödernesidan, som år 1474 be-
sökte Rom, har ingen konung, som beklädt Svea-tron sett
Italien förr än Gustaf III. Af svenska drottningar lär
ingen varit på södra sidan om Alperna utom Kristina.

Europas öden voro under resan ett lika beständigt
föremål för Eders Kongl. Majestäts Glorvördige Herr Faders
uppmärksamhet som de länders märkvärdigheter, han med
snillets blickar beskådade. Europas ögon voro jämväl fästade
i hans spår, och personlig bekantskap med flera dess mäk-
tigaste furstar bekräftade den aktning, han redan af dem sig
förvärfvat.

Men att upphöja föremålet för mina anteckningar är
att kanhända lägga deras brister i så mycket klarare dag.
De skola i alla händelser icke undfalla Eders Kongl. Maje-
stäts ögonkast, om Eders Kongl. Majestät dem därmed

bevärdigar. Till min ursäkt vore jag frestad tillägga, att jag varit en af de första svenskar, och så mycket mig veterligt är, den enda af Högst Salige Konungens medföljare, som tecknat något till minnes öfver Italien; men med säkrare hopp tillförser jag mig nådigt undseende af Eders Kongl. Majestäts mildhet och ädelmod. Med djupaste vördnad och oföränderligt nit framhärdar

Stormäktigste Allernådigste Konung,

Eder Kongl. Majestäts

Allerunderdånigste Tropliktigste undersåte

G. Adlerbeth.

FÖRSTA BREFVET.

Verona den 28 oktober 1783.

Jag har lofvat underrättelser om min resa, och nu då jag varit en hel månad utom fäderneslandets gräns och är på mer än 100 svenska mils afstånd från Östersjöns södra strand, skrifver jag mitt första bref. Jag väntar mig förebråelser därför; men se här mitt svar! Jag har lofvat en resebeskrifning och icke en tysk landsvägshistoria. Det är blott med en sådan, jag hitintills kunnat tjäna. Vi hafva måst resa genom natt och dag och öfver hufvud ej bvilat öfver fyra timmar om dygnet. Ingenstädes hafva vi uppehållit oss öfver två dygn. Sömn och förfriskning hafva då fordrat någon fullständighet, och herr grefven af Haga använder sina rastetider på ett sätt, som icke lämnar hans sekreterare sysslolösa. Anmärkningar öfver ett land, gjorda ur resvagnen, äro sällan värda att meddelas.

Jag har således genomfarit det heliga romerska riket, utan att känna det mer än till ytan, och knappt så mycket. Fordras en lista på de förnämsta städer, som legat i vår väg? Välan! De heta Rostock, Lüneburg, Braunschweig, Erfurt, Bamberg, Nürnberg, Augsburg, Innspruck; fordras, min okunnighet oaktad, att jag ändå skall säga något om själfva landet? Må göra! Men med den korthet, hvarigenom en så ytlig beskrifning allena kan bli dräglig.

Vi hade rest öfver 40 tyska mil ifrån Östersjön genom hertigdömena Mecklenburg, Lüneburg och Braunschweig, innan vi sågo något berg. Dessa slättbygder äro olika frukt- bara. Mecklenburg synes hafva bördig jord, där ek- och bokskogar omväxla med åkerfälten, men ej vara i lika mån uppodladt. Därtill bidrager ofelbart lifegenskapen. Man berömmer väl den mänsklighet, hvarmed vederbörande hand- tera sina underhafvande, men där folkets trygghet beror på herrarnes karaktär, har idogheten ingen pålitlig upp- muntran. Landskötseln synes i allmänhet likna den skånska. Lüneburg består, så långt jag kunde se, af tämligen magra hedar. Klokare hushållsförfattningar hafva ej kunnat ersätta hvad naturen nekat; och folkmängden skall, i jämförelse med arealinnehållet, där vara mindre än på de flesta orter i Tyskland, utgörande ej mera än 1,000 själar på hvar tysk kvadratmil. Det är dock så mycket folk, som finnes i Sveriges bättre provinser.

Däremot har Braunschweigska landet ett rikare utseende. Själfva hufvudstaden, tämligen stor, gammalmodigt och oordentligt byggd, drifver en fördelaktig handel. Man finner där nästan alla slags köpmansvaror för skäligt pris. Nejden är välodlad; och den mil, man passerar därifrån till Wolffen- büttel, är den vackraste promenad mellan landthus och träd- gårdar. En dagsresa därifrån inkommer man i en vild bergsbygd. Det är den så kallade Hartzskogen, en lämning af den gamla Silva Hercynia, annars nogsamt känd genom dess grufvor och bergverk. Dess bergstoppar gifva sig på flera mils afstånd tillkänna. De tre mil, vi i denna skog tillryggalade, voro de förfärligaste jag rest. Nedra Tysk- lands vägar äro ingalunda värda beröm — ömsom djup sand och lera, sammanvräkta stenar till så kallade chausséer, som skaka odrägligt, stora vattengölar eller bäckrännilar, som öfverfaras utan bro, se sådana äro de! När därtill komma tröga och sturska postiljoner, som efter författ- ningarna hafva rätt att köra de resandes vagnar, hålla vid hvar krog för att supa, och skyddade under landsherrens livré, äro döfva för alla föreställningar om mera skyndsamhet, utom drickspenningar, så finnes lätt, att en resa i dessa länder kunde vara en nyttig tålamodsöfning för brådskande svenska ungherrar, och att jämväl vi, utan stora anspråk på bekväm fortkomst, nalkades Hartzskogen. Men den väg, vi där funno, vek alldeles ifrån det begrepp, jag gjorde mig om väg. Den följde vattendragen åt emellan en mängd tätt belägna höjder och branta, men skogbeklädda berg, och är vid vattenflöden alldeles obrukbar. Man föres utan omsvep öfver jordbalkar, trädrötter, bullerstenar, djupa vattenhålor, och jag begriper, hvarken huru vagnen kunde hålla eller stå uppe.

Utom Thüringerskogen emellan Erfurt och Bamberg äro sedermera slättbygder rådande ända emot tyrolska gränsen och i allmänhet landet härligt. Bamberg kan skryta af frukter och trädgårdar framför de flesta orter i Tyskland. Däromkring begynna vingårdar bli allmänna. Af drufvorna pressas ett godt och lätt vin, som kallas frankenvin och smakar som svagt Mosel. Med frankiska kretsen börjas det egentligen så kallade *Riket*. Man ombyter där under en dagsresa flera gånger gebiet, och de många små furstarna, som styckat landet, hafva åt kejsaren uppdragit vården om väg- och skjutsinrättningen, som med mera ordentlighet bestrides än i nedersachsiska länderna. Vägen är mycket bättre hållen: fontäner och ständigt rinnande vatten, synas ej allenast i städerna utan ock i de flesta byar. Jag bör till protestantiska lärans heder anmärka, att de länder, där den är antagen, synas bättre häfdade än de katolska. Mariabilder och krucifix vid vägarna åtföljas merendels af vårdslösade åkrar och en besvärlig mängd tiggare, som vittna både om brist på idoghet och om lätt åtkomst till allmosor af den förblindade vidskepelsen.

De mest betydliga städer, som vi besökt, äro Nürnberg och Augsburg, båda belägna i en bördig trakt, båda i medeltiden nederlagsplatser för handeln emellan Venedig och Antwerpen, båda då rika och mäktiga, nu blotta skuggor af hvad de fordom voro. Hvardera har vid pass 5,000 hus och föga mer än 30,000 människor. Dessa städers stunde-

liga aftagande påskyndas af deras aristokratiska regerings-
sätt. Inbyggarna sucka under förtryck, sakna uppmuntran
till idoghet, försmäkta eller bortflytta. Nürnberg skryter
med den hedern, att fordom hafva varit kejsarnas residens,
och äger allt sedan 14 århundradet vården om de flesta
af rikets insignier. De visas ej för andra än furstliga per-
soner eller kejserliga sändebud. Nu då herr grefven af
Haga åstundade se dem, fick jag begagna mig af tillfället.
De bestå i krona, scepter, äpple, kejsar Karl den stores
tvåhändade svärd, en röd sidentygsmantel, som i anledning
af en därpå broderad arabisk inskription tros vara skänkt
af sicilianska araber till konung Roger I:s i Sicilien kröning
och af kejsar Henrik VI eller Fredrik II lagd till tyska
regalierna; en svart sidentygsunderrock, röda handskar, skor
och axelgehäng, allt af ganska åldrigt utseende, och där-
till med en hop reliker, som nu göra en lustig figur i
lutherska nürnbergares händer. Resten af detta vördiga
inventarium finnes i Aachen. En sak såg jag ock, som
angick Sverige. Det var ett monument af brons, föreställ-
lande en kolossal Neptun och flera sjögudar, som staden
Nürnberg skall ärnat uppresa konung Gustaf Adolf till ära,
men hvaraf grannlagenhet i afseende på kejsaren hindrat
verkställigheten. Förmodligen syftade denna minnesvård
på tåget öfver Rhen eller Lech. Man tillbjöd herr grefven
af Haga att köpa det; men som inga attributer utmärkte,
hvem det var tillägnadt, antogs ej anbudet. Konung Gustaf
Adolf anses annars i Nürnberg såsom en skyddsgud, och
tiden tyckes icke hafva minskat den vördnad, man för
honom hyser.

Nürnberg är på långt när icke så vacker stad som
Augsburg. Den sistnämndes gator äro breda, dess torg
rymliga, dess hus stora och präktiga. Stadshuset är ett af
Tysklands ansenligaste byggnader och genom augsburgiska
bekännelsen, som där grundlades, säker om ett evigt rum
i historien. Vattenledningarna från Lechströmmen, som
dels drifva några kvarnar och andra mekaniska verk, dels
meddela friskt vatten, som genom tryckverk uppfordras i

. tre platta torn samt därifrån kringföras i hela staden, äro hedrande och nyttiga arbeten. En fabrik för bomullsväfnader, inrättad därstädes af en Schülin, som säges sysselsätta omkring 1,000 personer och årligen tillverka 40,000 Indienner, lika utmärkta genom deras finhet och smak, förtjänar en resandes uppmärksamhet. Huset, som för denna fabrik är uppbyggdt, liknar ett furstligt palats. Schülin har fått bara afund till tack för sin möda och blifvit förföljd med hvarjehanda rättegångar och chikaner, till följe af rådets och de härskande patriciernas grundsats att icke gärna tillåta någon borgare bringa sig upp till en förmögenhet, som kan göra honom alltför betydande.

Tolf mil från Augsburg ligger den lilla staden Fuessen, hvarest vi på posthuset hade ett nattläger just i samma rum, där freden den 24 april 1745 tecknades emellan drottningen af Ungern och kurfursten af Bayern. Åminnelsen af denna händelse var förvarad med en inskription på väggen. Strax utom Fuessen foro vi på en bro öfver Lechströmmen och inträdde med detsamma i Tyrolen. Detta land är sublimt öfver all beskrifning. Det är uppfylldt af berg, för hvilkas storlek ögat häpnar, merendels beklädda med högvuxen skog, men ock stundom framställande sina kala klippor, som bestå i pelarlika kalkspetsar. Dessa berg, hvilkas toppar gnistra af snö och ofta hvarftals omgifvas af moln, innesluta emellan sig vidsträckta dälder, beströdda med byar, kyrkor och slott, hvilka synas så små som korthus och ofta trappvis äro anlagda högt uppåt bergsryggarna. Gamla halfförstörda bergfästen öka med sina ruiner det majestätiska af dessa utsikter. Rika vattenådror nedbrusa ifrån höjderna och bada de fruktbara fälten, där åkrar och ängar stå i härlighet och betande hjordar fägna ögat. Man skördade nu andra grödan för detta år. I byarna voro murarna täckta af nybärgad majs, som hängde att torkas. Nyslaget hö gaf en vederkvickande lukt, och man kunde ännu hvila i gräset mellan väppling och fjärilar. Vägarna i detta land äro mästerstycken af konst och dristighet. De äro förda i ett slags snäcklinje omkring bergen,

hvarigenom backarnas stupning mycket förminskas. Den-
resande har då merendels på ena sidan en tvärbrant höjd
och på den andra en afgrund, emot hvilken hans säkerhet
är förvarad medelst pelare och bröstvärn af sten. Ofta
finnes vägen utbruten eller sprängd i själfva hälleberget,
ofta mot detsamma grundmurad till en hängande chaussée,
som understödes af flera hvarf hvalfbågar ända ned i dju-
paste dälden. På somliga ställen har man slagit hvälf-
da bryggor af sten ifrån den ena klippan till den andra,
öfver omätliga afgrunder.

Tyrolen skall föda ungefär 600,000 människor. Bergen
frambjuda nästan alla slags metaller, mångahanda ädla stenar
och marmorarter. Jordbruk, boskapsskötsel och vinplante-
ring äro här äfven lönande näringar; och invånarna drifva
dessutom handel med gips- och alabasterarbeten, dem de
tämligen skickligt förfärdiga, med italienska kramvaror och
med kanariefåglar, som hos dem i myckenhet finnas. Tyro-
larna äro ett raskt och välbildadt folk och förtjäna, äfven
som deras land, att målas af en skicklig pensel. De skilja
sig i seder och dräkt ifrån de öfriga tyskarna. Deras ut-
sydda kläder och tennbeslagna bälten gifva dem ett pitto-
reskt utseende. Kvinnfolken bruka stora, nockade ylle-
mössor och långa vida strumpor, som falla i parallella tvär-
veck benet utför. Byggnadssättet närmar sig till det italien-
ska. I städerna ser man ej mera gaflarna på husen vända
utåt gatan eller torgen. Taken, äfven i byarna, äro platta
och utskjuta ett stycke utom husen, hvilka äro byggda af
sten eller korsverk. Landet har öfverflöd på godt ville-
bråd och strömmarna på fisk, så att en resande mår väl
på värdshusen, där man äfven slipper de besvärliga tyska
dunbäddarna och får hvila i svalare och hårdare sängar.

Innspruck, så kallad af en stor träbrygga öfver floden
Inn, är hufvudstad i Tyrolen och byggd på italienska viset.
Dess 4 till 5 våningars stenhus se så förkrossade ut under
de öfverhängande bergen, att man knappt tror sig kunna
gå rak under taken. Dess folkmängd skattas åtminstone
till 14,000 människor. Kyrkorna äro präktiga, prydda med

marmor, förgyllning och målning, med ett ord: de förebåda Italien. Franciskanerkyrkan, där drottning Kristina afsvor lutherska läran, förtjänar att ses, mindre för denna händelse, hvaraf intet minnesmärke där förvaras, än för kejsar Maximilian I:s präktiga grafvård, 28 statyer af österrikiska prinsar och prinsessor, och det så kallade silfverkapellet, där kejsar Ferdinand I:s son, ärkehertig Ferdinand af Tyrol och Elsass, är begrafven.

Städerna Brixen, Bolsano, Trident och Roveredo, som vi sedermera genomreste, hafva inga anspråk på synnerlig uppmärksamhet. 34 mil från Innspruck och 3 från sistnämnda lilla stad inträdde vi i Italien. En sten, hvari riksörnen på ena sidan och S. Marci lejon på den andra voro uthuggna, utmärkte gränsen. Bergsbygden fortfor ännu ett par mil.

Vi funno då vägen bruten genom ett alldeles naket berg, hvars stela vägg hängde öfver oss på den ena sidan och på den andra lika brant sänkte sig till floden Adige. I bergsväggen läste vi en latinsk inskription, som innehöll, att år 1774 vägen, till athjälpande af en gruflig backe, på en längd af 180 steg genom bergets utsprängning blifvit hela 20 fot sänkt. Ett gammalt slott, anlagdt i själfva klippan att bevaka detta pass, la Chiusa, och försedt med vindbrygga, framviste där ännu sina förfallna öfverlefvor. Ett i klippan äfven uthugget kapell utmärkte, huru högt vägen tillförne framstrukit, men stod nu för högt att kunna besökas. Berget var spräckt och liksom afdeladt i stora utgående pelare, till en del sönderfallna. Deras tegellika färg gaf dem anseende af verkliga murar och bidrog att fullkomna deras likhet med ofantliga ruiner.

Det är vid denna besynnerliga genomfart, som man inträder på italienska slätterna och på en gång, nästan som genom en förtrollning, finner sig utur den vildaste bergsbygd flyttad i den härligaste trädgård. De plattnande bergen gifva rum åt vidsträckta slättmarker, utan någon enda sten eller märklig backe, besådda med säd eller planterade med andra nyttiga växter. Idogheten har icke nöjt sig med

denna enkla skatt af jorden, utan åkrarna äro jämväl be-
täckta med träd i rader satta, merendels lönnar, som hvar-
dera låna sin stam till stöd för en vinranka. Dessa rankor,
höljda af drufklasar, blanda sina löf med trädens och kasta
sig i sin frodiga växt från den ena kronan till den andra,
utgörande således en skönare berså, än konsten till äfven-
tyrs på något annat ställe förmått uppfinna. Lefvande
häckar af hagtorn omstänga dessa leende fält, och där ögat
hinner framtränga genom den mångfaldiga rikedom, som
höljer jorden, blir det mot sluttningen af omgifvande höjder
varse tätt till hvarandra belägna byar och boningsställen.
Denna oafbrutna lustgård räcker öfver en mil till Verona,
dit vi anlände nu i afton klockan 6, två timmar efter herr
grefven af Haga, och fingo rum i värdshuset *Le duc Torre*.
Herr riksrådet m. m. friherre Carl Sparre och professor
Sergel hade i går härstädes inträffat.

Och därmed slutar jag detta bref. Det har emot min
vilja redan blifvit för långt. Må således tjäna till ett företal
för de följande. Vi förblifva här några dagar, så att jag
hoppas ännu härifrån få meddela vidare underrättelser. Jag
skall härefter blifva så flitig, som jag hittills varit försumlig.
Jag är nu i själfva Italien och således vid målet för vår
resa och för min uppmärksamhet. Jag har föreskrifvit mig
en lag, att ingen afton gå till sängs, förrän jag antecknat,
hvad jag om dagen funnit minnesvärdt. Dessa anteckningar
skola, som jag tror, i en framtid roa mig själf och kan-
hända blifva välkomna hos mina vänner. Icke desto mindre
ser jag förut, att de aldrig kunna bli annat än ofullständiga.
Människo- och statskännedom i ett land fordrar längre tid
och mera ledighet, än jag får härstädes. Men det må icke
hjälpa, och ehuru magra underrättelser jag kommer att
meddela, skola de ändå med nygirighet emottagas, då de
hafva gemenskap med den herrens resa, hvilken jag har
den äran att vara följaktig, och som, ehvart han far, be-
ledsagas af välsinnade undersåtars hjärtan.

ANDRA BREFVET.

Verona den 30 oktober 1783.

Jag skall nu beskrifva Verona, eller rättare sagdt, hvad jag sett i Verona. Sakerna skola anföras i den ordning, hvaruti jag blifvit dem varse.

Det var mörkt när vi kommo till denna stad i förgår; och vi dröjde ej länge, förrän vi besågo marknaden, hvilken nu hölls härstädes och i väntan på herr grefvens af Haga ankomst var väl eklärerad. En eldsvåda, som år 1712 förtärde de dessförinnan brukliga marknadsstånden af trä, gaf anledning att i deras ställe uppföra en varaktig stenbyggnad, *fiera di muro*. Den består af en vid östra ändan af staden murad vidsträckt fyrkant, försedd med flera portar och inneslutande en borggård, hvarpå 16 nätta paviljonger äro uppförda af sten, hvilka utgöra fyra reguliera kvarter, som med breda gator äro åtskilda. I dessa paviljonger äro 270 bodar inrättade. De voro nu präktigt upplysta med glaslyktor och ljuskronor. Öfver gatorna var väf spänd att betäcka de spatserande för oväder. Rörelsen var liflig genom den myckenhet af folk, som ända till trängsel här var församlad. Men marknaden var i sig själf mera lysande än betydlig. Silkesstrumpor och näsdukar voro de mesta varor som försåldes.

Herr Savorgnano, republiken Venedigs podestà eller guvernör i Verona, hade för herr grefvens af Haga nöje i sitt hus anställt en assemblée eller *conversazione*, till hvilken vi sedermera begåfvo oss. Sällskapet var talrikt, rummen väl inredda och salongen, där konversationen hölls, stor, hög och förträffligt upplyst. Främst, midt emot ingången, var en balkong, hvarifrån musik lät höra sig. Intagen för den italienska musiken, lofvade jag mig af denna konsert ett fullkomligare nöje, än jag verkligen åtnjöt. Sångarne, hvaribland den bästa, vid namn Sulzi, var kastrat, eller som man här vanligen säger, *soprano*, voro goda, men ej ypperliga; orkestern icke heller hänryckande. En ung man, som hette Vicenzino, spelade dock solo på violoncelle med mycket bifall. Han sades vara lärling af en namnkunnig mästare, Abaco. För öfrigt gjorde sällskapet icke stort afseende på musiken, utan öfverröstade den ofta med prat och skratt. Till förfriskning (rinfresco) kringdelades à la glace, socker-bröd och limonad i buteljer, ur hvilka man drack utan glas. Efter ett par timmar, eller mot klockan tio, skildes man åt.

(Beskrifning af Verona.)

Verona håller i omkrets sex och en half italiensk mil, det är något öfver en svensk. Emot en sådan vidd, är dess folkmängd ej svarande, som icke hinner till 50,000 själar. Staden är nog oordentligt byggd och en del gator trånga. Några äro däremot af ansenlig bredd; husen medel-måttiga, i allmänhet försedda med portiker eller betäckta gångar åt gatan samt balkonger med järngaller utanför fön-stren. Sådana omgifva äfven många hus inåt gårdarna, både i andra och tredje våningen. Byggnadsämnet är mer-endels marmor, som finnes ymnigt i de näst belägna bergen. Fönstren i vanliga rum äro mest af tjockt och dunkelt glas och indelade i små runda eller fyrkantiga rutor. Pappers-fönster synas ock somligstädes. För en nykommen främ-ling är ovant att se, huru handtverkare här sitta på gatan och arbeta samt huru de och annat sämre folk därsamma-städes under bar himmel äfven koka mat, steka kastanier och så vidare.

Åtskilliga torg äro stora och rymliga Sådan är la Piazza d'erbe, så kallad af den myckenhet frukt och grön-saker som där försäljes. En hög marmorkolonn, på hvilken S. Marci lejon hvilar, är där upprest år 1523. Piazza della Brà har äfven mycken vidd och är prydd med en staty, som föreställer Verona och floden Adige personifierade.

(Beskrifning på kyrkorna, palatsen och gallerierna.)

L'academia Filarmonica och teatern intaga det ansen-liga hus, hvartill man har ingång från den omnämnda borg-gården. Dess fasad är ädel, prydd med sex stora joniska kolonner. I dess öppna vestibul öfver porten är grefve Maffeis byst uppsatt med en inskription till hans heder. Man ingår därigenom till en stor salong, hvarest allmänna assembléer hållas. De nästgränsande rummen på sidorna tillhöra akademien och användas till dess öfningar och inrättningar. I ett af dessa blef jag varse en samling af de personers porträtt, som med sitt anseende, frikostighet eller annan förtjänst bidragit till akademiens förkofran. I ett annat förvarades en artig samling af antika musikaliska instrument. Midt för salongen är ingången till teatern. Ehuru denna årstid inga skådespel vanligen uppföras, hade man dock herr grefven af Haga till ett nöje i hast sammansmidt ett slags opera eller svit af arier, som i går afton därstädes afhördes och åtminstone gaf anledning att se rummets inrättning. Teatern är byggd af Bibiena, har fem rader loger och är prydd med god smak. Logerna voro alla upplysta med hvita vaxfacklor, som lånade ett ökadt anseende åt den församlade myckenheten af åskådare. Hvar loge är ett litet rum, beklädt med damast, siradt med förgyllda lister, inredt med speglar, bekväma stolar, med mera. Man finner, att sådana inrättningar, som på italienska teatrarna skola vara vanliga, syfta på umgänge, till hvilken ända visiter i logerna gifvas och tagas under hela spektaklet, och flera logers innehafvare äga äfven andra rum bredvid till nyttjande. Sällan märkte jag uppmärksamheten vara fäst på skådespelet. Man såg, man hörde icke hvad som förehades på teatern oftare, än man väntade något särdeles vackert eller umgänget aftynade. Rösterna, som läto höra sig, voro de samma, som redan vid herr Savorgnanos konversation blifvit oss bekanta. De borde ej göra anspråk på oafbruten uppmärksamhet.

(Fortsatt beskrifning af Veronas märkvärdigheter, bl. a. af amfiteatern.)

För att visa amfiteatern i all dess prakt var i går eftermiddag en tjurfäktning där anställd. En baldakin af röd damast var inrättad för herr grefven af Haga. 12 till

15,000 åskådare, som beklädde men icke fyllde bänkarna, hvilka efter uträkning skola rymma 22,000, gåfvo ett rikt utseende. Själfva skådespelet var af föga värde. Inom det på fäktbanan inrättade skranket insläpptes en oxe i sänder, mot hvilken hundar hetsades af slaktaredrängar, klädda i hvita tröjor. Där voro fem statyer ställda på sina piedestaler, en midt i och de andra i hvar sitt hörn. Dessa tjänte både till prydnad och till drängarnas säkerhet, som kunde skyla sig bakom dem, i händelse de af oxarna skulle angripas. Men denna gång var en sådan försiktighet öfverflödig. Både oxar och hundar voro så fredliga, att de knappt kunde retas till våldsamheter. När ändtligen hundarna rusade på oxen och bet honom i hals och öron, befriade han sig väl med hornen och kastade en eller annan af sina fiender till jorden, men utan att göra dem vidare skada. Emellertid ådrogo sig dessa tillfälligheter de ifrigaste handklapp och bifallsrop. Så snart en oxe blifvit trött eller sårad, fördes han ut och en annan insläpptes. En oxe stötte upp porten, så att han kom utom skranket. Denna händelse firades med nytt fröjdeskri. Några man sutto till häst utanför skranket att hålla ordning. Musik af pukor och trumpeter lät höra sig och rafraichissements samt buketter af blommor kringdelades till de förnämsta bland åskådarna under hela spektaklet, som räckte en och en half timme. Man finner lätt af denna trogna beskrifning, att det var åskådarna och skådeplatsen, men icke skådespelet, som förtjänte ses.

(Besök hos abbé Thomaselli.)

Jag kan ej sluta mitt bref utan att anteckna, att jag skrifver det sent på aftonen vid öppna fönster. Här vankas drufvor och fikon till öfverflöd, jämväl smultron, hvilka ännu drifvas i trädgårdarna. De äro större än våra svenska, men ej så smakliga som de.

Herr grefven af Haga med en del af sin svit har redan i dag rest till Mantua. Vi följa efter i morgon.

TREDJE BREFVET.

Baden S. Giuliano vid Pisa d. 5 nov. 1783.

Allt sedan jag sist skref, till i går afton, har jag ständigt stått på resa. Jag skall nu dag för dag göra redo för densamma.

Vi lämnade Verona den 31 oktober om morgonen. Vägarna i den feta och leraktiga jordmånen voro djupa. En oafbruten och härlig slätt var öfver allt odlad och åkertegarna omgifna med planterade träd. Man körde nu i jorden. En person styrde trästocken, som gick på hjul, en annan oxarna. Åkern lades medels breda fåror i höga och kamlika ryggar. Ju närmare vi kommo Mantua, ju sidländare blef marken. I grannskapet af denna stad stodo de kring fälten planterade träden i vattnet högt uppå stammarna. Mantua ligger 3½ post ifrån Verona, det vill säga 28 italienska mil eller ungefär 4⅘ svenska. Staden är belägen i en sjö eller, rättare, ett träsk, som tillkommit genom brist på aflopp för floden Mincio. Det är ej begripligt, huru en så osund plats blifvit utsedd för en stad, än mindre huru den någon tid varit betydande genom handel och folkmängd. Man kommer ifrån Verona intill Mantua öfver en 500 fot lång brygga. På andra sidan är vattnet icke så bredt. Staden är starkt befäst, hvartill läget ej ringa bidrager. Den äger stora och rymliga hus, uppbyggda under Gonzagiska husets lysande tidehvarf; men deras gammalmodiga utseende, de förfallna murarna, de breda men folktomma gatorna, göra nu ett ängsligt intryck. Många hus äro utanpå målade med figurer i oljefärg, såsom i flera stora tyska städer. Mitt korta vistande härstädes, blott under det hästar ombyttes, tillät mig hvarken betrakta stadens märkvärdigheter eller det berömda Palazzo del T, så kalladt, emedan det är byggdt i form af ett latinskt T, och anlagdt ¼ stunds väg utom staden. Den namnkunnige Giulio Romano var icke allenast dess byggmästare, utan gjorde ock sitt namn odödligt genom sina målningar inuti palatset.

Emellan Mantua och posthuset S. Benedetto gingo vi öfver Po-strömmen, som är ansenligen bred och har grumligt vatten som lervälling. Vi nyttjade en pråm eller färja, bestående af tvenne sammansatta båtar med brädgolf belagda I ena ändan var ett skjul till de resandes bekvämlighet, när hetta eller regn infaller. Färjan var medels tåg förbunden med åtta efter hvarandra på älfven liggande båtar, bland hvilka den yttersta var med ankar befästad. Ett ankar följde äfven med vår färja att nyttjas, ifall tågen mellan båtarna sprungo. Så snart tåget medels ett spel på färjan spändes, sattes hon genom den snedt anfallande vattenådrans drift och tågens dragning i en sammansatt rörelse, så att hon i en kroklinje fördes öfver strömmen. Detta gick för sig på en fjärdedels timme. Vägen följde sedan strömmen, hvars strand var besatt med popplar. Deras höga stammar och föga utbredda grenar gåfvo dem på långt håll ett utseende af svenska majstänger. Popplar äro i denna nejd mycket allmänna.

I S. Benedetto funnos ej hästar. Vi blefvo därför föranlåtna till det nya rön att låta spänna fyra par oxar för vår vagn. Dessa djur äro här i landet mycket stora. De medelmåttiga hålla 15 kvarter i längden och 10 i höjden. Deras horn äro vida och prydliga; färgen utan undantag grå Vårt spann var således rätt ansenligt och tillika så sedigt, att körsvennerna gingo bredvid och styrde med rösten samt med ett långt spö, utan tömmar. Men som oxarna ej gingo fortare än fot för fot, så använde vi 3 timmar på halfva posthållet till Nuovi, eller på vid pass 5 italienska mil, då vi till all lycka mötte sex från Nuovi återkommande hästar, som befordrade oss dit. I mörkningen såg jag karlar mjölka kor. Detta är vanligt i Italien, hvarest mångfaldiga sysslor, som hos oss förrättas af kvinnkönet, så inom som utom hus, äfven fallit på manfolkens lott.

I Nuovi nytt uppehåll genom brist på hästar. Men ehuru sådana fram på natten ankommo, blefvo vi ändå under hvarjehanda förevändningar kvarhållna till följande morgonen. Vi tillbragte således natten nog obehagligt i vår vagn. Våra förra postiljoner hade väl tillbjudit att skjutsa oss längre, men begärde tredubbla skjutspengar, som för 6 hästar på en post skulle utgjort 4 sequiner. Nattlägret var af så uselt utseende, att vi ansågo vagnen bekvämligare. Vi voro ej bättre belåtna med förtäringen. Ett uselt hvetebröd, grått, torrt och degbakadt, ett stycke ost och några ägg utgjorde allt hvad vi kunde få. Det var ock en fredag, då man för fastans skull på värdshusen fåfängt väntar någon kötträtt. Till bränsle i en rökande, men föga värmande spis brukades ett slags rör, som växer här i orten till flera alnars höjd.

Den 1 november i dagningen blefvo vi ändtligen affärdade från Nuovi. Väderleken var rätt kulen, och om natten hade starkt frusit. Icke desto mindre gick folket barfota, så att ömtålighet för köld icke syntes tillhöra dess seder. Landet var lika slätt, odladt och planteradt som kring Verona, frambringar säd, vin och frukt i ymnighet, men blifver i längden monotont för ögat.

Carpi, en liten stad med biskopssäte, den vi genomreste, ägde åtskilliga vidsträckta byggnader och en vacker katedralkyrka. Den var inuti dekorerad med sköna korintiska kolonner och behagade genom en ädel enfald.

Under väntan på hästar togo vi oss frukost på posthuset. Den bestod för tre personer i ett stycke ost, bröd och en butelj af landets vin, som var så surt, att det blott kunde drickas med vatten. Vi måste därför betala en sequin. Några koppar choklad måste hämtas från ett kaffehus och betalades särskildt, emedan posthusen ej få ingripa i deras näring. Utom allt detta kräfde *il cameriere*, en uppassare, som i Italien har svenska och tyska källarepigors befattning, särskilda dricks penningar. Jag anför dessa detaljer såsom bevis, att italienarna ej med oskäl synas fått den beskyllningen att preja främlingar. Vi anlände middagstiden till Modena vid pass 40 italienska mil ifrån Mantua. Väderleken var så vacker, att vi sågo folk utanför staden spatsera i det gröna och roa sig med bollkastning. Flugor och getingar voro besvärliga såsom om sommaren.

Modena är icke en stor, men en vacker stad. Gatorna äro breda och raka, husen allmänt af ansenlig och nästan jämn storlek, med höga och rymliga portiker åt gatan. Hertigarna af Esteska huset, men i synnerhet Franciscus III, den nu lefvande hertigens fader, hafva mycket bidragit till denna stads prydnad och anseende. Strax vid porten åt Mantua är ett litet torg, hvaraf hospitalet och hittebarns-huset, tvenne ansenliga byggnader, intaga hvar sin mot-svarande sida. Där står äfven hertig Francisci III:s ärestod till häst af hvit marmor. Arbetet är icke just mästerligt.

Hertigliga palatset är stort och vidsträckt. Dess fasad är präktig, men nog öfverflödigt grann. Inåt borggården har palatset varit omgifvet af en skön, öppen kolonnad; men den är nu på en sida igenbyggd, tvifvelsutan för att öka rummens antal, storlek eller bekvämlighet. Detta slott har fordom hyst en dyrbar samling af taflor; men för några och fyrtio år sedan såldes det förnämsta däraf för 1,200,000 riksdaler till Sachsen och pryder nu galleriet i Dresden. Icke desto mindre skola de ännu behållna samlingar af målningar, mynt, skurna stenar och böcker förtjäna att ses af en resande, som är mästare af sin tid. En del byggnader, synnerligen de som ligga i utsikt ifrån slottet, äro målade med dekorationer, föreställande kolonnader, bousquets och fontäner m. m., prydnader, i sig själfva af ringa värde, men så lyckliga, att de på ringa afstånd bedraga ögat. Vid ändan af en promenad från slottet, har hertigen låtit an-lägga en rotunda, som gör täck verkan. Utsikten därifrån åt staden och landet är behaglig, men skulle vara vida bättre, om detta lusthus låge högre.

Modenas folkmängd uppgifves till några och 20,000 själar. Fruntimmer, som gå ute, bruka slöjor öfver hufvudet, som äfven tjäna till halsdukar, de bättre af svart siden, de sämre af hvitt lärft. Bondkvinnfolkens tröjor i grannskapet sitta tätt åt lifvet; skörten äro betäckta under kjolen; små runda halmhattar på hufvudet kläda dem öfvermåttan väl.

Middagsmåltiden gaf ej det fördelaktigaste begrepp om vällefnaden. Brödet var illa tillredt, grått och torrt. Ett slags metvurst var så kryddad med lök, att den knappt kunde ätas; saltet oraffineradt af landets egen produkt, emedan främmande skall vara till införsel förbjudet. Smör, som här och allmänneligen i Italien är sällsynt, emedan det ej håller sig i klimatet, helst det aldrig saltas, var drifvet genom durchslag och liknade vermicelli. På mångelske-stolar såldes korf alntals.

Om aftonen uppfördes en tragedi. Teatern var liten, salen åttkantig och sådan, att ifrån närmaste logerna till teatern kunde man ingenting se af skådespelet. Detta för-tjänade ock hvarken att ses eller höras. Pjäsen var Sabin-skornas borträfvande. Aktörernas köld och predikoton lockade till sömn. De kunde sina roller så illa, att sufflören måste oupphörligen läsa för dem nästan i lika hög ton som de talade. Jag uthärdade ej mer än två akter.

Den 2 november om morgonen begåfvo vi oss från Modena till Bologna, dit vi hade 3 poster eller ungefär 24 italienska mil. Vi funno i början landet lika beskaffadt som å andra sidan om Modena. Men redan därifrån synes apenninska bergsryggen söder ut som en molnvägg. Floden Panaro är 5 mil ifrån Modenagränsen emellan hertig-dömet af samma namn och påfvestaten.

Vi foro där tvärt igenom vattnet, men betalade ändå fulla färjepenningar. Landet är vackert och jämnt, men synes redan vittna om ringare folkmängd och odling. Några stenportar med järngaller utmärkte här och där avenyer till herresäten och landthus. Emellan posthuset Scamoggia och Bologna passerade vi på en stenbro af 22 bågar öfver älfven Reno, eller rättare hans säng, ty nu var han mest uttorkad, som vanligen händer med italienska floderna, hvilkas tillväxt om våren genom snösmältningarna är omått-lig. Middagstiden framkommo vi till Bologna, hvilken stora stad vi blott sågo ur vagnen eller utur värdshuset Il Pelle-rino, hvarest vi spisade. Den förekom mig smutsig. De breda portikerna inskränkte gatorna till alltför ringa bredd.

Tiggare och krymplingar besvärade vid hvart steg och ropade *per la caritá*.

Eftermiddagen begynte vi sträfva uppför apenninska bergen. Backarna äro mera långa än branta och gå i sicksack; vägen tämligen väl underhållen. På sidorna äro somligstädes farliga precipicer; men man har där sörjt för de resandes säkerhet med stenmurar. Denna bygd företer en oräknelig hop större och mindre jordkullar, bevuxna med småskog, den man ofta ser nedom sig. Utsikten är ödslig och ful, i stället för det att de tyrolska bergens vilda majestät uppväcker en hög känsla.

Odling af åkerjord och vingårdar syntes obetydlig. På somliga ställen såg man berg- eller jordras, och jordhvarfven lågo helt tydligen i dagen. Af den oordning, här synes härska i naturen, bringas man lätt på den tanken, att hela trakten blifvit omhvälfd af jordbäfning. Naturforskare påstå sig ock häromkring finna spår af vulkaner.

Man träffar få hemman, och dessa äro usla och enstaka, husen små, låga, uppförda af rå sten och bärande utvärtes märken af den fattigdom, som bor därinne.

Vi kommo i mörkret till Lujano, ett posthus, där vi togo nattläger. Sängarna voro hårda och utan fotbräden, så platt uppbäddade, att man lätt kunnat falla utur dem. Den upptäckt att i min säng, när den bäddades, funnits en skorpion, befordrade icke min nattro. Detta slags djur är dock i dessa orter både mindre vanligt och mindre farligt, än jag föreställt mig.

Då vi den 3 november anträdde resan, betog dimman all utsikt. Jag fann sedermera, att landets beskaffenhet var oförändrad. Vi förbiforo den ett stycke från landsvägen befintliga jordbranden vid Pietra-mala, som italienarna kalla *fuoco di legno*. Vi fingo dock ej tid att bese den. Efter beskrifning skall en vidd af 10 till 12 kvadratfot på sluttningen af ett berg kasta lågor, som icke gå utom denna krets, icke heller förtära själfva jorden, men väl trä och andra eldfängda ämnen, som hållas där intill. Branden skall hvarken öfverallt eller alltid vara lika stark.

Vi mötte denna dag, mer än tillförne, så kallade *vetturiner* eller formän, som mot öfverenskommen betalning forthjälpa resande med sina *sedie* eller halftäckta postschäsar, dragna af mulåsnor. Detta sätt att färdas i Italien är tämligen bekvämligt och faller långt lindrigare än extrapost eller skjuts genom postiljoner mellan de så kallade posthusen, som svara mot Sveriges gästgifvaregårdar. Man undgår ock därigenom det olidliga och vid hvart ombyte förnyade grälet med postiljonerna om drickspenningar. Äfvenledes mötte vi många lass dragna af de starka och här i landet så nyttiga mulåsnorna. Man hade bundit dem halmkorgar för munnen, med foder uti, hvaraf de under dragandet åto.

När vi kommo till Monte Carelli, klarnade himmeln, och de skingrade molnen flöto långt nedom den bergås, hvaröfver vi färdades. Vi igenkände således Ovidii *Nubifer Apenninus*. Landet plattnade, åkrar, vinberg och tätt belägna byggnader fägnade ögat. Man arbetade i jorden. Somliga uppkörde fåror, andra krattade kammarna jämna emellan dem. Hvete och lin såddes, medan dessa sädesslag på andra tegar voro uppkomna och gröna. Kvinnfolken sysselsatte sig med spånad, icke på rockar, utan på sländor, ej mindre ute på marken än inne i husen. Cypresser prydde avenyerna till herrgårdar. Vi kommo till Florens 2 timmar efter solens nedgång. Från Bologna till denna stad är 9 posters väg. Vid porten fråntog man oss nycklarna till våra koffertar för att i vårt kvarter anställa visitation. Men detta skedde blott för syn skull; och så snart vi afstigit, återställdes oss nycklarna af en tullbetjänt, emot en ringa drickspenning, i hvilket förfarande vi igenkände aktning för den herre, till hvars svit vi hörde. Vi blefvo härbärgerade i Vanninis värdshus, som uppfyller allt hvad en resande med skäl kan vänta.

Som vi framdeles lära komma att längre vistas i Florens, må alla anteckningar om denna präktiga stad dittills besparas. Men det nöjet jag där åtnjöt, att första gången höra Italiens förnämsta nu lefvande sångare, Marchesi, kan jag ej förtiga. Han spelade första rollen i operan Ezio, som denna afton uppfördes på teatern la Pergola, dit vi genast begåfvo oss. Då jag nämner en röst af 3 oktavers vidd, af en styrka som öfverröstade orkestern och de andra stämmorna i en kvartett, af en klarhet som en silfverklocka, af en jämnhet som rullande pärlor, af en böjlighet som en kvittrande fågel, beskrifver jag, men gifver ej begrepp om honom. Han är sopran, ung, vacker, präktigt klädd och äger konsten att spela med oändligt företräde för vanliga italienska aktörer. Hans blotta ankomst på teatern kommenderade tystnad. Knappt vågade man andas. Hans bortgång var en signal till buller och gny, utan minsta uppmärksamhet på spektaklet.

Tvenne arier blef han förmådd att sjunga om. Bifallstecknet vid deras slut genom ett allmänt *bravo* och salfvor af handklapp utmärkte på en gång hans förtjänst och åhörarnas lifliga känsla.

I går eftermiddag fortsatte vi vår resa genom Pisa till härvarande bad, 6½ post. Hela vägen var god och förde oss nästan genom en oafbruten stad, där präktiga slott, landthus och andra boningsställen endast voro åtskilda genom trädgårdar, vingårdar och åkerfält, planterade med oliv- eller andra träd. På höjderna växte nog allmänt en art tall (pinus pinea) till barren lik vår, men med bar och hög stam och krona, utbredd som en uppspänd parasoll. Detta träd bär ett slags kottar med långa, smala kärnor som kallas pinocchi eller pinioli och likna små mandlar, hvilka de till smaken, i finhet och ljuflighet öfvergå. De brukas mycket till dessert.

Några stenhuggerier i ett löst och gulaktigt brott blef jag varse. Ett och annat tegelbruk syntes äfven.

Vid vår ankomst till Pisa i mörkret, var staden illuminerad; storhertigen med sin familj uppehöll sig där, efter sin vana om vintrarna. Storhertiginnan, lyckligen förlöst med en prins, hade samma dag blifvit kyrkotagen, och fägnaden däröfver betygades genom illuminationen; men himmeln hade anställt en mera lysande, ty det blixtrade häftigt och oupphörligen och dundrade äfven något. Vi hunno ej till baden förr än klockan 1 i natt. De ligga 3 italienska mil från Pisa. Åskmolnen hade då dragit sig öfver himmeln och utgöto ett hällande regn. Vi fingo genast den glada underrättelse, att vår grefve, som från Modena tagit vägen öfver Pistoja, redan den 2 i denna månad lyckligen hitkommit. Denna väg är genare och skall genom storhertigens af Toscana och hertigens af Modena gemensamma anstalter, i trots af berg och en hinderlig natur, vara förträfflig. Genast efter ankomsten besökte herr grefven storhertigen och emottog i förrgår kontravisit af honom jämte dess fyra äldsta söner. I går bevistade herr grefven ceremonien i Augustiner S. Nicolaikyrkan, då storhertiginnan frambar den nyfödde ärkehertigen till altaret, i närvaro af storhertigen, alla tolf ärkehertigarna och ärkehertiginnorna, hela hofvet och prästerskapet. Herr grefven spisade därpå middag med storhertigen och dess familj, besåg efter middagen ett på Arnoströmmen tillställdt kappseglande af flera lätta fartyg, och tog jämväl om aftonen de illuminationer och fyrverkerier i ögonsikte, med hvilka högtidligheten i Pisa firades. I dag har herr grefven begynt nyttja baden, af hvilkas verkan, som vi önska må blifva den bästa, beror, huru länge vi här komma att vistas.

FJÄRDE BREFVET.

Baden S. Giuliano den 8 november 1783.

Nu vore jag utan ursäkt, om jag ej skrefve flitigt, ty här vankas icke många förströelser. Sant är, att herr grefven af Haga postdagarna arbetar som en herre, icke mindre i Italien än i Sverige, och vi, hans båda sekreterare, med honom; men dessemellan hafva vi icke stort att göra. Värst är, och en följd af just denna ledighet, att jag icke heller har stort att skrifva om. Vi utgöra en liten svensk koloni, som lefver i tysthet inom sig, nästan som munkar i ett kloster, ty nu besökas baden af ingen annan än vår grefve och hans medföljare. Den viktigaste och tillika tacknämligaste tidning jag kan meddela är, att bemälde herre nyttjar dem med framgång och i önskelig välmåga.

Dessa bad skola blifva nästa ämnet för detta bref. De ligga norr om staden Pisa, vid foten af ganska höga kullar, hvilkas toppar och öfra del äro nakna och oftast besökas af moln samt äro betäckta med större och mindre lös sten af mångfaldig skapnad och utseende. Närmare foten äro bergen bevuxna med buskar, merendels lager; och ännu lägre ned äro på dem hela skogar af olivträd planterade, som nu bära en ymnighet af sin beska och nyttiga frukt. Man har fört jord uppå bergsluttningen och med stenmurar understödt dessa jordvallar för att få en god och emot ras säker grund åt rötterna. En park af gran bekläder ett af dessa berg. Utur deras djupa bäddar uppspringa ådrorna till de berömda Pisabaden, som skola vara nyttjade redan i Neros tid. En gammal munkinskription, som förvaras i muren af badhuset, vittnar om deras bruk i 14:de århundradet. Men för det bekvämliga skick, hvari de nu finnas, och för byggnaderna till deras tjänst, som nyttiga baden, har man att tacka storhertigen af Toscana, sedermera romerska kejsaren Franciscus I, som 1744 genom sin ståthållare, grefve Richecour, lät därom föranstalta. En latinsk inskription på stället förvarar åminnelsen af denna för mänskligheten gagnande sorgfällighet. Kostnaden skola toskanska klostren blifvit förmådda att genom frivilliga gåfvor bestrida.

Badrummen äro 36, infattade i tvenne reguliert mot hvarannan anlagda corps de pavillons, som hvardera innesluta en liten borggård. Till hvarje rum föres vattnet genom en underjordisk kanal. Sex bad äro allmänna eller ärnade att nyttjas af flera personer på en gång. De öfriga äro blott för en i sänder. Tvenne af de förra äro präktiga.

Golfvet eller bottnen af den ovala bassängen samt trappor och skrank där omkring äro af marmor, och taket hvälfdt i form af dôme. De andra baden äro mindre dyrbara, men snygga och belagda med täljsten. Då man står rak i dem, stiger vattnet något öfver knäna. Sex af baden, afstängda och med egen ingång försedda, nyttjas endast af judar. Tvenne äro enskildt inrättade för de fattiga.

Bland alla 36 baden är icke mer än ett enda kallt; det är ock det enda, som ingen mineral håller. De öfriga äro mer och mindre varma, dock icke något hvars värme öfverstiger 32 grader på Réaumurs termometer. Jag kan ej märka, att de hafva annan smak än vanligt ljumt vatten; men får vattnet stå ett par dagar i bassängen, utan att ombytas, så sätter sig där ofvanpå en hvitaktig hinna, som ser oljaktig ut. Man har i senare tider äfvenledes här inrättat duscher af varmt vatten och immbad. Framför badhusen är ett stort hotell uppfördt. Dess ena långsida, inrättad med portiker, vänder sig mot ett berg, hvarför man till utsiktens förbättrande däråt anlagt en terrass, på hvilken en häck af cypresser är planterad. I detta hus, som äger två våningar, finnas rum för 36 hushåll, tre till fyra snygga kamrar på hvardera beräknade, och till den ändan bekvämligen till hvarandra lagda. Inredningen är ganska simpel: ingen annan tapet än hvita muren, golfvet af tegel, några stolar och ett träbord i hvart rum. Sängarna äro försedda med myggtjäll, som medels snören kunna dragas omkring dem. Denna försiktighet är nödig emot ett slags besvärliga myggor, som ända intill denna årstiden störa nattron. För dem, som roa sig med spel och dans, äro särskilda salonger inrättade. Detta hotell, så väl som baden, tillhör storhertigen. Men här finnas ock flera våningsrum, tillkommande enskilda personer, i smärre byggnader utan särdeles ordning.

Gästernas antal, som årligen nyttja dessa hälsovatten, skall ungefär stiga till 400. Rätta årstiden därtill är ifrån maj till september månader. De flesta bo i Pisa, hvilket fordom var en nödvändighet, innan tjänliga rum funnos på

stället. Man dricker ock för hälsans skull såväl af varma
vattnet som af en annan här befintlig mineralådra, hvilken
skall vara mycket stark och angripa hufvudet.

Innan jag affärdar detta bref, får jag anledning att göra
en tilläggning, som dess korthet äfven kan tåla.

Herr grefven af Haga företog i dag bittida en lustresa
till Livorno. Jag nyttjade denna ledighet och gjorde öfverste-
kammarjunkaren baron Armfelt sällskap till Lucca, som
ligger blott 1½ timmes väg härifrån, och hvarifrån jag för
ett par timmar sedan är återkommen.

Vägen går genom en vacker däld, omgifven på ömse
sidor af berg, men odlad som en trädgård och medels
grafvar och diken mycket ordentligen i tegar indelad. Hopar
af folk voro i rörelse; somliga uppgrofvo jorden, somliga
jämnade den med krattor, somliga sådde säd eller satte
trädgårdsväxter. Lefvande häckar af flera slags taggiga
buskar stodo i grönska och blomma. Marken pryddes af
tusenskönor (Bellis perennis), pis-en-lit (Leontodon Taraxa-
cum) och andra blomster.

En liten sten gör skillnaden emellan Toscana och re-
publiken Lucca. Odlingen är där drifven till all möjlig
höjd. Man ser ej en tum jord onyttig lämnad. Tvärtom
har man gjort inkräktningar på själfva bergen; och de tjäna
till grund för jordvallar, på hvilka man planterat oliv- och
kastanieträd eller vinrankor.

Staden Lucca ligger på en fruktbar slätt nära vid floden
Serchio. Denna stad är ej stor och håller knappa 3 ita-
lienska mil i omkrets. Den är befäst och ifrån dess väl
underhållna vallar, besatta med träd, har man en rik utsikt
till den omgifvande amfiteatern af höjder, som äro späckade
med så kallade *ville* eller landhus, merendels tillhörande
Luccas adel. Husen äro höga, men icke särdeles väl byggda,
gatorna trånga och krokiga, men väl belagda med flata
stenhällar. Man finner här icke så många portiker som i
lombardiska städerna. Katedralkyrkan, som bär namn af
S. Martino, är en götisk byggnad, hvars fasad är prydd med
flera rader kolonner och beklädd med marmor af åtskilliga

arter, inlagda i hvarjehanda figurer. Kyrkans inre utseende
behagar. I fönstren äro, på gamla viset, inbrända målningar
af de lifligaste färger, som gifva en besynnerlig dager. Här
finnas skäligen goda målningar. Bland stadens öfriga kyrkor
såg jag ingen mera än Olivetanerbrödernas. Den var vacker
och ägde utom andra målningar, hvilka utgåfvos för Tin-
torettos och Spagnolettos, en af den ännu i Rom lefvande
berömda konstnären Pompeo Battoni. Den föreställde Bar-
tholomæi martyrium. Målaren hade valt det ögonblick, då
bödlarna begynt draga huden af ena armen. Uttrycket var
alltför hiskligt att kvarhålla åskådaren. I samma kyrka var
ett dyrbart altare af flera sällsynta marmorarter upprest,
enligt påskrift, 1735 af grefve Baratta.

Lucca har för sin idoghet fått tillnamn af *l'Industriosa*.
Dess folkmängd uppgifves vara 30,000 själar. Dess siden-
fabriker berömmas. Tillverkningarna äro vackra, men mycket
tunna, som bäst skickar sig för klimatet. De skola mest
afsättas till Levanten och Barbariet, hvarest lätta tyg äro
begärligast. Broderier af guld och silke funnos med god
smak arbetade. En mängd silfversmycken, arbetade som
filigran, med medaljer, att bära i radband, såg jag äfven
förfärdigade. De finna god afsättning genom vidskepelsen.

Luccas boktryckerier äro mycket berömda. Jag såg
dem. De äro vackra, men komma hvarken upp mot de
franska eller engelska.

Republikens palats är en vidsträckt byggnad. Där har
regeringen sina rum. Där finnes äfven en arsenal, bestående
af skjutgevär för 25,000 man. Gevären voro med mycken
snygghet och i god ordning förvarade. Jag såg där ock
gamla kärrebössor eller gevär på lavett.

Lucca skryter af frihet och firar densamma genom
inskription af *Libertas* på mångfaldiga byggnader. Allt sedan
år 1369 har denna stat bibehållit sin nu varande regerings-
form. Den är aristokratisk. Högsta makten är delad mellan
ett råd af adelsmän, som ombytas hvart år, och den så
kallade Magistrato Supremo, som i bemälte råd föredrager
alla angelägna ärenden.

Denna är sammansatt af en Gonfaloniere och nio An-
ziani, hvilka ombytas hvarannan månad. Nu för få dagar
sedan hade ombytet skett. Den nyvalde Gonfalonieren har
redan fyra gånger innehaft detta yppersta ämbete. Vid hög-
tidliga tillfällen visar han sig, beledsagad af schweizervakt,
i röd, fotsid klädnad af sammet, röda skor och röd hatt.
Under sin ämbetstid bor han i republikens palats.

Vår svenska koloni har blifvit talrikare genom herr
riksrådet m. m. friherre Carl Sparres och professor Sergels
hitkomst den 6; och nu i aftonstunden anlände löjtnant
de la Grange såsom kurir ifrån Paris.

FEMTE BREFVET.

Baden S. Giuliano den 13 november 1783.

Mig har händt, hvad vanligen händer. Man ser sist
det, man har tillfälle att se först. Jag besåg Pisa första
gången i förrgår, då herr grefven af Haga begifvit sig till
Lucca för att bevista S. Martins fest, hvilken där firas med
stor ståt och hvarvid ärkebiskopen själf förrättar mässan.

Staden Pisa är ej mer än en skugga af hvad den var
för några hundrade år sedan. Dess vidsträckta omkrets,
som fordom hyste 150,000 människor, härbärgerar nu all-
enast 15,000. En del af dess breda gator grönska. De
stora ansenliga husen likna snart ruiner. Tiggare utgöra
största folkmängden, som rör sig på gatorna.

Den vackraste delen af staden, hvarest ännu lyser en
gnista af lif, omgifver dess tre stenhvälfda bryggor öfver
den breda, men blacka Arnofloden. Längs utmed dess
stränder äro vackra strandgator, quais, anlagda, försedda
med bröstvärn af sten. Köpmansbodarna äro inrättade
under portiken.

Det palats, som af storhertigen under dess härvaro bebos, är ett stort, men simpelt hus af tre våningars höjd, genom en korridor förbundet med slottskapellet, som icke heller skall vara lysande af någon utmärkt prakt. Nedanom storhertigens palats emot strömmen, står storhertigen Ferdinand I Medicis staty af marmor.

Pisa kan berömma sig af några byggnader, som ehuru de bära stämpel af medelålderns felaktiga smak, likväl genom sin storlek och prakt förtjäna uppmärksamhet. Den första är domkyrkan, en stor massa af götisk arkitektur, bekrönt med en kupol, som ökar dess majestätiska anseende. Fyra rader kolonner pryda dess präktiga fasad.

(Beskrifning af domen.)

Campo-Santo kallas en märkvärdig kyrkogård nära domkyrkan.

(Beskrifning af Campo-Santo.)

Muren i galleriet är målad al fresco, mest med andliga historier. Man igenkänner där medelålderns ofullkomliga konst. Sammansättningarna röja en nog otyglad inbillningskraft. Man ser till exempel änglar och djäflar strida i luften om aflidnas själar, som i skapnad af nakna barn flyga utur kropparna. Campo-Santo har varit ryktbar för den egenskap, att därstädes nedsatta lik inom 24 timmar blifvit af förruttnelse alldeles förtärda; och sådant har man ansett för en underbar verkan af helig jord, som ditfördes från Jerusalem i 13:de århundradet.

Pisa, som då var en mäktig republik, skickade kejsar Fredrik II under dess korsfärd i Palestina en betydande hjälp, och galärerna, som ditbragte densamma, hämtade hem med sig denna undergörande jord. Man har syftat på denna händelse med en målning uppå muren, som föreställer de pisanska chefernas återkomst och därutmed tre lik i de tre förvandlingar, de inom 24 timmar undergingo, nämligen: det första uppsvälldt, det andra med köttet fallande ifrån benen och det tredje såsom ett alldeles naket benrangel.

En så hastig förgängelse äger nu ej rum i Campo-Santo. Den torde fordom haft sin orsak i ymniga kalkpartiklar, som jorden hyst därstädes och som sedermera blifvit så utblandade med vegetabiliska och animaliska tillsatser, att de förlorat sin kraft.

Baptisteren är en särskild kyrka, helgad åt Johannes Döparen och endast ärnad till dops förrättande. Så beskaffade byggnader uppfördes fordomdags af helig nit i nästan alla betydande städer.

Baptisteren ligger nära till domkyrkan, är byggd af marmor år 1153, till formen rund och krönt med en kupol.

Utanpå är den prydd med flera kolonnader öfver hvarandra och mellan kolonnerna med bilder af helgon, många krusade sirater att förtiga. Inuti stå åtta grofva granitkolonner kring murarna, bland hvilka de två, som omgifva ingången, hvardera äro af ett stycke. Dessa stora pelare bära smärre, som understöda kupolen, hvars höjd ifrån golfvet skall utgöra 105 braccie. Midt i kyrkan står ett stort åttkantigt marmorkärl och däruti en Johannes Döparens staty af brons. I hörnen har det fyra urholkningar eller djupa rum, som från mellersta bassängen äro afskilda. Det tyckes som de varit fyllda med vatten och tjänt till funtar åt dem, som skulle döpas, då prästen stått torrskodd midt uti. Utsidan af detta kärl är sirad med fint uthugget blomverk. Predikstolen hvilar på kolonner af orientalisk granit, siciliansk och spansk marmor. Genljudet är ovanligt starkt ifrån hvalfvet, hvars eliptiska form verkar, att hvad som hviskas vid en sida däraf, höres tydligen tvärt öfver vid den motstående.

Midt för baptisteren på andra sidan om domkyrkan står det *lutande tornet*, en klockstapel, uppbyggd år 1174 i form af en stympad kägla och således platt ofvanpå. Utomkring är den omgifven med åtta rader marmorkolonner, mellan hvilka och dess mur äro öppna gångar, så att man kan spatsera däromkring i åtta särskilda höjder. Kolonnerna äro af olika arkitektur och efter allt utseende antika. Trappan upp i tornet, från hvilken man genom därtill inrättade portar har utgång till portikerna, går i spiral och består af 256 steg. Öfverst hänga klockorna, fem större och två mindre. Som tornet är ihåligt, så kan man därifrån se ned till dess botten såsom i en djup brunn. Man har där en vidsträckt utsikt öfver staden Pisa, dess många trädgårdar och hela nejd, hvars åkerfält och byggnader ligga såsom på en karta under ögonen. Norra och östra horisonten är innesluten af den bergskedja, lik stelnade hafsvågor, vid hvars fot baden ligga. Väster ut ser man Arnofloden efter hundrade bukter förlora sig vid himlabrynet; och när luften är fullkomligen ren, upptäcker ögat hafvet och Livorno.

Det lutande tornet skall vara 95 braccie högt och lutar så mycket, att en från öfversta planen nedfälld lodvikt, faller 15 fot utom dess basis, hvilket lärer utgöra fem grader från lodlinjen. Man har påstått, att dess byggmästare, Bonnano Pisano, för att visa prof af sin mekaniska insikt, med flit uppfört tornet lutande. Men som piedestaler och soubassement under nedersta kolonnaden på den lutande sidan äro i jorden nedsjunkna hela två alnar djupare än på den andra, och stenhvarfven i muren i lika mån luta mot horisonten, så finnes lätt, att lutningen är en verkan af grundens sjunkning. Lutande torn finnas på flera ställen i Italien, förmodligen af samma orsak.

(Fortsatt beskrifning af Pisa.)

Klimatet i Pisa är kändt såsom särdeles ljufligt. Ehuru nära baden ligga till denna stad, är likväl luften omkring dem skarpare i anseende till de höga bergen, som sprida kyla ifrån sig. Vägen emellan staden och baden är ganska behaglig; landet platt, odladt och med nyttiga träd planteradt. En kanal, som förenar Arno med floden Serchio, tjänar till transporter emellan Pisa och baden.

Båtarna dragas där med tåg. Stenbryggor öfver densamma tjäna på en gång till prydnad och varaktighet. Ungefär fyra italienska mil från Pisa finnes en källådra i berget Asciano, som medelst en vattenledning, hvilande på 1,000

murade hvalfbågar förser staden med friskt vatten. Denna
vattenledning, som varit förfallen, har år 1774 blifvit iståndsatt af nu regerande storhertigen.

SJÄTTE BREFVET.

Baden S. Giuliano den 17 november 1783.

För tre dagar sedan besökte jag i sällskap med öfverstekammarjunkaren baron Taube och presidentssekreteraren
Franc ett bekant kartheuserkloster, beläget sex italienska
mil i öster härifrån. Vägen följde på södra sidan den höga
bergsryggen, jag tillförne beskrifvit, med den vid dess fot
planterade olivskogen. Bergen hade somligstädes rasat och
delat sig i ofantliga massor, som syntes förråda verkan af
någon jordbäfning.

(Beskrifning af klostret.)

Munkarna bo rymligt. Hvar och en har tre små rum
på första bottnen, lika många ärnade till arbete en trappa
högre upp, och sin lilla trädgård, den han använder till
oskyldigt tidsfördrif. Således sysselsatte sig en broder med
bomullsspånad och hade en plantering af bomullsträd i sin
trädgård. Priorn hade än flera och större rum. Han var
älskare af naturalhistorien, hvari han samlat ett artigt kabinett, synnerligen utur stenriket, jämte ett bibliotek i samma
ämne. En portik utanför hans rum företedde ett slags
löfsal, formerad af en frodig amerikansk ranka (Bignonia),
som lindat sig om alla kolonnerna och hängde i festoner
ned ifrån taket. Dess löf skola tämligen tåla köld. Några
andra utländska växter stodo i samma portik i krukor.

I arkivet förvarades, med mycken ordning, klostrets
gamla diplomer och pergamentsbref. De lågo i rullar på

hyllor. Under hvar rulle stod dess nummer antecknad efter katalogen, så att man utan svårighet fick rätt på den handling man sökte.

Munkarnas antal sades vara tjugu, novisernas endast två. Tjänande bröder, hvilka utgöra en särskild klass och aldrig befordras, skola vara lika många som munkarna. Ordensreglerna äro, som man vet, ganska stränga. De bjuda bland annat att aldrig äta kött, att större delen af året ej äta mer än ett mål om dagen (dock tillåtes att dricka ett glas vin om aftonen); att aldrig resa bort, utan för ordens angelägenheters skull; att aldrig tala, undantagandes vissa frigifna dagar, utan måste hvar och en ensligt tillbringa tiden i sin cell och äfven där spisa ensam. Högtidsdagar äta dock munkarna tillsammans i sin refectoire. Prioren sitter då främst; därnäst prokuratorerna, som äro fem och förvalta medlen samt ekonomiska ärenden; nederst samtliga bröderna. Hvar munk har ett eget kapell och är pliktig att där säga mässan vissa timmar. En del af natten användes ock till gudstjänst. Priorn sade sig hafva varit fyrtio år i klostret och däraf trettio år munk (frate chiostrato). När man besinnar denna stränga enformiga lefnad, blir munterhet ett underverk och troligare, att dessa munkar efterrapa än äga den. Vanan har dock ofta en verkan, som öfvergår allt begrepp. Deras bord, ehuru alltid magert, det är utan kött, skall vara läckert, och de se gärna främmande, som de väl undfägna. Klostret stiftades år 1365 af en armenisk köpman och har stora egendomar i Toscana och på Korsika. De fattiga få därifrån ansenliga allmosor och genom arbete ett nyttigt tillfälle att förtjäna födan. I förrgår åt herr grefven af Haga i sällskap med storhertigen middag i det beskrifna klostret, men var ej munkarnas utan sistnämnde herres gäst. De regalerade honom likväl med en stor omelett tillagad med olja. Jag använder många af mina lediga stunder till promenader. Luften och jorden äro nu här sådana som vanligen mot augusti månads slut i Sverige. Marken äger sin friska grönska och prydes ännu af blommor. De flesta träd äro dock bara. Olivträden och lagrarna stå allena gröna och fälla ej sina löf emot vintern. Men äfven de nakna träden låna grönska af murgrön (hedera helix), som mycket allmänt härstädes slänger sina refvor omkring dem. Denna växt upplifvar jämväl utseendet af de vördiga ruiner, hvilka uppfylla detta land. Den omfamnar och bekläder de söndervittrade murarna och öfverskyler spåren af tidens förödelser. En rad af åtta stycken stora tegelbågar, som förmodligen fordom understödt en vattenledning, står vid landsvägen åt Lucca så godt som höljd af denna främmande, men behagfulla prydnad.

Jag har klättrat uppför bergen häromkring. Ehuru de äro branta och öfverst täckta med klappersten, hvilka göra dem besvärliga att bestiga, ser man dock herdar på dem valla sina får. Stenlagda vägar förde i sicksack öfver bergsryggen, befordra hvarjehanda transporter till andra sidan, som är mera långsluttande och äger gårdar och uppodlingar. Sten brytes här ymnigt till byggnadsämnen. Den är gulaktig och så lös, att det blott behöfves vigg och slägga. Jag kan ej förtiga den besynnerliga erfarenhet jag haft, att dessa berg på långt när icke se så höga ut, som de verkligen äro. Man inbillar sig i dälden, att på en fjärdedels timme stiga till deras topp, och det låter sig ej göra på en hel. Jag känner ej skälet till denna synvilla, som troligen kommer af den omgifvande nejdens dimensioner och förhållande mot bergen.

Min landtlefnad i fjorton dagar har vändt min uppmärksamhet på hushållningen härstädes. Jag tror mig väl ingalunda känna den grundligen, men några få anmärkningar vill jag dock meddela, hvilka i den vägen kunna tjäna till jämförelse emellan Italien och mitt fädernesland.

Åkern, som består af en fet, djup, lerblandad mylla, skötes nästan som vår trädgårdsjord. Detta verkställes utan mycken svårighet, ty landet är tätt bebodt, ägornas utrymme ringa och jorden kan brukas hela året igenom. Är den bunden med gräs eller rötter, så uppgräfves den med spade. När den skall besås, lägges den medels trästock, som är försedd med mycket vida öron, i djupa breda fåror som formera mellan sig höga ryggar, lika kammar, och den utsådda säden nedkrattas. Genom dessa djupa fåror tyckes väl jord spillas, ty syran, som stannar i dem, gör att säden mest går ut; men jag föreställer mig, att detta brukningssätt lär vara nödvändigt i anseende till däldernas flacka läge och till de häftiga regnen, hvilkas vatten icke genom blotta diken kan afledas, hvarför ock efter en regndag fårorna ofta stå fulla af vatten.

Sädesslag nyttjas här mångahanda: hvete, råg, korn, bönor, majs, som kallas saggina och användes till föda både för folk och boskap, lin, flera slags frön, som hos oss blott tillhöra trädgårdarna. Italienska åkrarna bära både lök, kål och jordfrukter. Ett slags vickärtor utsås endast för gödningens skull och nedköras när de stå i blomma. Sädestiderna äro ej så reglerade som i Sverige, ty där aldrig käle är i jorden, verkar tidigare eller senare såning endast tidigare eller senare skörd. Hvete, råg och korn lära dock gemenligen sås i oktober och november och bärgas i juni. Då jorden behörigen gödes, kan den ofta bära två grödor om året.

Sällsamt har mig förekommit, att ehuru under vår härvaro åtskilliga så starka nattfroster infallit, att is legat på vattenpussar ett stycke fram på dagen, har dock nyss uppkommet lin och andra hos oss ömtåliga växter icke däraf tagit skada. Jag vet ej, om orsaken ligger i jordmånen, i underjordisk värme eller någon annan förborgad kraft.

Jag har redan tillförne anfört, att italienarna i sina åkrar plantera hvarjehanda nyttiga träd, hvilka gifva stöd åt vinrankor. Jag har således sett orginalet till Horatii vackra målning:

Adulta vitium propagine
Altas maritat populos.

Och dessa trädplanteringar utgöra en viktig del af italienska landskötseln. Af mullbärsträdens blad födas silkesmaskar, och till en del fodras boskap. Olivträdens frukt, som skördas i februari och mars månader, gifver olja, hvilken här nyttjas till samma behof som smör i våra nordiska länder. Vinet åter gör öl och dricka både onödigt och okändt. Popplarnas kvistar användas till bränsle.

Bönder äro väl här icke jordägande, utan landtboer åt egendomsherrarna, under villkor som någorlunda svara emot vårt hälftenbruk, men så äro de ej heller lifegna såsom i flera tyska stater. Deras hus äro, såsom alla byggnader här i landet, af sten, och nyttjas till dem ömsom tegel och klapper. Många af dessa kojor äga intet fönster, utan dagern får falla in genom den öppna dörren, så länge ljust är. Andra hafva gluggar med träluckor för; och det är nästan en yppighet, när de äro försedda med pappersfönster. Golfvet är stenlagdt såsom en stadsgata. Boskaps- och nödiga redskaps- samt uthus äro sammanbyggda under ett tak med mangården.

Boskapsskötseln synes här vara mindre vårdad. Brist på äng och bete lär därtill vara vållande. Emellertid äro oxarna af ovanlig storlek; jag har redan anmärkt, att de allmänneligen äro gråa till färgen. Man föder boskapen mest inne med halm eller annat foder. När säden är uttröskad, uppdösas halmen i stora pyramider utanför husen. Man skär hackelse af dessa där de stå, så att de ofta äro på vägen att falla ikull och med störar måste understödas. Hästar och får gå ute hela året. De senare vallas af herdar och finna tillräcklig föda på bergshöjderna; men de förras fodring underhjälpes mycket med spannmål, och har jag sett dem gifvas stridt korn.

Nuvarande storhertigen är en stor beskyddare af jordbruket. Genom den författning, att spannmål, när den faller under ett visst pris, får fritt utföras ur landet, har han mycket uppmuntrat uppodlingar. Men jag föres nu oförmärkt ifrån landsbygden till hofvet. Leopold är en af de prinsar, som icke blifvit förblindade af den glans deras stånd omgifver. Han är blott furste för att regera med vishet och människokärlek. I väsende och lefnadssätt skulle man taga honom för en enskild person. Han går antingen klädd i en österrikisk uniform eller i släta grå kläder. Hans hof liknar ett hederligt enskildt hus. Han äger inga

andra kavaljerer omkring sig till sin uppvaktning än sina
söners informatorer, och hans gemål inga andra damer än
sina döttrars guvernanter. Detta höga par uppfyller alla
plikter af ömma makar och af hulda föräldrar för en tal-
rik familj. De neka sig nästan alla publika nöjen, och
storhertigen arbetar med en flit, som ofta föranlåtit hans läkare
till föreställningar, att han icke därmed måtte skada sin
hälsa. Postdagar tillbringar han ofta oafbrutet i sitt kabi-
nett för att själf uppsätta sina bref. Hans författningar
vittna om upplysning och vaksamhet. Skada allenast, kan
hända, både för honom och för hans folk, att han är ut-
länding! Florentinerna glömma ej sina infödda mediceer,
och aldrig märkes nationers skiljaktiga lynne mer eller gör
det en obehagligare verkan, än då regenten är främling
bland sina undersåtar. I går blef herr riksrådet friherre
Sparre jämte de öfriga svenska kavaljererna, alla i svensk
hofdräkt, presenterade vid storhertigliga hofvet. Herr gref-
ven af Haga spisade där ock middag tillika med dem.
Storhertigen har fått besök af sin syster, hertiginnan af
Parma, som under namn af Marquise de Zara står på resan
till Rom och Neapel och uppehåller sig några dagar
i Pisa.

SJUNDE BREFVET.

Baden S. Giuliano den 23 november 1783.

Detta bref blifver det sista jag skrifver härifrån. Herr
grefven af Haga har med så önsklig verkan betjänt sig af
baden, att han numera icke finner sig hafva dem af nöden,
utan har bestämt morgondagen till sin afresa till Florens.

Jag har emellertid besett Livorno. Herr grefven af
Haga reste den 19 bittida om morgonen till Lerici i tanke
att sjöledes på tartane begifva sig till Genua för att där

bevista Dogens kröning i går, som var den 22. Jag åter i sällskap med öfverstekammarjunkaren Taube, hofstallmästaren baron von Essen och presidentssekreteraren Franc, gjorde ett besök i förstnämnda stad, som ligger fjorton italienska mil härifrån. Vägen går merendels genom skog, bestående af ek, något lager och korkträd (Quercus Suber), en variation af ek, hvars bark nyttjas till kork. Landet är ganska platt, till en del busklupet. Storhertigen har däraf till enskilda försålt stora stycken, som nu rothöggos och uppodlades. Utom en stor kanal, som lättar kommunikationen emellan Pisa och Livorno, äro här flera mindre kanaler inrättade, förmodligen i afsikt att uttorka nejden, som af naturen är sumpig. Öfver dessa voro vackra stenbroar lagda.

Livornas läge är flackt utmed sjökanten. Vid ankomsten från Pisa ser man till höger en på klippor anlagd fyrbåk, som i mörkret länder de sjöfarande till rättelse. Fartygen på redden sågo ut, som de legat uppå landet. Till vänster visade sig en på storhertigens befallning utanför staden anlagd begrafningsplats. Den är fyrkantig och rymlig, omgifven med en stenmur och flera kapell. En cypressallé leder dit ifrån staden. Men ändamålet att befria staden ifrån osund luft är icke vunnet, ty marken är så sumpig, att de murade grafvarna blifvit fyllda med vatten, hvarigenom liken gifvit en olidlig stank, som i den varma årstiden skall besvära hela nejden. En florentinsk öfverste, som uppgifvit förslag till denna inrättning, hvilken, ehuru föga den svarat mot afsikten, likväl kostat tre gånger mera än påräknadt var, har fallit i onåd och måst gå ur tjänsten.

Livorna är icke en stor stad och håller ej mer än två italienska mil i omkrets. Den är omgifven med starka vallar och med grafvar. Besättningen har utgjort 1,500 till 2,000 man, intill dess storhertigen, som finner en talrik krigsmakt alltför kostsam, ansenligen minskat densamma. Invånarnas antal beräknas till 45,000, en betydande folkmängd för detta utrymme. Man ser ena stadsporten från den andra. Gatorna äro breda, raka, väl stenlagda med

flata hällar och försedda med rymliga trottoarer. Stora
torget är en vidsträckt rektangulär plats. En del af staden
är med kanaler tätt genomskuren och bär därför namn af
Venezia. Husen äro i allmänhet mycket tätt intill hvar-
andra byggda, af tegel, men beklädda med kvadersten, fyra
våningar höga, och försedda med balkonger och jalusier
vid fönstren efter italienska maneret. Men byggnader, som
på konstens vägnar äro märkvärdiga, sökas här förgäfves.

Judarna, hvilka man säger äga ett paradis i Livorno,
stiga där till ett antal af 14,000. De hafva sitt eget kvar-
ter, utom hvars gräns de ej få bo. Deras tillväxande myc-
kenhet har därföre nödgat dem att bygga husen hela fem
och sex våningar höga. Dessa judar skola i allmänhet vara
ganska rika. Deras synagoga är en af de präktigaste i
Europa. De privilegier de njuta äro dem till större delen
skänkta af storhertigen Ferdinand I, som därigenom drog
dem till sig med deras rikedomar, då de flyktade undan
förföljelser ifrån Spanien och Portugal. Armenier, som i
tämlig myckenhet idka handel i Livorno, äga där ock
egen kyrka.

(Beskrifning af Livornos märkvärdigheter.)

Livorno är en glad och lefvande stad. Dess blom-
strande handel grundar sig först på Pisas förfall, hvars forna
hamn, Porto Pisano, belägen emellan Livorno och Arno-
strömmens utlopp i hafvet, i trettonde århundradet förstör-
des af genuesarna och guelferna; och därnäst på medi-
ceiska husets klokhet, som sedan florentinarna år 1421
köpt Livorna af genueserna, här läto anlägga den första
frihamn vid Medelhafvet, där alla nationer utan hinder af
religion eller andra band fingo idka handel. Alla euro-
peiska folk, som handla på Levanten, hafva nederlag i Li-
vorno. Femtio svenska skepp skola årligen besöka ham-
nen, men merendels för främmande frakt.

Livorno är i ymnighet försedd med nästan alla slags
handelsvaror. Bodarna framte däraf rika och dyrbara för-
råd. Den, som tillhör herr Micalli, en venetiansk hand-

lande härstädes, förtjänar att ses. Det är ett sammandrag
ifrån många länder af allt hvad nyttigt och grant nämnas
kan. Italienska, engelska, franska varor, nipper, möbler,
ljuskronor, marmorskifvor, vaser, speglar, porslin, stålarbe-
ten, sidentyg, bomullstyg, broderi, spetsar, ja ända till engel-
ska skor och stöflar. Kaffehusen likna de präktigaste sam-
kvämsrum och besökas mycket. Där serveras à la glace,
limonad och andra förfriskningar på silfverfat och marmor-
bord; rummen upplysas af hvita vaxljus i kristallkronor.

Under de två dagar, jag tillbragte i Livorno, spisade
vi den första hos svenska konsuln Törngren, och den
andra hos hans excellens herr riksrådet friherre Sparre, som
på värdshuset la Croce di Malta till middagen undfägnade
nio svenskar.

Ibland dessa voro herrar Gadd och Grabin, som biträda
herr Törngren på dess kontor. Herr Gadd, som spelar
mycket skickligt violin, förde mig efter middagen till tyske
lutherske pastorn Schultesius, som med icke mindre fär-
dighet spelar fortepiano och jämväl är känd för lyckliga
kompositioner. Italiens nu lefvande störste violist, Nardini,
vistas i Livorno och har flera gånger låtit ackompanjera sig
af herr Gadd; men jag fick ej tillfälle att höra denne mästare.

Däremot bevistade jag båda aftnarna skådespelet, som
börjades klockan åtta. Teatern är stor och har fem rader
rymliga loger, i somliga af hvilka spelades kort. Utmed
teatern finnes en biljard, och man får äfven hvarjehanda
förfriskningar till köps, så att åskådarna hafva flera nöjen
än blotta spektaklet att välja emellan. Biljetterna till in-
gången emottogos af maskerade personer, ett vanligt bruk
i Italien, på det att dessa så mycket oblygare må iakttaga
sin skyldighet. Operan, Pizarro nella India, uppfördes med
mycket bifall. Den berömda Ansani, Italiens första tenor,
spelade Atapalibas roll. Hans röst är klar, manlig, full,
stark, hans metod simpel utan broderi, men af ett för-
undransvärdt uttryck. Men en sångare bör höras och icke
beskrifvas. Själfva operan var utan dans, men emellan
akterna uppfördes pantominbaletter, som alldeles icke hörde

densamma till. De dansande ägde både vighet och styrka, men de voro springare. Deras halsbrytande luftsprång upp· väckte det lifligaste bifall, yttradt genom skri, stampande och handklapp, så att hela huset tycktes bäfva. Detta bul- ler, ända in till oordning, stöter en främling, som kanske ej äger all lifligheten af italienska nationens känsla, innan han därvid genom öfning fått vänja sig. Kläder och dekora- tioner voro präktiga. Skådespelet slöts klockan half tolf, men då voro icke många åskådare eller åhörare kvar.

Vi återkommo hit till baden i förrgår vid middagstiden och möttes af den tidning, att herr grefven af Haga, i Lerici hindrad af motvind, ej kunnat fullborda sin resa till Genua. Herr grefven hitlände ock samma dag om aftonen, sedan han på vägen besett marmorbrotten vid Carrara.

ÅTTONDE BREFVET.

Florens den 26 november 1783.

Paulo majora canamus. Jag är sedan i förrgår i Florens, i Firenze la bella, som förtjänar detta tillnamn, som var mediceernas forna residens, konsternas och vetenskapernas fostermoder, och som än i dag intager ett rum bland de präktigaste städer, äfven i Italien. Jag har varit här i två dagar. Denna tid har varit tillräcklig att öfvertyga mig, att här finnas saker, som förtjäna att studeras månader och år. Hvad skall jag då nu kunna skrifva därom? Ingenting med besked; men jag skall dock söka att draga några strödda utlinjer till figuren.

Florens har den behagligaste belägenhet på en vid- sträckt och fruktbar slätt, hvilken liknar en trädgård, är omgifven af sluttande höjder, som förete en odlad amfi- teater, och genomskäres i många bukter af Arnoströmmen, hvilken äfven delar själfva staden i två stycken, på det sätt att trefjärdedelar däraf ligga norr och en fjärdedel söder om älfven.

Öfver denna flod äger Florens fyra stenbryggor: Ponte alla Carraja, S. Trinitá, Vecchio och Rubaconte. Bland dessa är Ponte S. Trinitá ett mästerstycke i anseende till dess tre platta hvalfbågar, som understöda en 150 steg lång bro. Hon förenar fasthet med en i ögat oförlikneligen väl fallande lätthet af byggnadssätt och har blifvit ett mönster för den berömda Pont de Neuilly i Frankrike. Ponte Vecchio väcker en utlännings uppmärksamhet genom den sällsamhet, att byggnader äro på densamma å båda sidor uppförda såsom på en gata. På alla fyra broarna har man härliga och målningsvärda utsikter.

Gatorna äro förträffligen belagda med flata stenhällar, så att de likna ett golf. De äro i allmänhet tillräckligt breda och tämligen raka, önskönt stadens plan, såsom i gamla städer vanligen händer, icke är den regulieraste. Få städer kunna skryta med bättre byggnader. De äro väl icke af jämn storlek eller skönhet, men en mängd palats utmärka sig genom en dristig, simpel och majestätisk stil. Palazzo Riccardi och Palazzo Strozzi kunna i den vägen tjäna till mönster. Det är vidsträckta fyrkantiga massor, af rustikt byggnadssätt, och som utan andra prydnader än sin storhet, i ädelt anseende öfverträffa de flesta byggnader i den nymodiga smaken, belastade med grannlåt.

Portarna i Florens äro stora och liksom bereda genom ingångens värdighet ett fördelaktigt begrepp om det inre af huset; portiker brukas icke så mycket som i lombardiska städerna.

Florens är, såsom italienska städer i allmänhet, icke upplyst om nätterna. Bodar eller helgonbilder, som beständigt prydas med brinnande lampor, meddela det enda ljus, som bestås på gatorna. Främlingar nyttja facklor, men invånarna själfva föga. Polisen säges och synes vara god, och med undantag af stoj och skri, som höra till nationens vana, förspörjas inga oordningar eller våldsamheter.

Folkmängden uppgifves till 80,000 människor. Jag måste dock säga, att rörelsen icke synes svara mot ett så stort antal inbyggare. Men staden är äfven af ansenlig vidd.

Den är omgifven med en ringmur och har två citadell. Det ena är litet, ligger på en höjd söderut vid trädgården Boboli och bär namnet af Belvedere. Det andra, norr om staden, är större och kallas Giambattista.

Man räknar i Florens 17 torg, 10 springbrunnar, 172 kyrkor, 89 kloster, 44 församlingar (parocchie). Domkyrkan är ett af götiska arkitekturens präktigaste monument. En myckenhet, till större delen goda bildstoder pryda torgen och andra öppna platser i staden. På torget vid norra ändan af Treenighetsbryggan står en dorisk kolonn med rättvisans bild ofvanuppå. Den är upprest af Cosmus I. I ett gathörn ej långt ifrån domkyrkan ser man Hercules, som öfvervinner centauren Nessus, af hvit marmor; ett af Jean de Bolognes mästerstycken. Men Piazza di Granduca eller storhertigtorget har de flesta och vackraste konststycken att framvisa. Vid detta vidlyftiga torg, för öfrigt omgifvet af ojämnt, till en del, illa byggda hus, ligger det så kallade Palazzo Vecchio, där regeringen, den tid Florens var republik, hade sitt säte. Det är en stor götisk byggnad, försedd med krenelerad mur och ett öfver 200 fot högt fyrkantigt torn, likaledes krönt med tinnar. Vid ingången till palatset visar sig en bildstod af Michel-Angelos arbete, föreställande en jätte. Under rät vinkel mot Palazzo Vecchio finner man den så kallade *Loggia*, en betäckt gång med arkader, som tjäna till skjul emot regn och solhetta, och hvarest storhertigen emottager toscanska städernas hyllning. Under den arkaden, som vänder sig åt palatset, står en staty af brons afbildande Judit i begrepp att hugga hufvudet af Holofernes. Den är förfärdigad af den berömde Donatello och upprest under republikanska regeringen med påskrift: Publicae salutis exemplum cives posuere. Af de tre arkaderna emot torget är den mellersta tom, men under de två andra ser man sköna statyer. Den ena föreställer Perseus med svärd i den ena handen och Medusas hufvud i den andra, af Cellini; den andra en bortröfvad sabinska, af Jean de Bologne, grupp med tre figurer, hvarmed mästaren skall velat afbilda människans tre åldrar, nämligen: ungdomen i den röfvade kvinnans figur, mannaåldern i romarens och ålderdomen i en gubbes, som ligger för romarens fötter och af honom synes begära henne åter.

(Fortsatt beskrifning af piazzans märkvärdigheter.)

Den förträfflige Marchesi har redan tvenne aftnar för-nöjt mina öron i operan Ezio, som spelas på teatern Per-gola till och med den 28 i denna månad, då spektaklen upphöra med advents ingång. Han visar sig där icke förr än han emottages med handklapp och ett af längtan och förnöjelse dikteradt *eccolo.* I afton gjorde han sig dock mindre älskad af parterren. En aria i tredje akten, som bifölls med yttersta liflighet, sökte man förmå honom att omsjunga. Man ropade *ancora* efter vanligheten, men utan verkan, och Marchesi drog sig undan. Denna sid-vördnad förorsakade fördubbladt buller. Åtrån att höra arian andra gången förenade sig med åhörarnas sårade egen-kärlek, de utbrusto i skrik, stampning, ja ända till hotelser. Aktörerna i nästföljande scen visade sig förgäfves; man tillät dem ej börja, utan ridån måste fällas och spektaklet slutas, innan pjäsen var till ända.

Teatrarna i Florens äro tre: La Pergola, Teatro Nuovo och Teatro Cocomero. Den förstnämnda, så kallad af gatan, hvarvid den ligger, är egentligen inrättad för den allvar-samma operan. Man har där ingenting försummat, som länder till prydnad eller bekvämlighet. Rum för dem, som älska spel eller åstunda förfriskningar, äro inrättade vid in-gången. Parterren är försedd med bänkar att sitta på å ömse sidor om en bred gång, som afdelar den på läng-den, en anstalt för åskådarnas bekvämlighet, som är vid-tagen på alla italienska teatrar. Logerna äro indelade i fyra rader, men ej upplysta med ljus. Teatro Nuovo är jämväl stor och vacker, med loger i fem rader; där spelas trage-

dier. Teatro Cocomero är mindre än de andra och nyttjas
till operabuffa.

Italienska spektaklen äro vida skilda från de franska.
Man söker vid de förra icke blott ögats och örats nöjen,
utan ock umgänge. Man gör, man emottager besök i
logerna, man lystrar ej till det, som förefaller på teatern,
oftare än när något särdeles frappant påkallar uppmärksam-
het. Däraf händer ock, att aktörerna bemöda sig föga om
att spela väl. De taga sig frihet att hälsa på sina bekanta i
logerna eller på parterren, som ej skulle tillåtas, om åskå-
darna fordrade mera illusion. Operan är utan balett och
har äfven föga körer. Den indelas merendels i tre akter,
men att ersätta bristen på dans, äro mellan första och andra
och andra och tredje akterna så kallade *intermezzi* inrättade,
som bestå i idel baletter, föreställande någon action. Såle-
des var Pygmalion, kär i sin modell, ämnet för första in-
termezzon i operan Ezio. Senare intermezzon är gärna
komisk, för att ej säga burlesk. Det är otroligt, hvad de
så kallade Ballerini groteschi äro omtyckta härstädes. Den
behagfullaste dans skulle komma parterren att gäspa, då
några få språng, som utmärka blott vighet och styrka, än-
skönt smaken är aldrig så orimlig, emottagas med bifallsgny.
Italienarnas afgjorda smak för det komiska röjer sig äfven
genom den föga framgång, hvarmed tragedien spelas. Detta
slags skådespel bevistas af ganska få och förtjänar ej heller
ett bättre öde. Aktörernas köld, predikoton, illa afpassade
åtbörder, felande minne, som oupphörligen måste hjälpas
af den högmälde sufflören, allt är sömngifvande. Det enda,
som uppehåller tragedierna, äro intermezzi af operabuffa
emellan akterna. Sådana brukas ock i komedier. I natt
blifver maskeradbal på teatern la Pergola. Jag får ej tillfälle
att komma dit. Man säger, att salen skall vara väl upplyst
och mycket grann genom speglar, hvarmed logerna vid
sådana tillfällen utanpå prydas, men balerna skola sällan
vara muntra.

NIONDE BREVET.

Florens den 29 november 1783.

Jag har alla förmiddagar efter min hitkomst besökt det ryktbara galleriet och ärnar därmed fortfara, så ofta jag får tillfälle. Beskrifningar om detsamma uppfylla många volymer. Icke desto mindre vill jag försöka att därom meddela ett kort begrepp *ex visis.* Jag bör börja med betygande af min erkänsla för herr Lanzi, en af dess custoder, en grundlärd man, som med en sällsynt benägenhet därstädes varit och är min ledare.

(Beskrifning af galleriet i Uffizierna.)

P. S. Jag berättade sist, huru Marchesi stötte sig med florentinska parterren. Jag bör nu tillägga, huru han gjort sin fred med densamma och tillika tagit afsked härifrån. I går afton, då teatern sista gången före advent var öppen, spelade han i operan Pyramus och Thisbe och sjöng i dess tredje akt tvenne gånger den arian ur operan Ezio, som för några dagar sedan af honom förgäfves begärdes. Därmed voro alla nöjda. Detta exempel visar ock, huru litet man härstädes bekymrar sig om dramatiska sammanhanget i ett skådespel.

TIONDE BREFVET.

Florens 1 december 1783.

Jag måste ännu något litet uppehålla mig vid galleriet. Om mitt bref denna gången blir gräligt, så må det blifva oläst.

(Fortsatt beskrifning af galleriet.

Elfte brefvet: Biblioteket, arkivet, Palazzo Vecchio, fabriker m. m.

Tolfte brefvet: Palazzo Pitti.

Trettonde brefvet: Domkyrkan, Campanilen, S. Lorenzo m. m.

Fjortonde brefvet: S. Annunziata, S. Croce, S. Marco, S. Maria Novella m. m.)

FEMTONDE BREFVET.

Florens den 15 december 1783.

Jag har hitintills talat mer om döda ting än lefvande här i staden. De enda af dess invånare, jag nämnt, äro några lärde, som med särdeles välvilja bemött min vetgirighet. Nu skall jag något omröra sällskapen härstädes. I Florens bor mycken både förnäm och rik adel. Den berömmes i allmänhet icke allenast för gästfrihet utan äfven för präktigt lefnadssätt. Men ingen florentinsk adelsman har nu hållit sitt hus öppet. Orsaken är troligen hofvets frånvaro; och dess exempel af sparsamhet och god hushållning torde äfven leda till efterföljd, helst anledningar äro att sluta, det florentinska adeln mera behagar sin öfverhet genom en tyst än en lysande lefnad. Men hvad som saknats hos de inhemska, har blifvit ersatt af flera främlingar, som här uppehålla sig. Engelska ministern Mann, riddare af Bath orden, en ogift 70 års man, som med värdigheten af sitt kall och sin ålder förenar den mest grannlaga belefvenhet, har gifvit herr grefven af Haga supéer. Jag har bevistat en af dem för mer än sjuttio personer, där utsökt läckerhet svarade mot husets präktiga inrättning, förenad med den ordning och goda smak, som gifva högtidligheter deras rätta anseende. En annan förnäm och rik engelsman, lord Cowper, som blifvit upphöjd i riksfurstligt stånd och i Florens, som det tyckes, ärnar tillbringa all sin tid, har likaledes gifvit präktiga supéer. Hans fru har rönt en mer än vanlig bevågenhet af storhertigen, och hennes fägring och behagligheter hafva den rättvisat. Jämte dessa båda

4. — *Sv. memoarer.* V.

engelsmän hafva tvenne franska herrar, chevalier des Tours, gift med ett förnämt engelskt fruntimmer, milady S. George, och grefve Hauteford, som, återkommen från vidsträckta resor i Orienten, valt Florens för någon tid till hemvist, äfven gifvit flera conversazioner; så kallas här i landet hvad hos oss heter assembléer. Ett talrikt tillsagdt sällskap församlas mot aftonen för att spela kort eller roa sig med samtal, och gästerna undfägnas med hvarjehanda förfriskningar, som egentligen bestå i limonader och glacer, tillredda af oranger, citron, drufvor, pistacher eller andra af de välsmakande frukter detta land frambringar. Timmen till conversazionens början är omkring klockan sju, och man åtskiljes klockan tio eller elfva, utan aftonmåltid, som föga hör till italienska lefnadssättet. Det är vanligast på detta vis man härstädes ser sällskap. Många väl upplysta rum, en talrik och grann betjäning, löpare, som med hvita vaxfacklor lysa de främmande upp- och utför trapporna, äro de sätt, hvarigenom man förnämligast gör figur. Umgänget är enkelt och otvunget mera än muntert.. I kläder har jag ej blifvit varse någon särdeles prakt. Utländska moder sakna härstädes icke det bifall, hvarmed de antagas i Europas norra delar. Både franska och engelska äro i Florens omtyckta och följda.

Till damernas prydnad äga Frankrikes och Englands tillverkningar ofta företräde för Italiens egna, och de så kallade italienska blomster, som fordom blifvit så högt skattade, måste hos det vackra könet icke sällan lämna sitt rum åt franska. På lika sätt förhåller det sig med flor, spetsar, nipper och annan grannlåt.

Gifta damer i Florens, likasom i andra stora italienska städer, uppvaktas af *Cavalieri serventi*. Detta bruk synes nästan vara en lämning af det gamla chevaleriet. Den tjänstaktige kavaljeren tager sitt fruntimmers order vid toaletten. Han ger henne handen, han gör henne sällskap hela dagen, på promenader, spektakel, conversazioner; stundom öfverskrider, stundom inskränkes denna förbindelse inom vördnadens gräns. En man beklagar sig i alla fall icke däröfver.

Han kan vara cavaliere servente åt en fru, hvars man i lika egenskap uppvaktar hans. Ombyten af tjänande kavaljerer ske ock. De utestänga icke heller andra lyckliga älskare.

Jag har gjort bekantskap med flera utlänningar, särdeles af engelska och franska nationen, hvilka, äfven som vi, ärna sig till Rom. Bland dessa nämner jag en engelsman, master Berry, som har tvenne sina döttrar med sig, båda utmärkta af fägring, behaglighet, den bästa uppfostran och jämväl kunskaper. Icke mindre behaglig på sitt sätt är en ung grefve Chinon, sonson af den franska namnkunnige Maréchal de Richelieu, som, på sitt adertonde år, åtföljd af sin guvernör abbé Labdan, nu beser Italien. Lyckan lofvar honom tvenne Duchés-Pairies och en plats vid hofvet af Premier Gentilhomme de la chambre, hvartill han äger survivance.*

Hans modesti och seder förvärfva honom emellertid allmänt tycke.

Musik utgör ett nog allmänt sällskapsnöje. Den redan nämnda prins eller lord Cowper har en svägerska, miss Gower, som med en fördelaktig figur förenar den talang, att med mycken smak spela fortepiano. Detta instrument hör England till och brukas annars här föga, hvaremot jag hört florentinare med mycken färdighet spela klavecin. Grefve Hauteford gaf häromdagen en konsert och spelade jämväl själf, dock på ett sätt, att man hellre önskat, det han åtnöjt sig att protegera. Hans instrument var dels violin, dels en så kallad *viole d'amour*, med sju strängar, som strökos, och sju andra underliggande, endast för att öka resonansen. Men hvad som gör musiken såväl i samkväm som på teatern härstädes mest intressant, är röster. Jag har hört flera fruntimmer både i den förnämare och borgerliga societeten sjunga med den yppersta smak och bästa metod. En grefvinna Brusasco härmade, vid grefve Hautefords nyss omtalade konsert, Marchesi så lyckligt, att hennes svaga stämma i det rum, hvarest hon

---

* Falska hopp! Det är den under revolutionen emigrerade Duc de Richelieu.

sjöng, gjorde en ej olik verkan med den hans åstadkom
på en stor teater. Mina musikaliska anmärkningar leda
mig äfven att nämna, det oratorier i kyrkorna härstädes,
under den tid teatern är sluten, då och då någorlunda
ersätta örats förluster. Jag hörde för några aftnar sedan
ett sådant i S. Filippo Neris kyrka. Det uppfördes på en
balkong, som sträcker sig omkring densamma, och ämnet
var S:ta Eugenias Ära. Musiken var ganska vacker, men
kyrkostilen så föga iakttagen, att då jag blundade, trodde jag
mig vara på operan. Icke desto mindre lågo många botfär-
diga åhörare på knä på stengolfvet, ty det lär vara bekant, att
i katolska kyrkor finnas inga bänkar. Oratorierna bestå af
två afdelningar, emellan hvilka hålles en kort predikan.

Under artikeln af sammanlefnad och umgänge får jag
omröra de så kallade improvisatori, ett slags beaux-esprits
som endast tillhöra Italien. För att roa sällskap och ådaga-
lägga sin talang göra de versar ex tempore med en lätthet
och ofta med en smak, som på en gång röja eldigheten af
deras uppfinningsgåfva och rikedomen af deras språk.
Jag har hört ett fruntimmer, som med mycket bifall
härstädes öfvar denna snillebragd. Hon heter Fortunata
Fantastici, hustru af en bijoutier i Florens och dotter af
en handlande i Livorno. Hennes snille och kunskaper
hafva beredt henne inträde i flera vitterhetssamfund, och
då jag gjorde hennes bekantskap, talade hon med känne-
dom om Linné, Rudbeck och flera namnkunniga svenskar.
Sedan jag yttrat min önskan att få höra något prof af den
talang, hvarför jag med förundran hört henne berömmas,
sjöng hon med en behaglig stämma flera strofer, för att
be mig uppgifva ett ämne. Jag föreslog då Apollos och
Daphnes fabel; och utan minsta dröjsmål uppstämde hon
däröfver en sång, som varade mest en half timme, med
en känsla och eld, som röjde sig icke blott i tankar och
uttryck utan jämväl i röst och anlete. Jag hade knappt
väntat att få se skaldeyran så lifligen föreställd. Vid ett
annat tillfälle, då jag var närvarande, var en anatomie pro-
fessor vid namn Gianetti färdig att på lika sätt låta höra

sin oberedda skaldegåfva; men andra göromål tilläto mig
icke afbida verkställigheten däraf. Jag har sparat till slutet
af detta bref att omtala en genom sin börd och sina mot-
gångar lika namnkunnig främling, som härstädes, om jag
vågar säga, öfver förmågan bemödat sig att för herr gref-
ven af Haga utmärka sin högaktning. Det är grefven af
Albany eller den bekante engelske pretendenten Carl Eduard
Stuart, som i sin inkognito nyttjar denna de forna skotska
kronprinsarnas titel. Denne herre, som tillika med sin bror,
kardinalen af York, kastar det sista och tynande skenet
af ett lysande hus, hvilket med dem skall utslockna, och
som blott synes hafva ärft sina förfäders olyckor, lefver nu
här med en kostnad, som öfverskjuter hans tillgångar. Han
har gifvit herr grefven af Haga tre stora middagsmåltider
och dagligen dess emellan bjudit tre eller fyra af dess svit
till sitt bord. Jag har flera gånger haft den äran att vara
hans gäst. Hans sällskap består vanligen af sju till åtta
personer. Han spisar med två anrättningar och dessert;
och för att ingå i små partikulariteter, vid samma bord där
man spisat, serveras därefter kaffe och fina likörer. Han
är den bästa värd, och hans väsen är fullt af värdighet,
oaktadt han vid sextiotre års ålder är tryckt af ålderdomens
bräckligheter, ser utlefvad ut, är mycket lutande, kan knappt
gå, och har så förlorat minnet, att han inom en fjärdedels
timme ofta säger om samma saker. I sin mycket tarfliga
hvardagsklädnad försummar han aldrig att bära blåa bandet
af Strumpebandsorden på västen. Då han är högtidligare
klädd, bär han detsamma öfver rocken och jämväl det van-
liga strumpebandet, som tillhör denna orden, under vänstra
knäet. I förstugan af hans hotell ser man engelska vapnet
måladt, betäckt med kunglig krona. Om detta allt föga
passar till den inkognito, han på goda skäl antagit, röjer
det tillika hans öfvertygelse om sin rätt till storbritanniska
tronen. Och att döma af hans utlåtelser, har han ej ännu
förlorat allt hopp att en gång bestiga den. Han talar med
eld om sina ungdomsbedrifter, med sinnesstyrka om sina
olyckor, med harm om Frankrikes lama och opålitliga för-

hållande, hvilket han dem tillskrifver. För svenska nationen yttrar han en högaktning, som har alla kännetecken af uppriktighet. Åsynen af denne prins och minnet af hans öden ingjuta en med vördnad blandad öm rörelse och en djup känsla af mänskliga begreppens oriktighet, då blotta högheten anses för en sällhet. Född långt ifrån det rike, där hans fäder regerat och hvarifrån hans far i vaggan blef landsflyktig, hade lyckan kanske i en annan väg mot honom godtgjort sina oförrätter, om han kunnat glömma sin börd och kväfva dess anspråk i den enskilda lefnadens lugn. Men Carl Eduards hjärta ägde all stolthet af en prins och allt mod af en hjälte. Hans försök att återvinna en tron, den han ansåg för sitt arf, änskönt utan allt annat biträde än han själf, kröntes af segrar. Han visade sig dem värdig. Och ödet afbidade den stund, då han kunde smickra sig med hopp om framgång, för att med dubbel grymhet störta honom. Genast rykte schavotterna af hans medhållares blod. Han själf, flyende för forskande fiender, som satt pris på hans hufvud, kastad från den ena gömslan till den andra, än dold i träskens dy, än stött emot otillgängliga klippor, sjuk, naken, husvill, färdig att förgås af hunger, utstod i sex månader allt det elände, hvarmed en uppeldad inbillningskraft kunde fylla en romantisk fabel. Ändtligen, såsom genom ett underverk, räddad till franska kusten, försköts han snart af dem, som lofvat honom beskydd. Hofvet i Versailles hade genom fredsslutet med Storbritannien utfäst sig att ej lämna honom fristad, och han antyddes att söka den utom Frankrikes gräns. Harmsen öfver ett så oförtänkt löftesbrott, vägrade han lyda. Han beväpnade sig med pistoler i sina fickor för att möta våld med våld, greps dock på operan af flera personer, som på en gång fattade honom bak om fickorna och öfver bröstet, försvarade sig lik Karl XII, till dess man band honom, kastades i fängelse, och lösgafs icke förr, än han lämnat sitt hedersord att begifva sig ifrån Frankrike. (Se Siècle de Louis XV och Mémoires de Richelieu T. VII.) Han återvände då till sin fars hus i Rom, men efter hans egen berättelse, för att snart kasta sig i nya äfventyr. Kallad 1750 af sitt parti till England, vågade han i sällskap med en skotsk öfverste Brett landstiga i själfva London och vistades där okänd i åtta dagar. Brett, för att uppelda hans medhållares nit, som syntes kallna, införde honom helt oförmodadt i deras samlingsrum. *Jag har lofvat er honom*, sade han. *Här är han.* Och prinsen fortfor: *I sen en son af edra gamla konungar, som litar på eder trohet.* Oaktadt det djupa intryck häraf hos dem uppväcktes, slocknade likväl anläggningen i sin första antändning. Den skall gått därpå ut, att oförmodligen försäkra sig om konung Georg II:s person i dess palats och att ibland pöbeln, som var missnöjd med regeringen, låta till konung utropa prins Carl Eduard, som i detsamma ärnat antaga reformerta religionen. Han måste nu med ny fara rädda sig utur sitt tillärnade rike och tillbragte sin tid i Rom till sin fars död. Denne herre hade af Frankrike, Spanien och påfven varit erkänd för konung. Nu hotade engelska hofvet att bombardera Cività Vecchia, om påfven erkände Carl Eduard därför. Påfven, långt ifrån att blottställa sin kust genom en i otid utdelad majestätstitel, tillade i stället hans yngre bror, kardinalen af York, steget framför honom. En sådan förödmjukelse dref denne om sin heder ömtålige herre från Rom och förorsakade söndring mellan båda bröderna. Han valde då Florens till hemvist.

En ny olycksepok i hans lefnad blef hans gifte 1772 med prinsessan Louisa Maximiliana Carolina af Stolberg Gedern, född 1752. Efter fem års förlopp öfvergaf hon honom och for i sällskap med en grefve Alfieri till Rom, hvarifrån denne sedermera blef förvist, men hvarest hon ännu vistas. Hon har med sin svågers, kardinalens, biträde där ensam fått njuta den pension af 10,000 scudi romani, som påfven tillagt grefven af Albany. Och denne herre har midt i sin torftighet blifvit hindrad att sälja de på hans lott fallna juveler af sin fars kvarlåtenskap. Af Frankrike ägde hans far 240,000 livres i årlig pension. Vid dess frånfälle tillbjöds honom hälften, den han af en oförsiktig stolthet vägrade emottaga. Hans bref till konungen i Frankrike i detta ämne skola sedan blifvit obesvarade, emedan han kallat sig dess bon frère och cousin; och med franska ministrarna har han funnit under sin värdighet att brefväxla. Nu är hans hela årliga tillgång 36,000 livres i ränta af orörliga kapital, som äro till staden Paris pantsatta för hans gemåls morgongåfva (douaire). Denna inkomst är för honom, som tror sig skyldig att göra figur, så otillräcklig, att han knappt äger kredit hos sin bagare. Han väntar sig nu mycken nytta af herr grefvens af Haga bona officia i Rom och Versailles. Och denne herres ädelmod underlåter säkert icke att genom kraftiga förord bidraga till förbättring i hans villkor. Ehuru grefven af Albany icke kan umgås med någon engelsman härstädes, har dock chevalier Mann yttrat sig med mycken vördnad anse de prof af uppmärksamhet, herr grefven af Haga visade denne olycklige furste.

(Sextonde brefvet: Beskrifning af naturaliekabinettet, besök hos lärde, i akademier och lärda samfund.)

SJUTTONDE BREFVET.

Florens den 21 december 1783.

Jag har denna gång mycket nytt att berätta. Den 17 i denna månad eller samma dag jag skref mitt sista bref hitkom storhertigen med sin gemål ifrån Pisa, för att emottaga romerska kejsaren, som redan den 6 afrest från Wien för att besöka Italien. Hans kongl. höghet gjorde på eftermiddagen visit hos grefven af Haga och begaf sig följande morgonen till ett sitt lustslott på vägen åt Bologna att därstädes möta sin bror.

Man hade sig ej bekant, att dessa höga herrar inträffat här i staden (hvilket dock skett den 18 om aftonen), då herr grefven af Haga i förgår klockan mellan nio och tio om morgonen af dem erhöll ett smickrande besök. Herr grefven var ännu i sin säng, då deras vagn stannade för porten, och hann knappt att kasta en nattrock omkring sig, förrän de voro vid dörren af hans sängkammare. Herr grefven af Haga omfamnade sin oväntade gäst, gjorde ur- säkt för det att han var oklädd, och förklarade, att han aldrig haft en så behaglig réveil.

Då han kallade kejsaren majestät, föll storhertigen i talet och sade: C'est le Comte de Falkenstein. Det är under denna titel, som bemälde herre iakttager en sträng inkognito, och har på resan ingen annan kavaljer i sitt sällskap än general Kinsky. De tre höga personerna till- bragte vid pass en half timme tillsammans. Emellertid samlades herr grefvens af Haga svit i förmaket, och vi hade samtliga den äran att af herr grefven af Haga blifva herr grefven af Falkenstein föreställda, då sistnämnde herre vid sin bortfärd passerade därigenom. Denne prins, som genom sin makt, sina talanger och sina vyer intager ett så utmärkt rum ibland regenter, är icke ansenlig till sin figur. Han är liten, dock väl och stadigt vuxen, har hög panna och näsa, tillbakastruket hår utan tupé, och förenar med en allvarsam uppsyn mera munterhet än hans porträtter tyckts mig tillkännagifva. Hans klädedräkt var och är alltid simpel. En mörgrön uniformsrock med röda uppslag och krage, gul väst, släta manschetter, svart halsduk, hvita silkesstrumpor och intet slags ordenstecken. Han talade högt och med lätthet, och bland de föreställda kavaljerer med herr riksrådet Sparre och baron Taube. Efter aflagdt kontrabesök spisade herr grefven af Haga, själf fjärde, till middagen i Palazzo Pitti med grefven af Falkenstein, stor- hertigen och storhertiginnan. Deras måltid var slutad och herr grefven återkommen till sitt hotell klockan half fyra, innan vi därstädes ännu hunnit till desserten. Storhertigen hade varit så sträng i sin fasta, emedan det var fredag, att han ej velat äta grönt, som var lagadt med köttspad. Bordet serverades af damer.

Aftonen klockan sju var conversazione i storhertigens casino vid piazza S. Marco, hvari ej flera personer deltogo än storhertigen och hans gemål, de båda främmande grefvarna, lord Cowper med sin fru och svägerska miss Gower, markisinnan Corsi, som är storhertiginnans statsdam och hennes cavaliere servente markis Rainucci. Conversazionen slöts klockan half tio, då hvar och en for hem till sig.

I går spisade herr grefven af Haga åter middag i samma sällskap, i hvilket han därefter i en fyrsitsig vagn gjorde en promenad till ett ej långt härifrån beläget kloster. Herr grefven af Haga och storhertiginnan sutto i fonden; herr grefven af Falkenstein och storhertigen åkte baklänges. Om aftonen bevistade herr grefven af Haga conversazionen hos chevalier Mann, dit grefven af Falkenstein förgäfves väntades.

I förmiddags besökte storhertigen åter herr grefven af Haga och gjorde grefvens af Falkenstein ursäkt, för det att han, utan att låta veta sin tillärnade bortresa, förliden natt begifvit sig härifrån till Rom. Genom sin minister därstädes, kardinal Herzan, hade han hos påfven låtit anmäla, att han vore hindrad att denna gång se hans helighet, på det att han således oväntad och utan allt tvång af högtidlig emottagning måtte komma till denna den forna världens hufvudstad.

Herr grefven af Haga har jämväl beslutit, att i morgon förfoga sig till Rom; och detta bref upptager just den tid, som af denna dag är mig öfrig, sedan jag gjort mina afskedsvisiter (hvilka man lyckligtvis allestädes blifver kvitt genom biljetter) och nödiga anstalter till min resa.

Jag skiljdes med saknad från Florens, om det ej vore för att komma till Rom. Jag har roat mig, jag har funnit mycket att lära, och skulle än längre finna. Staden är i mångfaldiga afseenden intressant. Läge och klimat, äldre och nyare tiders mästerstycken, lärdom och konster, umgänge och allmänna nöjen, allt sammanstämmer att här göra vistandet angenämt. Skada att handeln från denna stad dragit den riktande hand, som i femtonde århundradet både från Europeiska länder och Levanten ditsamlade skatter. Utan handeln hade aldrig den gamla Cosmus Medici förvärfvat sig rätt att kallas fäderneslandets fader och aldrig hans sonson Laurentius tillnamn af den präktige Utan handeln hade Florens hvarken ägt Laurentianska biblioteket eller sitt galleri, hvarken sina akademier, sin målarskola eller sina palats. Rikedomen tilldanade upplysning och smak, och skattkamrarna förädlades så till sägandes till förrådshus för snillet. Men då var sjövägen ej ännu funnen till Ostindien; då var Amerika ej upptäckt; då voro Mediceerna, midt i sin makt, handlande och ej storhertigar.

Efter dessa förändringar, som gåfvo handeln en annan kosa, var det en lycka för Florens och Toscana, att en gifmild natur förser detta land med nästan allt hvad det behöfver, ja äfven i flera delar med öfverflöd. Slättbygderna framalstra i ymnighet spannmål, olja, silke, vin, kostliga frukter; bergen något järn och silfver, alun, alabaster, präktiga marmorarter, af hvilka senare vackra vaser förarbetas och försäljas. Gröfre till byggnad tjänliga stenslag finnas äfven till öfverflöd, och de flesta hus i städerna äro däraf uppförda. Kastanjeträd, ekar och tallar betäcka höjderna.

Förmodligen utgör silket den betydligaste nuvarande handelsgrenen. Florentinska och genuesiska sidenfabrikerna äro de mest aktade i Italien. Dock syntes mig sidentygen vara dyra, och en braccia sidensattin kostar omkring 11 paoli.

Däremot äro yllefabrikerna, som fordom drefvos med så stor vinst, i mycket förfall. Engelska kläden hafva merendels utträngt de inhemska.

Att jorden skötes väl, ligger för hvar mans ögon; att den är drygt beskattad, öfverklagas. Om denna klagan är grundad, är ej lätt att utröna för en utlänning, som på några veckor besöker landet. Med mera visshet tyckes man kunna döma, att florentinerna hade anledning till besvär, då kejsar Frans I ifrån Wien styrde Toscana genom ståthållare och största delen af de uppburna medlen drogs

utur landet. Nu har detta storhertigdöme sin regent inom
sitt sköte. Det är vanligt, att de styrandes mått olika dömas;
men omtanke att afskaffa missbruk, att uppmuntra näringar
och att upphjälpa landet kan utan obillighet icke Leopold
bestridas.

Inom så få begrepp inskränkes min på stället inhämtade
statskunskap om Toscana. Och att utur böcker tillägga
hvad i det ämnet kan läsas lika väl i Sverige som i Italien,
vore ett onödigt besvär. Mina bref hafva för öfrigt inga
anspråk att vara afhandlingar; och om de i afseende på
sitt innehåll skulle få en titel, borde den blifva: Fragment
om Italien.

ADERTONDE BREFVET.

Rom den 25 december 1783.

Jag har varit här i två timmar. Jag skyndar att med-
dela underrättelse om förloppet af min resa, för att en
annan gång utan företal få skrifva något om själfva Rom,
hvilket jag ännu lika litet känner, som när jag var i Sverige.

På utsatt tid, enligt hvad jag sist omförmälde, eller
den 22 december om morgonen bittida, begaf herr grefven
af Haga sig med sin svit ifrån Florens. Herr president-
sekreteraren Franc och jag åkte efter vanligheten tillsam-
mans. Den dagen tillryggalades åtta poster. Landet, som
vi genomforo, företedde, så långt ögat hann, en samling af
höga kullar och jordberg, hvilkas rötter sammanstötte, utan
att lämna jämna dälder emellan sig. Vägen var backig,
men väl underhållen. Vackra åkrar, sluttande nedåt bergs-
ryggarna, med planterade olivträd och vinrankor, vittnade
om odling och befolkning. Ännu sågo vi köras i åkern.
Flera stenbrott förbiforos, hvarutur stenhällar voro huggna,

sådana som brukas till gators beläggande i Florens och flera städer. Annars var landet i allmänhet grått och bart, och olivträden de enda, som hade i behåll sina dunkla blad med oförändrad färg.

På posthuset Castilioncello hade ett fruntimmer, som sades vara en af storhertiginnans statsdamer infunnit sig, beledsagad af sin man, cavaliere servente och en abbé, för att se herr grefven af Haga. Hennes simpla klädnad och vistande i ett rum, föga bättre än en krog, gåfvo ringa anledning att sluta till hennes rang.

Staden Siena genomreste vi i mörkret. Att den är stor och har trånga gator, är det enda vi vid facklorna upptäckte. Den är till rangen den tredje staden i Toscana och belägen ungefär midt i storhertigdömet. Siena var en romersk koloni under namn af Sena Julia, i medelåldern en republik och i sextonde århundradet, efter ett hårdnackadt motstånd, den sista stad i Toscana som blef florentinarna underdånig. Dess folkmängd, som i fjortonde århundradet skattades till 150,000 själar, är nu inskränkt till tiondedelen.

Söder ifrån Siena, mot hafvet, ligga de så kallade maremme, en trakt af ungefär trettio italienska mils längd, som i anseende till täta öfversvämningar är osund och illa befolkad. Betet utgör dess förnämsta förmån. Storhertigen försummar ej anstalter till dess uttorkande och åboers uppmuntran att ditflytta.

Vi hunno klockan ett om natten till Torrenieri. Uppgången till våra rum var genom stallet. Sådant händer ofta på italienska posthus. Vår aftonmåltid bestod i en oätlig soppa och sega höns i tre förändringar, kokta, stufvade och stekta.

Ifrån detta elaka nattläger fortsattes vår resa klockan 6 följande morgonen. Nära vid posthuset la Scala lämnade vi till höger varma baden Vignona, som skola vara hetare än Pisabaden, med hvilka somliga påstå, att de skola hafva en underjordisk förbindelse. Berget, hvarifrån de uppvälla, kastade ut en tjock rök, hvars utbredning tydligen utmärkte

sig bland de töckniga moln, hvilka lika dunstsamlingar om-
gåfvo de öfriga bergen. I detta grannskap finnas flera
varma bad; och höjderna bestå af en vulkanisk stenart,
alltsammans vittnande om underjordisk eld, hvars verkningar
visa sig på så många ställen i Italien.

Landets utseende blef mer och mer ohyggligt. Man
såg ej annat än nakna och steniga bergkullar och jordåsar,
sammanvräkta eller med djupa rämnor sönderskurna, hvilka
synas förråda någon våldsam naturens skakning. Vägen
bestod af idel backar, krökta såsom ormar kring bergs-
ryggarna. Hela posten emellan la Scala och Radicofani
utgjorde en uppförsbacke, och därifrån till Ponte Centino
bar allt utför. Kring Radicofani, som är ett gammalt berg-
fäste, voro höjderna tätt beströdda med större och mindre
stenar, mellan hvilka ömkliga åkerremsor liksom trängde
sig. Ett berg var mer än de öfriga betäckt med lösa sten-
skärfvor. Deras hvassa och uddiga kanter tycktes utvisa,
att de genom främmande kraft och explosion voro utsprängda
och sammanvräkta. Jorden emellan bergen var tätt och
djupt rämnad. De naturkunnige tro sig här finna spår af
en åldrig och utbrunnen vulkan. Vår brådska och ett
häftigt regn hindrade oss att närmare betrakta denna och
kanske andra här befintliga märkvärdigheter.

Ett tjockt mörker allt ifrån klockan 6 betog oss ytter-
ligare allt tillfälle att lära känna landet; men sedan vi vid
Ponte Centino inträdt i påfvens stat, gaf vagnens våld-
samma skakning tillkänna, att vägen var i hög grad vård-
slösad. Den var antingen djup, gropig och utskuren eller
ett stenröse under namn af chaussée. Öfver flera tämligen
breda bäckrännilar foro vi utan bro. En kedja af backar
upp- och utför, i hvilken senare händelse hjulen alltid lästes,
fullbordar den obehagliga, men sanna målning jag har att
gifva af dessa vägar.

I Aquapendente, där vi i brist af hästar måste vänta i
två timmar, betaltes två och en half sequin för några ägg,
några skifvor köttkorf och ett halft höns. Man ser däraf,

huru italienarna förstå att beskatta dem, som göra dem besök.

Mot midnatten framkommo vi till San Lorenzo, sedan vi denna dag ej rest mer än fem poster. Denna lilla stad är af nu regerande påfven från en osund däld flyttad på en höjd. Invånarnas hälsa har därpå vunnit och staden är täckt ombyggd. Detta likväl efter berättelse och icke efter ögonsikte.

Herr grefven af Haga hade under väntan på hästar redan här hvilat i två timmar. De voro beställda och lofvade till klockan 2. Herr grefven skyndade för att innan juldagen hinna till Rom. Vi kastade oss klädda på sängar att afbida den fastställda restimmen.

Den inträffade och vi begåfvo oss till vägs den 24. Vägen fortfor att vara elak och ordningen på posthusen var äfven sådan. Ehuru hästar voro beställda i Bolsena, lågo postiljonerna och sofvo. Vid dagningen sågo vi ett land af förändradt utseende. Långsluttande höjder innefattade vidsträcktare slätter. Människoflit hade här icke lämnat många spår, och det syntes, som folket, i förtröstan på sin regents andliga välsignelse, föga bryr sig om världsliga medel till sin utkomst. Skogar, större delen af ek, och onyttiga buskar upptogo det mesta af landet. Åkrarna voro hvarken utdikade eller annars väl skötta. En och annan sjö och styckevis nog stenbunden mark gåfvo trakten någon likhet med vissa svenska provinser. Här syntes knappt andra boningar än posthusen. Folket, som där eller annorstädes visade sig, buro både i anlete och dräkt uselhetens stämpel. I bergen syntes mångenstädes djupa hvälfda gångar. På tillfrågan hade postiljonerna icke annat om dem att svara, än att de voro *grotte antiche.*

Förmodligen äro de gamla puzzuolan-brott. Denna till murning så nyttiga och mot vatten härdiga sand- eller jordart är ett vanligt alster af vulkaner. En hårdare sammansättning af dess partiklar formerar den bergart, som kallas tuff. Båda finnas här i nejden. Lämningar af lava, sammanhopade stenar, varma vatten m. m. äro icke tvetydiga spår af underjordisk eld hela denna vägen framåt.

Till de resandes bekvämlighet har den nuvarande påfven låtit anlägga en ny väg ifrån Viterbo till Ronciglione, gräfd genom sandkullar, hvilka omfatta den såsom höga murar. Om de två nämnda städerna har jag ingenting att berätta. Vår snabba resa tillät oss ej taga någon kunskap om deras märkvärdigheter. Storm och snöglopp gjorde oss tillika olustiga.

Vi hade redan blifvit efter herr grefven af Haga, då vi i mörkningen, efter sex i dag tillryggalagda poster, fram- eller rättare uppkommo till Monterosi, ett oläligt posthus på ett berg. Där funnos inga hästar, och vårt ena vagnshjul var så bräckt af de påfliga vägarna, att en resa i mörkret ej blef rådlig. Vi måste därför taga natthärbärge på detta usla värdshus. En trappa förde oss upp till en stor sal eller rättare förstuga, ty där var ingen dörr. En ofantlig spis tjänade ej att värma, utan att uppfylla rummet med rök. Där innanför voro tvenne rum utan eldstad, hvarest blåsten hade fri fart genom dörrar och fönster. Vår julkost blef några ägg, illa stekta kramsfåglar och nästan oätlig stekt fisk. I brist af mjölk eller vatten måste törsten släckas med ett ättikelikt vin. Vi gingo till sängs klockan 7 och måste för köld och drag breda täcken öfver hufvudet.

Vi uppstego den 25 klockan 4 om morgonen, då vi ock enligt vår beställning funno hästar tillstädes, men däremot saknades postiljoner. De läto vänta på sig till klockan half åtta, vid hvilken tid vi ändtligen, efter femton och en half timmars rast på detta ohyggliga värdshus, anträdde vår dänresa. Detta var just i solgången, som vid vintersolståndet här inträffar en och en half timme förr än samma årstid i Stockholm. Således är kortaste dagen i grannskapet af Rom tre timmar längre än i Sveriges hufvudstad. Väderleken var kall och frosten så stark, att tjock is låg på allt vatten vi sågo. Vägen, som är ett stycke af den forna via Flaminia, kan intressera en antikvitetsälskare, men behagar föga den, som reser för att komma fort. Chausséen liknar

en illa lagd stadsgata. Dess verkan på vår vagn var obe-
haglig, men ej oförmodad. Ty midt emellan posthusen
Baccano och Storta föll vårt bräckta hjul sönder i stycken.
Vi stodo på bara backen, och vår enda hugnad var det
tämligen vackra vädret. Vi sågo Rom i dälden framför
oss, men såsom Moses det förlofvade landet, ty vi hade
sexton italienska mil dit. En osteria eller på svenska rent
ut sagdt: en krog vid pass en italiensk mil tillbaka var
det närmaste, ja det enda bebyggda ställe, där vi funno
oss kunna söka hus, under det en postiljon mot betalning
åtog sig fara tillbaka till Monterosi för att skaffa oss ett nytt
hjul. Men han hade tio italienska mil dit; således fingo
vi ej hafva brådtom. Vi tillbragte tiden på vår krog, där
vi förplägades, så godt huset förmådde, med kokta ägg och
korf af svinkött samt tämligen godt bröd och ett lättdrucket
vin, som namngafs Muscatello. Krogen var i högsta måtto
osnygg. Där voro inga fönster, utan gluggar med trä-
luckor, som nu voro tillslutna, så att ljuset endast inföll
genom den öppna dörren utan förstuga. I taket hängde
mångfaldiga rötter. Detta var ej mindre än murarna full-
rökt ifrån spisen. Golfvet var belagdt med klappersten.
Värdinnan var likväl högtidsklädd med förkläde och kjol,
knutna utanpå tröjan. Ett lifstycke satt utanpå denna se-
nare, och vid axlarna, där tröjärmarna framstucko, hängde
bandvippor af flera färger. Hon bar håret i ett slags pung,
som betäckte bakdelen af hufvudet och hängde ett stycke
nedåt ryggen med tofsar i ändan. Manfolken bruka ock
sådana i Italien. De kallas reti eller reticelle. De manfolks
dräkt, vi i dag sågo, liknade mest båtsmäns.

Nejden här omkring var kal, växlande med långslutta
höjder och dälder och ej olik svenska Falbygden både till
vanhäfd och folkbrist. Där växte ej annat än risiga buskar.
Berg visade sig på afstånd, hvita af snö. Icke dess mindre
och fast nordanvädret jämte förra dagars köld gaf oss föga
skäl att rosa Italiens så högt berömda klimat, syntes blom-
mor här och där på marken. Solen var ock middags-
stunden så varm, att flugor svärmade i skenet.

Med en strax på eftermiddagen förbifarande post-chaise, dragen af mulåsnor, funno vi tillfälle att skicka våra koffertar till Rom. Klockan 4 nalkades vår egen förlossning. Postiljonen återkom ifrån Monterosi med ett hjul, som till lycka passade för vagnen. Det var gammalt och kunde endast nyttjas för nöds skull. Icke dess mindre måste det köpas för sex sequiner. På detta sätt hulpna till vägs, fortsatte vi resan till Rom, som merendels gick utför backar och slutligen genom alléer och mellan vingårdar. Vi intågade i mörkret genom Porta Angelica, emedan den rätta och genaste vägen genom Porta del Popolo var uppbruten att lagas. Facklornas sken upptäckte för oss en del af S. Peters kolonnad, den vi lämnade till höger. Och vi inträffade klockan mellan 9 och 10 i Palazzo Correa, herr grefvens af Haga hotell, hvars tomt innefattar ruinerna af Augusti mausolé, nu mera inrättade till en trädgårdsterrass. Vårt hotell hade så tillräckliga rum, att herr grefven med hela sin svit, utom herr riksrådet friherre Sparre och professor Sergel, där härbärgerades. Men inrättningen och inredningen gjorde en särdeles kontrast. Rummens storlek, dörrar *à deux battants* och förgyllda lister voro värdiga ett palats. Däremot gåfvo tegelgolf, tjocka, dunkla fönsterglas och smutsiga sitstapeter ett nog värdshuslikt anseende. Vi hade möda att få ett skrifbord.

Vår förtretliga resa hade låtit oss gå miste om det nöjet, att bevista en sällsynt och till sina omständigheter unik ceremoni. Påfven, som plägar själf säga mässan jul-, påsk- och pingstdagen i S. Peters kyrka, hade förmiddagen fullgjort denna förrättning, men den var bevistad af romerska kejsaren och konungen af Sverige, hvilka därvid helt inkognito sig infunnit, sedan de vägrat att nyttja den för dem tillredda tribunen. Och dessa herrars närvaro lär gifva denna akt ett ojämförligt rum i Roms häfder. Om den vid första påseendet för påfven synes smickrande, bör den vid närmare eftersinnande påminna honom om stora förluster. Ty vårt tidehvarf har sett Joseph II inskränka kyrkoväldet inom trängre gränser än någon af hans företrädare, och Gustaf III innehar den konungatron, som var den första i Europa, att undandraga sig påfvens myndighet.

Genast efter herr grefvens af Haga ankomst, infunno sig fyra romerska prinsar att på påfvens vägnar komplimentera honom samt tillbjuda vakt och de ärebevisningar, som hans rang tillkommo, hvilka dock herr grefven sig undanbad. Påfven lät tillika förklara, det han i egen person önskat besöka herr grefven i dess hotell, om han ej därifrån blifvit afhållen af fruktan att falla herr grefven besvärlig. Så snart herr grefven bevistat mässan, aflade han utan ceremoni sitt första besök i Vatikanen och emottogs där af hans helighet i dess kabinett med utmärktaste aktning. Då herr grefven efter en half timmes förlopp förfogade sig ifrån honom, beledsagades han af påfven till midt i nästa rummet utanför kabinettet, vid hvilket tillfälle påfven lämnade honom högra sidan.

Några timmar förrän herr Franc och jag hitkommo, hade kaptenen vid Lifgardet friherre Sparre anländt ifrån Sverige med depescher. Det är troligt, att dessa komma att hålla oss inom hus några dagar. Vår nygirighet sättes väl således på ett hårdt prof, men om den är billig i Rom, är det ock i Rom vanligt att göra penitens; och därmed få vi börja vår varelse härstädes.

(Nittonde brefvet.   Beskrifning af Peterskyrkan och Panteon.)

TJUGONDE BREFVET.

Rom den 29 december 1783.

I anledning af erhållen tillsägelse begaf sig herr grefvens af Haga svit i dag förmiddagen till Vatikanska palatset att föreställas påfven.

Vatikanen är en stor byggnad eller, rättare, en samling af flera sammanhängande stora byggnader, norr om S. Peters kyrka, med hvilken den har kommunikation — man skall där räkna tolf stora salar och tolf tusen rum, hvarjämte Vatikanen är utmärkt genom sina bägge ståtliga kapell, det Sixtinska och det Paulinska. Detta ofantliga, men ganska oordentliga och labyrintlika palats innesluter tjugutvå större och mindre borggårdar. Den så kallade *Cortile delle loggie* (cour des loges), som visar sig på sidan om S. Peters fasad, är prydd med tre ranger arkader öfver hvarandra och där ofvanpå en kolonnad. Det är där, som den så kallade *Bibeln* af Raphaël, det är: hvarjehanda ämnen utur skriften, af denna namnkunniga målare föreställda, ådrager sig åskådarens förundran. Jag sparar till annat tillfälle att omtala denna, så väl som de så kallade Raphaëls kamrar, de bägge nämnda kapellen, kungliga och hertigliga salarna, Belvederen, Pio-Clementinska museum, Biblioteket, med mera. Att gifva begrepp om deras och de öfriga rummens läge till hvarandra är omöjligt, utan att framlägga planen öfver alltsammans.

Det är i det så kallade nya palatset, som påfven tillbringar vintern, hvaremot han merändels om sommaren vistas i sitt palats på Monte Cavallo. Vid vårt företräde fördes vi öfver tre borggårdar, uppför tvenne trappor till den så kallade Sala Clementina, som har sköna målningar al fresco, samt tvenne där innanför belägna rum, föga intressanta med golf af tegel och dörrarna förbyggda med ett slags skrank. Tvenne med rödt sammet och guldgaloner tapetserade rum vidtogo därnäst. I det yttre stod en förgylld stol under en sammetshimmel; i det inre likaledes en sådan stol och några med påfvens vapen väl inlagda trästolar. Redan i det yttre af dessa rum emottogos vi af några påfliga hofkavaljerer, klädda i svarta långrockar och utbredda spetshalsdukar, som är deras ceremonidräkt, hvilka ej äro prelater. Och i det inre, där vi stannade, ägde vi sällskap af tvenne prelater, klädda i violetta manteloner eller fotsida rockar och runda koaffyrer. Monsignor

Doria, påfvens maëstro di camera, på lika sätt klädd, införde herr riksrådet friherre Sparre ensam till företräde hos hans helighet, som befann sig i kabinettet näst innanföre. Detta enskilda företräde varade en half timme, hvarvid herr riksrådet åtnjöt alla de hedersbevisningar, som tyska riksfurstar pläga tilldelas, och jämväl fick sitta. Sedan öppnades dörren, då alla de öfriga svenska kavaljererna inträdde. Vi frikallades från den vanliga etiketten att aflägga hatt och värja. Så fort vi hvar efter annan inkommo, uppnämndes vi af riksrådet Sparre och gjorde en djup reverens för påfven, som stod midt på golfvet, i stället för den vanliga knäböjningen och fotkyssningen. Påfven är lång, ansenlig och något fetlagd. Han har sköna mörka ögon, trindlagdt ansikte, starka, välbildade anletsdrag och är numera något blek. Hans klädnad var en fotsid hvit klädes-lifrock, igenknäppt ned till fötterna och försedd med spetsig krage om halsen. Vid armbågen var klädningen öppen och trängre ärmar framstucko därunder, som gingo till handleden. Han bar hvita vantar, hvita silkesstrumpor, röda tofflor, prydda med guldkors, och en hvit satinskalott, hvaromkring hans gråa hår föllo i vårdslösa lockar. Han talade fransyska bättre än italienare pläga, berömde svenska nationaldräkten, den vi buro, såsom *propre*, frågade, om vi sett speklaklen och hvad vi tyckte om dem? På riksrådet Sparres anmärkning, att Rom var den märkvärdigaste stad i världen, svarade han modest, att den hyste antikviteter, som förtjänade ses. På erinran, att baron Taube varit hertig Fredrik Adolf följaktig och några år tillförne hans helighet presenterad, svarade han sig ej minnas det. Hans tal och åtbörder samt hela umgängessätt utmärkte ett lätt och belefvadt väsende; men på snillets vägnar, att säga sanningen, samma påfve, som gjort resan till Wien.

Rummet, där vi hade företräde, var lika inredt som de två yttre, nämligen klädt med röd sammet i våder med guldgaloner emellan och försedt med trästolar, utom en enda länstol för påfven själf, som var ställd midt på golfvet framför ett fyrkantigt bord, betäckt med sammet. Efter en

fjärdedels timme, affärdades vi och togo afsked på lika
sätt som vi hälsat, med en enda djup bugning.

Denna påfve, hvars namn är Johannes Angelus Braschi,
är född i staden Cesena den 27 december 1717 och af
god adlig börd. Såsom yngre son utsågs han till andeliga
ståndet, men skyndade sig ej att antaga dess vanliga grader.
Han uppehöll sig i stället i Rom, idkade där både studier
och kroppsöfningar, var en artig kavaljer och blef an-
tagen till auditor hos kardinalen Ruffo. Vidare, sedan han
blifvit känd af Påfven Benedict XIV, utnämndes han af
honom till cameriere segreto. Den unga Braschi hade en
äldre bror, hvars ofruktsamma äktenskap gaf honom an-
ledning att tänka på giftermål. Men hans utsedda brud
skall snart ha aflidit och därigenom förstört detta förslag
samt påskyndat hans inträde i prästämbetet. Han blef
canonicus af S. Peters kyrka och under Clemens XIII:s
tid, genom kardinalerna Carlo Rezzonicos och Colonnas
ynnest, skattmästare af apostoliska kammaren, ett ämbete
som är bland de närmaste stegen till kardinalsvärdigheten,
den han ock erhöll af Clemens XIV den 26 april 1773.
När samma påfve afled i september månad följande året,
fanns i det heliga kollegium icke mer än en kardinal, som
var yngre än Braschi. I den långvariga därpå följande
konklaven voro kardinalerna efter vanligheten delade i
faktioner. De så kallade Zelanti eller nitälskande för
kyrkans rättigheter och vänner af jesuiterorden, ägde kardi-
nalen Carlo Rezzonico till hufvudman. Däremot styrde
kardinalen Bernis ett annat parti, som hade till föremål
de flera kronors intresse, hvilka aftrugat påfliga stolen
jesuiterordens upphäfvande och andra uppoffringar. Kardi-
nalen Braschi var af den förra faktionen och en af dem, som
från konklavens början voro föreslagna till den tredubbla
kronan. Han hade redan den 27 december tjuguåtta röster;
men en oförmodad biljett ifrån portugisiska ministern,
innehållande dess hofs exclusion,* uppsköt den gången

* Vissa katolska hof hafva rättighet att utesluta kandidater vid
påfvevalen.

hans kanoniska val, som fordrar två tredjedelar af rösterna. Efter fruktlösa försök för kardinalerna Boschi, Fantuzzi, Pallavicini, Visconti, Casale med flera, vände Zelanterna, som hade pluralitet, ånyo sina tankar på Braschi, och sedan exclusionen blifvit häfven, blef han den 15 februari 1775 enhälligt vald till påfve, antagande namn af Pius VI till vördsam åtanke af den högdragne och intoleranta Pius V, två sekler tillbaka.

Den nya påfven måste vigas till biskop innan hans öfriga antagningsceremonier kunde fullbordas. Såsom hvarken af något stort eller rikt hus, var han så litet känd, att då han utropades, iakttog folket en djup tystnad. Det var först vid kröningen, den 22 februari, förrättad af första kardinaldiakonen, som fruntimren, ovana att se den tre-dubbla kronan pryda ett hufvud med friska röda kinder, utropade: Quanto è bello! Andra svarade: Quanto è bello, tanto è santo; och den församlade menigheten instämde i viva! benedizione! och muntra bifallsrop. Då han tog *il possesso* eller besittning såsom biskop i Rom af dess äldsta kyrka, S. Johannes in Laterano, satt han raskt till häst. Hans företrädare, Ganganelli, hade däremot, såsom en rättskaffens franciskanermunk, vid det tillfället blifvit jordryttare. I allmänhet sätter Pius VI mycken värdighet, understundom affektation i de utvärtes andaktsöfningar, han såsom påfve har att förrätta, hvari hans resliga kropps-ställning är honom till fördelaktigt biträde.

Hans regering har varit bekymmersam och föröd-mjukande. Med bästa böjelser för jesuiterna har han sett sig oförmögen att något betydande till deras förmån ut-rätta. De mot dem oförsonliga hofven hafva lagt oöfver-vinnerliga hinder däremot. Misshälligheter med nästan alla katolska hof hafva gjort honom jämt bryderi. Påfven har såsom en sorgbunden fader än måst se sina tjänare be-skattas, än deras inkomster indragas, än romerska stolens forna rättigheter bestridas, än afgifterna till dess skattkam-mare minskas. Flera svåra sjukdomar hafva förmodligen haft sitt upphof af hans oro. Men hans största harm måste hafva varit den öfver hans onyttiga resa till Wien, företagen emot kardinal-kollegii tillstyrkande och aflupen utan ringaste förändring i kejsar Joseph II:s hårda för- fattningar emot påfvens jurisdiktion och klostren. I de grannlaga omständigheter, hvari han befunnit sig, har hans förtroende varit omskiftande mellan de personer, som honom omgifvit. Kardinalerna Rezzonico, hvilkas verk hans upp- höjelse var, hade i början både anspråk på hans ynnest och njöto den. Sedermera föll påfvens förtroende på kardi- nalen Giraud; men nu för tiden afgör han de flesta ären- der ensam med föga biträde af kardinalerna. Däremot skall kammarbetjäningen nog mycket äga hans öra. Hans systersöner, grefvarna Braschi-Onesti, af hvilka den äldste är gift med prinsessan Falconieri, och den yngre i andliga ståndet befordrad till maggior-duomo-maggiore (öfverste marskalk), en prelatur, som gifver skyndsamt hopp om kardinalshatten, åtnjuta af honom mycken ömhet, men på statens bekostnad.

Han har köpt dem stor landtegendom, en vidsträckt tomt i Rom vid Strada del Corso till uppbyggande af ett palats och synes i alla mål benägen att låta deras upp- höjda familj njuta frukten af sitt påfvedöme. Detta påfvens uppförande, hans omåttliga omkostnader på Pontinska träskens uttorkning, på en ny sakristiebyggnad vid S. Peters kyrka, på sitt museum, och den däraf härrörande tomhet i kassan, som vållar, att romerska menigheten röner ringa frikostighet, gör denna prins föga aktad och älskad. Om jag ej bedrager mig, förtjänte hans karaktär ett bättre öde. Hans gärningar vittna om ett godt uppsåt, en viss stor- het i företag, en viss ihärdighet i utförandet, som kanhända tarfvade biträde af ett vidsträcktare snille. Svagheten för hans släkt är ett fel, som han har gemensamt med sina flesta företrädare. Han skylles för envishet och själfrådig- het; men ibland folk af stridiga intressen, hvilkas välmening med skäl kan misstänkas, är det förlåtligt, om han är miss- trogen. Någon häftighet och benägenhet till öfverilningar lära tillhöra hans temperament; för öfrigt äro hans seder rena

och ostraffliga. Han stiger bittida upp; hans frukost är ett
glas vatten; han äter blott en måltid om dagen, klockan mellan
4 och 5, och den ganska måttlig;* sofver middag en timme
och lägger sig mot midnatten. Hans stånd tillåter honom intet
annat publikt nöje än att promenera: inga spektakel, inga
samkväm. Han tillbringar därför nästan all sin tid blott med
regeringsärenden eller litterära yrken. Han försummar
knappt någon dag att offentligen göra sin bön i S. Peters
kyrka. Det sker klockan tu vid en bönstol, som hvar
gång särskildt framsättes till vänster om baldakinen; och
han synes därvid utmärka mycken andakt.

Ett prof af fåfänglighet sättes på hans räkning, hvilket
jag för roskuld vill anföra, helst det gifvit anledning till
ett epigram, som målar romarnas satiriska lynne. Påfven
skall hafva depenserat åttio tusen scudi (nära äfven så många
riksdaler) på publika byggnaders, konststyckens, möblers
och andra sakers dekorerande med sitt vapen och namn.
Vapnet är fyrdelt med en fläkt örn och en bjälke, belagd
med tre stjärnor samt ofvan- och nedanför beledsagad af
två liljor. Skölden är tillika belagd med ett hjärtvapen,
som i en chef åter företer tre stjärnor, och där nedanför
en väderpust, som blåser på en växande lilja. I anledning
af denna myckna grannlåt har en satiriker tillstyrkt, det
måtte påfven återställa kejsaren sitt (örnen), Frankrike sitt
(liljorna), himmelen sitt (stjärnorna) och för sig behålla
resten (väderpusten).

Nu har jag talat nog om påfven för denna gången.
Men jag har än mera storfolk att omröra. Kejsaren har i
dag afrest ifrån Rom. Han kom helt oförmodadt den
23 i denna månad. Påfvens kurir, som i afbidan af herr
grefvens af Haga ankomst redan befann sig på gränsen af
Toscana för att möta sistnämnde herre och draga försorg
om hans fortkomst, tog i början kejsaren för konungen;
och tidningen om förbemälte monarks besök hann knappt

---

* En man, som sökte pension af kejsar Joseph II, fick af honom
till svar: Om ni klär er som kejsaren och äter som påfven, behöfver ni
ingen pension.

förr än han själf till Vatikanen. Herr grefven af Falkenstein hade täta öfverläggningar med påfven, som vittnade om någon viktig, men obekant angelägenhet. Denne grefve har genom offentliga betygelser af andakt och högaktning för den heliga fadern tyckts vilja godtgöra något af sitt hårda bemötande mot honom i politisk måtto. Under juldagens högmässa såg man honom med all utvärtes ödmjukhet böja knä vid en pelare i S. Peters kyrka. Han skall hafva ärnat att här låta bikta sig, men därifrån blifvit afstyrkt.

Kejsar Henrik VII:s öde i Buonconvento bör därvid hafva kommit i åtanke. Joseph II:s popularitet och frikostighet hafva intagit menigheten. Icke allenast åt betjäningen (la famiglia) i de hus, där han gjort besök, såsom kardinalen Bernis, Pallavicinis, Prinsessan Santa Croces och Dorias, har han gifvit grundliga drickspenningar, utan han skall ock utkastat sequiner rouelau-tals ibland folket, när det skockat sig kring honom. De snåle och behöfvande romarna hafva belönt denna gifmildhet med det smickrande utropet: Viva il nostro Ré, il nostro sovrano! Och detta har säkert icke klingat illa i monarkens öron. Man tror dock, att fyra till fem tusen sequiner utgjordt hela denna extra utgift. Kejsaren bodde under sin härvaro hos sin minister, kardinalen Herzan, och emottog ingen måltid i något annat hus. En dag åt han helt inkognito på ett värdshus. Nu afreste han till Neapel.

TJUGUFÖRSTA BREFVET.

Rom den 31 december 1783.

Jag ville kunna beskrifva hvad jag sett dessa dagar med en Popes eller Delilles penna. Jag har öfverögnat Roms största minnesmärken. Det är icke blott ögat och begreppet, det är ock känslan och hjärtat, som däraf emottaga kraftiga intryck. Ingenstädes finnes en mera talande bild af en bräcklig och vördig ålderdom, af mänsklighetens storhet och förgänglighet. De öfverlefvor, tiden här skonat, vittna starkare om dess allhärjande hand, än om allt vore förstördt. En sublim beundran, minnet af Augusti och Trajani tidehvarf, och en dyster betraktelse, huru allt är fåfängt under solen, fördjupa en uppmärksam åskådare i ett eget slags sinnesrörelse, som lättare kännes än uttryckes.

Campo Vaccino eller boskapstorget är en lång irregulier plats, som utgör en del af det forna Forum romanum, då omgifvet af de präktigaste byggnader och märkvärdigt af världens där afgjorda öden. Det stöter åt nordväst till foten af Capitolinska berget, i sydväst till det Palatinska, och sträcker sig från nordväst till sydost, mellan Severi och Titi äreportar eller så kallade triumfbågar. Det prunkar nu blott med ruiner. De nämnda triumfbågarna, Antonini och Faustinas tempel, tre bågar af Fredens ofantliga tempel, byggdt af Vespasianus och uppbrändt under Commodus, Endräktighetens tempel och några föregifna lämningar af Jovis Tonantis och Statoris, förete här nedsjunkna kolonner, brutna murar och på en gång majestät och förfall. Hjordar af flera slags kreatur, som här hållas fala, och den osnygghet, dem åtföljer, upptaga den plats, där Ciceroners vältalighet bevekt eller öfvertygat det folk, bland hvilket hvar ledamot trodde sig större än en konung. Forum romanum är nu åter hvad Virgilius säger, att det var i Aeneas tid:

— — — — — Ad tecta subibant
Pauperis Evandri passimque armenta videbant
Romanoque foro et lautis mugire carinis.

Aeneid. VIII. 360.

Man trampar således detta stoft med en dubbel erinran om mänskliga sakers föränderlighet. Några moderna kyrkor af medelmåttig arkitektur, som dels skymma, dels omgifva de gamla ruinerna, göra mot dem en obehaglig kontrast. Bebodda hus finnas här inga, men en allé af planterade träd tjänar till spatsergång.

Det Palatinska berget, som till höger öfverskyggar Campo Vaccino, är nu för tiden inrättadt till trädgård och tillhör konungen af Neapel såsom arfvinge af det Farnesiska huset. Men man glömmer, hvad det är, vid åtanken af hvad det varit: Rom i sin vagga och det kvarter, hvarest Romulus lade grund till den mäktigaste stad i världen. Det var vid detta bergets fot, där nu S. Theodoros kyrka är belägen, som man förmenar, att Romulus och Remus funnits utkastade i det då sanka, nu mera uttorkade Velabrum. Det var vid dess fot, som den i Rom namnkunniga Ficus Ruminalis skall gifvit varginnan skydd, hvilken närde dessa sällsynta tvillingar. Men det var ock detta berg, som blef grundval för kejsarnas palats, begynt af Augustus och fortsatt under Tiberius och Caligula samt fullkomnadt under Nero med en prakt, som ej var möjlig utom för världens herrar. Samlingar af mångfaldiga ruiner, öfvervuxna eller halfhöljda af murgrön och lummiga träd, uppfylla hela dess omkrets och framställa ännu i sitt förfall en rik, dristig och målningsvärd utsikt.

På norra sidan inskränkes Campo Vaccino af Capitolinska berget, fordom betäckt af förträffliga byggnader, af Iovis Capitolini, Vejovis, Iovis Feretrii tempel, af Curia Calabra, Athenæum, Scipios ark med mera. Nu ser man ej spår efter dem. Etiam periere ruinae.* En präktig *corps de logis*, som tjänar till residens för senatoren i Rom, och två flygelbyggnader, den ena för konservatorerna af staden,** den andra till förvarande af Capitolinska museum, pryda med modern arkitektur och innefatta en fyrkantig plats, som prunkar med Marci Aurelii bekanta ärestod till häst af brons,*** och med en stor fontän, hvarest man ser en antik bildstod af staden Rom emellan tvenne flod-

---

* Lucani Pharsal. VII. Till Curia Calabra sammankallades folket i äldsta tider att underrättas om nymånaderna och festernas firande. Athenæum var en skola för fria konsterna, inrättad af Hadrianus.

** De utgöra stadsrådet i Rom och ombytas hvar tredje månad.

*** Carlo Maratta, en namnkunnig artist, hänryckt af hästens skönhet, sade till honom: Gå! Har du glömt, att du lefver?

gudar. På norra sidan är denna plats omstängd med en balustrad, hvarvid Castors och Pollux kolossala marmorbilder äro uppresta, tyglande hvar sin häst; hvarest vidare tvenne antika troféer, som af somliga utgifvas för Marii, af andra för Trajani, återkalla forntidens minne, och hvarest slutligen tvenne milpelare (Columnae miliares) förtjäna uppmärksamhet. En trappa af Michel Angelo, omgifven med vackra balustrader, leder därifrån utför berget. Vid dess fot kastas vatten af tvenne egyptiska basalt-sfinxer.

Det var nedomkring denna norra bergsfot och den Quirinaliska, som Roms gamla stadsmur var dragen ända till Aureliani tid, så att Campus Martius, som endast tjänade till grafvårdar och publika byggnader, såsom teatrar, cirkus och tempel, sträckte sig ända därifrån till Pons Milvius. (nu Ponte Molle) utanför den nuvarande Porta del Popolo, hvaröfver Via Flaminia framgick.

Det bekanta citadellet på capitolinska berget, som frälstes mot gallernas anfall genom gäss, hvilkas kacklande upptäckte fiendernas annalkande, var beläget på västra sidan, där nu en trädgård är anlagd, tillhörig palatset Caffarelli. Den Tarpejanska klippans höjd öfver den nedanför belägna dälden är, förmodligen genom jordens och ruingrusets tillfyllning i bemälte däld, nu så minskad, att nedstörtande därifrån icke tyckes kunna medföra lifsfara.

Kolosseum eller den flavianska amfiteatern är den största af Roms forntidslämningar. Vespasianus byggde den efter sin triumf öfver judarna och använde därtill tolf tusen af denna öfvervunna nation. Den blef dock ej fullbordad förrän af Titus. Man roade där folket med gladiatorers eller vilda djurs strider, anställda på arenan eller den runda plan, amfiteatern innesluter. Dess största diameter är inemot tre hundra alnar, dess minsta tvåhundrafyrtio, men byggnadens omkrets emellan åtta och nio hundra.

Denna ofantliga rundel är uppförd af travertin och stenarna sammanfogade med grofva kopparnaglar. Utsidan är dekorerad med tre rader kolonner öfver hvarandra, doriska joniska och korintiska, samt därofvanpå en rad komposita pilastrar. Göternas barbari och roflystnad efter kopparen vållade dess nedrifvande. Påfvarna Paulus II och Paulus III dädanförde sedermera byggnadsmaterialier till venetianska palatsets, kansli- och farnesiska palatsens uppförande. Oaktadt de plundringar, som således öfvergått denna präktiga minnesvård af forntidens makt och konst, är likväl nordöstra halfvan af kolosseum ännu i behåll. Den står kvar i sin åttio alnars höjd att äfven i vår tid beundras. Däremot är det inre, som tjänat till bänkar för åskådarna, alldeles förvandladt till en stenhop; men tiden har liksom velat draga ett täckelse öfver förödelsen genom öfvervuxet gräs och stora lagerträd, i hvilka vid mitt besök fåglar kvittrade, och naturens lefvande behag syntes blandade med konstens praktfulla öfverlefvor. Man kan dock klättra sig upp till de forna korridorerna, hvilka äro belagda med en hård stuck. Därifrån äger man en vidlyftig utsikt. Allt det inre murverket och hvalfven äro af tegel. Midt i arenan är en liten kyrka uppbyggd, Madonna della pietà kallad, beledsagad af tolf kapell. Man har helgat den till åminnelse af det myckna kristna blod, som där skall runnit, och hvaribland själfva byggmästarens, Gaudentii, föregifves vara utgjutet. Stället har genom kyrkobyggnaden vunnit den helgd, att de lämningar, som kvarstå, icke nu mera såsom tillförne äro våldsverkan underkastade.

(*Circus Maximus, Bocca della Verità, Monte Citorio. Antiker i konservatorspalatset.*)

Nu till annat. Jag hörde i förgår afton i San Filippo Neris kyrka ett oratorium, bestående af två delar, mellan hvilka en predikan hölls i en halftimme af en filippinermunk. Musiken var af Sacchini, vacker, men mer lämplig för en teater än för en kyrka. Orden, af Metastasio, voro åtminstone fullt ut så goda som musiken. Ämnet var Kristi födelse. Främst i kyrkan var en så kallad *presepio* efter romerska julseden inrättad, som bestod af en hel grupp klädda och uppstoppade figurer, som föreställde den heliga familjen och Gud Fader öfverst i sin härlighet, omgifven af änglar. För att gifva begrepp om smaken, gör tillfyllest att anmärka, det Joseph var klädd i broderad sidentygsnattrock och herdarna buro trekantiga hattar och spelade på säckpipa.

Herr Biörnståhl har anmärkt, att under hans vistande i Rom funnos där tio svenskar.* Nu är vår styrka förökad ända till ett antal af trettioåtta, nämligen: Herr grefven af Haga, riksrådet Sparre, baronerna Taube och Armfelt, grefve Fersen, baronerna Essen och Cederström, baron Henrik Sparre, herrar Franc, Peyron, de la Grange, Stjernvall, Sergell, Salomon, Rung, Palin, min lilla person, en kammartjänare och tio lakejer, och följande svenskar för egen räkning resande: Löjtnant Gyllenstorm, herrar Hildebrand, Kempe och Wettervik, med en lakej. Svenska artister, som vistas i Rom, fylla nummern, nämligen herr Morén, skulptör; herr Holst, landskapsmålare; herr Lang, målare; herr Grandel, medaljör; herr Schürer, gravör. Vi utgöra således en hel koloni, men Gud ske lof, icke så våldsamt utsväfvande som våra förmenta förfäder eller släktingar, som besökte Rom för tretton till fjorton sekler sedan.

TJUGUANDRA BREFVET.

Rom den 2 januari 1784.

Utan all nyårsönskan (emedan jag önskar mina vänner lika godt alla dagar af året) får jag berätta, att jag i går i herr grefvens af Haga svit bevistade offentliga gudstjänsten i det påfliga Sixtinska kapellet. Vi voro alla vid detta tillfälle klädda i svenska nationaldräkten.

Man inträder i Sixtinska kapellet utur den så kallade Sala reale i Vatikanen, till hvilken en präktig trappa leder,

* Biörnståhl: Resa I, sid. 323.

hvilken tager sin början i norra galleriet af S. Peters kyrka. Bemälta sal, som tjänar till förhus både för Sixtinska och Paulinska kapellen, är dekorerad i stor stil. Dess målningar, al fresco, föreställa smickrande händelser för påfvarna utur historien. Man ser kejsare och konungar för deras fötter och läser högdragna inskriptioner. Blodbadet, som öfvergick hugenotterna i Paris 1572 och vann påfven Gregorii XIII:s synnerliga bifall, är där ock afskildradt; men inskriptionen, som rosade denna skamfläck för Frankrike och fanatismen, har en i nyare tider förmildrad religion utplånat.

Sixtinska kapellet har sitt namn af påfven Sixtus IV, som lät inrätta det. Dess form är rektangulär, golfvet belagdt med marmor, och väggarna behängda med tapeter. Hvalfvet är måladt af Michel Angelo. Det förnämsta arbetet af denna store mästares pensel, en freskomålning af yttersta domen, intager hela fonden af kapellet till sextio fots höjd och fyrtio fots bredd. Man klandrar, men tröttas ej att betrakta densamma. Ordonnancen är utan sammanhang, anständigheten sårad genom alltför nakna figurer, koloriten sträf, men teckningen förträfflig, attityderna dristiga, uttrycket förskräckande. Målarens mesta förtjänst visar sig i de delar, dem han haft liksom gemensamma i taflan och i bildstoden.

Vi kommo klockan tio i kapellet. På altaret längst fram brunno sex vaxfacklor och lika många på det gent emot inrättade skranket emellan koret och själfva rummet för åhörarna. Längs murarna i koret sutto kardinalerna på bänkar, kardinalprästerna till höger och kardinaldiakonerna till vänster. De voro klädda i sin ceremonidräkt, nämligen i röda fotsida rockar med *rochets* eller spetsprydda linnekoftor däröfver och därutanpå vida röda mantlar af siden (moire), fodrade med hvitt skinn och försedda med långa släp; strumpor buro de röda, och deras hufvuden betäcktes af röda sidenkalotter. På en lägre bänk framom kardinalerna och så till sägandes vid deras fötter sutto deras *caudatarj* eller släpbärare, som äro andliga män, klädde i

violett. Dessa uppvakta kardinalerna, uppbära släpen, emot-
taga deras kalotter, när gudstjänstens sedvanor fordra huf-
vudets blottande m. m. En stor hop andra ämbetsmän
och prelater hade äfven anordnade rum i kapellets kor.
Efter en fjärdedels timmas förlopp efter vår ankomst, an-
lände påfven, företrädd af sin *Crucifero*, en prelat, som bär
ett gyllene kors på en hög staf, samt af sin hofstat, klädd
i svarta kläder med kappor, utbredda spetshalsdukar och
spanska peruker. Påfven bar en om halsen hopspänd kåpa
(Piviale), af silfverduk med guldblommor och på hufvudet
en hög förgylld biskopsmössa. Han intog en präktig tron
till höger om altaret, upphöjd lika med altaret, på sju trapp-
steg och betäckt med röd sammetshimmel, prydd med guld-
fransar. Men själfva stolen, hvarpå han satt, var beklädd
med hvitt siden, hvari guldblommor voro inväfda. På
båda sidor omgafs påfven af de uppvaktande kardinalerna
(cardinali assistenti), som i tur ombytas, och af prins Colon-
na, hvilken delar med prins Orsini den i deras hus ärft-
liga och dem förbehållna ära att vara *principi assistenti*. På
nedersta fotsteget af tronen sutto conservatorerna af Rom.

Så snart påfven satt sig, framträdde kardinalerna och
kysste hans hand, hvarunder en kör afsjöngs. Den cele-
brerande kardinal-biskopen Conti, hvars hus gifvit Rom
åtta påfvar, biträddes för altaret af tre canonici. Episteln
och evangelium mässades, det senare vid särskildt antända
ljus. Påfven kysste bibeln, och en prelat uppträdde på
predikstolen och höll en predikan, som varade ungefär en
fjärdedels timme. Sedan lästes syndabekännelsen af en
diaconus på knä framför påfvens tron, och påfven upp-
stod samt utdelade sin trefaldiga välsignelse *in nomine Pa-
tris, Filii et Spiritus Sancti*, under det han med handen gjor-
de lika många korstecken. Därpå följde tron, sanctus,
sanctus, sanctus Jehovah Zebaoth, Ange Dei, qui tollis
peccata mundi m. m. Den välsignade hostian eller efter
romersk-katolska kyrkans lärosatser: Kristi lekamen samt
kalken med vinet upplyftes af celebrerande kardinalen
med båda händer öfver hufvudet och ansiktet vändt emot

altaret, hvarpå han själf däraf kommunicerade sig. Icke
allenast prelater och kardinaler jämte hela församlingen
voro därunder på knä, utan påfven själf, som nedträdt i
koret, intog denna ödmjukhetens ställning framför en bön-
stol med hyende af guldblommigt siden. Herr grefven af
Haga med sin svit följde äfven med knäböjning den kyr-
kas sed han besökte. Efter några minuters tystnad upp-
stämdes en behaglig musik, och hvar och en återtog sitt
förra ställe.

Alla de omförmälda ceremonierna hade försiggått under
omväxlande sång och brännande af rökelse, hvilken påfven
med egen hand inlagt i karen och hvarmed prästerna viftat
både åt honom och åt kardinalerna.

Gudstjänsten slöts med den så kallade fredskyssen,
som utdelades kedjevis mellan påfven och kardinalerna.
Därpå framkallades de för nu ingående kvartal utnämnde
Conservatori di Roma och aflade sin ed; påfven nedträdde
på nytt till sin bönstol, gjorde där en kort bön och gick
tillbaka i sina rum, hvarefter alla åtskildes. Under hela
gudstjänsten höll påfven sina händer sammanknäppta; men
hans sätt att föra sina fötter, när han gick nedför trapporna
af tronen, såsom en marscherande grenadier, såg tillgjordt ut.

Herr grefven af Haga med hela sin svit, begaf sig
ifrån mässan till museum Pio-Clementinum, hvars beskrif-
ning jag måste uppskjuta till ett annat tillfälle. Knappt
hade han tagit det i ögonsikte, förrän han vid bortgåen-
det, i den långa dit ledande korridoren, möttes af påfven.
Denne herre hade fått höra, att herr grefven ärnade honom
ett nyårsbesök, det han ville förekomma. Han var klädd
i sin långa klädesrock med *rochet* öfver; skuldrorna voro
betäckta med en liten purpursammetskappa (camail), och
kring halsen bar han ett nedåt midjan räckande guldbro-
deradt band (étole), hans hufvud var endast betäckt med
den hvita sidenkalotten, men i handen bar han en röd
sidenhatt med guldgaloner. Il crucifero gick före och hela
hofstaten omkring honom i full ceremonidräkt. Han be-
ledsagades jämväl af sitt schweizergarde i dess brokiga uni-

form. Efter aflagd hälsning lämnade han herr grefven af Haga högra handen, och den svenska och romerska hofstaten i sin olika och kontrasterande dräkt utgjorde en sällsynt grupp. Påfven förde sin höga gäst tillbaka i sitt museum, det han med särdeles välbehag visade. Denna för konsterna dyrbara samling, börjad af Clemens XIV under kardinalen Braschis inseende, som då var skattmästare, ägde således ett förökadt anspråk på hans omsorg, när han själf fick den tredubbla kronan. Han har mångfaldigt riktat den, och på det världen ej skulle misstaga sig på, hvad han och Clemens XIV dit förvärfvat, har han under alla de stycken, han anskaffat, på foten låtit anteckna *Munificentia Pii VI.*

Påfven beledsagade vidare herr grefven genom en ny, präktig, men ej fullbyggd trappa till vatikanska biblioteket. Han uppvisade där i egen person flera dess raraste böcker och handskrifter och en svensk jordbok på drottning Kristinas gotländska räntor. Hans artiga och vänliga bemötande vittnade om mycken belefvenhet, och jag hade den äran att i anledning af de handlingar han framtedde med honom pläga ett kort samtal.

Aftonen tillbragte jag hos kardinalen Bernis, franska hofvets minister i Rom, som var en af de första att härstädes tillbjuda herr grefven af Haga sin tjänst och hos hvilken herr grefven och hans medföljande kavaljerer två till tre gånger i veckan supéra. Herr Francs och mina göromål tillåta oss ej så ofta som våra öfriga landsmän att njuta detta samkväms nöje. Sällskapet innefattade allt hvad i Rom förnämast var, både af dess egna invånare och af resande. Antalet utgjorde denna gången öfver trettio personer och är sällan ringare, men väl större. Kardinalens rum utgöra en fil af åtta till tio stora piecer, tapetserade med *gobelin;* matsalen är ett galleri, som rikt upplyses med många ljuskronor. Måltiderna bestå alltid af två anrättningar och dessert. Faten i hvardera äro vanligen af lika antal som gästerna, bordet betjänas af *officiers,* som ej bära livré. Tokayer och andra utsökta viner samt glacer af de raraste frukter uppfylla alla läckerhetens fordringar vid desserten. Hvar fredag är kardinalens hus öppet till converzationer eller assembléer, som bevistas af hundratals personer, då ymniga *raffraichissements* utdelas och kantater uppföras af Marchesi, Babini och flera de yppersta röster.

Kardinalernas hvardags- eller vanliga sällskapsdräkt är svart rock och väst samt en kort på ryggen hängande kappa af samma färg med röd kant, röda strumpor, rundt hår med röd kalott, hvaremot prelater af lägre rang bära violetta strumpor till sin svarta dräkt.

Kardinalen Bernis är ej mindre känd i Europa såsom statsman och *bel esprit* än i Rom för sin lysande lefnad. Han har de lättaste umgängesgåfvor, förenade med ett gladlynt, vällustigt utseende, en undersätsig kroppsställning samt en munterhet, som gör att man glömmer hans ålder. Han är född af adlig ätt 1715. Hans snille och talang för poesi gjorde honom i ungdomen angenäm och skaffade honom tillträde hos Ludvig XV:s mätress, madame Pompadour. Han var då blott abbé, men hennes ynnest upphöjde honom till statssekreterare för utrikesärendena 1757 och kommendör af Helgeandsorden. 1758 utverkades för honom kardinalshatten. Det var han, som till stadga bragte den märkvärdiga alliansen mellan hofven i Wien och Versailles, hvilken satte konungen af Preussen i så mycken våda. Men den nya kardinalen, af sin konung utsedd att blifva dess första minister, föll inom ett års förlopp ifrån öfversta trappsteget till Richelieus och Mazarins höjd. Madame Pompadour fruktade för en statsminister, som föga mera skulle bero af henne, och Bernis blef den 9 november 1758 förvist ifrån hofvet. 1764 blef han åter benådad och gick * först såsom ambassadör till Venedig och 1769 såsom *ministre plenipotentiaire* till Rom. Han bekläder här äfven det

---

* Af Voltaires och kardinalen Bernis' korrespondens, tryckt 1800, finner jag, att epoken för kardinalens beskickning i Venedig är af mig oriktigt utsatt, emedan kardinalen Bernis tillbragte fem år ifrån 1764 till 1769 i Alby såsom ärkebiskop.

högljudande ämbete att vara protektor af Frankrike.*
Det är bekant, att flera hof hedra sina fullmäktige i kardi-
nalskollegium med denna prunkande titel. I konklaven 1769
satte han den tredubbla kronan på Ganganellis hufvud.
Däremot blef hans parti 1775 öfverröstadt, då Braschi upp-
steg på den andliga tronen. Kardinalen Bernis bevistar nu
inga publika ceremonier. Han förebär sina giktplågor, dem
han till en del skyller på Roms fuktiga luft. Han kan
lefva som en prins, ty hans årliga inkomst skall bestiga
sig till 700,000 livres. Hans brorson, chevalier de Bernis,
vistas ständigt i hans hus, där han gör *les honneurs.* Prin-
sessan Santa Croce, med hvilken kardinalen ägt en lång-
varig och nära förbindelse, har genom sitt namn gifvit an-
ledning till det satiriska infall, att ingen är gudfruktigare
än kardinalen Bernis, ty han kysser alla dagar det heliga
korset. Prinsessan synes nästan dagligen i hans hus, föga
annorlunda än som värdinna.

(*Tjugutredje brefvet. Villa Borghese.*)

Vi hafva fått så kulen väderlek, att mitt begrepp
om Roms blida luftstreck blifvit nog förändradt. Allt
sedan vi hitkommo, har, oaktadt regn och blåst, varit
så varmt, att vi ofta spisat vid öppna fönster i herr
grefvens af Haga hotell. Men i dag har luften blifvit
kall och blåsten genomträngande. Under vintermåna-
derna beror luftens temperatur här i landet helt och
hållet af vindarna. De, som blåsa från hafvet, medföra
en ljum, men fuktig luft, hvaremot bergsvindarna äro
torra och kalla, emedan bergstopparna äro täckta med
snö, under det dälderna grönska. På denna grund äro
sunnan- och västanvindarna i Rom och på hela den näst-
gränsande kusten blida, men nordan- och östanvädren
skarpa; sunnanvädret, som nämnes scirocco, är här ej väl-
kommet. Man påstår, att det är osundt, hvilket i Rom
egentligen lär vara sant i varma årstiden, bland annat i

---

* Rätteligen: Protecteur des églises de France.

anseende till de i detta väderstreck belägna Pontinska träsken. Winkelmann, i Essai sur l'Architecture des anciens, förmäler, att denna vind till och med uppfräter järn och metaller, så att blytaket på södra sidan af S. Peters kupol mest hvart tionde år måste omläggas. På fråga till en romare, hvad vind det blåser, svarar han aldrig *scirocco* utan ryckning på axlarna och ledsen uppsyn. Många försäkra sig känna dess verkan på kroppen med tyngd, ömhet och värk i lederna. Det är de gamles *Plumbeus Auster*. Jag, som räknar för en vällust att en gång i min lifstid i januari månad få söka skugga för solstrålarna, prisar däremot den ljufliga sciroccon och tycker föga om romarnas älskade *Tramontano* eller nordanblåst, helst Roms rum, liksom andra italienska städers, ej äro särdeles säkert inrättade att utehålla kölden. Golfven bestå af tegelstenar, ställda på kant. Trossbottnarna äro tunna och glesa, dörrar och fönster otäta och dragfulla, spisar utan spjäll, kakelugnar alldeles obekanta och många boningsrum utan eldstad. Man fryser därför inom hus långt mer i Italien än i Sverige. Fruntimmerna bruka ofta att hålla fötterna mot järnpannor med glöd i eller så kallade *foconi*, och stenkrukor med glöd i mellan händerna.

Till slut några ord om teatrarna i Rom, sedan jag begynt bevista spektaklen. De öppnades här tredjedag jul och äro till antalet sex. Teatrarna Aliberti och Argentina äro ägnade åt den stora eller seriösa operan, Capranica och la Valle åt komedier och tragedier med *intermezzi* på italienska viset, Pace och Pallacorda äro helt små och nyttjas blott till farser för sämre folket. Ännu en teater, Tordinone kallad, som för någon tid sedan afbrunnit, står under byggnad och ärnas till seriösa operan, så att Rom har ej brist på skådespel. Man har flera att välja emellan hvar afton, utom fredagar, stora högtidsdagar och de föregående kvällarna. Men spektaklen äga däremot icke rum mer än i karnevalen, som börjas vid jul och räcker till fettisdagen. De bestridas i Rom såsom vanligen i Italien af *Entrepreneurs*.

De anmärkningar, jag från Florens meddelat om spektaklen, gälla i allmänhet vid de romerska, men en besynnerlig omständighet tillkommer endast de sistnämnda. Den är, att inga roller få spelas af kvinnor. Denna sed kan tålas i operan, då man till fruntimmersroller väljer kastrater, men stöter dess mer i komedier, tragedier och baletter, när man får höra grofmälda röster och se svart skäggbotten hos personer i kvinnodräkt. Den i Italien så allmänna vanan att genom kastrering bevara ynglingars stämma från målbrott är gammal. Winkelmann har anmärkt det i sina Découvertes d'Herculanum. Plautianus skall för sin mågs, kejsar Hadriani räkning låtit snöpa ett hundra gossar. I Rom skall ock finnas en antik bildstod, hvars förhud är infibulerad med en ring, hvilken utväg af de gamla äfven vidtogs att förekomma sådana oordentligheter i lefnaden, som skada rösten. På teatern Aliberti förnöjer Marchesi eller, som han i Rom kallas, Marchesini åhörarnas öron denna karneval i operan Olympiade, hvartill musiken är satt af Sarti. Marchesi åtnjuter därför i ett för allt 1,000 sequiner. En tenorsångare vid namn Babini är där jämväl värdig att jämte honom höras. Många sätta honom framför Ansani. För min del finner jag Ansanis stämma behagligare och Babini för mycket slösaktig med broderier.

Man anser Argentina för en af de bäst byggda teatrar i Italien. Aliberti, som icke är så fördelaktigt konstruerad, lär dock rymma mera folk. Båda äga sex rader loger, och några och trettio loger i hvar rad. Logerna äro icke upplysta af ljus. Inre prydnaderna äro goda, men yttre arkitekturen föga ansenlig; ingångar och korridorer osnygga. Parterren har på alla Roms teatrar bänkar för åskådarnas bekvämlighet. De nya romarna likna de äldre i smak för skådespel. *Panem et circenses.* Handtverkslärlingar och de sämsta af pöbeln neka sig förr kläder än detta nöje. Ett rum på parterren kostar vanligen 3 paoli (7 till 8 skilling), men första dagarna af karnevalen långt mera för nyhetens skull. Smaken för det komiska, för luftsprång och harlekinader är mest rådande. På musiken tyckes känslan vara finare. Marchesi njuter lika ifriga bifallsbetygelser af sämre och af bättre åhörare.

TJUGUFJÄRDE BREFVET.

Rom den 5 januari 1784.

Piazza di Spagna kallas efter spanska ministerns där belägna palats, ett stort men irreguliärt torg, hvarest Domitiani *Naumachie* eller skådebana för sjöfäktningar tros hafva varit inrättad. Detta torg är prydt med en vacker fontän, kallad la barcaccia, emedan den har form af en båt till åminnelse, säger man, däraf, att Tibern en gång skall stigit så högt, att man där kunnat ro med båt. Som stället är ganska högländt och beläget flera hundra alnar från Tibern, är föga sannolikt, att denna, ehuru mycket svällande flod någonsin kunnat åstadkomma en så stark öfversvämning, i hvilken händelse nästan hela Rom bort stå under vatten.

En förträfflig trappa af 175 steg, uppförd af travertin, leder från torget uppför den forna Mons Pincius till ett franskt minoriterkloster, *Trinité des Monts* kalladt, hvars båda torn synas öfver större delen af Rom och hvarifrån man äger en vidsträckt utsikt öfver denna hufvudstad.

Kyrkan kan skryta med en målning al fresco af Daniele da Volterra. Den sitter i dess tredje kapell till vänster från ingången och räknas för den andra till godhet i Rom, ty första rummet tillägger man Raphaëls tafla öfver Transfigurationen eller Kristi förklaring. Ämnet till bemälte målning är frälsarens nedtagande af korset. Sjutton figurer äro inom ett nog trångt utrymme, utan oordning anbragta. Teckningen utgör kännares förundran; koloriten tyckes vara matt och torde lidit af tiden, men uttrycket är förträffligt. Två personer, som nedtaga Kristi kropp, utmärka i sina anleten en öm sinnesrörelse. Men vid korsets fot har målaren föreställt en grupp af de tre Mariorna, hvilka med bestörtning understödja Kristi afsvimmade moder. Detta stigande uttryck af sorg hedrar både snillet och penseln. Man föregifver, att Michel Angelo själf, afundsjuk på Raphaëls stora namn, gjort utkastet till denna tafla, som hans yppersta lärjunge fullbordat, för att kunna sättas emot Raphaëls mästerstycken. Som denna tafla är målad på muren och således ej kunnat transporteras, så är den ej heller i mosaik kopierad.

Ifrån klostret S. Trinité des Monts leder den af Sixtus V anlagda och efter hans namn innan han blef påfve (Felice Peretti) så kallade Strada Felice i rät linje öfver de fordom under namn af Mons Viminalis och Mons Esquilinus kända kullarna ända till klostret S. Croce in Gerusalemme vid sydöstra ändan af staden. Denna gata är den längsta i Rom. Midt i sin sträckning afskäres hon af den på Esquilinska berget belägna patriarkalkyrkan Santa Maria Maggiore, en af Roms majestätiska byggnader, hvars höglända belägenhet, med exposition åt ett torg på hvardera långsidan, gifver hennes arkitektur, krönt med ett torn på hvardera ändan, ett förökadt anseende. På södra torget ser man en fontän och en ganska hög kanellerad eller räfflád korintisk kolonn af hvit marmor, en af de åtta, hvilka fordom prydde Fredens tempel, och här uppsatt genom Paul V:s föranstaltande samt krönt med jungfru Marias bildstod. Det norra torget är prydt med en obelisk af granit, som Claudius lät komma från Egypten och uppresa framför Augusti mausolé. Dess höjd, då piedestalen inberäknas, är trettiotvå alnar.

(*S. Maria Maggiore, Monte Cavallo, Aqua Felice och Fontana di Trevi samt Trajani och Marci Aurelii kolonner.*)

TJUGUFEMTE BREFVET.

Rom den 6 januari 1784

I dag har jag haft den äran att med herr grefven af Haga bevista gudstjänsten i Collegii de propaganda fide kyrka. Detta kollegium, stiftadt till kristna lärans utspridande, har i synnerhet sysselsatt sig med kännedom af de mångfaldiga språk, hvilka missionärerna hafva af nöden i aflägsna världsdelar. Många utländska uniter (det är sådana trosförvanter, som i vissa lärosatser och riter skilja sig ifrån romerska kyrkan, men likväl erkänna påfven för sitt andliga öfverhufvud och af sådan orsak äro i församlingens sköte upptagna) äga tillstånd att på eget språk och efter egen sed offentligen fira sin gudstjänst i bemälte Collegii kyrka på denna högtidsdag, som är helgad till åminnelse af Epiphanien eller Kristi uppenbarelse för hedningarna, hvilket ändamål med Collegii inrättning egentligen är åsyftadt. Vi sågo således fem särskilda gudstjänster på en gång förrättas i en och samma kyrka, hvar i sitt kapell eller vid sitt altar; nämligen af syriska, koptiska, armenianska, abyssinska och grekiska präster. Den syriska har en hvit sidenkåpa, de öfriga brokiga, präktigare. Den syriska, koptiska och armenianska hade bara hufvud, men de två öfriga mössor. Särdeles var den armenianska lysande i en gyllendukskåpa och med ett slags gyllene krona på hufvudet, hvarjämte hans utseende gjordes ännu vördigare af ett långt skägg.

Dess ritual var ock högtidlig. Sången beledsagades af en österländsk musik med metallplåtar och ringar. Vid oblatets upplyftande skakades tvenne stänger, burna af kyrkobetjänter, prydda med ett slags små flaggor och försedda på spetsen med runda skifvor, omgifna af bjällror, som gällt klingade. Detta bruk skall grunda sig på kyrkans äldsta enfald, då gudstjänsten ofta firades under bar

himmel och man genom skakning af dessa redskap för-
jagade flugor ifrån hostian. Sådan anledning torde flera
kyrkobruk hafva, att nämligen ursprungligen vara tillkomna
af tillfälligheter, och ehuru dessa upphört, hafva de på dem
grundade plägseder ändå af vana och blind aktning blifvit
bibehållna. Alla de särskilda mässorna sjöngos, utom den
abyssiniska, som lästes lågt och fort. Icke dess mindre
fordrade den mera tid än någon af de andra. Det var
ett sällsamt skådespel, att se en af Afrikas svarta invånare
hålla mässa vid ett kristet altar. Sedan koptiska mässan
var fulländad, intogs det altar, hvarest den blifvit förrättad,
af en grekisk melchit, klädd i sidenkåpa med guldkors på
ryggen. Han hade stort skägg. Mässan afsjöngs på arabiska.
Efter honom följde vid samma altar en ruthenisk präst,
som hade brokig sidenkåpa med inväfda silfverblommor.
Likaledes uppfylldes den armenianska prästens rum af en
maronit, så att åtta gudstjänster, hvar på sitt vis, denna
förmiddag firades i samma kyrka. Den maronitiska var
dock föga skild från den vanliga latinska eller romerska.

Denna både för tänkaren och åskådaren betraktnings-
värda olikhet påminner mig en liknelse, som tillägges den
visa och toleranta Clemens XIV. Har icke, sade han,
kejsaren soldater af många nationer, ungrare, kroater, tyskar,
italienare? De svärja honom trohet hvar på sitt språk, de
strida under hans fanor hvar i sin dräkt. Denna skilj-
aktighet misshagar honom icke, utan han anser deras nit
med lika godhet.

Sedan herr grefven af Haga afhört dessa mässor, var
jag honom först följaktig till påfliga Sixtinska kapellet,
hvarest han träffade hertiginnan af Parma, som i går hit-
kom ifrån Neapel, och efter det att gudstjänsten äfven i
samma kapell var fulländad, till kyrkan S. Maria in Ara
Coeli, belägen högst uppå Capitolinska berget, där Jupiter
Capitolinus fordom hade sitt tempel, af hvilket tjugutvå
vackra marmorkolonner ännu äro bibehållna i nämnda
kyrka. Den präktiga trappan af ett hundra tjugufyra steg
är ditförd från ruinerna af Romuli tempel på Quirinaliska

berget, men den yppersta prydnaden är ett altar, som efter
traditionen skall varit helgadt af Augustus åt Frälsaren under
namn af *Ara primogeniti Dei*, hvarefter kyrkan fått namn.
Det är prydt med kolonner af orientalisk alabaster med
förgyllda kapitäler och fötter. En presepio var nu inrättad
i kyrkans nedre ända midt emot högaltaret. Maria visades
där i kläder af silfvertyg, och barnet var smyckadt med
ädla stenar. De tre visa konungarna hade präktiga siden-
mantlar, uppburna af negrer. Alla figurerna voro väl
gjorda af vax i naturlig storlek, och alltsammans starkt
upplyst med hvita vaxljus.

(*Redogörelse för samlingarna i det Kapitolinska museet.*)

TJUGUSJÄTTE BREFVET.

Rom den 10 januari 1784.

I dag regnar det så starkt att jag icke varit ute. Se
här hvad jag sett, sedan jag sist skref. Såsom en fort-
sättning af den korta berättelse, jag då meddelade om mu-
seum Capitolinum, skall jag nu begynna med några ord
om museum Pio Clementinum.

(*Redogörelse för museet.*
Tjugusjunde brefvet. Cestii pyramid.)

S. Paolo fuori le mura kallas en af Roms fem
patriarkalkyrkor, belägen utanför Porta S. Paolo på
Roms södra sida. S. Paulus skall där blifvit begrafven,
och Constantin den store har anlagt kyrkan. Dess bygg-
nadsart vittnar om tidehvarfvet och liknar den götiska.
Jag har aldrig funnit så mycken prakt se så fattig ut.
Etthundrafyrtio antika kolonner af porfyr och dyrbar
marmor pryda det inre af kyrkan, bland hvilka de fyrtio,

som omgifva kyrkans nef, äro tagna i Hadriani mausolé
eller så kallade moles. Taket är däremot af träbjälkar och
golfvet af irreguliera marmorhällar, liknande gatorna i
Florenz. Mosaikerna från femte århundradet förtjäna upp-
märksamhet, ej för fägringens skull, men såsom minnes-
märken af tidens smak. En samling af påfvars porträtt
uppfyller frisen nedom taklisten. Den går ända från och
med Petrus till och med Pius VI, men nu är intet mera
rum öfrigt, och vidskepelsen drager däraf ett bedröfligt
förebud, att han torde bli den sista påfven. I ett kapell,
som är tillägnat det svenska helgonet S. Birgitta, visas
ett krucifix af brunt måladt trä, illa gjordt i naturlig stor-
lek och omgifvet med en mängd Ex-voto, bestående i
silfversmycken och grannlåt samt käppar och kryckor, som
krymplingar här lämnat efter sig till minnesmärken af sitt
underbara botande. Krucifixet sitter för sin helighets skull
inläst bakom altaret och skall hafva talat med S. Birgitta,
hvars staty af Maderna här ock finnes.

(*Katakomberna. Cæcilia Metellas graf. Maxentius' circus.*)

Jag skall sluta mitt bref, som mest innehåller döds-
betraktelser, litet gladare än jag begynt det. Jag tillbringar
mina aftnar som oftast på spektaklen, och då jag med ett
beundrande nöje afhört Marchesi, roar det mig i ett annat
afseende föga mindre att höra tokroligheter på teatrarna
Valle och Capranica. Komedierna äro lifliga och kvicka.
Franska *Elegants* äro de, som därstädes mest framställas till
åtlöje. Och ehuru smaken icke alltid är den bästa, måste
man stundom likafullt hjärtligen skratta. Intermederna
bestå i opera-buffa, och musiken är vanligen lika full af
uttryck som munterhet. Den, jag sist hörde på teatern
Valle af Guglielmi, var förträfflig, och en sångare, Benucci,
begåfvad med en makalös basröst, gjorde densamma och
sig mycken heder. Basröster tålas aldrig i Italien i den
större operan, utan blott i buffa.

Vi hafva i dag hört åskan och i natt blixtrade det.

Sådant är väl i denna månad ej rart i Rom, men rart
för mig, hvarför jag tror berättelsen därom förtjänar två
rader.

—

TJUGUÅTTONDE BREFVET.

Rom den 14 januari 1784.

Denna gången har jag idel fêter att beskrifva. I för-
gårs gaf senatorn i Rom, prins Rezzonico, en stor afton-
måltid åt herr grefven af Haga, hertiginnan af Parma och
ett sällskap af några och åttio personer, hvaribland jag
ock hade den äran att vara. Senatorn bor i Capitolium.
Rummen voro många, men ej särdeles stora, och indel-
ningen tycktes ej heller vara den bästa. Man spisade vid
två stora bord, hvart i sin sal, som var förträffligt upplyst.
En god taffelmusik hördes från en betäckt orkester. Gäster-
na samlades ej förrän omkring klockan elfva och åtskildes
klockan half tu efter midnatten. Morgonen därpå kom la
famiglia, det är betjäningen, och begärde drickspeningar, ett
allmänt bruk här i landet, hvilket kardinalen Bernis och
några andra herrar likväl ej tillåta sitt folk. Man gifver
efter behag från fem till tjugu paoli. I går var kapp-
ränning med hästar anställd på Strada del Corso, den största
och vackraste gatan här i staden, sträckande sig två tusen
fyra hundra steg i rät linje ifrån Porta del Popolo till
Piazza di Venezia. Hon är hela tjugu alnar bred och om-
gifven af Roms bästa palats. Denna kappränning var anti-
ciperad. Vanligen äger den ej rum förrän i sista dagarna
af 'karnevalen; men som man visste, att herr grefven af
Haga ej ärnade uppehålla sig här så länge, så ville man
nu, ehuru långt före den bestämda tiden, gifva honom
detta skådespel, hvilket han med sin svit besåg från en

balkong utanför kardinalen Bernis fönster. Redan klockan tre eftermiddagen voro skaror af folk samlade på gatan och en myckenhet ekipager i rörelse dels för att promenera, som i Rom mycket brukas efter middagarna, dels för att åskåda högtidligheten. Somliga ekipager voro rätt präktiga, med förgyllning så på vagnar som på seltyg, tre till fyra lakejer bakpå i rika livréer och löpare utmed vagnarna. Man hade utur de flesta fönstren vid gatan hängt röda sidentapeter eller ock turkiska för att gifva husen ett grant anseende. Påfvens trupper paraderade och patruller bevakade ordningen. Klockan mot fyra gafs första signalen med två kanonskott, och efter två nya uppehåll af tjugu till tjugufem minuter, andra och tredje signalen på samma sätt. Emellertid kom senatorn i sin ceremonidräkt, som är en gul och röd fotsid klädnad, åtföljd af conservatorerna, åkande utför gatan till Venetianska torget för att utur en där inrättad loge jämte guvernören af Rom, med hvilken han delar jurisdiktionen i staden,* vara vittne och domare öfver kappränningen. Deras tåg skedde i åtta gammalmodiga vagnar, hvardera bespänd med ett par hästar. Framför redo åtskilliga personer, bland hvilka en på en lans förde ett stycke brokad, il palio kalladt, hvilket skulle bli pris för segervinnaren. Efter sista signalen stannade alla vagnar på sidan, och folket, som var till fots, drog sig jämväl undan för att lämna hästarna rum. Senatorn afskickade då en af sina underhafvande för att begära herr grefvens af Haga tillstånd, att kappränningen finge börjas. Det meddelades, och man stötte i trumpet på Piazza del Popolo. Hästarna, som där varit fängslade inom sträckta linor och emellertid med piskor blifvit upphetsade, släpptes då på en gång lösa. De voro prydda med hvarjehanda smycken och löst hängande sirater, besatta på undra sidan med taggar, som då

* Guvernören är prelat, men icke senatorn (il Gonfaloniere del Senato e del Popolo Romano). Den senare får icke vara romare. Grefve Nils Bielke, som ombytt religion, var i tjuguåtta år senator i Rom och dog i detta kall 1765.

de genom hästarnas lopp skakades, eggade dem såsom sporrar. Af de elfva, som till kappränningen voro utsedda, togo tre en annan väg. De öfrige åtta rände Strada del Corso till ända i fullt språng bland menighetens handklappningar och bifallsgny. Fem följde hvarandra mest i bredd, men de tre återstående kommo något efter. Den som vid framkomsten till Piazza di Venezia, målet för kappränningen, vann priset för sin ägare, var endast ett hästhufvud framför den nästföljande och tillhörde en kapten Tartaglioni. Hästarna fasttogos där mot uppspända segeldukar. När detta skådespel anställes i slutet på karnevalen, få åskådarna vara maskerade, men denna gång var det ej tillåtet.

Hästränningen i Rom har varit bruklig alltifrån påfven Paulus II:s tid, som därigenom ville bereda ett nöje åt folket. Ända från dess begynnelse har den skett på judarnas bekostnad. De voro fordom pliktiga att själfva rida på kapphästarna, men hafva sedermera löst sig ifrån detta äfventyr mot det att de bestå priset. De måste tillika årligen aflägga en tacksägelseuppvaktning hos senatorn för det att de skonas ifrån denna halsbrytande öfning. Tillförne hafva kappränningarna varit präktigare än nu, både genom hästarnas mängd och godhet, hvilka då lämnades af prinsar och de förnämsta. Herr Condamine har anmärkt, att vid det tillfälle då han besåg kappränningen, hästarna på två minuter tjuguen sekunder genomlöpo en väg af åtta hundra fyrtifem franska toises, som ungefär gör tre hundra sextiotvå alnar på en tredjedels minut.

Samma dag supérade herr grefven af Haga, hertiginnan af Parma och mer än etthundra personer hos venetianska ambassadören Memmo. Jag hade ock den äran att vara bland gästerna. Denne ambassadör bor i Palazzo San Marco, beläget vid torget af lika namn. Palatset uppbyggdes af påfven Paulus II och skänktes af Alexander VIII åt republiken Venedig för att inrymma dess ambassadör, emot det att republiken skänkte ett palats i Venedig till påfliga nuntiens behof.

Palazzo S. Marco hade förut härbärgerat flera påfvar

och franska konungen Carl VIII, då han 1498 tågade genom Rom till Neapel. Dess byggnadsart är ej ren ifrån götiska stilen. Rummen äro både många, stora och präktiga. Aftonmåltiden var inrättad i en stor sal vid ett hästsko-bord, och som var på det rikaste upplyst. Sedan mat-anrättningarna voro afspisade, uppsteg man och gick till ett annat bord, hvarpå desserten var serverad, men hvarvid ej mer än fyrtio personer hade plats. Fêten var dyrbar och präktig, men gästernas myckenhet och trängsel af be-tjäning gjorde uppassningen mindre tillräcklig.

Om natten var maskeradbal eller, som man i Rom säger, festino på teatern Aliberti. Vid ingången var en sådan trängsel af vagnar, att man ej utan svårighet och lång väntan slapp in. Tusentals masker gjorde en rik utsikt vid en förträfflig illumination af ljuskronor och lampor, hvilkas sken fördubblades mot speglarna, hvarmed logerna voro beklädda. Främst på teatern var en skänk med raffraichissements. Ganska få karaktärsmasker syntes. De mesta voro i domino eller Noble-venicienne. De för-nämare gingo med blottadt ansikte och masken fästad vid hatten eller armen. Man anser maskeraden ej annorlunda än en assemblée, hvarvid man slipper att sorgfälligt kläda sig och den man efter behag kan bevista känd eller okänd. Menuetter och kontradanser dansades. Jag tyckte mig märka lika liten liflighet vid denna som vid våra svenska maskerader, och den, som berömmer de italienska för fintliga upptåg och glädtig ton, kunde ej af denna få be-kräftelse på sin uppgift. Mig berättades, att i Rom lika-som i Stockholm vanligen händer, att när tillträdet kostar penningar, kommer föga folk på maskeraden, hvaremot frimaskeraderna, sådana som denna var, bevistades af en otalig skara, bland hvilken man utan mask skulle vilja umgås med minsta delen.

Efter jag talat om supéer, får jag för roskull nämna, att kort, som i Rom ej mindre än i andra städer och land nyttjas till sällskapsnöje, äro här af eget slag. De äro väl indelade i fyra färger eller klasser af figurer, men

7. — Memoarer. V.

dessa äro olika våra eller de franska. De heta i Rom och
föreställa spade (värjor), coppe (koppar), bastoni (stafvar),
denarj (penningar). Hvar färg består af tretton kort, märkta
och kallade asse, due, tre, quatro etc. ända till dieci; men
de tre målarna heta Rè, Cavallo (i stället för Fru) och
Fante. Franska kort brukas här dock äfven. Trisett och
reversi spelas mest; engelsmännen hafva dock äfven infört
whist i sällskapen.

En annan omständighet, som tillhör sammanlefnaden,
kan här ock få sitt ställe att antecknas. Det är olikheten
i timräkningen på dygnet. Detta begynnes i Rom vid
solens nedgång eller det så kallade Ave Maria, då hvar god
katolik befaller sig i Guds och jungfru Marias beskydd
och kyrkorna tillslutas. Dygnet indelas sedan i tjugufyra
timmar ända till solens nedgång följande dagen. Man be-
gynner då räkningen med un' ora di notte, due ore, etc.
och fortsätter äfven efter tolftalet, med tredeci, quatuordeci,
quindeci ore, ända till tjugufyra. En romersk timme in-
faller således hvar dag på olika tid efter midnatt eller
middag. Till exempel den tjuguförsta juni nedgår solen i
Rom ungefär klockan half åtta. Due ore di notte svara
då efter franska och våra ur emot half tio om aftonen.
Den tjuguandra december nedgår solen klockan half fem.
Due ore di notte svara då mot half sju på våra ur. Ur-
taflorna i Rom äro indelade i sex timmar, så att inom
tjugufyra går visaren fyra gånger omkring. Dock är man
här ej alldeles okunnig om vårt beräkningssätt eller de så
kallade ore di Francia. Själfva sämre folket förstår sig mer
och mer därpå, fast de helst följa sitt bruk eller sina ore
di Spagna. Samma sed skall gälla i Neapel och flerstädes
i Italien. Största oredan för en utländing äger rum i an-
seende till hyrlakejer vid stundernas bestämmande för
deras uppassning.

TJUGUNIONDE BREFVET.

Rom den 16 januari 1784.

I går besåg jag villa Albani, belägen öster ifrån Rom utanför porta Salara, i hvars nejd fordom vestaler, som brutit sitt löfte, begrofvos lefvande på det så kallade campus sceleratus. Denna villa är frukten af påfven Clemens XI:s frikostighet mot sin familj. Kardinalen Alexander Albani, som ännu lefver i ganska hög ålder, har användt sin rikedom och sin smak att anlägga den och däraf göra ett förrådshus för konster och antikviteter. Han nyttjade därtill den berömda Winkelmanns biträde. Kardinalen skall själf varit så fin kännare af antiken, att då han blef blind, han genom blott vidrörande kunnat urskilja de äkta från de eftergjorda.

(Beskrifning af Villa Albani och Villa Farnesina.
Trettionde brefvet: Titi, Caracallas och Diocletiani Thermer.)

Den sjuttonde i denna månad eller S. Antons dag utdelades vid dess kyrka, icke långt från S. Maria Maggiore, välsignelser af munkar öfver hästar och åsnor, ja äfven hundar och kattor. Detta låter något besynnerligt, men är här ett vanligt kristligt bruk. Ägarna, måna om ett så kraftigt förvaringsmedel mot åkommor på sina kreatur, framföra dem hela dagen igenom till dess undfående. Munken stänker vigvatten på djuret, får några paoli för besväret och gifver kvittens, att välsignelsen är riktigt meddelad och betalad. Munkarna aflösa hvarandra hvar timme för att kunna uthärda förrättningen.

I går var S. Petri stols fest (festa della cathedra romana). Den firades i S. Peters kyrka med en solenn mässa, förrättad af en kardinal i påfvens öfvervaro, vid hvars slut påfven, med tredubbel krona på hufvudet, bars på stol ned igenom kyrkan och utdelade välsignelse åt folket med det vanliga korstecknet. Mot aftonen återkom romerska kejsaren hit till staden ifrån Neapel, men lärer snart härifrån fortsätta resan till Wien.

TRETTIOFÖRSTA BREFVET.

Rom den 26 januari 1784.

I början af denna månad kunde jag nästan säga: *nulla dies sine linea.* Nu har jag slagit öfver flera dagar; men hvad som upppskjutes, är icke förloradt. Jag skall nu skrifva så mycket längre.

(Piazza Navona, några kyrkor och palats.)

Pasquino kallas en stympad och illa medfaren staty af marmor, den Bernini icke drog i betänkande att anse för den bästa antika och som lär föreställt en soldat. Den står på ett litet torg ej långt ifrån piazza Navona, hvarest en romersk borgare vid namn Pasquino fordom bott, känd för sina lustiga infall, efter hvilken både torg och staty och slutligen smädeskrifter i allmänhet blifvit nämnda. Romarnas bitande skämtsamhet har sedermera gjort denna bildstod mer och mer märkvärdig. De hafva brukat att på en annan gammal bildstod, som kallas Marforio och finnes vid Capitolium, anslå ett papper med någon fråga, och på Pasquino ett annat med svar. Till exempel: när påfven Clemens XI anordnade ansenliga penningsummor ifrån Rom till sin fädernestad Urbino, frågades på Marforio, hvad Pasquino gjorde? Hvartill på Pasquino svarades: Guardo Roma che non vada a Urbino. Men stundom åtnöjer man sig att låta Pasquino satirisera i monolog. Således när pater Buontempi, som ägde mycken ynnest af påfven Clemens XIV, efter dess död förlorade sitt anseende, hängde man en gammal kapprock öfver Pasquino med underskrift: Il buon tempo è passato.

(*S. Maria del Popolo. Besök hos herr Giraldi.*)

Nu kommer jag till händelserna för dagen. Den tjugu-första i denna månad bittida om morgonen afreste kejsaren härifrån till Wien. Orsaken till hans oväntade ankomst till Italien denna gång är ett problem, som tiden och påföljderna torde upplösa. Man gissar, att han i Florenz öfverlagt med sin bror och svägerska om ett tillstundande romerskt konungaval till deras äldste sons förmån, och att kejsaren önskat, att, i händelse detta lyckades, storherti-gen ville afträda till bemälte sin son all arfsrätt till öster-rikiska länderna, på det den tillärnade kejsaren icke måtte löpa fara att blifva en monark utan rike och bära en krona utan makt. I Neapel tros Joseph II hafva sökt utverka frihet för sin bundsförvant, ryska kejsarinnan, att i händelse misshälligheterna mellan henne och Porten utbrutit i krig, låta sina skepp inlöpa i neapolitanska och sicilianska hamnar. Med mera visshet förmenar man sig kännaända-målet af kejsarens besök hos påfven. Ärkebiskopsstiftet i Milano var nyligen ledigt, och kejsaren uppdrog det utan påfvens rådförande åt en prelat, Visconti. Under det wien-ska och romerska kabinetten härom ifrigt brefväxlade och påfven med många skäl sökte bevisa sin rätt att ut-nämna lombardiska ärkebiskopar och biskopar, infann sig kejsaren helt oförtänkt i Vatikanen och framställde sina påståenden direkte till påfven själf. Alla invändningar måste nu upphöra, och svaren, som äskades, blefvo blott ja eller nej. Kejsaren fordrade, att påfven skulle afsäga sig all sin förmenta rätt till stifts bortgifvande, hvaremot påfven allenast tillbjöd ett så kalladt indult eller tillåtelse för denna gången, att den af kejsaren utnämnde prelaten måtte i sitt ämbete bekräftas. Detta indult framlämnades till kejsaren vid hans hitkomst tillbaka från Neapel, men författadt i ordsätt, värdiga Gregorii VII:s och Henrik IV:s tid, och

man finner då lätt, att det icke blef antaget. Sinnena upp-
rördes, och man påstår, att den andlige och världslige mo-
narkens öfverläggningar i detta ämne medfört uppträden,
som varit lifligare, än deras värdighet gifvit att förmoda.
Ändtligen och som vanligt är segrade styrkan. Och påfven
lät af hotelser förskräcka sig, så att han afstod sin rätt till
de lombardiska stiftens bortgifvande emot en ersättning i
penningar af tjugufem tusen scudi. Denna eftergifvenhet
skall ha uppväckt mycket missnöje hos de så kallade Zelanti.
Påfven har utan tvifvel själf känt harm öfver detta honom
aftvungna steg och vid tillfälle af ett besök, som herr grefven
af Haga gjorde honom kort därefter, yttrat om kejsaren,
qu'il se disait seulement catholique & qu' il se croyait
tout permis.

Påfven har nyligen gjort en märklig befordran. Herr
grefvens af Haga hofmästare Griel och kammartjänare des
Vouges och Robert, alla tre fransmän och katoliker, hafva
blifvit utnämnde till riddare af gyllene sporren. Denna
gamla orden, fordomdags utdelad af kejsaren, har i senare
tider mycket förlorat af sitt anseende. Icke allenast påfven,
utan flera italienska prinsar skola nu utöfva den rättighet
att bortgifva densamma. Riddarnas antal har därmedelst
mycket tillvuxit och valet af personer blifvit mindre lag-
grant. Kardinalen Bernis' hofmästare skall ej velat emot-
taga denna orden. I går undfingo de svenska riddarna
den af påfvens egen hand, som fäste dess tecken, ett
emaljeradt kors i rödt band, i deras knapphål. Ordens-
diplomet, författadt på latin, tillägger riddaren (Equiti aureæ
militiæ) rättighet att nyttja *torque, ense et calcaribus*, ett
formulär som tyckes vittna om ordens höga ålder och
förmodligen, att den drager sitt ursprung ifrån korsfärderna.
Men herr grefven af Haga, som ej vill, att den skall för-
blandas med S. Louis orden, som ock bäres i rödt band,
har förbudit dessa sina tre betjänte, att, såsom ofta i hvar-
dagslag plägar ske, bära bandet utan kors i knapphålet.

Sedan väderleken förr i denna månad varit nog ombytlig, har här nu i åtta dagar fallit en myckenhet regn. På höjder och berg har nederbörden bestått i snö, så att vägarna blifvit obrukbara och posterna från Florens uteblifvit. Icke dess mindre har här tillika dundrat och blixtrat. Nu har luften ändtligen blifvit ren och kylig. I förgår afreste baron Taube och grefve Fersen till Neapel, i dag baronerna Armfelt, Cederström, Sparre och herr Peyron. Innan kort lär herr grefven af Haga med oss andra, som höra till hans medfölje, äfven begifva sig härifrån.

TRETTIOANDRA BREFVET.

Rom den 28 januari 1784.

Våra saker äro inpackade, och i morgon blifva vi herr grefven af Haga följaktige till Neapel. Han har redan gjort påfven afskedsbesök. Denna skilsmässa härifrån skulle smärta mig, om jag ej hade hopp att ungefär om en månad komma åter. Jag ärnar då, så vidt tiden tillåter, fortsätta mina anmärkningar härstädes, som hitintills varit alltför ofullständiga. Emellertid komma Neapels märkvärdigheter att sysselsätta mitt öga och jämväl min penna.

Jag har stycke för stycke beskrifvit hvad jag sett af Rom, men icke gifvit något allmänt begrepp om denna stad, sådant som jag under min härvaro fattat det. Jag vill nyttja ett par timmars ledighet att fylla denna brist genom några strödda anmärkningar.

Rom är i flera afseenden den märkvärdigaste stad i världen. Ödet synes beslutat, att den på ett eller annat sätt skall vara Europas hufvudstad. Roms världsliga monarki var knappt förstörd, förrän en ännu fruktansvärdare andlig där uppväxte. Påfvens myndighet inskränktes ej inom religionsmål. Själfva konungarna blefvo hans första undersåter. Scipios och Cæsars härar hade aldrig varit segersällare än obeväpnade skaror af munkar och präster, som utspridde sin öfverherdes bud kring en lydig kristenhet. Men om barbarers anfall öfverändakastat kejsarnas makt, så hafva upplysning och snillets odling efter hand undergräft påfvarnas. Den sviktar och hotar Rom med nya ruiner. Men Rom skall ändå icke återvända att vara en hufvudstad för smaken, ett lärosäte för konstnärer. Rom, näst naturen, skall förblifva deras högskola. Roms tysta mästerstycken, som förgäfves sökas annorstädes, skola bilda deras snille, uppöfva deras skicklighet, om ock lefvande mästare där saknas.

En främling har i Rom en dubbel surpris att erfara. Uppfylld af dess stora namn, af världens behärskares minne, af inbillningen om dess förundransvärda kvarlefvor, deras härlighet, storhet och prakt, finner han dessa vid första åsynen under sin väntan. Tiden har så illa medfarit dem, vårdslösheten tillåtit dem omgifvas med så mycken ostädning och osnygghet, att det forskande ögat i de flesta röjer flera spår af Roms förgängelse än af Roms majestät. Rörd af en hemlig bedröfvelse är åskådaren färdig att säga som grefve Gyllenborg om lifvet:

Ack, var det icke mer? (Människans elände).

Stadens öfriga utseende ökar dessa känslor. Stora, obebyggda, knappt odlade trakter inom dess murar, en del gator, trånga, omgifna med oansenliga hus, en ringa folkmängd och däribland många, som bära uselhetens stämpel, allt underhåller misstanken, att man i denna stad sökt mera än där finnes. Men när man begynner undersöka, när man studerat Pantheon och Kolosseum, när man blifvit hemmastadd i S. Peters kyrka, när man besökt några gallerier och museer, riktade med gamla och nya världens mästerstycken, med grekiska statyer och Raphaëls taflor, när man i mångfaldiga palats sett konst och prakt täfla med hvarandra, utan att segern kan sägas afgjord, så

öfvertygas man, att Rom är Rom, och i denna stund ett
värdigt ämne till förundran.

(Notiser ur Roms historia.)

Det är märkvärdigt, att en stor del af de platser, som
fordom voro obebyggda, nu äro starkast bebodda, och så
tvärtom. Således äro Campus Martius och Rione del
Borgo nu bland de folkrikaste trakter i Rom, där de gamla
blott hade grafvårdar och publika byggnader. De gamla
hade ostridigt rätt i sitt val. De byggde sina hus på kullar
och höjder, där luften var renast och de undgingo den
svällande Tiberns öfversvämningar. Men deras efterkom-
mande, som skulle bygga på nytt en mest förstörd stad,
lära funnit lättare att verkställa sådant på ren grund än
att undanrödja ruiner för att bereda sig boningsplatser.

Af den vidsträckta area, Rom innehåller, är en knapp
tredjedel bebodd. Det öfriga består af vin- eller trädgårdar,
ja också ängsmark, nämligen de så kallade Prati del Popolo
Romano i sydvästra ändan af Rione della Ripa.

I andra städer uppräknar man publika monument,
fontäner, ärestoder. I Rom förlorar man sig i deras myc-
kenhet. Ingen stad kan mer imponera med sin anblick
än Rom, när man inträder genom Porta del Popolo. Man
ser framför sig ett stort torg, en några och femtio alnar
hög granit-obelisk, trenne breda och raka gator, hvilka
från en gemensam medelpunkt såsom radier öppna ögat
långa utsikter mellan en myckenhet ansenliga hus, tvenne
kyrkor af lika och prydlig arkitektur, som symmetriskt
omfatta gatumunnarna. Dessa gator äro Strada del Corso
mellerst, Strada di Ripetta till höger och Strada del Ba-
buino till vänster. Jag har redan nämnt, att Strada del
Corso är den vackraste gatan i Rom. Hon är där hvad
Drottninggatan är i Stockholm. Men den längsta gata i
Rom är Strada Felice, som är inemot dubbelt längre än
Strada del Corso. Dess omgifvande byggnader äro där-
emot ej så prydliga. Strada del Spirito Santo eller Lon-

gara väster om Tibern är ock nästan två tusen alnar lång i rak linje. Men jämte dessa och några andra ansenliga gator, jämte vissa af ofantliga palats omgifna torg, finner man många små, trånga, oordentliga både gator och platser med låga och dåliga hus. Alla äro dock byggda af sten. Taken äro af tegel med den kupiga sidan uppåtvänd, skorstenarna försedda med draghål på sidorna, och öfverbyggda, förmodligen för att afhålla regns inslående. I Rom råder en osnygghet, som uppväcker vämjelse. Större delen af gatorna äro väl belagda med utmed hvarandra på kant ställda stenar såsom i större tyska städer och jämväl försedda med trottoarer, hvilka äro ansenligen höjda öfver gatorna; men i aflägsnare och mindre bebyggda kvarter äger ingen stenläggning rum, utan gatorna likna i regnväder de djupaste landsvägar. Men äfven de bättre gatorna äro smutsiga, sopas sällan och renhållas aldrig. Torg och gator tjäna till afträden. De präktigaste byggnader och monument äro omgifna med stinkande träcksamlingar. De kärl, som i andra stora städer aldrig så uttömmas på gatan, utslås på Roms midt på dagen, utan att man bekymrar sig om de förbigående, som däraf kunna träffas. Man slaktar på gatan, och om åskådaren fägnas att själfva vintertiden se torg och bodar framte ymniga förråd af frukter och grönsaker, af drufvor och oranger, vämjes han ock att se rått kött hänga som skyltar utpå husen eller att känna stanken af rå fisk, som i rågade korgar lika offentligt utbjudes till salu. När man härtill lägger os af härsk olja, hvarmed menigheten under bar himmel lagar sin mat, tiggare i ohyggliga slarfvor, som kasta sig för ens fötter och med kroppslyten ofta uppväcka afsky, samt skockar af åsnor, lastade med pozzuolana, hvilka tätt och ofta mötas, så finnes lätt, att sinnena i flera afseenden äro föga belåtna med promenaderna i Rom.

Gatorna äro om nätterna oupplysta. En lampa för någon Mariabild eller så kallad madonna gifver blott här och där ett tillfälligt och otillräckligt sken. De åkande (utländingar likväl undantagna) bruka ej facklor, utan blott lyktor, hvilka allenast lysa på ena sidan. Romaren älskar mörkret, och när en, som icke vill blifva känd, vid mötet af en vagn ropar: *Volti la lanterna*, fordrar bruket, att lakejen verkställer befallningen.

Kyrkorna i Rom äro flera hundrade, men parrochiala eller sådana, som tillhöra församlingar, endast åttiotvå. De öfriga äro inrättade för kloster, kollegier, hospital och andra särskilda stiftelser. De så kallade patriarkala kyrkorna äro fem: S. Peters i Vatikanen, S. Johannis in Laterano, S. Maria Maggiore, S. Paolo och S. Lorenzo utom murarna. Man kan kalla Rom kyrkornas stad. De, som anses präktigast på andra orter, skulle här vara medelmåttiga.

De flesta palats tillhöra Roms talrika adel*, som själf intager dem hela och hållna, ehuru vidsträckta de äro. Oaktadt all konst och prakt, är deras arkitektur i allmänhet icke ren. Brutna sirater, konstlade och vridna frontoner, belastade prydnader, förekomma på de flesta och utgöra äfven så många afvikningar från forntidens enkla och majestätiska mönster. Rez-de-chaussée eller jordvåningen har vanligen, i stället för luckor, järngaller utanför fönstren. Rummen i dessa palats äro stora och mycket höga, ända till hela tolf alnar; dörr- och fönsterkarmar af huggen sten; spisar af marmor, golfven af tegel, men belagda med mer och mindre dyrbara mattor. Möblerna äro af olika beskaffenhet. Man ser ömsom nakna murar och damasttapeter.

De förnäma gifva sällan måltider, men öppna ofta sina

* Familjerna Colonna och Orsini äro de äldsta och förnämaste. De hafva i medeltiden spelat roller af själfständiga furstar, fört krig och slutit förbund. Prinsen af Santa Croce påstår sig vara en ättling af Valerius Publicola. Husen Conti, Barberini, Borghese, Doria-Pamfili, Chigi, Altieri, Albani, Bracciano (Odescalchi) Buoncompagni-Ludovici, Giustiniani etc. kallas *Case Papale*, emedan de räkna påfvar i sin ätt. Prins Borghese är rikast och skall hafva mellan tre- och fyra hundra tusen scudis årlig inkomst. Utom det att han äger stora landtgods, drifver han ock handel.

hus till conversazioner. Lefnadssättet är ungefär sådant, som jag beskrifvit det ifrån Florens. En conversazione eller assemblée räcker en till två timmar; och flera kunna vara efter hvarandra i särskilda hus på en afton. En prins gifver en conversazione klockan sex, man begifver sig därifrån till en annan klockan åtta; sådant kallas prima sera eller seconda sera. De talrika gästerna undfägnas med glacer, limonader och kaffe. Ekläreringen är alltid förträfflig och kostsam. Prinsessorna Santa Croce, Altieri, Falconieri, Doria, Bracciano och Giustiniani hafva i vinter ömsom gifvit conversazioner, som af herr grefven af Haga blifvit bevistade. Jag nämner ej kardinalen Bernis, som på visst sätt gjort sitt hus till herr grefvens eget.

I bättre samkväm hjälper man sig fort med franska, hvilket språk de flesta damer och kavaljerer förstå och jämväl tala, men, då få undantag göras, så illa att med aldrig så liten kännedom af italienskan, begriper man dem bättre på deras eget tungomål. Man gör dock utan tvifvel bäst att vänja sig tala italienska. Vår talrika svenska koloni och de många främlingar, med hvilka vi här umgåtts, hafva lagt verkliga hinder i vägen för den öfning, jag önskat mig i detta vackra språk, kanhända det mest harmoniska för örat och det mest uttrycksfulla för bildningsgåfvan af alla lefvande. Ett språk läres långsamt, när det icke är ett behof.

Flera våra franska och engelska bekanta ifrån Florens hafva jämväl med oss varit i Rom och begifva sig äfven som vi till Neapel. Deras antal är ökadt med andra resande, så af de båda nämnda nationerna som af flera. Jag torde framdeles få tillfälle att omtala dem, och afbryter så för denna gången mina betraktelser öfver Rom.

TRETTIOTREDJE BREFVET.

Neapel den 31 januari 1784.

I förgår klockan sex eftermiddagen anträdde jag med herr grefven af Haga resan ifrån Rom. Samma stund afgick kornett Stjernvall såsom kurir till Sverige med depescher.

Vi foro genom Porta di San Giovanni till Albano och Velletri, fyra och en half post ifrån Rom och togo där nattläger klockan elfva. Väderleken var ganska behaglig, och månskenet gjorde resan angenäm. Det var dock ej tillräckligt att gifva ett redigt begrepp om landet, som vi öfverforo. Jag märkte likväl, att vi voro omgifna af slätter och stora åkerfält, men af få hemvist för inbyggare. Ruiner voro så mycket allmännare, och således flera spår af ett framfaret än af ett lefvande släkte. Landsvägen var en chaussée, som både till läge och underhåll var bättre än romerska vägen åt Florens, men därmed är ej min mening, att den ej ändå kunde tarfva förbättring.

Änskönt jag ej fick tillfälle att se mig omkring vid Albano, förtjänar dock orten att omnämnas. I nejden kring Rom åt öster och sydost, hafva de naturkunniga anmärkt säkra spår af forna eldsprutningar. Tvenne sjöar, Lago di Albano och Lago di Nemi, anses därstädes som kratrar af utbrunna vulkaner. Deras skapnad och ämnet i de bergkransar, dem omgifva, förråda sådant upphof. Men om de tillkommit genom en förödelse, fägna de nu ögat i stället genom behagliga utsikter, dem målare med täflan välja till mönster för landskapstaflor.

Vid den förstnämnda sjön, som ock kallas Lago di Castello, ligger påfvens lustpalats, Castel Gandolfo. Det skall vara föga märkvärdigt på konstens vägnar och likna en annan väl byggd landtgård. Men i nya historien blir det minnesvärdt, genom påfven Clemens XIV:s död, som

därstädes i en kopp choklad skall undfått det gift, hvilket
först rubbade hans förstånd och snart lade honom i grafven.

Staden Velletri hette fordom Velitrae, var volskernas
hufvudstad och förekommer ofta hos de klassiska auktorerna.
Den ligger på en bergshöjd och är tämligen stor, men
såsom påfliga städerna i allmänhet tom och utan rörelse.
Värdshuset, där vi tillbragte natten, var uselt, och när rum-
men eldades, uppfylldes de af rök. Just ett sådant natt-
läger hade Horatius i Campanien, en dagsresa därifrån:

> Lacrymoso non sine fumo
> Udos cum foliis ramos urente camino.
>
> Sat. 1. 5.

I går om morgonen fortsatte vi vår resa, som efter
fjorton tillryggalagda poster bragte oss fram till denna huf-
vudstad i dag bittida klockan fyra. Väderleken var så varm,
att solskenet besvärade. Blommor på marken, en stor del
träd gröna, fjärilar och spindelväfvar gjorde för en svensk
föga troligt, att man skref den 30 januari. Någon påmin-
nelse därom kunde dock hämtas af snö på aflägsna bergs-
toppar.

Sedan vi farit utför en backe ifrån Velletri, var lan-
det, så långt påfvestaten räckte, jämnt och flakt. I grann-
skapet af Case fondate syntes dock några träd. En bergs-
rygg i öster omfattade horisonten ända ifrån Velletri till
Terracina. De sväfvande molnen liksom skockades och
kvarstannade mot dess höjd, medan den del af himmelen,
som sträckte sig öfver slätten åt hafssidan, mest förblef
klar. Landet var nog obebodt och åkrarna vårdslösade
fast till en del besådda, fäladsmarker eller lindor såsom i
Skåne blott använda till bete. Vingårdar syntes där och
hvar. Refvorna understöddes af de här i landet växande
grofva rören. Till Case fondate var vägen gropig, stenig
och oren, och därifrån till Torre tre ponte så djup, att hju-
len nedsjönko till nafven.

Där lämnade vi till vänster den lilla staden Norma,
hvilken lik en kalott betäcker hjässan af ett högt berg, öfver-
skyggad likväl af bakom belägna, dock medels dälder därifrån

skilda ännu högre berg. Byar och hus anläggas i denna
trakt helst på höjderna, emedan det låga landet är utsatt
för vattenflöden och luften där osund.

Vid Case fondate fem och en half post ifrån Rom, bör-
jas de Pontinska eller Pomptinska träsken. Dessa, ifrån äldsta
tider namnkunniga, hafva i våra blifvit det än mera genom
Pius VI:s trägna och kostsamma försök att uttorka dem.

(De pontinska träskens historia.)

Det öfriga af träsken stod mer eller mindre under vatten.
På flera ställen liknade de en sjö. De voro öfvervuxna
med en stor art rör eller vass, som i Italien ymnigt växer
äfven på hårdvall och nyttjas både till stöd för vinrankor
och till taktäckning. Hyddor i träsken, inrättade för arbets-
folk, voro ock därmed beklädda. Små löfskog, som ehuru
ännu bar, af grenarna syntes vara alm, växte där äfven.
Den nedhöggs. Rötterna, samlade i högar på höglända ställ-
len, antändes och brunno.

Många tvifla om möjligheten att uttorka dessa träsk,
ehuru vattnet ej är öfver en aln djupt. Man påstår, att det
icke skall hafva något affall och kanalerna således blifva
utan nytta. Men om så vore, hvilket dock af andra, i
stöd af anställda afvägningar, bestrides, bevisar Hollands
exempel, att dammar och pumpverk förmå från vatten be-
fria ett land, som står lägre än hafvet. Jag tror dock icke,
att så kraftiga medel någonsin komma att vidtagas i Pon-
tinska träsken. Flera intressen verka emot deras uttor-
kande. Några betydande familjer, själfva påfvens så kallade
Congregazione dell' aque och staden Terracina, skola hafva
inkomst af det i träsken idkade fisket. Konungen i Neapel,
ifrån hvars land mycken spannmål afsättes till kyrkostaten,
skulle ogärna se densamma genom en så betydlig uppod-
ling försedd med inhemsk tillgång på denna nödvändig-
hetsvara. Styresmännen af arbetet finna sin räkning vid
att länge och väl låta betala sig. Så många förenade orsa-
ker göra uttappningen långsam och svår. Emellertid töm-
mer påfven sin skattkammare och smickras med hopp.

Arbetet skall för hvar vecka kosta 7 till 8,000 scudi. In-
seendet däröfver är uppdraget en direktör vid namn Rupini,
som under kardinalen Buoncompagnis styrelse af legationen
i Bologna skall visat prof af skicklighet vid ferrariska
träskens uttappande. Påfven försummar icke något år att
i egen person bese sitt verk, men hans läkare afstyra van-
ligen hans resa under förevändning af fara för hans hälsa,
till dess årstiden så långt lidit, att stark torka infallit, så
att vattnet väl hunnit sjunka ut. Han ser då med nöje,
huru arbetet efter hans tanke vunnit en framgång, som
likväl med nästa väta försvinner. Det berättas, att han vid
en dylik resa i förtroende frågat en gammal i orten boen-
de präst, hvad han trodde om utgången? Prästen, som
visste, hur här tillgick, men icke hur han borde tala hans
helighet till behag, svarade: Ett träsk har här varit och ett
träsk blir här, hvaröfver påfven förifrad utbrast: Siete una
bestia, och körde bort honom, men ångrade sedan sitt för-
hastande och gaf honom en lägenhet.

Nära till Terracina synas i träsken många lämningar
af murade kanaler och broar. Vid Torre del mole förenar
sig den af påfven nylagda chausséen Via pia, med den
åldriga, iståndsatta Via appia.

Terracina, fordom Anxur, är den största stad, man
träffar söder om träsken och den sista, då man far till Neapel
i kyrkostaten. Dess läge på hvitlysande klippor är beskrif-
vet af Horatius i Sat. Lib. 1: 5.* Galbas lustpalats och
Theodoriks slott på bergsryggen förhöja med ålderdomens
majestät dess af naturen präktiga utsikt. Österut är man
öfverskyggad af stela bergshällar, åt väster ser man ett haf
utan strand. En gammal hamn, som af dess våld blifvit
förstörd, framvisar blott brutna öfverlefvor. Vid lands-
vägen åt Fondi synas äfven i hafskanten ofantliga samman-
vräkta stenar, förmodligen lämningar af någon kaj eller
skeppsbrygga, mot hvilka sjögången nu uppdref vågorna
med buller, så att de äfven uppträngde en fradgande rök
genom stenarnas mellanrum.

* Impositum saxis late candentibus Anxur.

Terracina är gränsen för ett nytt klimat. Dess trädgårdar lyste af oranger. Jag såg där en vacker palm, sällsynt främling från orienten. Vägen från Terracina till Fondi företedde ett paradis. Vikarna voro betäckta med sjöfågel, dälderna odlade till åkrar, hvarest orange- och olivträd tillika växte med frodighet. Det så kallade Torre de' Confini utgör råmärket mellan påfvens och konungens af Neapel stater. Man lämnar där till vänster ett bergfäste, som heter Monticelli.

Vid inträdet i konungariket Neapel funno vi förträffligt underhållna vägar och ett prof af monarkens gästfrihet, som låtit betala skjutsen för oss, hvilken kostade elfva carliner med hvart par hästar och sex carliner i arvode åt hvar postiljon för hvarje post. Carlino är ett gångbart silfvermynt i Neapel, hvaraf tjugufem utgöra en holländsk dukat.

Vi funno här ett folkrikt land, men fattigdom och uselhet personifierade i gnällande tiggarhopar med blek hy och ohyggliga trasor. Många buro intet lintyg och knappt någon klädespersedel, utom en osnygg kappa, hängande kring en utsvulten kropp. Vid Fondi blef landet backigt, bergigt och stenigt. Bergen, som voro ganska höga, saknade all prydnad af träd. Getter klättrade i refvorna. Men vid Mola di Gaëta, där vägen åter nalkades hafsstranden, omgåfvos vi på nytt af oranger och myrten. Där sågo vi staden Gaëta på en högländ udde i hafvet. Mola är anlagd på ruinerna af Formiæ, namnkunnig hos de gamla och besjungen af Horatius för sin behaglighet. Falerniska, formianska, cœcubiska drufvorna växte i detta grannskap. Ciceros landtegendom, Formianum, skall ock där varit belägen. Ett gammalt förfallet torn på en fyrkantig grundval, ej långt väster från landsvägen, utgifves för hans graf.

Alltifrån Mola till Neapel genomforo vi fält, som liknade trädgårdar. Floden Garigliano, de gamlas Liris, öfvergingo vi på färja. Vi uppehöllo oss icke i städerna Capua och Aversa, om hvilka månskenet, då vi passerade genom dem, gaf oss ett alltför otillräckligt begrepp. Den förra

är blott magni nominis umbra af det gamla Capua, som
näst Rom ansågs för den förnämsta staden i Italien. Den
senare, fordom Atella (hvadan ludi Attellani*), var under
titel af grefskap det första fotfästet för normanderna i
Neapel.

Herr grefven af Haga och hela hans svit äro logerade
i Albergo Reale, beläget vid kajen härstädes och ägande
en förträfflig utsikt åt hafvet. Rummen äro sköna, höga,
väl möblerade, men eldstäderna nästan obrukbara, fönster
och dörrar otäta, och golfven af sten. Herr grefven be-
sökte resklädd och utan ceremoni konungen och drott-
ningen af bägge Sicilierna i förmiddags och spisade jämväl
middag helt allena med deras majestäter.

TRETTIOFJÄRDE BREFVET.

Neapel den 3 februari 1784.

Emellan det jag skrifvit i kabinettsärenden, har jag
användt de tre dagarna, som förflutit sedan jag hitkom, att
vandra omkring i staden och att se skådespelen. Man kan
ej lära känna Neapel utan ett hänryckande nöje.

Belägenheten är högst pittoresk på flera åt hafvet slut-
tande höjder, som, lika en vidsträckt amfiteater, omfamna en
sjövik af ungefär sex italienska mils bredd, hvilken man här
kallar *il cratere*. Midt för inloppet ligger ön Capri eller
Caprea. Dess höglända vall, som äger utseende af ett tve-
spetsadt berg, liksom fastställer en synpunkt för ögat, hvil-
ket på båda sidor därom har utsikt till ett gränslöst haf.
Det omkring viken i form af hästsko krökta landet företer
den rikaste tafla. Österut synas Portici och Resina, tjä

* Ett slags lustiga teaterstycken, farser. .

nande liksom till förstäder åt Neapel, badade på ena sidan
af den nämnda hafsviken och på den andra öfverskyggade
af den förfärliga Vesuvius, hvars koniska spets nu upp-
häfver en tjock rökstod. Längre bort krönes horisonten
af en isklädd bergsträcka, som bär namn af Monte Vergine.
Väster ut visar sig Posilipos grönskande bergsudde, som,
betäckt af träd- och vingårdar, skjuter långt ut i hafvet.

Denna hufvudstads läge är ojämnt, så att den somlig-
städes är bebyggd liksom i hvarf; således när man far
öfver den så kallade Ponte di Chiaja, som förbinder tvenne
kullar, har man under fötterna en djup däld, genom hvilken
en ordentlig gata framlöper, omgifven af fyra till fem vå-
ningars hus. Som grunden, hvarpå staden är byggd, består
af tuff eller en lös vulkanisk stenart, hvilken brytes till
byggnadsämne, så äro mångfaldiga gångar och grottor an-
lagda under staden. En är besynnerlig i grannskapet af la
Chiaja. En trång och mörk gång, uthuggen genom klip-
pan till mer än 120 alnars längd, för till ett stort rundt
hvalf, som nyttjas till verkstad för en mängd repslagare.
Under Neapel så väl som Rom finnas katakomber. Man
påstår, att dessa tomma hvalf och gångar skola minska
verkan af de här icke sällsporda jordbäfningarna och bevara
husen, hvilken tanke har någon likhet med de gamlas, att
djupa brunnar skulle förvara mot detta slags farlighet.

Emellertid ser man dock på många hus rämnor, så att
man till husens styrkande måst spänna grofva träbjälkar
emellan dem tvärt öfver gatan. Men därtill torde jordbäf-
ningarna vara mindre skuld än husens svaga byggnad,
tunna murar och bräckliga stenart.

I Rom ramlade ett hus af sig själf en natt, medan vi
voro där, så att fastheten är icke en förtjänst af den all-
männa italienska byggnadskonsten.

Öfverhufvud är Neapel ganska tätt och högt byggdt.
Taken äro platta, bruket af balkonger utanför fönstren
lika allmänt som i andra italienska städer. Sköna, stora
palats, marmorklädda kyrkor, vackra fontäner förekomma

här visserligen, men när man sett Rom, finner man Neapel
i dessa afseenden mindre märkvärdigt.

Gatorna äro breda, men kan hända icke nog emot
folkmängden och rörelsen. Den största gatan kallas Strada
di Toledo. Den nyttjas såsom Strada del Corso i Rom till
promenader och kappränningar. Den är på de flesta ställen
öfver tjugu alnar bred (ty bredden är något olika) och
öfver 1,500 alnar lång i rak linje. Däremot finnas äfven
många trånga gator, så mycket obekvämligare som de äro
omgifna af en mängd köpmäns och handtverkares försälj-
ningsbodar, hvilka dit sammandraga mycket folk. Knappt
kan man där framtränga sig, man hör ej annat än gny af
gående och åkande och slammer ur verkstäder, som på
italienska viset äro öppna åt gatan. Denna beskrifning
inträffar egentligen omkring det så kallade Mercato, ett
stort torg, som gifvit lika namn åt vidliggande kvarter. Ga-
torna är belagda med fyrkantiga lavastenar af Vesuvii af-
kastning. Många golf äro mindre jämna, men just denna
glatthet gör åkningen äfventyrlig, där gatan tillika är backig.
Somligstädes är denna stenläggning ojämnare.

Det gör en stor kontrast att komma från Rom till
Neapel. Rom är allvarsamt och majestätiskt, Neapel gläd-
tigt och lysande. På det förra stället vandrar man mellan
tomma och vördiga öfverlefvor, på det senare är allt lef-
vande, och den tätast bebyggda stad räcker ej till att här-
bärgera sina invånare. 40,000 lazzaroni — det är fattiga, utan
visst näringsfång lefvande neapolitanare — skyla sig i port-
gångar eller vistas under bar himmel både natt och dag.
En skjorta, ett par byxor, en slarfvig tröja med kapuschong,
utgöra året om deras dräkt, makaroner, frukt och fisk deras
föda; men deras kroppsställning är rask, deras lynne muntert,
skratt och sång vittna, att deras fattigdom ej besvärar dem.

Ett lyckligt klimat har utan tvifvel däri en betydande
del, och hvem kan tvifla, att behofvens ringhet befordrar
både folkmängd och glädtighet? Neapel framvisar jämväl
för en utlänning ett nästan obegripligt öfverflöd af frukter,
grönsaker och fisk. Jord och haf frambringa dessa närings-

ämnen hela året igenom. Hafsviken är morgonstunden nästan höljd af båtar. Med köttvaror är polisen lika slät som i Rom, att nämligen inga vissa slaktarhus äro inrättade, utan det råa köttet hänger utanför husen.

Vid påsktiden 1783 räknades i Neapel 372,070 själar. Denna stad är således på folkantalets vägnar förmodligen den tredje i Europa, och lär vika för inga andra i denna världsdel än London och Paris. Stadens omkrets beräknas till tio italienska mil, men då man därtill lägger de så kallade förstäderna, hvilka äro sju och bland hvilka la Chiaja och S. Antonio äro de förnämsta, blir omkretsen aderton.

Neapel är nu för tiden icke befäst och har ej en gång slutna portar. Tre kastell äro anlagda till dess försvar. Castel del Ovo ligger på en klippa i sjön, förbunden med fasta landet medelst en brygga, som är dragen från en udde, hvilken tämligen jämnt delar viken i två lika delar, dem detta fäste således kommenderar. Castel Nuovo ligger jämväl vid hafsstranden och betäcker hamnen. Arsenalen är där inrättad. Kastellets arkitektur, kolonner, bronsportar och en till konung Alphonsos af Aragonien heder där uppförd triumfbåge förtjäna att ses. Castel S. Elmo ligger på ett berg nordväst ifrån Neapel eller på landsidan. Belägenheten gör det tjänligare att styra än att försvara staden.

Hamnen är en fyrkant, formerad af tvenne bålverk eller moler af sten, hvarest fartygen synas ligga tryggt, fast något trångt. På spetsen af ena molon är en fyrbåk uppförd att upplysa redden nattetid. Samma molo är bestyckad att förekomma öfverraskande af fientliga flottor, sådant som hände 1742, då engelska amiralen Matthews inlopp med en eskader och hotade med bombardering, om konungen ej inom två timmar utfäste sig att vara neutral i det mellan Bourbonska hofven och Storbritannien då upptända kriget. Ett villkor som utan krus måste antagas. De vidtagna försvarsanstalterna till hämmande af lika händelser i framtiden tyckas dock ej vara tillräckliga.

I Neapel underhålles en besättning af flera regementen. När man inräknar konungens lifvakt, så väl den italienska som den schweiziska, albaneserna eller royal macédoine (ett regemente, beklädt med korta uppfästade röda rockar, pantalonger och dragonmössor), marinkåren, de af konungen upprättade liparot- och kadettkårerna, så lär hela styrkan stiga till 10,000 man. En myckenhet publika arbeten förrättas af galärslafvar, lästa i kedjor, hvilkas antal i Neapel skall utgöra 5,000. De flesta grofva brott straffas här med sådan träldom.

Gatorna i Neapel, såsom i flera italienska städer, äro om nätterna icke upplysta. Men bodar, som för handelns skull äro med ljus försedda, och antalet af ekipager, som lysas med facklor, hindra på de större gatorna all olägenhet af mörker.

Oaktadt sin förträffliga belägenhet har Neapel brist på promenader. Den så kallade Villa Reale, nyligen anlagd i la Chiaja utmed hafsstranden, lär dock med tiden uppfylla hvad i den delen ännu saknas. Man har instängt en stor plats mellan sjön och husraden, medels ett järnstaket med murade nischer på vissa afstånd ifrån hvarandra, hvilka äro prydda med statyer och vaser. Tvenne långa alléer äro där dragna af planterade träd, hvilkas kronor sammansluta sig till en berså, dock ej högre än att utsikten åt hafvet ofvan dem lämnas fri ifrån höjden af de nära belägna husen. Dessa träd hafva ej ännu hunnit till nog stadga och frodighet. I hörnen af instängningen äro snygga paviljonger uppförda och mellan staketet och alléerna späda pomeransträd planterade, som med bastskärmar bevaras mot den påliggande hafsvinden. En vattenkonst anlägges midt i promenaden, hvartill figurerna, ännu endast af stuck, komma att huggas af marmor. I juli och augusti månader skall denna promenad vara i sin yppersta fägring. Där hålles då marknad. Paviljongerna och alléerna äro upplysta med kristallampor och man har tillfälle att i paviljongen supéra.

(Kungliga slottet.)

Tre teatrar äro under karnevalstiden härstädes öppna, Teatro S. Carlo, Nuovo och Fiorentino, så att man, fredagen undantagen, har tillfälle att alla aftnar se spektakel. Samma dag jag hitkom besåg jag Teatro S. Carlo, den största i världen, hvarest skådespel nu uppföras, och uppbyggd 1737 på 270 dagar. Den är förbunden med kungliga palatset. Dess yttre arkitektur tillkännagifver icke annat än ett vanligt hus. Men sex rader loger, utanpå beklädda med spegelglas och försedda med förgyllda lampetter göra inre utseendet så mycket rikare. Logerna äro mycket rymliga, på det man efter italienska bruket under skådespelen må kunna se sällskap. Man gaf operan Adone e Venere, hvartill musiken är af Pugnani, som själf anförde orkestern. Stilen var chromatisk och i allmänhet föga omtyckt, balletter och körer blandade i dramen på franskt vis, hvilket oaktadt ändå pantomimbaletter uppfördes emellan akterna. Första sångerskan, signora Balducci, hade en klar, flöjtlik stämma. En sopran, vid namn Roncaglia, ägde både röst och konst, och en annan sångare, Monbelli, en förträfflig tenorstämma. Men teatern är otacksam genom sin storlek, den inga röster förmå fylla. Jag skulle blott upprepa hvad jag tillförne sagt rörande italienska teatrarna, om jag beskrefve det sorl, som under skådespelet ofta betog åhöraren bruket af sina öron för musiken. Inrättningen af parterren var något olik den jag sett på teatrarna i Rom och Florens. Den var icke allenast försedd med bänkar, utan bänkarna tillika med skrank afdelade, så att hvar person hade sitt lilla afskilda rum att sitta i. I Neapel går bättre folk på parterren, äfven så gärna som i logerna, hvaremot romerska parterren mest inrymmer det sämre.

I förgårs afton besökte jag florentinska teatern, hvarest en operabuffa uppfördes, den andra af det slaget för innevarande karneval. Musiken var munter och behaglig och vann oändligen genom första sångerskan, signora Coltellini, hvars förträffliga röst, figur, och, det som i Italien är sällsynt, aktion gjorde alla tillstädesvarande det fullkomligaste nöje. Hon dansar ock med lika skicklighet som

hon sjunger. Natten därefter var festino eller Bal masqué
på teatern S. Carlo, den jag äfven bevistade. Den före-
tedde ett förtjusande skådespel. Hvar loge upplystes af tre
stora hvita vaxljus, hvilkas sken mångdubblades mot spe-
gelglasbeklädningen, så att de sex logeraderna sågo ut som
sex stora kransar af eld, omgifvande den ovala salen. Tea-
tern, dekorerad såsom en kolonnad med nischer och statyer
både i fonden och på sidorna, var tillika med hela den
öfriga salen upplyst af några och tjugu ljuskronor. Masker-
na skola varit något öfver 1700, men i rummet var snarare
tomt än trångt. Få karaktärsmasker syntes. Domino eller
Nobles-venitiennes med bahut voro allmännaste dräkten. Man
dansade, man formerade kotterier, man spelade och supé-
rade i logerna. Det är på sådant sätt man här hämtar
nöje af maskeraderna, som blott genom den frihet, man
har att kläda sig som man vill under dominon och att
välja sitt sällskap, skilja sig från en vanlig picknick. Men
kvickt skämt och fintliga upptåg märkte jag ej här mer
än i Rom.

I förgår spisade herr grefven af Haga med sina hof-
kavaljerer middag hos deras sicilianska majestäter, sedan
bemälte herrar, klädda i svensk nationaldräkt, blifvit dem
föreställda. Eftermiddagen framställde Strada di Toledo ett
muntert och för en främling ovant skådespel. Så länge
karnevalen varar, gifves torsdagar och söndagar maskerad,
hvilken tager sin början strax på eftermiddagen, således att
man i öppna vagnar maskerad promenerar, hvarvid vag-
narna gärna inrättas på något däremot svarande figureradt
sätt. Sådana promenerande masker syntes nu i myckenhet
på den nämnda stora gatan och drogo med sig en oräkne-
lig skara af nyfikna fotgängare.

I går afton supérade herr grefven af Haga med sin
svit hos ryska ministern grefven Rasumoffsky, en man af
mycken värld, som skall stått i stor nåd hos framlidna
ryska storfurstinnan, och som det förljudes, därför af
kejsarinnan blifvit skickad utrikes. Han njuter här vid
hofvet utmärkt ynnest, särdeles af drottningen. Denna

aftonmåltid var präktig och svarade mot den lysande lefnad grefve Rasumoffsky i allmänhet för. Han har fått sin monarkinnas befallning att bidraga till herr grefvens af Haga nöje med lika nit, som om det vore hans egen öfverhet. I afton har herr grefven med sina hofkavaljerer bevistat en dominobal på kungliga slottet och var bjuden att där supéra samt utse några af dem att därvid göra sig sällskap, men herr grefven antog ej denna bjudning, då de icke samtliga därunder begrepos, utan förklarade, att han för hufvudvärks skull måste resa hem, och tog hela sin svit med sig. Vid hemkomsten fann herr grefven elden lös i sitt förmak. En under dessa dagars kyla nödig, men för eldstäderna allt för sträng eldning hade så glödgat den tunna muren, som ej höll mer än tre fingrars bredd, att en genom skorstenspipan lagd träbjälke blifvit antänd, och trossningen jämväl kommit i brand, hvilken bestod af bara spjälor. Elden visade sig bakom tapeten, men blef snart släckt, sedan tapet och trossning blifvit nedrifna.

Efter vår hitkomst har här varit fryskallt och visat sig snö, som i Neapel är så rart, att man fruktar, det kölden hitföljer nordiska prinsar. Ty när storfursten af Ryssland ej länge sedan var här, säges kölden hafva varit så stark, att orange- och vinväxten tagit skada. I dag har vädret ändrat sig till regn och storm. Nu har mitt bref medtagit en god del af natten och jag slutar för att använda resten till sömn.

(Trettiofemte brefvet: Katedralen, andra kyrkor, katakomber, hundgrottan m. m.)

Jag nämnde från Rom en katolsk påminnelse om Kristi födelse och uppenbarelse för de tre visa konungarna genom så kallade *presepj*. Man tillställer sådana i Neapel med än mera omsorg; och jag besåg i förmiddags en dylik hos en förmögen köpman, som därtill användt vinden i sitt hus. Dekorationen föreställde ett landskap med höjder och dälder beklädda med gräs och mossa. Tre små fontäner gåfvo vatten. En mängd väl bildade kreatur syntes där betande, och 150 väl gjorda människofigurer af trä

med hufvuden af terre cuite och kläder af guld- och silf-
vertyg befolkade parken. De voro ungefär en half aln
höga. Deras vaisselle var af guld och silfver, prydd med
smaragder och andra stenar; byggnader, såsom slott, värds-
hus, kolonnader, voro strödda mellan klippor, skogar och
sjöar. En del af dessa voro nätt skurna i trä, andra åter
målade på skärmar, men med en hållning, som narrade
ögat. Kostymen var i allt illa iakttagen, och hvem finner
icke, att hela verket, huru lyckligt det ock måtte varit ut-
fördt, var en barnlek? Jag har dock trott mig böra nämna
det såsom ett prof af nationens lynne, af religionsfördomar
och af en uppeldad inbillning, som se Guds ära befrämjad
genom så fåfänga medel, och slösa möda och kostnad på
gycklerier, som ingen sann uppbyggelse befordra.

(Beskrifning af en elefant.)

Den 4 supérade herr grefven af Haga med sin svit,
min lilla person inbegripen, hos prins Belmonte, hans sici-
lianska majestäts maggior duomo maggiore. Denne herres
rum i fjärde våningen voro 115 trappsteg ifrån gatan och
hvarken mycket stora eller präktiga. Sällskapet bestod af
några och fyrtio personer. Måltiden var anständig, men
blott i en anrättning med dessert på en gång med maten.
Sådant skall allmännaste bruket vara i Neapel. Utom van-
lig betjäning uppassade tjugufyra gardessoldater vid bordet.

I går afton var så kallad akademi, en assemblée som
alla fredagar anställes i Albergo Reale för adeln och jäm-
väl bevistas af de kungliga. Man roar sig i flera rum med
dans, konsert, kort- och biljardspel. Jag får ej tid att denna
gång beskrifva den utförligare.

(Trettiosjätte brefvet: Portici, Herculanum.
Trettiosjunde brefvet: Antika böcker, målningar och mynt.)

Man fortfar att betyga herr grefven af Haga sin
vördnad genom supéer och fêter. I förgår bevistade jag
en sådan för samma herre hos en rik engelsman lord
Tilney, som här nedsatt sig och håller ett präktigt hus.
Sällskapet, bestående af de förnämsta enskilda personer i

Neapel och hela le corps diplomatique, utgjorde omkring sjuttio till antalet. En fil af sex dyrbart möblerade rum förde till ett rikt upplyst galleri, där bordet var anrättadt. Öfverflöd af läckerheter i mat och vin samt dessert svarade mot en talrik betjäning, officiers, kammartjänare, lakejer, löpare, klädda i siden och sammet eller rika guld- och silfversmidda livréer. Efter måltiden samlades sällskapet i en salong, där conversazionen fortsattes till klockan efter ett på natten. I går afton supérade jag hos il Bali Gaëtani, minister ifrån Malta. Herr grefven af Haga, som bevistat conversazionen hos prinsessan Belmonte, kom ej till denna måltid förrän efter klockan tolf, så att den först half ett tog sin början.

Neapels herrliga klimat har hittills visat sig med bara oväder. Efter några dagars kyla vid vår hitkomst hafva följt dagliga störtregn och stormar, stundom med åskslag och ljungande. Somliga dagar hafva himmel och jord synts förblandade och Vesuvii breda axlar varit snöklädda samt hans rökstod insvept i molnen. En storm i Neapel låter förskräcklig. Det händer, att vagnar midt på gatan blåsa ikull. Nu slutar jag, färdig att stiga i vagnen för att besöka Pompeji.

TRETTIOÅTTONDE BREFVET.

Neapel den 13 februari 1784.

Emellan mina kanslisysslor skyndar jag mig att på färsk gärning göra reda för min resa till Pompeji. Jag hade den äran i går att vara herr grefven af Haga dit följaktig i sällskap med hans öfriga svit och några förnäma utlänningar.

(Beskrifning af Pompeji.)

Gräfningarna i Pompeji hafva uppdagat flera byggnader och bland andra en amfiteater, hvars grundritning herr de Vega visade mig; men de hafva åter blifvit igenkastade. Gräfningarna fortsättes nu lamt af trettiofyra personer om dagen. Under vårt besök upphämtades några lerkrukor utur jorden, föga sällsynta och kan hända ditlagda för att gifva herr grefven af Haga det nöjet att se en lycklig gräfning.

Från Pompeji, som ligger något högländt på ett af berg inneslutet vidsträckt fält, har man utsikt åt en vacker hafsvik och tvärt däröfver åt Castellamare samt den forna staden Stabiæ. Den undergick samma öde som Herculanum och Pompeji, har ock under gruset först i våra tider blifvit igenfunnen, men gräfningen därstädes är inställd, och staden företer inga andra synmål ofvan jord än blott igenkastade ask- och jordhögar, som ej reta nyfikenheten att betrakta den på närmare håll. I sjöviken ligger en liten holme med ett slott, som heter Revigliano, och gifver en behaglig förhöjning åt denna lefvande landskapstafla.

Sedan vi frukosterat af kall mat i en af Pompejis gamla kamrar, återanträddes resan till Neapel. I Portici gaf grefve Rasumoffsky middagsmåltid i en villa, som han där äger, åt herr grefven af Haga med hela dess sällskap. Men klockan var sex, innan vi kommo till bords. Murarna därstädes voro prydda med kopparstycken, bland hvilka jag igenkände en utsikt af Flötsund, graverad af Hackert, som för tjugu år sedan var i Sverige.

(Trettionionde brefvet: Vergilii och Sannazaros grafvar.)

I går gjorde jag med herr grefven af Haga och flera af hans svit en promenad till Pozzuoli. Denna stad, belägen sex till sju italienska mil väster ifrån Neapel, hette fordom Puteoli, var först anlagd af greker och sedermera en florerande romersk koloni. Man besöker den för dess vackra antikviteters skull, men själfva vägen dit är redan intressant. Naturen framställer där de skönaste utsikter, emellan hafs-

viken vid södra sidan, där man blir varse flera holmar och
ytterst öarna Nisida och Capri, samt väl bevuxna höjder
och kullar i norr, liksom beströdda med murar och forn-
tidsöfverlefvor.

Pozzuoli, såsom stad betraktad, har mycket förlorat af
sitt gamla anseende och hyser nu ej mer än 10,000 själar.
Den är illa byggd, osnygg och liten, och ser på afstånd
ut, som den bestod blott af tomma, afbrända murar, en
utsikt som den delar med de flesta italienska småstäder
i anseende till de platta taken och de öppna gluggarna i
stället för fönster. En myckenhet tiggare vittnade om
fattigdomen därstädes. De trugade sig att göra små tjän-
ster, att visa väg och få anledning att begära drickspen-
ningar.

Från höjden, hvarpå staden är belägen, upptäcker man
det vackraste land. Ett öppet haf, öar och landtuddar göra
taflan på en gång stor, omskiftad och lefvande. Ett tempel,
som påstås hafva varit helgadt åt Jupiter Serapis, är Pozzuo-
lis förnämsta ålderdomsminnesmärke. Efter herr Biörn-
ståhls berättelse skall en svensk, Carl Fredman, som varit
konsul i Neapel och sedermera uppehållit sig i Pisa, upp-
täckt detta tempel 1751.

(Beskrifning af templet, Solfatara m. m.)

Som det i går var maskerad, så blefvo vi vid åter-
resan till Neapel i skymningen varse små troppar af landt-
folk, som i det gröna, under bar himmel njöto detta nöje
och i enfaldig förklädning dansade efter basktrummor. Det
var en lefvande pastoral, värdig Theokrits kväden, och som
realiserade ett skaldslag, hvilket i våra nordiska klimat synes
vara ett tomt tankespel. När vi kommo till Neapel, funno
vi många öppna vagnar fulla med masker i full rörelse,
och stadens lysande lustbarheter efterträdde för våra ögon
landets enkla, men mera rörande. I synnerhet var Strada
di Toledo en munter och lefvande skådebana, hvarest träng-
sel gjorde framfarten besvärlig. Vi sågo där kuskar klädda
som Polichinelle. och lakejer som Pierrot i italienska

komedien. En mängd andra ekipager för maskerade åskå-
dare, fotgängare i hela skaror, facklor och de väl upplysta
bodarna gjorde skådespelet ännu rikare och föreställde
Neapels karneval i all dess prakt.

Jag skall fylla det återstående rummet i detta bref med
de förnämsta resandes namn, som på en tid med herr
grefven af Haga vistas härstädes. Bland dem är grefve
Chinon, abbé Labdan, grefve Hauteford, M. d'Alet, master
Berry med dess båda vackra döttrar, hvilka vi redan
lärt känna i Florens och sedermera sett i Rom. Men till-
lika bevistas här karnevalen af milady Warren, ett förnämt
fruntimmer, som skall varit hofmästarinna hos något af
de kungliga barnen i England, jämte hennes svåger sir
Warren, riddare af Bath-orden, af milady Forster, grefvens
af Bristol dotter, af grefve Reventlow, dansk envoyé vid
svenska hofvet, med dess fru, af grefvinnan Stollberg, cha-
noinesse i ett tyskt kapitel, af prins Esterhazy, en ung
herre från Ungern, officer i österrikisk tjänst med dess
guvernör M. d'Atilly, af grefvinnan Skavronsky och prins
Jusupoff från Ryssland. Vår svenska koloni är ock för-
stärkt med herrar Hildebrand, Kempe och Wettervik, kom-
mande från Rom, samt med baron Louis de Geer och löjt-
nant Hejkensköld, som för några dagar sedan hit anlände
från Paris.

FYRTIONDE BFEFVET.

Neapel den 19 februari 1784.

I förgår om aftonen bevistade herr grefven af Haga
balen på kungliga slottet och supérade därstädes. I går
förmiddags besåg samma herre amiralitetet, som icke lär
vara betydligt, åtminstone icke rikt på krigsskepp, af hvilka

blott två skola vara i tjänstfärdigt tillstånd, och i går om aftonen gaf åter grefve Rasumoffsky en stor måltid åt denna höga främling, hvarvid jag hade den äran att vara närvarande.

Jag ägde ock den lyckan att jämte flera mina landsmän deltaga i vår förtäckta monarks i går förnyade promenad till den intressanta nejden på västra sidan om Neapel, hvarest vi, oaktadt regnaktigt väder, med nöje besågo många både genom naturens behaglighet och ålderdomens minnesmärken synvärda ställen.

Vi stego ombord på båtar vid Pozzuoli och läto ro oss öfver hafsviken till Baja. Denna lilla sjöresa räckte en timme. Båtarna, som till dylika öfverfarter nyttjas, bära, utom roddarna, åtta till tio personer. På roddarnas armar blef jag varse inristade bokstäfver, tecken och figurer af helgon, ja till och med årtalssiffrorna, då denna gravering blifvit förrättad. Sådana märken tros tjäna till förvaringsmedel mot hafvets farligheter. De utstickas med nålar och i skårorna ingnides en blå färg, som aldrig går ut.

(Beskrifning af trakten kring Baja. Fyrtioförsta brefvet: Utfärd till Pozzuolitrakten med grefven af Haga.)

Vi återkommo till Neapel klockan half sju om aftonen. Vi kände under resan i öppna luften flerstädes stark svafvellukt. Jag bevistade sedermera den så kallade Akademien, hvilken jag nämnt i ett af mina bref, men så hastigt, att jag därom måste förklara mig närmare. Det är en assemblée, som hålles hvar tisdags och fredags afton i Albergo Reale, och är egentligen inrättad för hofvet och adeln. Man roar sig där med att höra musik, att dansa och att spela kort. Salen, som nyttjas till dessa tidsfördrif, är ett vackert galleri, upplyst af åtta eller tio ljuskronor. Utåt långsidorna är den försedd med bänkar för dem, som icke spela eller dansa, och orkestern har sitt ställe främst i rummet. Hvarken till storlek eller fägring är denna sal jämlik börssalen i Stockholm. Af tre till fyra hundra personer, som nu voro där församlade, var det trångt. På ena långsidan kommunicerar galleriet med åtskilliga

smärre rum, egentligen inrättade för spelpartier; och i ett
funnos glacer och andra förfriskningar. Akademien be-
gyntes med konsert. Signora Balducci och signora Coltel-
lini sjöngo arier, och emellan dem spelades symfonier. Där-
efter öppnades balen. Klockan half nio ankommo konung-
en och drottningen utan stät. Drottningen intog sitt
ställe främst vid orkestern. Konungen gick efter en liten
stund ut i biljardsalen och gjorde där sitt parti med grefve
Rasumoffsky och en annan hofkavaljer. Hans majestät
tycktes af detta tidsfördrif vara mycket road.

Senare förfogade jag mig till första statsministern,
markis della Sambucca, som gaf herr grefven af Haga och
ett sällskap af ungefär sjuttio personer en stor aftonmåltid.
Markis della Sambuccas hus är präktigt. En mängd stora
rum, alla möblerade med siden, med dyrbara speglar,
marmor och förgyllningar, svarade emot ett med kostbarhet
och smak anrättadt bord. Jag anmärkte därvid en dyrbar
servis af neapolitanskt porslin. På hvart fat och tallrik
var en särskild vy af något slott, ruin eller landskap kring
hufvudstaden med lifliga färger målad. På bräddarna voro
kameer föreställda efter farnesiska museum. Sällskapet
åtskildes klockan ett. Såsom en nog sällsynt märkvärdig-
het, hörande till markis della Sambuccas hus, får jag an-
föra, att hans fru bär Malteserorden i ett svart axelband.
Denna för hennes kön ovanliga prydnad är ett galanteri
af orden till vedermäle af dess tacksamhet för de tjänster,
den njutit af hennes man.

FYRTIOANDRA BREFVET.

Neapel den 25 februari 1784.

Besöket på Vesuvius gick för sig den tjuguförsta. Herr
grefven af Haga med sin svit samt åtskilliga främmande

damer och kavaljerer begåfvo sig klockan elfva förmiddagen till Portici, som är beläget på västra sidan af bergets fot. Klockan tolf satte vi oss där på åsnor och anträdde upp- farten vid Resina. Den väg vi togo är bekvämligast bland de tre, som leda uppför detta ryktbara berg. Vi färdades på detta sätt ungefär tre italienska mil på en stig, som icke var mycket brant och hvaraf den nedre hälften var omgifven med vingårdar och planteringar af fikon- samt andra fruktträd, omstängda med murar af lavasten. Det är där, som det röda vinet växer, kändt under namn af Lacrimae Christi och hvaraf man gör stort väsen. Jag fann det mera starkt än smakligt och alldeles icke böra föras ibland likörvin, ifall ej däraf finnes någon annan variation än det slag, jag hade tillfälle att smaka. Den öfriga hälften af vår ridt var mindre angenäm. Stora kullar af sammanvräkt aska, oformliga rösen af lava i större och mindre klumpar och skärfvor, liknande grusig och mullblandad smedjeslagg, omgåfvo oss på alla sidor. Jag såg där inga andra växter än en art buskar med långa spjutlika skott, och ett slags högvuxna rör, som voro viss- nade. Emellertid utvidgades vår synkrets. Neapel före- ställdes oss såsom en platå på ett bord. Dess sjövik, po- silippiska och miseniska uddarna, öarna Procida och Ischia förökade taflans rikedom, och solen speglade sig i hafvet mellan oräkneliga segel.

Klockan ett hade vi hunnit till foten af bergets pik och efter allmän beräkning till halfparten af dess lodräta höjd öfver vattenbrynet. En fyra hundra famnar bred däld skiljer där Vesuvius ifrån dess granne, berget Somma. Denna däld kallas Atrio del Cavallo, kanhända emedan man därstädes vid uppfarten till Vesuvius måste sitta af. Berget Somma, hvilket genom en optisk synvilla i Neapel visar sig nästan lika högt med Vesuvius, fanns nu vara ansenligt lägre. Det består af klippor, hvilkas spetsar tyckas vara afbrutna och nedstörtade. Lavaströmmar och dess förstörda skick intyga, att det äfven varit en gammal eldstad.

9. — *Memoarer.* V.

Den återstående koniska spetsen är ganska brant. Vi
stego därför af åsnorna och nyttjade våra fötter. Här synes
ej mera tecken till vegetation. Denna bergstopp består
åter af två olika beskaffade delar: den nedersta samman-
satt af idel vulkanisk aska, liknande sand eller mörkt grus
med inblandade lösa stenar, den öfversta af större pimp-
stenar. Den förra är ganska besvärlig att bestiga. Det
lösa gruset rasar nedför vid hvart steg, så att man behöfver
hjälp af karlar, som vid detta tillfälle mot betalning äro
följaktige. Gemenligen biträda två karlar hvar resande.
De hafva hängslen öfver axlarna, i hvilka man fattar med
händerna och låter så släpa sig uppåt.* Herr grefven af
Haga och damerna läto sig bäras på träbårar. Denna
ofantliga askhög är ändå icke så brant som den öfversta
toppen, skild från den förra genom ett slags afsättning
och alldeles till formen lik en sockertopp samt bestående
af bara hvassa hällar och skärfvor, hvilka sönderskära skor
och stöflar. Klockan tre kvart till tre fann jag mig om-
sider, efter halfannan timmes vandring till fots, på brädden
af eldgrafven eller kratern. Jag skådade ned i denna förfär-
liga skorsten, hvars omkrets är ett tusen famnar. Det är en
brant afgrund, där elden på vissa sällen underfrätt den
ofvanliggande bergskorpan. En tjock rök i ljusa hvirflar
med inblandning af den blossande rodnad, som utmärker
lågors närvaro, uppfyllde dess vidd och sväfvade ända från
dess förborgade botten till grannskapet af skyarna. När
röken stundom af vädret något undanfördes, syntes stycke-
vis kraterns inre väggar. De bestodo af knaggliga svarta
klippor af sammangyttrad sten, åtskilda genom djupa klyftor.
Berget kändes varmt under fötterna. Salmiak och svafvel
i större och mindre stycken omkantade mynningen. Ur
flera hål på bergets yttre sluttning framträngde mindre
rökar med svafvellukt. Men hvad som gjorde det hisk-
ligaste intryck var det gräsliga buller, den sjudning och
den gäsning, som spordes på djupet af denna brinnande

---

* Karlen med hängslena går naturligtvis före den resande. Den
andra går vanligen efter och skjuter på.

grufva. Det var oupphörligt, men knaggligt och ojämt, likt ett brusande hafs, hvars vågor af stormen slås emot klippor. Den öfre bergkransen, som innesluter öppningen, kunde för rökens skull icke på en gång öfverses; dock märktes, att den var af ojämn höjd samt ömsom sänkte och höjde sig. Röken, som af vädret kastades åt öster, betog oss utsikten öfver landet åt den sidan.

Hela Vesuvii branta topp är ögonskenligen tillkommen, äfvensom Monte Nuovo, genom aska och stenkastning. Askan, såsom lättare, har blifvit drifven längre från kratern och tilldanat toppens fot, hvaremot de tyngre stenklimparna stannat närmare till mynningen och formerat spetsen. Vesuvius är en Protevs, som ofta förändrar sitt utseende. Hvart utbrott gifver dess topp en ny skapnad: stundom nedsjunker den i gapet, underminerad af den invärtes branden, stundom uppskjutas grushopar till nya berg. Den bekanta naturforskaren padre della Torre gick flera gånger ett stycke ned i kratern. Dess väggar voro då sluttande, men äro nu så branta och till en del undergräfda, att ett sådant försök visserligen vore ogörligt. Vesuvii lodräta höjd öfver vattenbrynet räknas till två tusen alnar. Att komma nedför berget tillbaka gick ganska lätt och fort. Vi måste för dess branta belägenhets skull nästan springa och tillbragte således blott en half timme på samma väg, som nyss fordrat en och en half. I Atrio del Cavallo spisade vi middag af medförd kall mat, och klockan fyra satte vi oss åter på våra åsnor. Denna kavalkad af några och trettio personer, vårdslöst klädda, en och en efter hvarannan på borickor, som hvardera af en karl leddes vid munnen med en repstump och efterföljdes af en annan karl, som höll i svansen, var en scen, värdig att beskrifvas af Scarron. Vi följde vid nedfarten 1779 års lavaström, omgifna af stora slaggsamlingar. Klockan half sex voro vi i Portici och strax efter sex i Neapel. Sedan det blifvit mörkt, märkte vi, att berget gaf eld. Den liknade ett rödt och rökigt bloss, som hvarannan eller tredje minut tändes och slocknade. Vesuvius tycktes vilja salutera de långväga gäster, som denna dag besökt honom. Han har ock brunnit de följande kvällarna.

(*Notiser ur Vesuvii historia.*)

Jag skall nu fylla det återstående af papperet med hvarjehanda strödda anteckningar, hvartill mig lämnas ämnen af karnevalen, som med fettisdagen i går gick till slut. Jag har tillförne omtalat promenader under mask, som härstädes gifvit mig mycket nöje, och tror mig, utan att förtjäna förebråelse för repetition, kunna därom något tillägga. I söndags eftermiddag (den tjuguandra) såg jag detta skådespel i all dess prakt. Maskerna åkte då i öppna vagnar upp- och utföre de största gatorna till en myckenhet som ej förr visat sig. En del af dessa vagnar voro väl helt simpla, men andra däremot så mycket mera prydda och inrättade i likstämmighet med maskernas karaktär. Jag såg ett tåg, som föreställde en romersk triumf. Vagnen var bespänd med sexton hästar; slafvar bundna med kedjor, musikanter och krigsfolk beledsagade den, alla klädda efter behörig kostym. Ett annat tåg afbildade en landthögtid, sådan som i vissa provinser af detta rike skall brukas, då man efter fulländad skörd begifver sig till kyrkan att tacka Gud därför. En vagn med musik af fioler och basktrummor gick främst. Därefter följde en ganska stor vagn, hvari sutto fjorton personer i landtmannakläder med herdestafvar. Vagnen var öfverskyggad af ett grönskande träd och hjulen lindade med löf. Prinsen af Stigliano hade bakpå sin vagn sex musikanter, som spelade på fioler och valdthorn. De flesta masker voro klädda i domino och bahut, hästarna merändels smyckade med höga fjäderbuskar i hufvudet, flerfärgade bandrosor i manen och guld- och silfversmidda seltyg. Konungen och drottningen åkte i hvar sin vagn med hästar, som buro täcken af silfvertyg. När vagnar möttes, som skedde i hvart ögonblick, kastade man därur dragéer eller sockerkulor på hvarandra, hvilka medfördes i korgar. Ju mera häraf kastades, ju mera aktning utmärkte det. Och att förekomma all olägenhet af denna vänliga

bombardering betäckte man sig med små runda sköldar.
Konungen fick en sådan mängd dragéer i sin vagn, att
han flera gånger måste fara in på slottsborggården att
tömma den. Många omaskerade åkte jämväl omkring i
präktiga ekipager, på hvilka här i staden är öfverflöd.
Markskriare samlade emellertid folkskockar omkring sig
med sina konstmakerier. Bland den oräkneliga skaran, som
till fots uppfyllde gator och torg, såg jag gossar gå barfota
med svarta masker för ansiktet. Andra slogos om dragéer,
som fallit på gatan. Patruller redo allestädes omkring för
att hindra oordning. Jag märkte ock ingen annan före-
falla än stoj och skrik och hvarjehanda lustiga upptåg, som
utmärkte en glädtighet, hvilken gick ända till yrsel och
hvarom en nordens inbyggare föga kan göra sig begrepp,
innan han sett detta lyckliga folkslag.

För två år sedan skall konungen, som mycket älskar
detta slags lustbarheter, hafva tillställt en dylik promenad
af masker, som föreställt turkiska kejsarens tåg till Mekka
och kostat fyrtio tusen neapolitanska dukater.

I går afton var sista maskeraden för denna karneval
på teatern San Carlo. Jag bevistade densamma, men har
ingenting att tillägga hvad jag om en sådan bal i samma
präktiga operahus tillförne meddelat, utom den för detta
tillfälle särskilda omständighet, att herr grefven af Haga
surprenerade drottningen med en kadrill af lappar, som
förde björnar med sig.

I dag är askonsdag, då alla goda katoliker, till begyn-
nelse af fastan och tecken af syndabot, vid mässans slut
strö aska på sina hufvuden utur ett käril, som, däraf
uppfylldt, står på altaret.

Men jag skall väl ock förtälja, att jag varit till hofs.
Herr presidentssekreteraren Franc och jag blefvo i förgår
om aftonen presenterade för deras sicilianska majestäter
vid tillfälle af balen på kungliga slottet, den herr grefven af
Haga med sina hofkavaljerer äfven bevistade, alla klädda i
svenska nationaldräkten. De kungliga rummen äro stora,
beklädda med damast och sammet samt försedda med sköna

plafonder. Balen var icke mycket munter, ehuru ingen etikett tvingade nöjet. De flesta dansande fruntimmer voro klädda i negligée och alla officerare i uniform. Drottningen dansade med markis di Corleto en kontradans och med herr grefven af Haga en menuett. Hon bar en polonäs af mörkgrått satin med couleur de chair kjol och garnityr. Prakt gjorde henne icke lysande, men denna prinsessas behag, förenade med en passande värdighet, verka mer än lånta prydnader. Hon har ljust hår, blåa ögon, fylligt ansikte, låg panna och nog syskontycke af kejsaren. Hon är väl växt och kan hvarken sägas vara lång eller liten. Hon bemöter främlingar med mycken nåd. Mig frågade hon, om jag förr varit i Italien, och sade sig åter med nöje göra tvenne svenskars bekantskap.

Konungen deltog icke i balen, utan spelade pharao i ett rum innanför danssalen till klockan tolf om natten. Denne herre är mycket lång, smal, axelbred och väl växt. Ansiktet är långt, näsan stor, munnen bred, ögonen ljusblå, hela utseendet godt, raskt och muntert. Sitt ljusa hår stryker han åt nacken utan tupé, och hårlockarna vid öronen låter han infläta i bakhåret. Hans klädnad är simpel, mest bär han liparotiska kårens uniform, som är grön med rödt foder, uppslag och krage samt hvit väst, men denna afton var han klädd i brun klädesfrack. På bröstet bär han tre stjärnor under hvarandra, tillhörande S:t Januarii, Helge Andes och Carl III:s orden. Hans väsen är ganska fritt och okonstladt.

FYRTIOTREDJE BREFVET.

Neapel den 27 februari 1784.

I förgår, nyss sedan jag skrifvit mitt sista bref, tilläts mig åter att göra en promenad i herr grefvens af Haga

sällskap väster ut om Neapel. Vi åkte först till Pozzuoli
och togo därifrån vägen sedermera i nordväst mellan Monte
Barbaro och Monte Nuovo norr om sjön Averno. På
dess strand lämnade vi nedan om oss till vänster ett gam-
malt halfförstördt rundt tempel, hvilket tillägnas Apollo
eller Deus Avernus. Det gifver förhöjning åt utsikten
öfver bemälte sjö, näset mellan densamma och hafvet,
Miseniska bergsudden och Baja på dess klippa, hvilken
utsikt jag önskat mig kunna afteckna.

(Cumæ's amfiteater och ruiner.)

I går bevistade jag ett nytt slags lustbarhet. Konung-
en hade låtit anställa en jakt i sin djurgård Astroni.
Drottningen hämtade herr grefven af Haga med sin kalesch
klockan half elfva förmiddagen för att däraf vara åskådare.
Parken Astroni, där konungen har ett jaktslott, är belägen
norr om sjön Agnano och är visserligen en utbrunnen
vulkan. Den är sex mil omkring foten, hvarifrån ett rundt
berg reser sig, hvilket som en krans omfattar en däld, som
har likhet af en krater. De omgifvande bergväggarna
bestå af lava, pimpsten och aska samt äro till större delen
bevuxna med vacker löfskog. Högt uppå deras rygg är
en mur uppförd, som instänger lustparken. Midt i den
nämnda dälden är en sjö belägen, som dock kan räknas
för en af de smärre. Dälden är för öfrigt helt slät och
nyttjas till exerceringsplats med krigsfolk. Konungen före-
tog en sådan öfning med sina liparoter, en trupp af åtta
hundra man, den han själf upprättat och nyttjar till tjänst-
göring vid sina jakter och sjöresor samt till uppassning
vid sitt bord, då högtidliga tillfällen inträffa. Manskapet
är valdt utur andra regementen och består af idel resliga,
väl växta karlar. De betalas väl. Hvar soldat har två
carliner om dagen, som svara mot 8 skilling svenskt mynt,
och särskildt tre carliner i arfvode för hvar jakt, hvarvid
han gör biträde. Som det stundom händer, att tre jakter
anställas på en dag, så har en liparot i sådant fall utom
sin vanliga sold nio carliner i traktamente.

Konungen hade själf varit i Astroni sedan klockan tre om morgonen. Ett stort antal åskådare infann sig efterhand, och hela backen ifrån landsvägen uppåt parken var täckt af vagnar. Hans majestät kommenderade själf till häst sina trupper. De gjorde flerahanda rörelser och gåfvo salfvor utur handgevären, som, änskönt något ojämnt skjutne, genom det upprepade genljudet mot berg och skog gjorde god verkan. De, som förstodo sig på krigs-öfningar, sade mig, att liparoterna gjorde handgreppen bättre än evolutioner och marscher. En synnerlig färdig-het hade de att endast efter musik, utan kommandoord, förrätta en del af exercisen.

Sedan krigsöfningen efter två timmar var slut, togo soldaterna på sig skogsjackor och yxor på axlarna för att inringa djuren till jakt. Skallet instängde och fram-dref stora skockar af hjortar, hindar och vildsvin. Trum-mornas buller, hundarnas skall, skott på skott utgjorde en i sitt slag icke obehaglig musik. Några svenska kavalje-rer voro tillika med konungen af Neapel och hans herrar till häst och förföljde med lansen i hand de djur, som nedkommo på slätten, af hvilka åtskilliga ihjälstuckos. Jag är så litet jägare, att jag fann detta slaktande ohyggligt. Jag såg med ömkan en hjort, som blifvit sårad, med möda släpa sig fram, sönderslitas af hundarna och ändtligen med många styng genomborras. Tvenne jakter anställdes. Hvar-dera påstod något öfver en timme. Några och trettio djur blefvo dödade. Hela hofvet, de främmande och många andra åskådare, af konungen kvarbjudna, spisade middags-måltid i tält. Därpå skedde återresan till Neapel, där en otalig menighet med fägnadsbetygelser omgaf och mottog sin öfverhet.

Jag måste göra Neapel rättvisa och afbedja hvad jag nyss efter hitkomsten sade om dess luftstreck. Så obe-haglig väderleken var den första hälften af innevarande månad, så angenäm har den varit under den senare. En blid sol upplifvar naturen och blandar sin värme med den välgörande ånga, som nyss upprunna växter pläga meddela

vårluften. Marken, som stundom vattnas af ljumma regn-
skurar, är emaljerad af anemoner och violer. Träden bära
redan späda löf och en del står i blomma. Aftonstun-
derna äro i synnerhet förträffliga. Himmelen är beströdd
med gyllene molnfläckar, och den nedgående solen purprar
de aflägsna bergsspetsarna med sina brutna strålar.

I dag har jag besett porslinsfabriken på kungliga slottet
och klosterkyrkan S. Chiara. Den förra är anlagd för få
år sedan och sysselsätter dagligen åttiotre personer. Utom
så kalladt engelskt eller stenporslin samt andra slag, ärnade
till allmänt bruk, tillverkas där ganska vackra arbeten af
biskuit efter de makalösa modeller, som finnas i samlingarna
både i Portici och annorstädes. Jag blef varse mångfaldiga
byster och vaser, förträffligt gjorda, hvilka jag af deras ur-
bilder igenkände. Jag har redan omtalat en präktig bord-
servis från denna fabrik i markis della Sambuccas hus. Ett
helt magasin var fullt med figurer, tjänande till bordplatåer, i
likhet med de sachsiska, men, som mig syntes, mindre lyck-
liga. Konungen har inom sin borg äfven låtit inrätta en
hautelissefabrik, men tiden tillät mig ej att beskåda den-
samma.

Det ofvannämnda klostret är för inemot 500 år sedan
uppbygdt för nunnor af franciskanerorden, af huggen
sten med grofva pilastrer, i den så kallade götiska eller
medelålderns plumpa stil. Men om byggnaden saknar utvär-
tes prydnader, är den invärtes försedd med dess flera. Kyr-
kan blänker af marmor, förgyllning och målningar. Flera
kapell och grafvårdar förtjäna betraktas. Bakom altaret eller
utur presbyteren är kyrkan genom en hvälfd gång för-
bunden med nunnornas boning. Den är icke allenast sluten
med järngaller, utan korsen af gallren äro jämväl försedda
med en tvärhand långa järnspetsar, vända utifrån kloster-
rummet, för att afhålla obehöriga besök. Jag såg däremel-
lan nunnorna, klädda i svarta mantlar med hvita dok och
halskläden. En del voro unga och tycktes icke vara ska-
pade för den världsförsakelse, ett förvilladt religionsnit

dem ålagt. Stiftelsen är gjord för 400, men nu skall deras antal ej öfverstiga 250.

I ett annat nunnekloster har jag sett genom hvad ytterligare anstalter man förvarar sådana lifstidsfångar från allt profant umgänge. I muren, som afstängde nunnornas rum från förstugan, var en öppning, i hvilken en kring sin axel horisontalt rörlig cylinder var inpassad. I dess ena sida var en hylla inrättad. När en köpman vill sälja något åt nunnorna, lägger han sin vara på denna hylla. Därpå omvrides cylindern, så att nunnan innanför må kunna bese varan utan att själf synas, och genom en ny omvridning antingen lämna den eller penningar för densamma tillbaka. Det så kallade talrummet (parloir), som nyttjas till samtal mellan nunnorna och deras anhöriga, är afskildt ifrån deras boning med dubbla järngaller, som sitta en half aln ifrån hvarandra. De besökande stanna utanför och nunnan innanför detta gallerskrank, då de på afstånd kunna få se och språka med hvarandra. Dessa fängelselika förvaringsmedel skola dock vara aflagda i Neapels flesta kloster, så att nunnorna utan synnerligt tvång kunna emottaga besök af sina bekanta.

I morgon skola vi göra en resa till Pesto. Jag lofvar mig däraf mycket nöje.

FYRTIOFJÄRDE BREFVET.

Neapel den 2 mars 1784.

Den 28 februari klockan tio förmiddagen reste jag i sällskap med professor Sergel till Pesto. Herr grefven af Haga, som, beledsagad af friherrarna Armfelt och Essen, företog samma resa, spisade först middag med deras sicilianska majestäter i Portici. Vi tillryggalade sju poster

och ankommo klockan fem eftermiddagen till den lilla
staden Eboli.

Vägen var öfvermåttan god, bred och jämn, bestående,
af en väl underhållen chaussée. Postiljonerna körde opå-
minde så fort, att vi på femtio italienska mil ej tillbragte
mer än sju timmar. Neapolitanska hästarna äro de lättaste
och eldigaste jag åkt efter. Resan var på det högsta be-
haglig genom ombyte af vackra belägenheter och utsikter,
som utgöra en verklig skola för en landskapsmålare. Vi
följde hafskusten tämligen nära genom Portici till Torre
dell' Annunciata, men där lämnade vi sjön, som buktar
omkring den udde, på hvilken Sorrento och Massa ligga,
och foro sedermera genom dälder, uppodlade till åkrar,
hvilka på en gång buro säd, fruktträd och vinrankor. Vi
voro på sidorna omgifna af gröna berg i form än af pyra-
mider, än af koner, än af stora fyrkantiga massor, liknande
fästningsmurar, höljda med skyar och snö. En mängd små
städer och fläckar genomforos. Andra lågo i dälder nedom
våra fötter, andra omringade bergshöjderna i flera afsätt-
ningar ända upp till spetsarna. Dessa äro ock liksom
späckade med små runda torn, hvarest man om hösten
fångar vilda dufvor. Man slungar stenar i luften, efter
hvilka dufvorna flyga och sänka sig, till dess att de fastna
i nät, som äro utspända nedemot marken.

Vid byarna blef jag varse ett slags murade golf eller
lafvar under bar himmel. Dessa nyttjas till tröskning.
Sädeskärfvarna uppresas där först, så att de få väl soltorkas.
Sedan nedläggas de och man kör med oxar en vält öfver
dem, hvarmedelst kornen utfalla.

Marken var öfverallt frodigt grönskande, betäckt med
narcisser och tacetter, häckar af utslagna buskar, betan-
de hjordar af får, getter och bufflar. Luften var som-
marvarm. Icke långt från Eboli lämnade vi till höger en
liten skog af pomeransträd.

Salerno, den bästa stad vi genomreste, har spelat en
lysande roll i medeltiden och var säte för en mäktig hertig.
Den ligger på berg och är omfattad af en vacker sjövik.

Det är Neapel i smått. Utsikten är förträfflig, gatorna smala. Katedralkyrkan är en vidsträckt byggnad. Dess inre arkitektur är i god smak och murarna helt hvita. Två kolonner af verde antico sades längesedan vara ditförda ifrån Pesto. Grafvårdar visas efter påfven Gregorius VII och efter den bekanta Procida, som tillställde sicilianska aftonsången 1282.

Eboli är en dålig stad emellan bergen. Vi hade herr grefvens af Haga befallning att för honom beställa rum. Denna förrättning var svår, ty värdshuset var aflägset och hade ej mer än två sängar. Ett franciskanerkloster, som därnäst kom i öfvervägande, hade endast små usla celluler och hårda madrasser. Ändtligen tillbjödo tvenne borgare sitt hus. Det var utan fönster, allenast försedt med träluckor, fullt af spindelväf och annan osnygghet, så att det såg ut att ej hafva varit sopat på flera år. De nakna murarna voro smutsiga och fläckade. Ljus kunde ej fås, utan blott lampor. Men nöden hade ingen lag. Vi antogo tillbudet. Borgarna skaffade nödigt antal sängar. Herr grefven, som kom klockan tio om aftonen, var nöjd och sof till klockan fem följande morgon. Vädret var så vackert, att medan hans säng bäddades, spatserade jag med honom på fältet i månskenet.

Den 29 klockan sju om morgonen reste vi från Eboli och hade ett postombyte, innan vi framkommo till Pesto. Vi reste förbi kungliga lustslottet Persano, som ligger mellan tvenne åar, hvilka på färja öfverforos. Det är beläget på en höjd, omgifvet med vackra skogsparker. Men konsten har föga del i dess prydnad. Ifrån Persano till Pesto var vägen gropig och illa vårdad samt landet nästan öde. Vi hade där en kedja berg öster om oss och hafvet i väster, ifrån hvilket vi endast voro skilda genom en flak sandhed utan odling.

Pesto är en by, sextiosex italienska mil ifrån Neapel, belägen i Principato Citra och äger i sitt grannskap ruiner, som på en tid af trettio år lockat många resande att göra dem besök. De äro lämningar af den forna staden Pæstum eller Poseidonia i Lukanien, som Solinus säger hafva varit anlagd af dorer och Strabo berättar blifvit eröfrad af samniterna samt med dem fallit under Roms herrskap. Dessa kvarlefvors ålder af flera hundrade år före Rom, deras fägring och goda konservation göra dem märkvärdiga. De bestå egentligen i tre rektangulära byggnader, omgifna med kolonner och förmodligen nyttjade till tempel.

(Beskrifning af templen i Pæstum.)

Det är besynnerligt, att så märkvärdiga ruiner så länge kunnat vara obekanta för fornforskare och konstnärer. En ung målare i Neapel, som varit född i deras grannskap, skall 1752 meddelat sin mästare första kunskapen om dem, hvarefter de blifvit närmare undersökta, beskrifna och afritade. Icke utmärker sådant mycken ifver för upptäckter hos neapolitanerna, och det förtjänar berättas, att konungen själf, som alla år någon tid vistas på Persano, vid pass en half svensk mil ifrån Pesto, aldrig haft den nyfikenheten att besöka detta ställe. På tillfrågan af en ibland svenska kavaljererna, om ej hans majestät skulle finna det intressant, svarade han: Che mi fa un Tempio antico di più o di meno?

Pesto var min vändningspunkt och den längst i söder belägna ort jag besökt eller lär komma att besöka. Då vi således klockan elfva anträdde återresan till Neapel, räknar jag ock från samma stund min återresa till Sverige. Vi uppehöllo oss en half timme på slottet Persano. Det innesluter en fyrkantig borggård. Rummen äro i allmänhet små. Konungen och drottningen hafva gemensamma, bestående blott af en sal, ett förmak, en sängkammare och ett kabinett. Dessa äro klädda med damast. De öfriga rummen äro på hvita muren prydda med taflor, som nästan alla föreställa jakt. En stor samling af hjorthorn och en annan af vildsvinsbetar, uppfyllande skåp med mångfaldiga lådor, voro här att beskåda. Vid hvar och en af dessa tänder stodo dess vikt, tiden, när vildsvinet blifvit fäldt, och dess banemans namn på en papperslapp antecknade.

Hvilka betraktelser en herre af herr grefvens af Haga snille häröfver gjorde inom sig, är lätt att döma. En hertig, hvars namn jag ej minnes, tog emot honom och gjorde les honneurs under det en välsmakande frukost serverades. Vi återkommo klockan sex om aftonen till Neapel, sedan vi med ovanlig skyndsamhet och utan hästarnas skadande tillryggalagt elfva svenska mil på sju timmar.

I går afton bevistade jag i herr grefvens af Haga sällskap en konsert hos grefve Rasumoffsky. Där uppfördes en prolog, författad af herr Calzabigi till konung Gustaf III:s heder. Poeten hade där infört Gustaf I:s och drottning Kristinas skuggor, som mot denna sin ättling och efterträdare på svenska tronen yttrade sitt bifall och välbehag. Därefter uppfördes musiken till operan le Danaïde. Poemet af samma auktor, musiken af Millico. Jag fann den förträfflig och af en originell smak, som gjorde det djupaste intryck. Ouverturen var ett mästerstycke och beredde åhörarna genast till den häpenhet och sinnesrörelse, som i detta dystra, men högt stämda teaterstyeke framgent underhöllos.

Rätt nu taga vi afsked af det sköna, det präktiga, det glada Neapel. Så snart vi spisat middag, förfoga vi oss till Caserta, till hvilket lustslott konungen och drottningen redan begifvit sig för att emottaga herr grefvens af Haga och därstädes några dagar hafva honom till gäst.

(Fyrtiofemte brefvet: Resan till Caserta. Beskrifning af slottet och trädgården.)

FYRTIOSJÄTTE BREFVET.

Caserta den 6 mars 1784.

Konungen af bägge Sicilierna befordrar sitt nöje och, änskönt i bästa välmening, herr grefvens af Haga ledsnad

genom daglig jakt. Det höga herrskapet reser ut härifrån
klockan åtta eller nio hvar morgon och kommer ej åter
förr än klockan sju om aftonen. Drottningen är äfven af
partiet. Hennes umgänge är det enda, som förkortar herr
grefvens stunder. Presidentssekreteraren Franc och jag,
såsom skrifvare, hafva icke deltagit i dessa blodiga nöjen.
Vi äro emellertid tämligen lediga från arbete och roa oss
med naturens betraktande i dessa vackra nejder. En ljuflig
värme, en grönskande jord och fåglarnas kvitter göra våra
spatsergångar angenäma.

Jag besåg nyligen kungsladugården, hvars inrättning
var föga olik de svenska ladugårdarnas. Boskapen hålles
inne i hus och fodras ur häckar. Fodret förvaras i öppna
skjul. För roskull kan nämnas, att drottningen för att hafva
bordsmör, som här i landet är sällsynt, särskildt under-
håller fyra kor, som beta i parken framför slottet.

Jag fortsatte min promenad åt sidan af Capua, som
ligger blott fem italienska mil härifrån. En öfver allt odlad
slätt, brukad såsom den bäst redda trädgårdsjord, var be-
täckt af sina åboer, som uppgrofvo åkrarna och lade dem
i skick att besås, där de icke redan voro bärande. Oxar
nyttjas här föga till jordbruket, om icke för att draga vatten-
foror. Landet är så tätt bebodt, utrymmena så små, men
så gifvande, att människohänder äro tillräckliga till detta
arbete, hvilket på det sättet verkställes med mera fullkom-
lighet. Det frodiga hvetet betades af får och åsnor. På några
tegar, som voro färdiga att besås, voro får fållade inom
nät. Somliga åkerstycken buro redan långt lin, på andra
upptittade det knappt ur jorden. En oräknelig mängd grön-
aktiga ödlor sprungo i åkrarna eller på vallen däromkring med
förundransvärd snabbhet. De höllo sig alltid i solen. När
man med en käpp träffade någon, afbrast dess långa stjärt,
hvilken var skör som glas, men rörde sig en stund sedan
den blifvit skild från kroppen, såsom den hade lefvat.
Denna ohyra besvärar själfva husen, men gör ingen skada.

Min väg låg öfver ett fält, där det forna Capua stått,
som intagit en stor vidd af flera italienska mil och sträckt

sig fram emot Caserta. Som jag ingen vägvisare hade, igenfann jag ej öfverlefvorna af dess bekanta amfiteater, men däremot föllo mig flera gamla murar i ögonsikte samt i synnerhet två runda torn, belägna ett stycke från hvarandra vid landsvägen. Det ena, byggdt på en fyrkantig grundval, syntes hafva varit en graf, emedan nischer voro inrättade i muren, som förmodligen tjänat att inrymma urnor. En 16 års gosse, som kom ridande på en åsna, munter, sjungande och halfnaken, efter landets sed, sade mig, att dessa torn varit fängelser, hvarest man plågat de kristna. Min fattiga cicerone upplyste mig väl ej tillförlitligt, men han var glad och kvick. Hans svarta hår, bruna hy och eldiga ögon, hans lifliga åtbörder och melodiska uttal gjorde honom och hvad han sade intressant. Jag målar honom för att måla folket i allmänhet.

Jag har svårt att tro neapolitanaren vara i grund elak. Han är för eldig att med köld kunna öfverlägga ett brott, äfvensom att ståndaktigt vara dygdig. Lättsinnighet synes vara ett hufvuddrag i hans lynne. Han liknar ett själfsvåldigt barn, som felar af oförstånd eller öfverilning. De laster, som tillskrifvas nationen, torde förnämligast böra föras på temperamentets räkning. Lömskhet och trolöshet tror jag vara för hårda tillmälen. De oordningar, här begås, och ibland dem ett omåttligt tiggeri, röja snarare brist på goda författningar än nationalfel. Att preja utlänningar blir snart en vana hos hvart och ett folkslag, som mycket besökes af rika främlingar. Neapolitanarens behof äro få. Hus och kläder kan han nästan umbära. En lazzaron har nog för dagen af en portion makaroner och à la glace, som ymnigt och för ringa betalning finnes att köpa, och af litet fisk, som han själf fångar. Landsbygdens fattiga äro belåtna med lika så litet som hufvudstadens. Deras dryck är vatten, då och då blandadt med litet vin, och dryckenskap, upphofvet till så många laster, är bland dem sällsynt. På fysikens vägnar äro de i alla hänseenden lyckligt lottade. Deras kroppar äro senfulla och väl bildade. Pussigt hull och stor mage skulle ibland dem anses för lyten. Deras anletsdrag likna grekiska modeller och tala på en gång med deras röst. Deras ton är ett recitativ, deras åtbörder en pantomim. Ett sundt klimat friar dem från smittosamma och kroniska sjukdomar, och de undantag, som i detta afseende böra göras, äro ganska inskränkt lokala.

Om folkets frejd är tvetydig, är landets härlighet otvifvelaktig. Naturen skänker där allt med gifmild hand och behöfver ej därtill trugas af idogheten. Där alstras säd af alla slag, ris, olja, vin, silke, lin, hampa, bomull. Sockerrör trifvas i södra provinserna och på Sicilien. Fikon, oranger, granatäpplen och de frukter, dem sällsyntheten gör till ypperliga läckerheter i andra land, äro i Neapel lika som med full hand slösade. Källorna gifva salt, bergen metaller. De äro betäckta med skogar af ek, bok, korkträd, alm, tall och cypress. Boskapshjordarna finna beständigt bete på den grönskande marken. Där odlingen underhulpit jordens bördighet, skördas dubbla grödor, och i Campagna felice eller omkring Capua fyrtionde kornet efter utsädet.

(Reflexioner öfver Neapels natur.
Fyrtiosjunde brefvet: Jordbäfningen i Kalabrien 1783.
Fyrtioåttonde brefvet: Slutbetraktelser öfver Neapel.)

Den nu regerande konungen, en herre af bästa hjärta, af sundt och godt begrepp, hade kunnat blifva sitt folks välgörare, om hans uppfostran meddelat honom flera insikter och vana vid arbete. Han älskar sina undersåtar och är af dem älskad. Han nedlåter sig ända till de ringaste af dem, äfven med glömska af sin värdighet. Hans vackra svar, då man vid senaste jordbäfningarna rådde honom att flytta ifrån Neapel, förtjänar att gå till eftervärlden. Jag förgås hellre, sade han, med mitt folk, än jag öfvergifver det. Böjelse för jakt och fiske, den förra nästan alla prinsar af Bourbonska huset liksom medfödd, borttager hans mesta tid. Hans lefnad är i öfrigt måttlig, hans väsende glädtigt och uppriktigt, yppighet och representation bannlysta ifrån hans hof.

10. — *Sv. memoarer.* V.

Med misstroende till sig själf lämnar han regerings-
ärendena mest i sina ministrars händer. Af drottningens
ynnest beror hufvudsakligen deras kredit. Hon sitter själf
i konseljen och äger på rådslagen stor inflytelse. För när-
varande är markis della Sambucca förste statsminister och
säges genom sina insikter vara detta kall vuxen. Han var
tillförne minister vid Wienska hofvet. Det berättas, att,
när han upphöjdes till den post, han nu innehar, var han
så fattig, att han på längre tid ej förmått betala hyra för
sitt hus i Neapel. Ägaren, af hvilken han hyrt det på
lifstid, tillbjöd honom då afskrifning å hela sin fordran,
om han allenast ville afstå ifrån kontraktet och genast ut-
rymma huset. En månad därefter utnämndes M. della
Sambucca till statsminister, och då tillbjöd honom hus-
ägaren samma eftergift af den förfallna hyran, med villkor
att han ville bo kvar. Under de sju år han innehaft sitt
viktiga ämbete, skall han, oaktadt en lysande lefnad, samlat
ansenlig förmögenhet.

Krigsdepartementet förestår generallöjtnanten Acton,
en född irländare, som tillförne tjänt i Florens och anfört
en liten eskader, som därifrån skickades Spanien till hjälp
i en krigsförrättning emot Algier. Hans därvid ådagalagda
klokhet och mod gåfvo anledning till hans fästande i neapo-
litansk tjänst. Under drottningens beskydd njuter han nu
mycket förtroende, hvilket icke en gång kan motvägas af
konungens i Spanien mot honom uppfattade missnöje och
därom till sin son ofta upprepade föreställningar. Man
tror fast mer, att vården af alla ministeriella ärenden med
tiden torde honom uppdragas. Lefnadssättet i Neapel kan
till en del inhämtas af hvad jag i mina förra bref anfört.
De storas yppighet och menighetens armod göra där en i
hufvudstäder ej sällsynt kontrast. Lysande ekipager, talrik
betjäning, stora och många rum utgöra i Neapel, såsom
annorstädes i Italien, hufvudsakligaste delen af prakten.
Allmänna nöjen betaga enskilda sammanlefnaden både till-
fällen och behag. De, som närmare känna Neapel, påstå,
att adeln där likväl icke lefver på så stor fot som i Rom

och i Florens. I landsorterna skall lefnadssättet vara ännu
tarfligare, äfvensom sederna mindre hyfsade, okunnighet
och vårdslösad uppfostran allmännare, jämväl ibland folk
af förnäm börd.

Vetenskaperna hvarken äro eller hafva varit i något
särdeles flor i detta rike. Lagfarenheten idkas med den
sorgfällighet, att i staden Neapel skola vara omkring 30,000
advokater, men troligtvis vinner rättvisan därvid föga. I
antikviteterna har man att nämna en och annan mycket be-
vandrad neapolitanare, och det blefve oförlåtligt om annor-
lunda vore. Den lärde Carcani är tillförne omtalad. Ma-
zochi är ock bekant genom sina skrifter i samma lärdoms-
gren. Men äfven de bästa neapolitanska auktorer kunna
ej frikännas ifrån ett slags charlataneri, en slösad erudition,
en brist på smak och urskillning. Herr Björnståhl har i
sina bref redan omförmält Martorellis afhandling i en quart
af 700 sidor om ett i jorden funnet antikt bläckhorn och
Bayardis Prodromo delle Antichità d'Ercolano i fem starka
volymer, hvaraf den andra ej hinner till epoken af denna
forna stads uppbyggande — verk, som tyckas bevisa, att de
neapolitanska lärde finna föga nödigt att hushålla med sin
och sina läsares tid.

(*Vetenskapsmän i Neapel.*)

FYRTIONIONDE BREFVET.

Rom den 14 mars 1784.

Morgonstunden den 10 i denna månad anträdde herr
grefven af Haga med sin svit resan från Caserta. Presi-
dentssekreteraren Franc, assessor Salomon och jag åkte
tillsammans med baron Essen. Vår väg var densamma,

som vi tagit på resan till Neapel, och företedde få ämnen till nya anmärkningar. I allmänhet kunde detta härliga land ej annat än mera behaga, då vi nu vid dagsljuset fingo närmare beskåda det, än förra gången vid månskenet, helst sedan årstidens förändring tillika förskönat det.

Baron Essen var besvärad af en halsfluss, som ej tillät oss fortsätta vår dagsresa längre än till Terracina, dit vi ankommo klockan 4 eftermiddagen. Jag använde därför aftonstunden att bese konung Theodoriks gamla bergslott. Höjden, hvarpå det varit anlagdt, synes nedifrån ej mycket ansenlig; men erfarenheten öfvertygade mig, att sådant är ett misstag, och vägen dit upp var så mycket tröttsammare, som jag måste klifva öfver en mängd stenmurar, medels hvilka berget är afdeladt i afsättningar för oljeplantering, och tränga mig fram mellan buskar och högt gräs på en brant och stenig grund. Jag fann mig icke särdeles belö-nad för min möda, ty slottet röjer icke stort flera märk-värdigheter på nära håll än på längre. Det är en fyrkantig byggnad, hvaraf blott understa våningen står kvar, af vid pass ett hundratio stegs längd och femtio stegs bredd. Långsidan är försedd med tolf arkader och gafveln med fyra, icke med spetsade hvalf, såsom de senare göthiska bygg-naderna, utan med halfcirkelformiga. Dessa arkader hafva tillhört en portik, som omgifvit hela slottet. Det har varit uppfördt af småsten.

På något afstånd i norr synas andra gamla byggnader af samma art, men sämre konserverade. Utsikten åt hafvet är ganska vidsträckt ända till Gaëta och ön Ponza. Det höga berget Circello, där Circe fordom skall bott, gifver en majestätisk anblick.

Staden Terracina är liten, dess gator trånga, mörka och smutsiga. Vid torget ligger katedralkyrkan, som är mörk och oansenlig, af medelålderns byggnadsart. För-huset, som på yttre sidan har öppna arkader, är prydt med en illa gjord fris af mosaik, föreställande djur och andra figurer af flera färger. Påfven besöker årligen denna stad vid sin resa till pontinska träsken. Hans palats ligger på en höjd litet utanför staden.

Icke långt ifrån Terracina besåg jag en oljekvarn. Det var en urholkad cylinder af sten. Vid en lodrätt däri fästad axel var en horisontel vef fastsatt, hvarvid en häst var spänd, som kringdrog axeln och såmedels tillika omförde ett därvid häftadt stenhjul, som krossade den i cylinderkärlet lagda massan af oliver. Detta gröpe flyttas sedan i ett annat kärl, hvari en tung stöt nedfälles, som utpressar oljan, hvilken genom en ränna därutur flyter i ett nedanför ställdt kärl.

Nära vid hafvet var ett stort förrådshus för säd och olja under byggnad för apostoliska kammarens räkning.

Folkets benklädnad här i nejden förekom mig märkvärdig. Den är en lämning af de gamlas, och består af en lädersula under foten, fastbunden med snören, som korsvis lindas kring benet. hvilket därunder är betäckt med ett stycke grof väf.

Af Galbas lustslott på sluttningen af berget vid Terracina äro få lämningar öfriga, och skymningen hindrade mig att lära känna dem.

Morgonen den 11 drucko vi kaffe med äggula i stället för grädde eller mjölk, som i Terracina alldeles icke fanns. Man berättade, att, när kejsaren reste från Rom till Neapel, hade han här beställt chokolad, men som han dricker det med mjölk, skickade man bud kring hela staden att anskaffa den lilla portion, som därtill erfordrades, och ändå förgäfves.

Vi anträdde tidigt vår resa. Morgonluften var ganska ljuflig. De kvittrande fåglarna och grönskande träden midt i själfva pontinska träsken voro vårens kännetecken. En mängd arbetare voro där sysselsatta med dikning. Vid Mezza gaf jag ånyo akt på de i muren fästade inskriptionerna. De äro efter berättelse alla funna i kärren. En af dem sades vara uppgräfven vid Monte-Circello. Jag läste verkligen Circes namn i densamma, men skriften var utnött och tiden kort, så att jag måste öfvergifva min undersökning.

Vid Torre di Tre Ponti såg jag en ganska talrik hjord af bufflar beta på en sank äng. Dessa djur äro här mycket allmänna. De äro merendels svarta, smärre, mera långhåriga än andra oxar. Deras horn äro ock böjda mera bakåt. De äro ganska starka, äfven arga och stundom folkilskna. De nyttjas att draga tunga lass och styras med tömmar, som löpa genom en järnring, fästad i buffelns näsa. De föda sig ute hela året igenom och trifvas bäst i kärr, hvarest de vältra sig i gyttjan.

Oaktadt säden var hög och rotad, såg jag djupa fåror i de besådda åkrarna köras emellan de kamlika balkarna, hvari de här i landet läggas. Afsikten var utan tvifvel att öppna aflopp för vattnet, på det att sädesrötterna ej däraf måtte skadas.

Vi kommo till Rom klockan half åtta om aftonen. Herr grefven af Haga hade redan natten förut anländt hit till staden. Så väl han som hela hans svit är nu logerad i det palats, beläget i Rione del Borgo, icke långt ifrån Vatikanen, som tillhört den aflidna kardinalen Giraud.

Vi märkte en betydande skillnad mellan klimatet i Neapel och Rom. I stället för den ljufliga värma, vi rönt i sistnämnda stad, finna vi luften här hafva en genomträngande kyla, hvilken utan tvifvel mer är en verkan af omgifvande berg, längre afstånd från hafvet och den mindre odlade nejden än af latitudsskillnaden. Våra rum, gjorda för sommaren, sakna till en del eldstäder. Vi hafva försökt att ersätta denna förlust medels de brukliga fyrpannorna; men jag har efter en kort erfarenhet lärt att fördraga kölden hellre än deras osunda kolos.

Ehuru skådespel och alla publika lustbarheter härstädes upphört med karnevalen, fortsättas dock conversazionerna i de enskilda husen, dock icke längre än till klockan 10 om aftnarna. Kardinal Bernis, angelägen att på allt sätt göra herr grefven af Haga tiden angenäm, har föreslagit honom att dagligen hos sig supera, dock icke senare än vid nämnda timme, emedan sådant skulle göra skandal, ett tillbud, som bemälte herre emottagit, redan efter sin hitkomst nyttjat och framgent ärnar nyttja, så länge han här förblifver. Vi, som hafva den äran att vara herr grefven följaktige, deltaga så ofta tillfället medgifver, i samma nöje. Kardinalens hus är alltid lika lysande. Hans fredags-conversazioner upplifvas af kantater, sjungna af signora Coltellini, som hitkommit ifrån Neapel, och andra de bästa röster, här finnas. Hvar fredagseftermiddag i fastan firas en högtidlig gudstjänst i S. Peters kyrka. Jag har redan bevistat en sådan. Kyrkan, oaktadt sin storlek, syntes tämligen full af en knäböjande menighet, hvaribland den ena personen vände anlete och andakt åt ett altar, den andra åt ett annat, anlitande hvar sin patron efter fritt val och förtroende. Mässan omväxlade med vackra körer, ackompanjerade af orgelverk i chanoinernas kapell. Man påstår, att denna fredagsandakt befrämjar många kärleks-möten och mången älskares lycka. Det är ej sällsynt att se skönheter på knä med pater-noster på läpparna, rad-bandet i handen och ögat på tillbedjare, ja äfven örat lånadt åt hemliga anbud, som framdeles skola göra ny syndabot nödig. Vid utgången ur kyrkan pläga fruntimren af kavaljerer, som söka behaga dem, undfägnas med ett slags bakelse eller bröd, tillredt med olja och pinochi, som är mycket sockradt och har form af semlor. Dessa bröd kallas maritozzi; deras bruk tillhör enkom de beskrifna fredagsandakterna.

(*Besök hos monsignore Borgia.*

Femtionde brefvet: Undersökning af myten om Gustaf Adolfs uppehåll i Padova.)

FEMTIOFÖRSTA BREFVET.

Rom den 18 mars 1784.

I förrgår hade jag den äran att vara herr grefven af Haga följaktig till franska akademien, en inrättning, som hedrar Ludvig XIV:s tidehvarf och hvarest, under inseende af en direktör, tolf unga franska konstnärer underhållas till fullkomnande af sin skicklighet i målnings- och bildhuggningskonsten. De njuta fri förtäring och husrum och utväljas ibland sådana ämnen, som vunnit pris i Målareakademien i Paris. Direktören, som ombytes hvart sjätte år, njuter en årlig lön af fyra tusen scudi. Akademien är logerad i ett präktigt hus vid Strada del Corso, som Ludvig XV köpte af hertigen af Nevers år 1725. Vid herr grefvens af Haga besök hade man sammandragit elevernas förnämsta arbeten, bestående af taflor, planer och ritningar till byggnader, till restitutioner af förfallna monumenter med mera. Två utkast till målningar, den ena af Mettii straff, hvilken Tullus Hostilius lät mellan hästar sönderslitas, den andra af en bacchanalisk högtid, förtjänade synnerligt bifall. De voro båda förfärdigade af en yngling vid namn Taraval, förmodligen af samma släkt, hvaraf målare i Sverige efterlämnat vackra arbeten. Den nu varande direktören Lagrené visade några af sina taflor. En föreställde Alexander och Darii familj; en annan ålderdomen, öfvergifven af kärleken och gracerna, men tröstad af vänskapen, en sann och rörande allegori. Det är i Rom, som artister äga yppersta tillfälle att bilda sina talanger och sin smak. De finna där de flesta och säkraste mönster. För en resande är det därför intressant att besöka deras atelierer, att se hvars och ens manér, att studera antiken och naturen, att med ett ord betrakta, huru snille och arbetsamhet lifvas af gamla mästerstycken att framalstra nya.

Alla de fördelar oaktade, som Roms artister i detta afseende äga framför andra orters, idkas likväl konsterna där nu för tiden med mindre framgång än fordom. Romerska målareskolan uppsteg till sin höjd för något mer än halftredje hundrade år sedan med Raphaël Sanzio d'Urbino, som öfverträffade alla sina företrädare och af ingen efterträdare kunnat upphinnas. Dock blef denna skolas heder i sistförflutna sekel bibehållen af Pietro da Cortona, Andrea Sacchi, Lanfranco, Carlo Dolce, Carlo Maratta med flera. Men i det närvarande har ingen romare uppstått, som kunnat mäta sig med sådana mästare. Den enda, Anton Raphaël Mengs, hvars arbeten i bredd med deras lära gå till eftervärlden, var född i Sachsen, fast han studerat sin konst och arbetat i Rom. Med bildhuggeriet förhåller sig såsom med målningen. Sextonhundratalets bästa skulptörer, Bernini och Algardi, uppnådde icke femtonhundratalets Michel Angelo Buonarotti och uppnås icke af de nu lefvande.

Icke dess mindre äger Rom äfven för det närvarande berömda artister, men mest af främmande nationer. Herr Piranesi, kunglig svensk agent för fria konsterna härstädes, har i dessa dagar gjort mig den vänskapen att föra mig till åtskilliga ibland dem. Han bör själf räknas ibland deras antal och idkar med skicklighet sin fars konst, hvars graverade vyer af Rom och Pesto äro allmänt kända och genom ett stort och kraftigt maner samt förträfflig hållning göra mycken verkan. Af herr Piranesis antika samling, bestående förnämligast af vackra marmorvaser, lärer herr grefven af Haga tillhandla sig det mesta.

Herr Pompeo Battoni anses i allmänhet för den bästa nu lefvande romerska målaren. Han är född i Lucca, men har här tillbragt sin mesta tid. Han målar både porträtt och historietaflor, och hans arbeten äro utspridda i flera länder. De pryda åtskilliga kyrkor i Rom; jag har sett af dem i Lucca, och en tafla öfver nattvardens instiftande, som nu stod färdig, skulle afgå till Portugal. Han visade en annan, mycket vällustig, föreställande en ung sofvande kvinna, omgifven med amoriner. Kejsarens och storhertigens af Toscana porträtt förtjänade mycket bifall. Koloriten

tyckes vara hans styrka. Herr Piranesi förtörnade honom
helt oskyldigt genom den komplimang, att hans åttioåriga
ålder gjorde hans arbeten så mycket beundransvärdare.
Herr Battoni svarade sig ej vara mycket öfver sextio år
gammal och anse alla utspridda rykten om sin höga ålder-
dom för dikter af sina afundsmän, som därmedels vilja
minska hans kredit, samt utfor mot dem i hårda utlåtelser.

Herr Hamilton, en engelsk målare, gör, efter herr
Sergels omdöme, Battoni företrädet stridigt. Ett fint och
djupt uttryck härskar i herr Hamiltons arbeten. Han visade
en förträfflig tafla öfver Lucretias död. Likfärgen hade hos
henne knappt hunnit utplåna en ung kvinnas behag och
fägring. Hennes man, kastande sig med förtviflan öfver
henne, dolde sitt anlete. Brutus i begrepp att svärja henne
hämnd, upplyfte den blodiga darten, med hvilken hon
dödat sig. Herr Hamilton sade sig flera gånger hafva ut-
arbetat detta ämne, men alltid på olika sätt. Nu var han
sysselsatt med en tafla, som föreställde Helenas bortröfvande.
Han har redan målat flera öfver ämnen utur trojanska kriget.
En Dido och en Cleopatra skulle skickas till England. Några
originalkartonger af Domenichino och Annibale Caracci, en
S. Antonii frestelse af Teniers, två landskapsstycken af Poussin,
med flera pryda herr Hamiltons kabinett.

Madam Angelica Kauffmann, ett tyskt fruntimmer,
hvars man äfven är målare, har vunnit allmänt bifall genom
sina talanger i hans konst och sin behagliga stil. Jag såg
ett familjestycke, måladt af hennes hand, föreställande
konungen och drottningen af Neapel med deras barn, i
naturlig storlek. Det ägde all förtjänst af likhet, af sam-
mansättning och af en lycklig pensel. Två smärre taflor,
föreställande händelser, som hörde till Télémaques vistande
på Calypsos ö, voro fulla af behag. Hon anlitas mycket
om porträtt; och jag läste hos henne en fullständig upp-
gift på den betalning, hon äskar för hvart och ett sådant,
uträknad efter figurernas storlek, antal och så vidare, en
tariff, som i visst afseende syntes mig rubba råmärkena
mellan konsten och handtverket.

Herr Gagneraux, en fransk målare, visade en mycket vacker tafla, som redan är såld till herr grefven af Haga. Den föreställer Oedipe i det ögonblick, då han utrifvit sina ögon. Sista akten af Sophokles tragedi är där lifligen uttryckt i teckning och färg. Antigone med höljdt anlete ligger i sin olyckliga fars knä. Eteokles och Polynices röja sin sorg i anleten och ställning med den olikhet, som åtskiljer deras lynnen. Herr du Cros, schweizare till nationen, är skicklig landskapsmålare. Han uppvisade några taflor i olja, men flera i akvarell eller vattenfärg. De föreställde vyer af ruiner och landskap dels i Rom, dels vid Tivoli, Albano, Pozzuoli etc. Träd, vattenfall, stenarter, vore ej mindre troget afbildade än monumenten, dag och perspektiv väl iakttagna. Tvenne sina bästa taflor hade han kopierat i kopparstick och dedicerat till konungen af Sverige. De föreställde Veneris och Cupidos tempel. Herr du Cros har varit sju år i Rom, vida längre än han ärnat och kvarhållen af de för en konstnär oemotståndliga skäl af minnesmärken och en natur, hvilka liksom påkalla penseln. Han talade med stor aktning om herr Sergel, hvars faun han hade i gips.

En engelsk landskapsmålare, Moore, njuter äfven ett rättvist anseende härstädes. Hans taflor äro mycket studerade. Sällan har jag sett sol- och månsken lyckligare uttryckta. Tvenne stycken, det ena föreställande ett häftigt regn, det andra ett utbrott af Vesuvius, hvarest Plinii död såsom episod förekom, voro i synnerhet värda bifall. De hörde till en svit, som herr Moore ärnar utarbeta öfver de fyra elementerna.

Herr Volpato är en berömd kopparstickare. Hos honom såg jag förträffliga estamper i färger efter Raphaëls bekanta kamrar i Vatikanen, och efter Annibale Caraccis' plafond i Farnesiska palatset. Det är bekant, att herr Volpato graverat de förnämsta vuer af Rom och dess nejd, förutom många af herr Hamiltons taflor. Jag såg jämväl hos herr Volpato Apollo och alla nio muserna, antika statyer i naturlig storlek af marmor, en samling af mycket värde, hvilken, tillika med en Diana Cacciatrice och en vestal, herr grefven af Haga nyligen tillhandlat sig och som snart skola pryda Stockholm.

Herr Cavaceppi är en namnkunnig skulptör, som äfven af Winkelmann med beröm omtalas. Han äger en stor samling af statyer och byster, mest kopior af antika. Han synes hafva valt Bernini till mönster och har i sina arbeten en något manierad stil. Deras förtjänst oaktadt, yfdes jag vid jämförelsen med herr Sergels på mitt fäderneslands vägnar.

Herr Spusino, en annan skulptör, var nu sysselsatt med påfvens staty till fots af hvit marmor, hvilken kommer att stå i Collegium Germanum. Påfven är föreställd i full skrud dock utan krona, uppresande med handen fria konsternas genius. Denna ärestod lärer dock knappt bli ett prof af dess upprättelse.

(*Beskrifning af några mosaiker.*)

Jag hade i går den förnöjelsen att här träffa en gammal och högt aktad vän, hofjunkaren och ambassadsekreteraren Rosenstein, som på konungens befallning är hitkommen från Paris.

(*Femtioandra brefvet: Loggierna, Stanzerna, Vatikanens trädgårdar, S. Angelo.*

Femtiotredje brefvet: Villa Medici, Villa Ludovisi m. m.

Femtiofjärde brefvet: Palazzo Borghese, Colonna, Doria-Pamfili, Rospigliosi, Quirinalen, Villa Aldobrandini m. m.)

Men jag skall ej längre trötta med palats. Den 25 i denna månad eller Maria Bebådelsedag bevistade jag en högtidlig mässa i dominikanerkyrkan S. Maria sopra Minerva, så kallad, emedan den är byggd på ruinerna af ett Minervas tempel.

Påfven begaf sig dit med mycken ståt klockan nio om morgonen. Hans stall- och hofstat samt en del prelater, alla till häst eller på mulåsnor, begynte tåget, prelaterna i violett dräkt och hofstaten i svart, samtliga ridande med skor. Påfven, beledsagad af två kardinaler, åkte därefter i en gammalmodig fyrsitsig vagn, öfverdragen med röd sammet och starkt förgylld samt dragen af tre par

hvita hästar. Kusken red på vänstra stånghästen och spann-
ridaren på den vänstra af främsta paret, båda klädda i
röda sammetskåpor med guldgalloner och med bara hufvu-
den. Efter påfven bars en porte-chaise, klädd med röd
sammet, af rödklädda bärare. Denna skulle nyttjas, då
påfven gick i och ur vagnen. Likaledes bars en pall med
rödt sammetsöfverdrag, som påfven då stiger på. Ytter-
ligare följde en bår, äfven beklädd med röd sammet och
guldgalloner, hvars stänger uppburos af mulåsnor, en som
gick före och en efter båren. Mig tycktes, att i densamma
lågo kläder, förmodligen de, som påfven sedermera iklädde
sig till ceremonien. Därefter följde några prelater, ridande
på mulåsnor, och sist påfvens garde till häst. När påfven
framkom till kyrkan, var torget där utanför uppfylldt med
en otrolig skara folk. Somliga hade krupit upp å en där-
städes varande piedestal, hvarpå en elefant af marmor är
uppställd, som på ryggen bär en liten obelisk. Alla föllo
på knä; utur de öppna fönstren i kringliggande hus
hängde röda sidentapeter, och kyrkporten var prydd med
blomsterband och förgyllda smycken.

Påfven begaf sig först in i ett särskildt rum, där han
tog på sig sin kåpa och krona, i tre rader rikt omgifven
med diamanter af flera färger. Därpå skedde processionen
in i kyrkan. Först gingo hofstaten, prelaterna och kardi-
nalerna i sin ceremonidräkt, två i ledet, intagande sina
rum i koret, och därpå följde påfven själf, högt buren på
en gyllene länstol eller så kallad sedia gestatoria, ut-
delande korstecknet med handen till höger och vänster
åt den knäböjande menigheten. Han uppträdde på sin
tron till höger om altaret.

Gudstjänsten förrättades såsom vanligen sker i Sixtin-
ska kapellet, då påfven är närvarande. Kardinalen Ghelini
förrättade mässan. Efter gudstjänstens slut kommo fyrahundra
sextioåtta fattiga flickor, hvilka årligen på denna dag undfå
pension, alla hvitklädda i procession ifrån Oratorio della
S. Annunziata, hvarest de underhållas, till kyrkan för att
emottaga sina nådegåfvor. Bland dem hade tjuguåtta gjort

klosterlöfte och buro till tecken däraf blomsterkransar kring hufvudet. Dessa allena fingo nalkas påfvens tron, för hvilken de nedföllo. Deras gratialer användas till en vanlig afgift i klostren. De öfriga flickorna, utan att njuta ett så smickrande företräde, torde dock varit nöjdare med sina gåfvor, emedan de användas till brudskatt åt dem. Kardinalen Torre Cremata har anslagit fonden till denna årliga utdelning, den påfvarna sedermera förökat. När akten var slutad, anträdde påfven sin återfärd på samma sätt han kommit.

Jag lär ej nämnt, att jag den 18 i denna månad äfven bevistat en grann mässa i S. Peters kyrka vid altaret i det kapell, hvarest påfven Clemens XI, som var en Albani, är begrafven. Den förrättades af en biskop i flera kardinalers närvaro, för samma påfves själaro, och firas därmed årligen hans begrafningsdag. Albaniska familjen har därtill anslagit medel. En katafalk var upprättad, upplyst med många vaxljus och prydd med inskriptioner och sinnebilder, som hade afseende på hans historia. Vanitas vanitatum! Men det är en dyr fåfänga.

Sist bör jag anteckna, att fastän alla världsliga nöjen här böra upphöra i fastan, är likväl reglen ej utan undantag. En viss fru Pelice, för detta sångerska, har hvar söndagsafton med regeringens tillstånd haft hos sig en assemblée, hvarvid man roat sig med dans. Nyfikenheten förde mig dit i förrgår. Sällskapet var väl ej med stränghet valdt, men man träffade där dock många ansedda personer, särdeles af utländingar. Dans ägde ej rum i brist på nog många fruntimmer, utan i stället fördrefs tiden med musik. Fru Pelice själf och en fru Proverbi sjöngo några arier, ackompanjerade af fortepiano. Jag har märkt, att man äfven i Rom slår sig tämligen lös vid bordet under denna späkningstid, och att mången god katolik äter kött med protestantisk aptit. Roma la santa!

(*Femtiofemte brefvet: Vaticanska biblioteket, Museum Christianum, S. Peters underjordiska kyrka.*)

FEMTIOSJÄTTE BREFVET.

Rom den 4 april 1784.

Den första i denna månad tillät herr grefven af Haga mig med flera af sin svit att vara sig följaktig till Frascati, en liten stad belägen tolf italienska mil sydost ifrån Rom och mindre märkvärdig för sin egen skull än för den omkringliggande nejdens, hvars rena luft och behagliga läge lockat rika romare, både i äldre och nyare tider att där anlägga sommarpalats, försedda med präktiga trädgårdar.

Resan ifrån Rom upptäckte för oss merendels obrukade slätter. Folkmängden är så ringa, att man sades vid bärgningstiderna behöfva ditförskrifva arbetare från Viterbo och andra bergaktigare landskap i kyrkostaten.

Efter vår ankomst till Frascati, som ligger på en vacker bergssluttning, begåfvo vi oss först till Villa Taverna, ett af kardinalen Scipio Borghese uppbyggdt landtpalats. Det märkvärdigaste däraf var trädgården, behaglig och vidsträckt samt anlagd i flera afsättningar. Den gränsar till en trädgård tillhörande Villa Mondragone, hvilken äfven innehafves af Borghesiska familjen. Dess palats är mera stort än prydligt. Det äger åtskilliga goda taflor, särdeles en af Paolo Veronese, som föreställer Salomo, offrande åt afgudar. Där finnas äfven två kolossala statyer af Antinous och Faustina, hvilka äro antika, samt tolf byster af de första romerska kejsarna, förfärdigade af Bernini. En sal är full med målade hästar och hvarderas ättartal ut-

förligen upplyst genom bifogade påskrifter. Utsikten från
denna villa är vidsträckt och måste i synnerhet göra dess
ägare nöje, som därifrån säges öfverse en besittning, hvilken
gifver honom sextio tusen scudis årlig inkomst.

La Ruffina eller Villa Falconieri är försedd med goda
målningar, men likväl mest att värdera för sin belägenhet.
På ena sidan sträcker sig dess utsikt ända till Rom, på
den andra mötes den af ett berg, hvilket beredt tillfälle
till artig embellissement. Det är höljdt med planterade
träd och riktadt med vattenkonster.

Högre uppe mot bergshöjden ligger la Ruffinella, en
jesuiterna fordom tillhörig villa, som nu är indragen under
apostoliska kammaren. Man bestiger berget mellan häckar
och alléer. På kullen ofvan om la Ruffinella ser man
ruiner efter Tusculum, hvilka Ciceros minne göra märk-
värdiga. En grundmur med flera parallella hvalf samt
lämningar af en portik med arkader utmärka en fordom
ansenlig byggnad, hvilken gemene man kallar Scuola di
Cicerone. Murverket består af det så kallade opus reticu-
latum. Det var skada för utsiktens skull, att denna dag
var mulen och töcknig. När luften är ren, skall man
härifrån kunna se ända till Civita Vecchia.

Den ofta nämnda bergsluttningen, hvilken nästan är
betäckt med landthus, företedde oss vidare Villa Belvedere
eller Aldobrandini, hvars trädgårdar och vattenkonster öfver-
träffade de förra vi här sett. Midt för hufvudbyggnaden
var en ständigt brusande kaskad och en teater af sten,
full af vattenrör, som, när vattnet är i gång, gifva ett dån,
liknande åskan. En Atlas, bärande himmelsgloben, sprutade
vatten ur många öppningar. I nischer, en på hvar sida
om denna figur, stodo en centaur, blåsande i lur, och en
cyklop, spelande på sjustämmig pipa. Vattnets drift gaf
dessa instrumenter ljud, och cyklopen uppförde arier såsom
på ett positiv. Under vår middagsmåltid härstädes drucko
vi Frascativin, som är hvitt, sött och ganska välsmakande.

Villa Conti, belägen icke långt ifrån den nyssnämnda,
har skuggrika trädgårdar och sköna vattenkonster, som

formera kaskader. Skymningen hindrade oss att bese flera af dessa lägenheter, hvilka i allmänhet synas vara illa underhållna, änskönt deras ägare vanligen där tillbringa den senare delen af sommaren till oktober månads slut. Årstiden var nu icke heller gynnande för deras fägring. Landet här på höjden hade icke hunnit blifva vackert, och många löfträd voro ännu bara.

Den andra hade jag den äran att tillika med herr grefven af Haga bese Collegium de propaganda fide. Denna inrättning är en af dem, som mest hedrar påfvarna. Där underhållas lärare så i österländska som flera främmande språk för missionärer och jämväl i filosofi och teologi för ynglingar ifrån de aflägsna länder, där kristendomen predikas, hvilka hitkallas för att inhämta de grunder, som de framdeles skola bibringa sina landsmän. Man ser här fördenskull ett litet sammandrag af världen, en för filosofens öga märkvärdig blandning af folk och tungomål, hvilken blifver dubbelt intressant genom den stora afsikten att befordra en allmännare upplysning om Gud och religionens sanningar.

Detta kollegium inrättades först af påfven Gregorius XV år 1622 och sattes under styrelse af en kongregation af kardinaler. Ändamålet har sedermera med den framgång blifvit befrämjadt, att sextiofyra andra kollegier i andra länder och andra världsdelar nu höra under dess inseende, hvilka sträcka sin vård till nio millioner människors handledande i de himmelska sanningarna. Hvad förtjänster propagandan äger af lärdomen i allmänhet, har jag till en del redan anmärkt. Kardinalen Antonelli, dess nuvarande styresman, och monsignor Borgia, kongregationens sekreterare, utmärka oafbrutet sitt nit för dess tillväxt och förvärfva sig därigenom rättighet till erkänsla både af den lärda världen och af mänskligheten.

Propagandan har ett eget hus på södra sidan af piazza di Spagna. Det är stort och ansenligt samt uppfördt under Urban VIII:s regering af Bernini. Propagandans kyrka är inrättad af Alexander VII, som därtill nyttjade Borromini.

11. — *Sv. memoarer.* V.

Det var där jag bevistade den märkvärdiga gudstjänsten den 6 januari.

Kardinalen Antonelli emottog herr grefven af Haga vid dess ankomst. De främmande lärjungarna blefvo genast herr grefven föreställda, alla lika klädda, i svarta fotsida rockar. En kines, en tonkinesare, en malabar, flera österlänningar, därpå åtskilliga afrikaner och sist européerna, som vid detta verk njuta undervisning, tillsammans några och tjugu, framträdde och gjorde herr grefven komplimanger hvar på sitt språk. Deras olika utseende och olika munart gjorde ett äfven så besynnerligt som intressant intryck. Kinesen och tonkinesaren voro båda mycket små. Deras ansikten voro platta och deras uttal hade så utmärkta inflexioner af höjning och sänkning, att det liknade ett recitativ. Bland de öfriga språk, som vid detta tillfälle hördes, var abessiniskan särdeles märkvärdig genom sina gutturala ljud, hvilka liksom hämtades djupt ned ifrån magen. Herr grefven lät sedermera hvar och en nämna Gud på dess tungomål.

Därefter besågs kollegii bibliotek. Det är rikt på allt, hvad till språkkännedomen hörer, men innehåller jämväl andra saker, som annorstädes förgäfves sökas. Sådana äro manuskripter på kinesiska, på tatariska och på talapuinernas heliga språk. En kodex på det sistnämnda bestod af på trådar upphängda fina barkar, förgyllda, med ritade bokstäfver uppå. En annan sällsynthet var bibeln på abessiniska. Några indianska afgudar hämtade från spanska Amerika ej långt ifrån S. Martha voro här att anse såsom troféer och förekommo besynnerliga genom arbetets oformlighet. Bland manuskripter, som här förvaras utan att egentligen tillhöra verkets yrke, besåg jag med nöje en Horatius af 1500-talet och en Boccaccio, båda synnerligen nitida. Slutligen besöktes boktryckeriet, det fullständigaste i världen och hvarifrån de alfabet utgått, som gjort så många språk för Europa bekanta. Där lära finnas stilar af tjugusex särskilda karaktärer. När herr grefven af Haga infann sig därstädes, afdrogs under hans ögon ett blad med en till hans heder författad latinsk komplimang i form af stenstil, som tillika var prydt med hans porträtt i graverad medaljon. Detta blad tjänte till frontispice för en vid samma tillfälle till honom aflämnad härstädes tryckt bok. Första sidan företedde en svensk vers, den jag på anmodan författat så lydande:

Om Rom har kungar sett ur Nordens kalla rike,
som krossat all dess prakt och ljutit strömmar blod,
det ser ur samma land i dag Augusti like
ge vittra konster lif och snillen eld och mod.

Hvarefter följde öfversättningar af samma vers på fyrtiofem språk.

Således lärer knappt någon monark blifvit berömd på flera tungomål än Gustaf III, och, om mig tillåtes att magnis componere parva, ingen författare öfversatt på flera än jag. Språken voro: latin, abessiniska, engelska, arabiska, armeniska, birmaniska, brahmaniska, bulgariska, kaldäiska, kolkiska, koptiska, kurdistaniska, dalmatiska, epirotiska, hetruriska, franska, tyska, gammal och ny grekiska, hebräiska, irländska, spanska, holländska, ungerska, illyriska, iberiska, italienska, portugisiska, malabariska eller samskrudoniska, malabariska med kaldäiska estrangheliska bokstäfver, marastiska, persiska, polska, rabbiniska, ryska, ruteniska, samaritanska, serbiska, kinesiska, syriska, tatariska, tibetaniska, tonkinesiska, turkiska, valackiska. Herr grefven upptog med utmärkt nöje denna smickrande surpris, och tog vidare stilgjuteriet i ögonsikte. Stilarna, som äro ganska vackra, förfärdigas med den skicklighet och enkla handläggning, att kostnaden för hvarje tusende ej räknas högre än till tre paoli. Ifrån propagandan följde jag herr grefven till åtskilliga artister. Som jag icke påstår att vara kännare, vill jag ej utbreda mig öfver deras arbeten. Jag har tillförne sagt hvad jag i den delen har att säga, men måste likväl tillägga, att herrar Pickler, Marchant och Cades, alla tre utlänningar, äro namnkunniga här boende stensnidare af den förtjänst, att herr Picklers kaméer och herr Cades intaglier värderas lika högt med goda antika gemmer, hvilkas smak de vetat sig tillägna.

I går besåg jag äfven i herr grefvens af Haga sällskap tvenne palats, Bracciano och Corsini. Det förra är beläget i Rione di Trevi. Det är i synnerhet märkligt för den dyrbara medaljsamlingen, stigande till vid pass sex tusen sex hundra, som, undantagne några hundrade senare till-köpta, tillförne var drottning Kristina tillhörig. Detta kabi-netts historia är den, att drottningen testamenterade sam-lingen jämte annan kvarlåtenskap till sin gunstling, kardi-nalen Azzolino, och att den efter hans död tillföll hans anhöriga, som sålde den till påfven Innocentii XI:s nepot don Livio Odescalchi, hvars arfvinge den nu varande hertigen af Bracciano är, som är af samma hus. Jag hade önskat mig mera tid att genomgå dessa medaljer. Af svenska funnos där, utom dem drottning Kristina lät slå i Rom, * endast några, hörande till konung Karl X:s och XI:s historia. Likaledes är där en liten svit af Ludvig XIV:s. Men det förnämsta består af romerska och grekiska pen-ningar, som syntes vara utvalda och af god konservation. Guldmedaljerna sades ej öfverstiga ett hundrasextio, hvar-ibland en mycket rar Agrippa. Silfvermedaljerna skola ut-göra emellan fem och sex hundra, de öfriga äro af brons, bland hvilka en af Familia Attia uppvistes såsom mycket sällsynt. Tvenne förträffliga kaméer hafva äfven ifrån drottning Kristinas kvarlåtenskap blifvit flyttade till Ode-scalchiska huset. Den ena föreställer Ciceros hufvud i onyx af en half tums diameter, den andra är bland de största kända af elliptisk skapnad, vid pass sex tum i längd och fem i bredd. Stenen är en brun och hvit agat, och före-ställer tvenne hufvuden, som utgifvas för Alexanders och Olympias.

---

* Det förtjänar anmärkas, att herr grefven af Haga under dess vistande i Rom fann tillfälle att förvärfva sig alla stämplarna till dessa hennes medaljer.

Färgerna äro så väl menagerade, att Alexanders hjälm, hårlockar och draperi äro bruna, men ansikte och hals hvita.

Herr grefven af Haga medgaf, att han såg dessa saker med lika ögon, som han trodde, att kurfursten af Pfaltz-Bayern under sitt vistande i Rom betraktat Heidelbergska biblioteket i Vatikanen.

Några portföljer med originalteckningar och utkast af de största mästare ådraga sig i detta palats kännares uppmärksamhet. Ibland dem är Michel Angelos till S. Peters kupol; samlingen af statyer är ock värd att ses.

Palazzo Corsini, beläget i Rione di Trastevere, angår ock en svensk för drottning Kristinas skull, emedan hon bodde där. Det tillhörde då familjen Riario, men har sedermera genom köp kommit i Corsiniska släktens hand och blifvit präktigt ombyggdt. Det har en dyrbar samling af målningar, hvaribland högst skattas ett porträtt af Paulus III innan han blef påfve, af Raphaël, och en Herodias af Guido Reni; äfven en stor samling estamper, och bland dem många intressanta porträtt.

Förnämsta märkvärdigheten är likväl en förträfflig boksamling till ett antal af sjuttio tusen volymer, hvilken, jämte den Barberiniska, är den största i Rom, näst den Vatikanska. Böckerna förvaras i flera präktiga salar, prydda med kolonner, som äro beklädda med jaune antique. Manuskripterna äro icke betydande och gå ej längre tillbaka än till femtonde århundradet. Här visas ock ett sällsynt silfverkärl, hvilket såsom foder innefattar ett annat, som tillsammans därmed genom gräfning är funnet vid Antium. Det håller ungefär en tvärhand i höjd och är arbetadt i vacker basrelief, hvilken, efter Winkelmanns uttydning, föreställer Orestes inför Areopagen. Trädgården är präktig och sträcker sig i afsättningar uppför ett berg. En med konst inrättad kaskad nedfaller därifrån. Utsikten ifrån den med träd bevuxna kullen är behaglig öfver Rom och Tibern.

I dag är palmsöndag och med detsamma den i Rom

märkvärdigaste veckan af året ingången. Detta bref har varit min ottesång. Högmässan ärnar jag rättnu bevista i Sixtinska kapellet.

FEMTIOSJUNDE BREFVET.

Rom den 6 april 1724.

Palmsöndagen gör i Rom skäl för namnet. Påfven utdelar offentligen palmer i Sixtinska kapellet. Jag bevistade denna ceremoni, den jag korteligen skall beskrifva.

Så snart påfven infunnit sig till den högtidliga gudstjänsten därstädes, emottog han ett antal palmer och oljekvistar, som i koret voro framburna, och välsignade dem genom korstecknets meddelande samt vigvatten och rökelse. Sedan lämnade han med egen hand ifrån sin tron en dylik välsignad palm åt hvar kardinal, åt de förnämare bland prelaterna och hofstaten samt åt ordensgeneralerna. De mindre betydande andliga och främmande lekmännen fingo af honom oljekvistar, så framt ej undantag gjordes af särdeles ynnest, hvilket jag såg hända med neapolitanska generalen Pignatelli, som begåfvades med en palm. Denne herre är icke allenast af ett lysande hus, utan räknar ock i sin ätt en påfve, Innocentius XII, som afled 1700. Vid emottagandet af dessa skänker, som skedde på knä, aflades efter stånd och värde tacksägelse genom kyssning af påfvens hand, knä eller fot. Palmerna äro långa spiror, sammanflätade af palmblad, förskrifna från orienten, gula och förvissnade, så att de likna halm. Den palm, påfven själf bar, var prydd med guldband. Många, som ej äro lyckliga nog att af påfvens egen hand få dessa förvissnade helgedomar, hafva därtill god utväg genom påfvens kammarbetjäning. Men man bryr sig nu mindre därom än fordom.

Så snart denna utdelning var gjord, iklädde sig kardinalerna mässhakar och hvita biskopsmössor. Påfven, åtföljd af dem, af de närvarande prelaterna och af hofstaten, bars på en stol under en himmel, som uppehölls af åtta prelater och förfogade sig i detta skick, under det man uppstämde en andlig lofsång, till den utanför Sixtinska kapellet belägna Sala Reale. Där gjorde processionen blott en omgång, förrän den återvände till kapellet. Dess dörr hade emellertid blifvit tillsluten och öppnades icke, förrän påfvens crucifero därpå bultat tre slag för att anmäla hans återkomst. Hela ceremonien lärer hafva afseende på frälsarens intåg i Jerusalem och palmerna beteckna de kvistar, som då ströddes för hans fötter. När alla på nytt intagit sina tillbörliga ställen i kapellet, aflade kardinalerna mässhakarna och antogo violetta sorgmantlar, men påfven behöll sin röda atlaskåpa. Sedan förrättades mässan på behörigt sätt. Den var dock längre än vanligt och lärer innefattat vissa stycken af Kristi pinos historia, till hvars åminnelse kardinalernas sorgdräkt var anlagd.

Då jag efter mässans slut förfogade mig till S. Peters kyrka, fann jag där alla taflor och kors öfverdragna med violett, ett i dymmelveckan här vanligt, men likväl i sig själf besynnerligt bruk, likasom ett stycke violett tyg vore uppbyggligare än andliga målningar, som antingen böra tros befrämja gudaktigheten eller ock i en kyrka aldrig tålas. Efter en kort stund ankom påfven beledsagad af några få prelater. Han föll på knä framför S. Michaëls altar och blef på en bönstol liggande med blottadt hufvud mer än en fjärdedels timme. Därifrån gick han till S. Petri bildstod. Han kysste dess af vördnadsbetygelser nötta tå och ställde sedan bugande sitt bara hufvud under den apostoliska foten. I denna ställning förblef han ett par minuter, kysste åter tån, och lutade sig slutligen med pannan emot foten, öfver en minut. Efter en djup bugning framträdde han till en annan bönstol, midt för högaltaret, där han på nytt knäföll och gjorde bön.

Jag bekänner, att det intryck, denna scen af kristlig

ödmjukhet hos mig gjorde, var icke uppbyggelse. Men ett långt starkare och för Roms lära ännu mindre fördelaktigt erfor jag samma dag om aftonen, då jag, sedan det blifvit mörkt, bevistade flagellationen i kyrkan, kallad l'Oratorio del Padre Caravita. Denna andakt sades begås hvarannan afton i denna vecka en timme efter solens nedgång. Altaret och koret voro vid min ankomst allena upplysta, och en präst sjöng litanian, hvarefter följde andra böner och betraktelser, författade öfver Kristi lidande på latin såsom det vanliga mäss-språket.

Emellertid utdelades ibland det ända till trängsel församlade folket så kallade discipliner eller piskor, bestående i repsnärtar med knutar på, och vid ringning med en klocka utsläcktes ljusen. Den nattliga tystnad, som då härskade, afbröts innan kort af en präst, hvilken på modersmålet höll en skarp botpredikan med fanatisk stämma. Ömsom rytande och nästan kväfd af ifver, förebrådde han sina åhörare deras syndiga lefverne, genom hvilket de liknade judarna och korsfäste sin frälsare, hvarför han uppmanade dem till allvarlig bättring och köttets späkande. Efter en fjärdedels timme tystnade denne predikant och genast gaf kyrkan genljud af slängar. De tycktes utdelas med all kraft, och under korta uppehåll emellan dem hördes endast djupa suckar eller sammanstämmande utrop: Gud, miskunda dig öfver oss! Att göra denna själfaga så mycket eftertryckligare, sägas många draga kläderna af sig. Det är af den orsaken, som ljusen släckas, på det att ingen därifrån må hindras af blygsamhet.

Somliga skola bruka järngissel i stället för repstumpar, och det skall ej vara sällsynt, att blod strömmar. För min del var jag glad att stå i ett hörn, där jag kunde undgå att komma i misshugg, men mina betraktelser voro icke dess mindre olustiga. Mörkret, församlingens talrikhet, och framför allt det eftersinnande, att den ej kunde bestå af andra än svärmare eller skrymtare, gjorde akten så ohygglig, att jag nästan ångrade min nyfikenhet. Sedan penitensen med oafbrutet allvar påstått öfver en fjärdedels

timme gafs nytt tecken med klockan. Ljusen återtändes,
prästen utdelade välsignelsen, och andakten slöts. Jag har
glömt nämna, att endast manfolk få taga del i densamma.

I går afton uppfördes Pergoleses bekanta passionsmusik
hos kardinal Bernis. Alla rösterna voro sopraner. Några
arior sjöngos väl med mera behag än jag tillförne hört,
men i det hela måste jag bekänna, att denna motett flera
gånger gifvit mig mera nöje i Stockholm, emedan den
blifvit exekverad med en simplicitet, som ämnets majestät
synes fordra, men Italiens nuvarande sångare icke finna
sig vid. Jag står nu på resan till Tivoli.

FEMTIOÅTTONDE BREFVET.

Rom den 7 april 1784.

Med herr grefven af Haga, jämte flera af dess svit,
begaf jag mig i går förmiddag till Tivoli. Denna stad
ligger aderton italienska mil ifrån Rom åt öster. Vi reste
ut genom porta di S. Lorenzo, förbi kyrkan S. Lorenzo
utom murarna, en af Roms patrialkalkyrkor, uppbyggd i
Constantini tid. Vi funno oss sedermera mest omgifne af
slätter, som ligga i linda och där ganska få hus visa sig —
en märkelig förändring ifrån Roms välmaktstid, då hela
trakten emellan samma stad och Tivoli skall liknat en
vidlyftig förstad. Några fårhjordar betade där nu allenast.

Vi öfverforo två gånger floden Teverone, fordom Anio,
på broar, af hvilka den första kallas ponte Mammolo och
den andra ponte Lucano. Tretton mil ifrån Rom finner
man den så kallade Aqua Solfa eller Solfatara di Tivoli,
redan känd hos de gamla för sina besynnerliga egenskaper.

Vattnet är svafvelaktigt och sprider en lukt såsom
af ruttna ägg. Det öfverkläder växter och andra kroppar
med en ljus eller gråaktig skorpa, som gifver dem utseende

af petrifikat. Vass, rör, blad, således inkrusterade, likna konfityrer och kallas jämväl därför confetti di Tivoli. Själfva marken, öfversvämmad af detta vattnet, hårdnar och antager likhet af en stenhäll. Man har i senare tider till vattnets afledande inrättat en kanal, men den behöfver ofta rensas, emedan dess botten och bräddar annars snart skulle växa och grafven såmedels igenfyllas.

Jag känner icke, huruvida man anställt några försök, hvarigenom både vattensedimentets beståndsdelar och hela denna naturs verkan kunde utrönas. Troligt är, att vattnet från bergen vid Tivoli drager ymniga kalkpartiklar, hvilka fästa sig vid kröppar, som ligga i dess väg, och efterhand omkring dem tillhårdna.

En liten sjö, helt rund, med blåaktigt vatten och stark svafvellukt, förtjänar här särskild uppmärksamhet. Han äger knappt ett hundra alnar i diameter, men skall hålla äfven så många i djup. På ytan flyta små holmar, som med båtshake kunna flyttas, hvart man behagar. Vattnet kännes litet ljumt, men har nästan ingen smak. Det porlar, hvilket tyckes förråda uppstigande luft eller dunster. En ruin ligger vid ena ändan af sjön, som skall tjänt till bad, och namngifves efter Zenobia.

(Beskrifning af villa Hadriani.)

I senare tider hafva dock präktiga antikviteter genom gräfning därstädes blifvit i ljuset framdragna. De äro delade mellan de yppersta samlingarna i Rom. Jämväl mediceiska galleriet i Florens äger därifrån sin ryktbara Venus. Blott för ett år sedan fanns i Villa Hadriani en förträfflig Endymion af marmor, som sättes i första klassen af statyer. Den förvaras nu i Villa Marefoschi, tillhörig Markis Theodoli. *

Vi reste en förfärligen elak väg uppför bergssluttningen till Villa d'Este, belägen strax vid Tivoli. Den är ett lust-

---

* Konung Gustaf III köpte den 1785. Den pryder nu konungens i Sverige museum.

slott, byggdt på 1500-talet af kardinal Ippolito d'Este och nu tillhörigt hertigen af Modena. Byggnaden är stor, men annars föga märkvärdig. Däremot är utsikten ganska härlig öfver den nedanför anlagda präktiga trädgården, den med olivträd bevuxna bergsfoten och omätliga grönskande fält, hvilka längst bort inneslutas af blåaktiga bergshöjder. Norrut visar sig på närmare håll fläcken Montecelio, anlagd på toppen af ett väl beklädt berg, och vid västra horisonten upplyfter S. Peters kupol sin stolta hjässa öfver Tiberns låga stränder. Esteska trädgården är i många afsättningar anlagd, prydd med häckar af lager och andra träd, som nu spridde vällukt, samt med ganska resliga cypresser. Dess förnämsta prakt består dock i mångfaldiga och ymniga konstvatten. De förete kaskader, teatrar, salar. En lång vattenallé af sten är på båda sidor besatt med flera hundrade örnar och blomkrukor, som alla spruta vatten. En så kallad Girandola kastar vatten med ett dån, som liknar raketers. En fontän föreställer Pegasus på Parnassen, en annan staden Rom med modeller af dess märkvärdigaste forntidsbyggnader. Arkitektur och skulptur hafva hulpits åt att gifva dessa vattenspel ett omskifte af rikedom och behag, som här skulle falla för vidlyftigt att beskrifva. Attrapper af täta och nästan oräkneliga vattensprång äro tillreds vid hvart steg. Emellertid förfaller trädgården alla dagar, och ägaren har aldrig besökt den.

Under spatsergången härstädes blef herr grefven af Haga uppvaktad af biskopen i Tivoli, en ung man i svart dräkt med rochet och camail. * Han bar om halsen ett guldkors på en af grönt och gult virkad snodd. En sacristain uppbar släpet af hans rock. Folk, som af nyfikenhet samlat sig omkring herr grefven af Haga, hälsade biskopen med knäböjning.

Vi gingo till fots in i staden Tivoli, som är liten och illa byggd, men dock skall hysa 18,000 själar. Den äger

---

* Efter mig meddelad pålitlig underrättelse skall denne biskop varit den sedermera till kardinal befordrade och 1800 till påfve under namn af Pius VII upphöjde Gregorio Barnaba Chiaramonte.

för det närvarande ingenting annat att skryta med än sitt
forna och af poeterna besjungna namn Tibur, sin belägen-
het och sin på antikviteter rika trakt. Staden ligger på
ett litet berg. På dess sluttning är en vacker ruin af ett
rundt tempel, vid pass tolf alnar i diameter, som tillägges
Sibylla Tiburtina. Detta tempel har fordom varit omgifvet
med kanellerade kolonner af komposit ordning, hvaraf en
del gått förlorad. De flesta stå dock kvar och stöda en
öppen portik. De hvila på en hög grundmur (soubasse-
ment). Frisen, som kröner dem, är arbetad i vackra sirater.
Midt för denna åldriga byggnad, inom hvars rundel vi
spisade middag, störtar sig *praeceps Anio*, att tala med
Horatius, trettio alnar lodrätt utför en stel bergsvägg. Ström-
men, som vid fallets början är omkring tjugu alnar bred,
hoptränges ju längre nedåt ju mer, emellan klippor, hvilka
öka hans fraggande fors och sprider vattnet i form af ett
fint regn eller rök. Nederst betäckes forsen alldeles af
klipporna, hvilka sammansluta sig till ett slags hvalf, som
bär namn af grotta di Nettuno. Alla dessa pittoreska de-
taljer göra kaskaden vid Tivoli till en af de vackraste i
världen. Ett stycke från Tivoli formerar floden Teverone
de så kallade Cascatelle eller flera små silfverklara bäck-
rännilar, hvilkas brusande utför höjden i en täck och mål-
ningsvärd trakt skall göra en behaglig verkan. Men den
tillstundande skymningen tillät oss ej bese den.

I bergen kring Tivoli brytes den så kallade Tivoli-
stenen eller travertin. Den är hvitgul och kalkartad samt
blir hårdare i luften än den är i brottet. Af denna sten
äro Roms största byggnader uppförda, så i äldre som nyare
tider.

Vid vår resa från Tivoli lämnade vi villa Mæcenatis
till höger. Man ger detta afgjorda namn åt mycket osäkra
ruiner. Ett stycke närmare Rom gåfvo vi akt på en med
murgrön krönt rotunda, som vid bortresan undfallit vår
uppmärksamhet. Den gjorde vid dagens sista strålar en
artig verkan och utgifves för Hostans tempel. Tiburtinerna,
utsatta för hastiga förkylningar, när nordanvädren medförde

köld från de snöbetäckta bergen, påmindes däraf att hylla denna nya gudomlighet och uppresa henne tempel. Klockan half tio om aftonen voro vi tillbaka i Rom.

Nästa bref kommer att angå bara kyrkoceremonier. I eftermiddag får jag höra les Ténèbres i Sixtinska kapellet. Hvilket hopp för en musikälskare!

FEMTIONIONDE BREFVET.

Rom den 10 april 1784.

Med dymmelonsdagen eller den sjunde i denna månad togo de andliga ceremonier sin början, som i denna vecka ådraga sig så mycken uppmärksamhet. Aftonsång hölls då klockan fem i Sixtinska kapellet, bevistad af kardinalerna i deras violetta dräkt. Men påfven själf var icke närvarande. Denna gudstjänst kallas Notturno eller Uffizio delle tenebre, emedan den fordom firades nattetid och jämväl nu fortsättes, till dess mörkt blifver. Den bestod af läsning, blandad med sång. Till den förra voro stycken af skriften utvalda, som hörde till historien om Kristi lidande, till den senare Davids psalmer, som afsjöngos i körer och föga behagade örat. Under allt detta var kapellet upplyst med sex stora vaxljus på altaret och sex däremot svarande på skranket nedanför koret. Men till vänster om altaret stod tillika en trekantig ljusstake med femton pipor, hvari brunno äfvenså många ljus. Efter den förklaring mig gafs, betecknades därmed de tolf apostlar och tre Marior. Vid slutet af hvar Davids psalm, utsläcktes ett af dessa femton ljus, till dess allenast ett enda var brinnande.

När nästa psalm skred till ända, utsläcktes nästan på en gång alla ljusen på altaret och skranket, och man uppstämde Zacharias lofsång, vid hvars sista strof: *Till att uppenbaras dem, som sitta i mörkret och dödens skugga* (Luc. 1, 48) det sista ljuset borttogs ur ljusstaken och nedsattes outsläckt under altaret. Betydelsen skall vara, att då apostlarnas och frälsarens öfriga vänners tro sviktade vid hans lidande, förblef jungfru Marias fast och orygglig. I den skymning, hvilken nu rådde i kapellet, som jämte en djup tystnad bidrog att samla sinnena till andakt, föllo alla närvarande på knä. En orkester af trettiotvå röster uppstämde då från en läktare den 51 Davids psalm: *Gud vare mig nådelig efter din godhet,* etc. (Miserere mei Deus!) Det är denna musik, författad af Allegri, och uppförd utan ackompanjemang af något instrument, som räknas för den fullkomligaste man känner i kyrkostilen.

Den är ganska simpel och nästan endast harmoni, men af så ömt och, om jag vågar säga, heligt uttryck, att åhöraren liksom upplyftes ifrån det jordiska. Betagen af ett stilla och rörande behag, känner han icke en gång den förundran, som ofta plägar väckas af ohörda ting. De klara och jämnt uthållna rösterna, ömsom stärkta och försvagade, gifva ett ideal af ett stort förträffligt instrument, hvilket säkerligen hvarken finnes eller kommer att finnas. En väl spelad harmonika är af hvad jag hört, det som närmast gifver begrepp om denna änglamusik. Den är indelad i strofer, mellan hvilka korta monotona baskörer låta höra sig, som med sin sträthet göra den påföljande lena harmonien så mycket mera intagande. Den skall endast vara satt i fyra partier. Som hela tolf till femton stafvelser stundom ligga under en enda not, så fordras till afsjungandet en särdeles öfning och skicklighet, hvarför denna musik aldrig med framgång kunnat uppföras annorstädes än i Rom.

Musiken varade en half timme, en af de vällustigaste jag vet mig tillbragt. Efter dess slut förrättade en kardinal en kort bön. Man gjorde därefter ett buller med bänkarna långs utåt murarna i koret, som sades hafva afseende på jordbäfningen och hällebergens rämnande vid Kristi död, och därmed var aftonsången slutad.

Längre fram på aftonen tvåddes fötterna på fattiga pilgrimer af kardinaler. Sådana botfärdiga resande inställa sig till stort antal i Rom vid påsktiden och härbärgeras i den helga Trefaldighets hospital. Förnäma fruntimmer tvådde fattiga kvinnors fötter. Dessa fattiga undfägnades sedermera och betjäntes af dem, som tvagit dem, med aftonmåltid.

Den åttonde eller skärtorsdagen klockan tio förmiddagen begaf sig herr grefven af Haga och vi svenskar under hans beskydd till Sixtinska kapellet och bevistade mässan, som förrättades af en kardinal. Påfven var närvarande, klädd i silfvertygskåpa, kardinalerna däremot i violett. Efter mässans slut påklädde sig kardinalerna guldbroderade mässhakar. De satte sig därefter i procession, omgifna med många antända vaxljus. Påfven med blottadt hufvud tog af altaret i sin hand det heliga sakramentet eller, att tala med katolikerna, Corpus Domini och begaf sig därmed utur Sixtinska kapellet genom Sala Reale till Paulinska kapellet. Öfver honom bars ifrån det ena kapellets dörr till det andras en röd sammetshimmel, men öfver hostian ett hvitt sidenparasoll broderadt med guld. Paulinska kapellet var förbländande genom den rikaste illumination. Öfver altaret var en pyramid af tätt ställda vaxljus, som inneslöto en katafalk, prydd med kristaller. Påfven stannade midt emot altaret samt föll på knä, och en präst bar hostian upp till den bakom katafalken ställda kistan, hvari den nedlades. Under detta underhölls andakten genom en andlig sång. Sedan ceremonien var fullbordad, förfogade sig påfven tillbaka i lika procession, och expositionen af det heliga sakramentet i den omförmälda afbilden af Kristi graf varade i tjugufyra timmar, under starkaste tillopp af botfärdiga syndare, som på sina knän betygade detsamma sin dyrkan. En sådan efterrapning af Kristi graf äger denna dag rum i alla katolska kyrkor.

Därefter lät påfven bära sig i sin sedia gestatoria upp till tribunen eller den öppna logen midt öfver stora porten till S. Peters kyrka, där han intog sitt rum med mössan på hufvudet under skyggd af tvenne solfjädrar (flabelli), hvilka höllos, en på hvar sida öfver honom. Efter någon läsning, som jag nere på torget, där jag då stod, icke kunde höra, uppstod han, sträckte sina dittills hopknäppta händer till himmelen och utdelade välsignelsen åt den utanför kyrkan församlade menigheten och hela katolska församlingen, under det han vid nämnandet af hvar person i den gudomliga treenigheten med handen gjorde ett korstecken. Välsignelseformuläret lyder som följer: *Benedictio Dei omnipotentis Patris* (+) *et filii* (+) *et Spiritus Sancti* (+) *descendat super vos et maneat semper.* I samma stund begyntes ringning med alla klockor i Rom, hvilka sedermera äro tysta * och icke röras förrän påskaftonen, kanonerna lossades ifrån slottet S. Angelo, hela S. Petri torg var betäckt af en på knä liggande menighet. Påfven lät nedkasta aflatsbref, som med ifrigaste täflan upphämtades. Denna mycket ryktbara ceremoni har fordom varit beledsagad med omständigheter, som nu äro aflagda. Den ljungande bullan: *In cœna Domini* etc. upplästes, kättare och schismatici uppräknades, bannlystes och fördömdes, och en brinnande fackla, såsom sinnebild både af bålet och helvetes eld, nedkastades. Men Clemens XIV afskaffade dessa öfverlefvor af ett öfverdrifvet och i detta tidehvarf illa passande religionsnit, och plägseden har sedermera icke blifvit förnyad.

Klockan var nyss tolf, då den allmänna välsignelsen utdelades, och påfven förfogade sig därefter till sina rum. Men efter en kort stund lät han bära sig till den så kallade Sala Ducale i Vatikanen, belägen strax innanför Sala Reale och just midt emot Sixtinska kapellet, där tretton fattiga präster af främmande nationer, hvilka såsom pilgrimer kommit till Rom, sutto på en bänk i hvita kläder med hvita mössor och skor. Efter en kort gudstjänst, hvarvid en

---

* Att klockorna dessa tvenne dygn äro tysta eller *dumma,* är ett gammalt allmänt katolskt bruk och upphofvet till namnet: *Dymmelveckan* på svenska.

kardinal diaconus läste evangelium, blottade hvar pilgrim sin högra fot De buro ett slags pantalon, öppnad ofvanför hälen, så att foten, sedan skon var afdragen, lätt kunde utträdas. Påfven nedsteg då af sin stol, göt vatten på deras fötter, som för snygghetens skull redan voro rentvättade, torkade dem med ett kläde och kysste dem. Denna ödmjukhetsbetygelse rörde en och annan af pilgrimerna ända till tårar. Hvar och en sades sedermera blifva begåfvad med en medalj i guld och en i silfver. Antalet (tretton), hvilka till åminnelse af Kristi lärjungar rätteligen borde vara tolf, har grund i den tradition, att en dag, då den heliga Gregorius upptagit och undfägnat tolf fattiga män, har en ängel kommit med och således blifvit den trettonde i sällskapet.

Sedan fottvagningen gått för sig bland en talrik samling af åskådare, var för de tretton pilgrimerna ett bord anrättadt i en annan sal. Påfven kom ock dit, klädd i sin hvita hvardagsdräkt med röd camail. Maten, anrättad efter bruket i fastan eller så kallad maigre, blef till bordet inburen af prelater, som på knä öfverlämnade faten till påfven, hvilken satte dem på bordet, välsignade dem, gick omkring och uppassade sina fattiga gäster. Hvad som ock ej vid bordet förtärdes, tillföll dem ändå, så att denna kärleksmåltid för dem räckte till flera. Sedermera var ett stort bord i annan sal anrättadt för kardinalerna, som denna dag spisa offentligen, men jag blef icke åskådare af denna måltid.

Eftermiddagen förrättades en lika aftonsång i Sixtinska kapellet som den nästföregående dagen. Man ville inbilla mig, att det Miserere, som nu sjöngs, var af annan komposition, men mitt öra sade mig med full visshet och förnyad förnöjelse, att det var detsamma. Knappt var denna heliga ceremoni slutad, förrän S. Peters kyrka företedde det präktigaste skådespel. Ett kors af den form, som plägar kallas latinsk, tjugufem fot högt och på båda sidor beklädt med polerad mässing samt besatt med 628 lampor, upphängdes, så snart mörkres infallit, midt i kyrkan eller där kupolen börjar höja sig öfver mellersta pelargången (le nef). Alla lamporna kring högaltaret eller S. Petri Confessio voro släckta (de upptändas åter i dag). Och den vidlyftiga kyrkan upplystes af det brinnande korset, hvilket syntes sväfva mellan himmel och jord och gaf en majestätisk dag, hvars verkan jag ej kan beskrifva. Icke dess mindre var äfven S:t Michaëls kapell starkt upplyst, hvars altar var prydt med en stor dekoration af silfver att afbilda Kristi graf. Utom dess voro tvenne rader lampor upptända öfver nedra kyrkodörrarna, och tribunen öfver S. Veronicas pelare under domen likaledes upplyst med lampor, men dessa ljus veko för det, som spriddes från korset, såsom stjärnor för fullmånen. Artister voro i flera vinklar af kyrkan sysselsatta att afmåla denna besynnerliga verkan af ljus. Det, som fullbordade att göra scenen intressant, var den folkmängd, som rördes i kyrkan. Ifrån den nämnda S. Veronicas tribun uppvisades denna afton de tre förnämsta reliker, som i S. Peters kyrka förvaras. Dessa äro Kristi svettduk med ett därpå fastnadt underbart aftryck af hans ansikte, infattad i ram, ett stycke af Kristi kors, funnet af S. Helena och infattadt i ett större kors, samt ett stycke af spetsen till lansen, hvarmed frälsarens sida blef uppstungen, infattad i juveler. Flockar af en knä-böjande menighet aflöste hvarandra att se och tillbedja dessa helgedomar, som hvar fjärdedels timme till allmänt åskådande i några minuter uppvisades, och därmed fortfors till sent frampå natten.

I går, långfredagen, bevistade vi åter gudstjänsten på förmiddagen i Sixtinska kapellet. Påfven bar en röd kåpa och kardinalerna violetta. I koret hölls vakt af påfvens schweizergarde, klädt i harnesk. Mässan, som sades af kardinalstorpenitentiarien Boschi, var helt olik andra högtids-dagars. Den bestod mest i böner i afseende på Kristi lidande. En ceremoni därvid var, att påfven, kardinalerna och de öfriga tillstädesvarande prelaterna trädde till ett vid altarets fot på hyende framlagdt kors, föllo på knä och kysste det. Sakramentet konsacrerades icke, utan emot mässans slut begaf sig påfven i lika procession som skärtorsdagen till paulinska kapellet, hämtade därifrån tillbaka den till dyrkan exponerade hostian och återbar den på altaret i det Sixtinska. Sedan den celebrerande kardinalen anammat sakramentet på vanligt sätt, slöts denna andakt.

Jag nyttjade middagsstunden att besöka Capucinerkyrkan vid Barberinska torget. Dess cimeterio eller kyrkogård företedde ett besynnerligt skådespel. En rad af fem rum eller hvälfda kapell var prydd med idel dödben af framlidna capucinermunkar. Man hade där icke allenast uppställt pelare af skallar och benknotor samt af sådana formerat nischer, i hvilka benrangel dels lågo, dels stodo uppresta i den gråbruna smutsiga capucinerdräkten, utan jämväl tillskapat ljuskronor af dödben och sirat murar och tak med ett slags arabesker, blomverk och dylika ornamenter, sammansatta af samma ohyggliga ämnen. Ett altartäcke var, i stället för pärlor, broderadt med oxeltänder. Besynnerligast var, att en del af liken voro liksom upptorkade och benen ännu beklädda med skinn. Detta gaf dem ett slags fysionomi, som ökade det motbjudande i deras utseende. Den torra jordmånen på höjden sades därtill vara orsaken. I allmänhet var denna tillställning så öfverdrifven, att den förfelade sitt ändamål och snarare väckte löje än den åsyftade allvarliga påminnelsen om dödligheten. Den lärer blott äga rum i dymmelveckan.

Klosterkyrkan är märkvärdig af flera högt skattade målningar. Där finnas arbeten af Domenichino och Lanfranco, men framför allt en ypperlig tafla af Guido Reni, föreställlande S. Michaëls seger öfver draken, kopierad i mosaik i S. Peters kyrka. Ängelns figur röjer en öfvermänsklig ungdom, skönhet och styrka, förenade med ett ömt lidande, godhetens kännemärke, för det att han nödgas straffa en brottslig och olycklig varelse. Om min anmärkning är riktig, torde denna tanke vara en af de lyckligaste penseln någonsin uttryckt.

Eftermiddagen bevistade påfven själf tenebren eller aftonsången i Sixtinska kapellet, som då tredje gången förrättades på samma sätt som de båda förra dagarna. Påf-

ven bar sin röda dräkt, föll på knä för altaret när Mise-
rere sjöngs och förrättade själf bönen vid dess slut. Emel-
lertid satt kardinalstorpenitentiarien ifrån klockan fem till
sju i S. Peters kyrka på en så kallad konfessional eller tron
af trä, hvarifrån han utdelade ett hundra dagars aflat åt
dem, som därstädes på knä för honom gjorde sin synda-
bekännelse.

Till ett tecken af aflösningen rörde han vid deras huf-
vud med spetsen af ett långt spö eller rör, som han höll
i handen. Stora flockar af så kallade konfraterniteter eller
brödralag, som inbördes förbundit sig till andaktsöfningar
och gudaktighetsverk, uppvandrade till S. Peters kyrka.
De buro vida fotsida rockar, som liknade och kallas säckar,
samt hade höljda hufvuden och ansikten, endast med en
rund öppning för hvardera ögat. De nedföllo på kyrkans
golf och tillbådo de åter framhafda relikerna. Midt under
denna heliga maskerad ankom påfven, beledsagad af sitt
hof och sin schweizervakt. Han var klädd i sin hvita
dräkt med skarlakans camail. Han föll på knä midt för
högaltaret vid en bönstol, hvarifrån han en halftimme med
ifrig andakt syntes tillbedja relikerna. Clemens XIV skall
mycket fort hafva fullgjort alla dylika ceremonier och på
ett sätt, som utmärkt att han hvarken var vidskeplig eller
skenhelig. S. Peters kyrka var denna afton, äfven som
den nästföregående, flera timmar upplyst af det med lam-
por besatta korset, hvars verkan icke nu minskades af någon
annan illumination.

I dag påskafton döpas omvända judar och andra okrist-
na i S. Johannis Laterani kyrka. Likaledes förrättar kardi-
nalvikarien vigning i alla andliga grader. Dessa äro sju,
och innan man hinner att blifva präst, måste man först
antagas till 1:o Ostiario, 2:o Lettore, 3:o Exorcista, 4:o
Acolito, 5:o Subdiaconus, 6:o Diaconus. De fyra första
graderna kallas *ordini minori* och äro egentligen inrättade
för kyrkobetjäning, samt meddelas på en gång. Men allra
första beredelsen till andliga ståndet sker genom tonsuren eller
hårets afskärande på en rund fläck öfver hjässan, som gifvit an-

ledning till prästernas kalotter. Man kan ej få själavård utan att vara präst, men väl i lägre grad inkomst af lägenheter.

Klockan elfva i förmiddags lossades kanonerna från slottet S. Angelo, hvarefter allmänt ringdes i klockorna, som sedan skärtorsdagen varit stumma. I borgarehus brukas i dag att med krut spränga sönder lerkärl, hvarutur man ätit i fastan, hvadan små smällar som oftast höras.

I onsdags hitkom på kunglig befallning ordensbiskopen baron Taube från Stockholm, åtföljd af hofpredikanten Norberg. För två nätter sedan kändes en så stark jordbäfning vid Frascati, Marino och Albano, att hus omkullföllo.

SEXTIONDE BREFVET.

Rom den 14 april 1784.

En anstöt af frossa håller mig inne sedan påskdagen. Den hindrade mig då att bevista den högtidliga mässa, som påfven förrättade i S. Peters kyrka. Efter berättelse kan jag anföra, att han lät bära sig dit i sin sedia gestatoria, att, sedan han antagit en rikare skrud, uppträdde han på en med röd sammet och guldgaloner beklädd tron, som var ställd mot en förlåt emellan baldakinen och S. Peters predikstol, att han sedermera mässade själf vid högaltaret, att han offentligen anammade den heliga nattvarden, som af en präst bars ifrån altaret till tronen, hvarest påfven föll på knä, meddelade sig själf brödet och uppdrog vinet ur kalken genom ett halfalns långt guldrör, hvarefter prästen återförde sakramentet till altaret, utdrack det öfverblifna vinet och afslickade dropparna, som däraf stannat på röret, att påfven med egen hand kommunicerade några kardinaler och sin principe assistente Colonna, dock endast under bröd, och att han efter slutad gudstjänst klockan tolf ifrån stora logen på kyrkan åter välsignade folket på lika sätt, som han förrättat denna akt skärtorsdagen samt under klockljud och kanonernas lossande.

Denna dag blef äfven i kyrkans häfder märklig genom den första offentliga protestantiska gudstjänsten i Rom. Herr grefven af Haga lät förrätta den i sitt palats genom ordensbiskopen baron Taube, biträdd af hofpredikanten Norberg. Herr grefven lät äfven meddela sig den heliga nattvarden, hvaraf bland de närvarande svenska, assessor Salomon och medaljören Grandel, samt bland andra lutherska trosförvandter, danska grefven Reventlow med dess fru och betjäning sedermera blefvo delaktiga. Med herr grefvens af Haga tillstånd bevistade många främmande både af katolska och reformerta församlingen denna sällsynta gudstjänst och funno uppbyggelse af den enfald och värdighet, hvaraf den var utmärkt. Till aftonen spisade herr grefven hos ambassadören från Malta, hvilken är den enda, som efter vår återkomst från Neapel med kardinal Bernis delat denna ära.

Den tolfte, annandag påsk, firades åter gudstjänst i herr grefvens palats. Predikan hölls af hofpredikanten Norberg. Eftermiddagen intog herr grefven det rum i Arkadernas akademi, som genom acklamation blifvit honom tillbjudet. Detta till skaldekonstens idkande stiftade samfund njöt sitt första beskydd af drottning Kristina, men antog ej namn af Arkader förr än efter hennes död. Samfundet var en dag samladt i den trädgård, hvarest det ännu sammanträder, hvilken bär namn af Bosco Parrhasio och är belägen i Rione di Trastevere, då en ledamot utropade, att han trodde sig vara i det forna Arkadien, och hela sällskapet fann detta infall så lyckligt, att det i anledning däraf antog sitt namn. Sanningen att säga har detta vittra gille föga utmärkt sig genom vittra arbeten, och nu består det af vid pass 2,000 ledamöter, en talrikhet, som icke vittnar om grannlagenhet vid valen. Sammankomsten, den herr grefven af Haga bevistade, hölls icke i Bosco Parrhasio, utan i ordförandens (custode dell' Arcadia) abbé Pizzis hus.

Herr grefven antog, efter vanlig plägsed, ett herdenamn, nämligen Anassandro Cheroneo. Sonetterna, ett i denna akademi mycket brukligt skaldeslag, som den dagen upplästes, angingo intet annat än hans beröm.

Till åminnelse af påfvens kröning, eklärerades om aftonen S. Peters kyrka utanpå. Hela Rom skulle ock hetas illumineradt, men det var ojämnt och utan effekt. Kyrkans illumination var ock mager. Kornischerna och frontonen samt nischerna mellan kolonnerna voro allenast upplysta med papperslyktor i rader. Nyss efter klockan nio afbrändes den så kallade Girandola ifrån Castel S. Angelo. Man hade hela timmen förut låtit vackra raketer därifrån uppgå. Detta fyrverkeri var förträffligt. Det började med flera tusen på en gång i form af solfjäder uppsända raketer, hvilka med tordönsknall stego mot skyarna och nedföllo såsom ett regn af stjärnor. I samma stund blef hela kastellet upplyst med en klar stjärnlik eld, som utmärkte dess hela arkitektur och brann en god stund. Rosor, solar, löpande stafvar föreställdes, och en fontän kastade eld ur flera mynningar kring slottet under en härmad kanonad. Efter en half timme slöts lustelden med en lika *éventail* som den tändes. Illuminationen och fyrverkeriet förnyades i går.

Den trettonde eller tredjedag påsk firades, såsom i romerska kyrkan vanligt är, lika högtidligen som de båda första dagarna i helgen, hvaremot fjärdedagen är söckendag. Ofvannämnda dag, som var i går, antog en fröken af grefliga familjen Castelli doket i ett franciskanerkloster. Flera svenska herrar åskådade genom gallret denna heliga förrättning, men herr grefven nyttjade den smorda konungar förbehållna rättighet, att ingå i själfva klostret och på nära håll den bevista. Antagningen har gått för sig på följande sätt. Sedan abbedissan och nunnorna i procession inträdt med ljus i händerna, infördes den tillkommande systern, som blott var 17 år gammal, af tvenne hvitklädda barn, hvilka ock buro vaxljus, under musik af orgelverk. Hon var präktigt klädd med krans och krona såsom en brud, och intog sitt ställe vid en taburett, mid för gallret, hvarest hennes dok låg på ett fat. Därefter höll en capucinermunk utanför gallret en kort predikan och en prelat ett slags mässa, allt för att uppmuntra den unga systern att blifva en värdig Kristi brud. Sedermera framträdde abbedissan, afskar hennes hår öfver hjässan, kastade en halsduk öfver hennes bröst, och biträdd af flera nunnor, hvilka omgåfvo henne, på det hon måtte betäckas för profana ögon, afklädde henne den världsliga och iklädde henne i stället den andliga dräkten. Betäckt af den svarta klädesmanteln med ett rep omkring lifvet, hälsades hon då med omfamnande af alla nunnorna. Hennes ungdom, fägring och tårar uppväckte åskådarnas medlidande. Hos mig har det lifligen blifvit upprördt af blotta berättelsen. Den har med starkare färger än alla deklamationer för mig målat det förhatliga af klosterinrättningarna, det orimliga 'af en religion, som kräfver sådana offer.

I sanning är Roms lära ett bedröfligt vedermäle af människors förblindelse. Dess lärosatser bestå i fördomar, dess utöfning i tomma sedvanor eller i stiftelser, som göra enskildas lycka och det allmännas skada. Hvad kan vara mera stridande mot förnuft och sedelära än aflatsbref och mässor för aflidnas själar? Hvad mindre uppbyggligt än texter och litanior, sjunga på ett dödt språk, än vigvatten, korstecken och rökelser? Predikningar, dessa kraftiga väckelser till en sann dygd, religionens rätta kännemärke, höras sällan. Mässornas mångfaldighet gör dem till ett hvardagslag utan intryck. Hvar dag har sin tillförordnade text, och föga går någon timme förbi, att ej en mässa firas i hvar kyrka. I romerska kristendomens helgon och reliker igenfinnas nästan hedningarnas polyteism. De dyrkade äfven som katolikerna en öfvergud, som förde befälet öfver en hel här af undergudar. Att under anropan af S. Antonius såsom patron för boskapsskötseln låta stänka sina kreatur med vigvatten, och att, i förtröstan på beskydd för dem, offra åt Bubona, är samma sak under olika namn. Apoteoser och kanonisationer komma i det närmaste på ett ut. Helgonens altaren och bilder äro alldeles som de gamlas omgifna med ex-voto, smycken, skänker efter gifvarnas råd och sinne.

Ett omåttligt antal helgdagar stjäl tid, ett lika öfverflöd på munkar och andliga, armar ifrån idogheten. Vid slutet af 1783 räknades i Rom 2,976 munkar, 1,893 nunnor, 3,171 präster, tillsammans 8,040 personer. Dominikaner, franciskaner, capuciner, benediktiner, augustiner, carmeliter, serviter, camaldolenser, cistersienser,* theatiner, cartheuser, barnabiter, bernardiner m. fl. äro namn på en del af dessa andliga troppar, hvilka lefva på statens bekostnad utan att för staten göra något tillbaka. En del af dem hedra tiggerier genom sitt exempel, och alla uppmuntra de dem. Det är ej nog, att i Rom underhållas några och trettio hospitaler, som föda öfver 12,000 fattiga. De flesta kloster föda för intet ett visst antal tiggare om dagen. Almosor anses för ett så saliggörande verk, att allt förmöget folk följer dessa heliga efterdömen och låter åt tiggare utdela öfverlefvorna af sina bord. Lättjan finner därvid den bästa räkning, och den arbetsföra åkerbrukaren öfvergifver icke sällan sin plog för att öka tiggaresvärmen på Roms gator. Därför har Montesquien rätt, då han säger (De l'esprit des Loix L. XXIII, ch. 29): à Rome les hopitaux font que tout le monde est à son aise, excepté ceux qui travaillent, excepté ceux qui ont de l'industrie, excepté ceux qui cultivent les arts, excepté ceux qui ont des terres, excepté ceux qui font le commerce.

Men mitt ämne och mitt innesittande föra mina betraktelser längre än jag ärnat. Jag nämnda nyss jordbrukare och huru nöjda de äro att bortbyta sin tunga födkrok mot tiggarstafven. De hafva därtill här i landet många skäl. Ett af de hufvudsakligaste är, att bonden icke själf besitter någon jord, utan är blott åbo med villkor af ett slags hälftenbruk under adeln och de andliga. Som han icke har något eget att vårda, föredrager han hellre fattig-

---

* Är samma orden under olika namn.

domen än ett tröttsamt arbete, om hvars frukt han icke
äger någon säkerhet. Han fäster sitt sista hopp vid den
kristliga barmhärtigheten, som icke underlåter att under-
stödja den torftiga, men dock icke förr, än han hunnit bli
sysslolös och en onyttig medlem i det allmänna.

En författning ifrån påfven Innocentii X:s tid, i medlet
af nästlidna århundradet, har för landtbruket medfört de
skadligaste verkningar. I kraft af densamma är spannmåls-
handeln apostoliska kammaren ensam förbehållen, som
tvingar alla landtmän att till sig upplåta deras förråd af säd
till ett efter godtycke fastställdt lågt pris och sedermera
försäljer den till högsta penning åt bagarna, hvilka hafva
uteslutande rättighet att baka bröd i städerna. Häraf händer,
att landtmannen afskräckes från en illa lönande näring,
jorden vanhäfdas, uppodlingar försummas, bördiga fält ligga
i linda, täta missväxter infalla, landet kan icke försörja sina
inbyggare med nödig brödföda, hvartill spannmål årligen
måste hämtas från utlänningen, handelsvågen besväras, alla
näringsgrenar förvissna tillika med modernäringen, pen-
ningerörelsen aftynar, vanliga följder af de regeringars miss-
tag, som inrättat skattkammarens inkomster på annan grund
än den, som befordrar statskroppens gemensamma välmåga.

Jag vet ej med visshet, om oljehandeln äfven är aposto-
liska kammaren tillslagen med undersåtarnas uteslutande,
men väl att den äger betydliga upplag af olja, hvilka utan
tvifvel och enligt regeringens öfriga grundsatser icke upp-
låtas utan ansenlig vinst på de behöfvandes bekostnad.
Saltet är jämväl belagdt med dryg afgift, som lär vara för-
paktad. Men landets egentliga skatter och utlagor äro
ringare än i de flesta andra stater, hvartill folkets allmänna
fattigdom är förnämsta skälet.

Verkan af de anförda författningsfelen visar sig bland
annat i en allmän brist på speciemynt. I rörelsen omlöpa
nästan endast kreditsedlar, utgifna af banken San Spirito
eller Monte di Pietà. När man därstädes vill tillväxla sig
speciemynt, får man aldrig mer än tio scudi i sänder, och
för hvar sequin betalas fem bajocchi, det är vid pass två och

en half procent, i agio. I förbigående får jag nämna, att en sequin gör två scudi fem bajocchi, en scudo tio paoli, och en paolo tio bajocchi. Det sistnämnda myntslaget är af koppar och svarar mest mot två svenska styfver.

De olägenheter, jag vidrört, voro mindre kännbara den tid, Rom under hundrade titlar drog skatt af Europa. Det är sant, att dessa kristenhetens sammanskott genom fel i invärtes hushållningen blefvo ett slags döda kapital i andliga stiftelsers eller vissa familjers hand utan att bära frukt för samhället. Det är med dem, som Roms kyrkor och palats blifvit uppbyggda, som dess gallerier och trädgårdar blifvit riktade med konststycken, som påfliga nepoter blifvit millionärer, men en stor penningstock, äfven då den är illa använd, äfven då den ej gifver nog med sig åt idogheten, underhåller ändå ett slags lif i staten och ersätter åtminstone en del af de förluster, en missvårdad hushållning medför. Således återgåfvo pallia, dispenser, indulgentier åt kyrkostaten de summor, den förlorade genom spannmålsinförskrifning. Men äfven dessa källor förtorkas, och Rom öfvergifves mer och mer åt sin egen vanmakt. Upplysning och en klokare politik hafva minskat dessa främmande penningtillgångar, och det är att befara, att de snart alldeles upphöra. De flesta katolska furstar hafva ögonskenligen ådagalagt sin afsikt att efter hand undandraga sig all andlig skattskyldighet. Det hade då varit hög tid att söka bota romerska statskroppens invärtes sjukdomar och arbeta på dess bestånd af sig själf. Men denna omsorg har blifvit försummad, och själfva regeringssättet gör den föga möjlig.

I monarkiska stater klagar man merendels öfver det så kallade gouvernement militaire; i kyrkostaten må man klaga öfver det ecclesiastika. Påfven är icke allenast själf af andliga ståndet, utan alla hans ämbetsmän af någon betydlighet äro det jämväl. Allt är gjordt för kyrkan. Landet är ett prebende till en biskopsstol. Påfven regerar för kristenheten och för Europa, men icke för sina undersåtar. Han och hans förnämsta tjänstemän äro ogifta.

Dragne, så till sägandes, utur allt medborgerligt samband, hafva de inga afkomlingars väl att bevaka. Kyrkan är i andra katolska länder en status in statu, i Rom en öfverhet, söndrad från folket. Patriotism är för dess styresmän en okänd böjelse, enskild afsikt, vinst för dagen deras enda driffjäder. Man har därför sett de flesta påfvar endast nitiska att samla förmögenhet åt sina familjer, och denna grundsats är gällande hos Roms ämbetsmän i alla grader.

Kunskaper och skicklighet äro sällsynta ur samma skäl som en oegennyttig redlighet. Då hågen ej är vänd åt allmänt väl, vinnlägger man sig föga om kännedom, huru det skall befrämjas. Romerska statens hela inrättning är så vidunderlig, att den icke kan bestå med en sund upplysning. Den fordrar mörker och vidskepelse. Dessa bilda de rådande begreppen, och att höja sig öfver dem för att söka afhjälpa missbruk är vådligt för den, som visar en sådan tilltagsenhet. Exempel intyga att nitiska ämbetsmän, när de någon gång funnits, blifvit ett mål för sina kamraters afund och antingen störtade eller flyttade till sysslor, som för dem varit så främmande, att de ingenting förmått uträtta. Prelater, som hafva steg till kardinalvärdigheten, försumma ofta med föresats sina ämbeten för att tvinga påfven att snart befordra dem.

Kardinalernas kollegium utgör påfvens rådkammare, men de äga att råda och ej att regera. Han för sin spira enväldigt. Man känner hvad höga företräden kardinalerna jämte eminenstiteln njuta, och att de alltifrån Alexander III:s tid utöfvat den folket förut tillkommande rättigheten att välja påfvar. Deras konklaver hållas i Vatikanen och äro merendels labyrinter af den finaste intrig. Kardinalerna böra vara sjuttio, men äro sällan fulltaliga. Ju flera ledigheter, ju större besparing för skattkammaren. Nu äro aderton rum obesatta, hvarmedels påfven årligen innehåller 80,000 scudi till de prelaters stora harm, som äro i steg att befordras.

Kardinalerna nyttjas till de förnämsta ämbeten och till styresmän af kongregationer. Cardinale Camerlingo är storskattmästare, kardinalstatssekreteraren föredrager hos påfven både politiska och andliga mål samt för utländska bref-växlingen, kardinalprodatarien är chef för ett verk, som kallas la Dateria, hvarifrån allt utfärdas, som rör beneficer och andliga lägenheter. Kardinalvicekansleren förestår kans-liet, hvarifrån alla författningar utfärdas i världsliga inhem-ska ärenden, kardinalvikarien förrättar biskopsämbetet i Rom o. s. v. Kongregationerna äro ett slags kommittéer, som hvar för sig hafva särskilda ärenden att besörja. Sådana äro konsistorialkongregationen, som utarbetar hvad i kon-sistoriet eller påfvens sammanträde med kardinalerna skall föredragas, kongregationen del buon governo, som har in-seende öfver allmänna hushållningen, la Consulta, en brott-målsdomstol, inkvisitionen, hvars yrke är nogsamt kändt, kongregationerna de propaganda fide, degli sagri riti, delle indulgenze e sagre reliquie, del monte di pietà, m. fl., hvil-kas namn förklara deras befattning.

Domstolarna i Rom äro många. La Sagra Ruota är den mest ansedda. Den är ett slags parlament, som afgör processer, när de angå ett värde, som öfverstiger 500 scudi. Som där fordom förekommo många mål, hvilka rörde främmande länders invånare, så förordades, att af dess tolf ledamöter eller uditori della Ruota, blott tre skulle vara inhemska och de öfriga nio främlingar, bland hvilka kejsa-ren utnämnde de tyska och konungen af Frankrike de franska ledamöterna. Detta iakttages ännu, änskönt skälet till det mesta förfallit. Gli uditori della Ruota äro mycket ansedda prelater. Deras domar tjäna till prejudikater, hvilka skattas nästan lika högt med skrifna lagar, och man har af dem stora samlingar.

Lagverket skall i allmänhet vara mycket bristfälligt, rättegången krånglig och vidlyftig, lagskipningen nästan godtycklig och rättvisan fal. Anmärkningen är mig med-delad af romare. För någon tid sedan hände, att ett svenskt fartyg strandade utanför Civita Vecchia genom lotsens oför-siktighet. Laddningen såldes, som steg till 40,000 scudis värde, men man ville ej ersätta ägaren mer än 800. En

advokat, som åtog sig hans sak, blef af kardinalstatssekre-
teraren tillspord, om han ej visste, att han var påfvens
undersåte, och om det anstod honom att lägga sig ut för
en utlänning? Detta vittnar ej om laggrannhet.

En synbar nedslagenhet hos folket tecknar dess miss-
nöje med allmänna ställningen, hvars brister det känner.
Det talar med förakt om prästregeringen, utöfvar själfs-
våld och önskar sig en ordentligare styrelse. Hurudan
polisen är i Rom, har jag tillförne nämnt och kan, af hvad
jag i detta bref anmärkt, jämväl slutas. Dråp förefalla ofta,
hvartill jag tror att kyrkornas orimliga jus asyli är för-
nämsta skälet. Främmande sändebuds kvartersfrihet, som
likaledes öppnade fristäder åt brottsliga, nyttjas nu ej af
någon annan än spanske ministern. Dråp straffas vanligen
med slafveri på galärerna. Jag anser gemene man i Rom
för mera veklig än elak. Hans tänkesätt saknar all lyft-
ning af nationalanda. På en gång själfsvåldig och feg, och
lika så utan näpst som utan skydd af lagen, kan han svår-
ligen motstå frestelser till brott. Lättja och fattigdom fram-
ställa dem ofta och lätt. Huruvida han är lömsk och be-
dräglig, därom vågar jag ej döma. Sant är, att den lasten
egentligen tillhör svaga själar. Religionsnitet synes ej mera
vara fanatiskt hos menigheten. Den stillhet, som rådde, medan
grefven af Haga just under Vatikanens murar firade en
luthersk gudstjänst, tyckes bevisa, att hatet mot okristna,
(ty för sådana håller pöbeln alla andra trosförvanter), icke
är bittert.

Påfven underhåller i Rom en besättning af nio kom-
panier fotfolk, förutan några kompanier kyrassiärer och
cavalleggieri eller lätt kavalleri. De äro väl beklädda och
hafva en förträfflig musik, men därmed lär ock allt vara
sagdt, som kan sägas om deras militäriska förtjänst. Man
berättar, förmodligen på skämt, att soldaterna i regnväder
draga på vakt under paraply. Infallet är godt i så måtto,
att det instämmer med truppernas lynne och romarnas
allmänna ömtålighet för väderleken. En lakej, som bort-

visas i ett ärende, när det regnar, utan skydd af ett paraply, anser sig för en martyr.

Huru stark påfvens krigsmakt föröfrigt är, känner jag icke. Jag fruktar, att han af den icke kan vänta stor trygg-het. Men den anmärkningen måste jag tillägga, att hans ministrar för krigs- och sjöärendena (il commissario dell' armi och il commissario del mare) båda två äro prelater och visa sig i andlig dräkt, utom hvilken eller, i brist däraf, någon främmande makts uniform ingen infödd härstädes tror sig njuta anseende.

För lärdomen finnes ingenstädes dråpligare förråd än i Rom. En mängd förträffliga både allmänna och enskilda bibliotek hållas öppna till de vetgirigas tjänst. Också äga många romare vidsträckt erudition samt i synnerhet känne-dom af lärda språk och antikviteter. Detta hindrar icke, att ju jämväl många chalataner finnas, till hvilkas klass höra de flesta af dessa småvittra abbéer, som vanligen ut-bjuda sig under namn af ciceroni att göra Roms minnes-märken bekanta för utlänningar. Men den sunda filosofien och de praktiska vetenskaperna ligga hårdt fjättrade under ortodoxien. I universiteter och kollegier måste alla lärare årligen aflägga sin trosbekännelse, och de, som ej under-visa i teologien och romerska kyrkolagen (jus canonicum), måste i sina föreläsningar mera rådföra försiktigheten än upplysningen. Oaktadt inkvisitionens i senare tider för-mildrande nit, är den dock alltid en buse. Samma ifver för renlärigheten, som smidde Galilei bojor, har ifrån Rom utestängt Lockes, Helvetii, Montesquieus och Rousseaus skrifter. Roms index på förbjudna böcker innefattar dem, som mest upplyst världen.

Af det lilla, jag haft tillfälle förmärka, slutar jag sanno-likt, att Rom liksom väntar på en statsförändring. Den lamhet, vanmakt och kallsinnighet för allmänt väl, som säkrare än inhemsk oro båda väldens fall, utmärka, att stunden därtill ej torde vara långt borta. Påfven torde då återföras till sitt ursprungliga kall att blott vara biskop och Rom andra gången falla i ruiner. Dess kyrkor och palats hafva fordrat skatter att byggas, men de fordra ock skatter att underhållas. Taflor, statyer och minnesmärken måste med tiden skingras härifrån och flyttas till de orter, dit rikedom och smak dem kalla. Petrarca skref om det forna Rom:

> Fra queste rovine a terra sparte
> In se stessa cadea morta e sepolta

och detta kan blifva sant på nytt.

SEXTIOFÖRSTA BREVET.

Rom den 18 april 1784.

Min hälsa var redan den 15 i denna månad så återställd, att jag kunde företaga en promenad i vagn.

(Besök i några kyrkor. Scipionernas grafvar.)

Till middag var jag denna dag i sällskap med presidentsekreteraren Franc och hofjunkaren Rosenstein bjuden hos herr Markoff, utnämnd kejserlig rysk envoyé hos konungen af Sverige och nyligen hitkommen från Paris för att uppvakta herr grefven af Haga. De öfriga gästerna voro tvenne unga ryska officerare, herrar Bakunin och Bobrinsky, den förre en son af nuvarande statsministern för utrikes ärendena i Petersburg, den senare, såsom det påstås, en son af den bekante Gregori Orloff och på mödernet af ännu mera lysande börd.

(Villa Mattei.)

I förmiddags var jag i Sixtinska kapellet närvarande vid fröknarna Memmos firmelse eller konfirmation, den påfven af ynnest för deras fader, venetianska ambassadören, själf förrättade, men icke såsom påfve utan blott som präst, hvarför han, ehuruväl klädd i silfvertygskåpa och mössa, icke var biträdd af kardinaler eller någon hofstat. Ceremonien gick för sig på det sätt, att de unga fruntimren, anförda hvar af sin fru såsom faddrar, begåfvo sig till kapellet, hvarest de, så snart påfven intagit sitt ställe vid altaret, dit framträdde och föllo på knä. De voro hvit-klädda. Påfven höll ett kort tal och sjöng därefter en mässa, vid hvars slut han emottog smörjelse af en prelat och smorde dem därmed i pannan i form af ett kors. Påfven fortsatte sedermera mässan och meddelade de konfirmerade Herrens nattvard. Nu i afton klockan åtta anställes, herr grefven af Haga till nöje, en stor illumination af S. Peters kyrka. Krigsministern eller, som han vanligen kallas, monsignor dell' armi Massei, som bor vid torget midt för denna makalösa byggnad, upplät åt herr grefven med dess svit sina rum för att därifrån åskåda högtidlig-heten. Kyrkans fasad, kornischer, kapitäler, jämte hela kupolen och kolonnaderna voro upplysta med pappers-lyktor. De gåfvo ett skönt rödaktigt sken, som bildade ett slags brodering med rubiner. Men en stark nordan-blåst hindrade norra delen af kupolen och hela södra kolonnaden att fullständigt upplysas, ty lyktorna blåste ned, så fort de uppsattes. Icke heller var det nog mörkt för denna, om jag får så säga, fina illumination. Klockan mot nio vid gifvet tecken ändrades hela dekorationen. Kyrkan, kupolen, gallerierna, kolonnaderna voro inom två minuter liksom satta i eld genom marschaller. Hela arki-tekturen, från korset på globen till nedersta trappsteget, var utmärkt genom ett förbländande ljus. Kupolen liknade ett i luften sväfvande slott af stjärnor. Hvart och ett af dess runda fönster eller yeux de boeuf upplystes af fyra marschaller, så att hon syntes omgifven af åtta brinnande gördlar. Torget, dess mot eldskenet brusande fontäner, dess liksom glödande obelisk och, det som alltid är hög-tiders förnämsta prydnad, en otalig skara åskådare och ekipager utgjorde ett ojämförligt spektakel. En beständig konsert af fältmusik förnöjde tillika örat. Jag besåg sedermera illuminationen både ifrån brun S. Angelo och från Monte Pincio, hvarest skenet, koncentreradt genom afståndet, gjorde en förändrad men lika förträfflig verkan.

Mina sista stunder i Rom äro förhanden, ty till morgondagen är vår hädanresa fastställd. Jag har med sinnesrörelse tagit afsked af kardinal Bernis, hvars ynnest emot mig, under den tid jag haft den äran umgås hos honom, enskildt förtjänar min vördnadsfulla erkänsla. Det förekommer mig som han varit min gynnare, icke i tre månader utan i många år. Herr grefven af Haga har gjort afskedsvisit hos påfven. Dessa herrar hafva åtskilts med den högaktning och vänskap, som umgänget mer och mer befästat. Herr grefven själf lämnar Rom med saknad. Han har utan allt tvång af de band, som annars följa högheten åt, hämtat dagliga nöjen för snillet, och han lämnar hos alla, som här fått den äran att nalkas honom, de tänkesätt kvar, som den älskansvärdaste af prinsar är född att uppväcka. Jag förebrår mig en uraktlåtenhet, som sträcker sig ända från mitt förra vistande härstädes. Den är, att jag ej med noggrann fullständighet antecknat, hvilka af Roms förnäma invånare haft den äran att gifva honom måltider. Jag hade bort påminna mig, att dessa prof af vördnad för en främmande monark, detta bemödande att göra honom nöje, skulle med lika begärlighet efterfrågas i mitt fädernesland, som Roms öfriga märkvärdigheter, hvilka liksom förledt min uppmärksamhet och alldeles upptagit densamma. Andra torde dock i det fallet uppfyllt hvad jag försummat.* Emellertid skall jag nu söka godtgöra denna brist i mina underrättelser, änskönt jag ej kan utsätta dagarna. Då de fêter jag i mina bref omförmält inbegripas, har herr grefven i Rom emottagit måltider hos följande: till middagen en gång hos kardinalstatssekreteraren Pallavicini, en gång hos kardinal Herzan, en gång hos spanske ministern, cavaliere d'Azzara, en gång

---

* Diario di Roma för den tid, herr grefven i Rom tillbragte, innehåller fullständigt, huru och hvar herr grefven använde hvar dag. Utdrag af samma diario finnes i Stockholms Posttidningar 1784.

hos grefve Braschi-Onesti, vid hvars desert bordet var
prydt med små kopior af de yppersta statyer här finnas;
till aftonen: två gånger hos ambassadören från Malta, två
gånger hos venetianska ambassadören, en gång hos sena-
toren prins Rezzonico, en gång hos portugisiska ministern
Don Diego Norogna, och en gång hos franska Uditore
della Ruota de Bayanne. Conversazioner har herr grefven
under sin senare härvaro bevistat i samma hus som under
den förra, samt utom dem ett par hos grefvinnan af Al-
bany och prinsessan Barberini. På hvad sätt kardinal
Bernis för herr grefven hållit sitt hus öppet, behöfver jag
ej upprepa. Däruti igenkännes ej mindre denna kardinals
enskilda vördnad för herr grefvens person än det hofvets
aktning för konungen af Sverige, som han föreställer. Jag
är viss, att påfven känt ledsnad öfver det tvång, ett ovillkor-
ligt bruk honom ålägger, att icke kunna spisa i sällskap,
och att han önskat undandraga sig detsamma för att oftare
njuta nöjet af herr grefvens umgänge.

Mig har händt, som jag förmodat, att jag skulle
nödgas lämna mycket osedt härstädes. Jag vill icke nämna
bibliotek och lärda saker. Men jag skulle kunna uppsätta
en lång förteckning på kyrkor och palats med synvärda
taflor och bildstoder, som jag ej hunnit beskåda. Genom
en händelse är ett af Roms förnämsta palats, det Barbe-
rinska, bland dessas antal. Jag har velat hafva god tid att
bese det, och den har jag mot slutet af mitt vistande här
i staden så mycket mera saknat, som min opasslighet för
några dagar jämväl kringskar den. Barberinska palatset är
rikt på dyrbarheter af alla slag, och dess plafond, där Pietro
da Cortona med mästarhand föreställt ärans seger, är en
af de högst värderade målningar. I sig själf är min förlust
måttlig, då det ej varit mig gifvet att antingen som artist
eller som antiqvarius studera Rom, och kan jag säga om
palatsen härstädes som hans sicilianska majestät sade om
templen. Emellertid känner jag, hvad mig felas och fram-
för allt, att de strödda anteckningar jag härifrån meddelat
icke kunna berömmas för fullständighet.

P. S. Såsom svensk har jag ej underlåtit att lämna uppmärksamhet åt det så kallade S. Birgittas hus, beläget vid Piazza Farnese, hvarest denna heliga fru bodde under sitt vistande i Rom, och som sedermera blef skänkt åt Birgittinerordens kloster i Vadstena. Men de af herr Biörnståhl (1 pag. 515 etc.) därom meddelade underrättelserna äro så riktiga och fullständiga, att jag har föga att tillägga. Det hospitium, som med påfven Eugenii IV:s tillstånd där blef inrättadt för samma orden, stod under styrelse af Vadstena kloster ända till reformationstiden, och var Holmstanus Johannis, som dog 1549, dess sista svenske föreståndare. Sedermera användes dess inkomster af påfven till andra bruk. Efter drottning Kristinas död, som varit föreståndterska i egen hög person för S. Birgittas hus, inrymdes det på gjord ansökan åt en gren af Birgittiner eller S. Salvators orden, som ännu florerar i Altmünster i Bayern, för hvars räkning två munkar 1692 togo det i besittning, blefvo där boende och förestodo gudstjänsten i kyrkan. Påfven Clemens XI, som själf varit det upplifvade klostrets protektor, lät 1706 reparera huset och sätta det i dess nuvarande skick, som är snyggt och anständigt, fast icke präktigt. Han förbättrade äfven munkarnas villkor, som dittills varit knappa. Nu äro dessa andeliga män icke flera än två och hafva påfvens systerson, Don Romualdo Braschi-Onesti, till protektor.

SEXTIOANDRA BREFVET.

Florens den 22 april 1784.

Den 19 afreste herr grefven af Haga med sin svit ifrån Rom, men delade den, till förekommande af brist på hästar, på tvenne vägar. Herr grefven själf, åtföljd af sina flesta kavaljerer, begaf sig öfver Terni, Loretto och Ancona till Bologna. Baron Essen, presidentsekreteraren Franc, jag och assessor Salomon följdes åt till Florens, och hofjunkaren Rosenstein, stående på återresan till Paris, var äfven i vårt sällskap. Vi kommo därmedels att sakna det nöjet att se kaskaden vid Terni, la casa santa i Loretto,* Trajani triumfbåge i Ancona, och la Marca d'Ancona, det enda väl odlade och väl befolkade land i kyrkostaten. Men som resan sker med den skyndsamhet, att vi den 23 eller i morgon skola möta herr grefven i Bologna, så trösta vi oss öfver denna förlust och hafva redan återsett Florens med nöje.

Om morgonen, innan jag lämnade Rom, kunde jag icke afhålla mig att gå i S. Peters kyrka. Jag försummade det få dagar under mitt vistande i bemälta stad, och mitt nöje var icke mindre lifligt den sista gången än den första. Nu var det likväl förenadt med saknad. Efter afresan fästades ännu mina blickar på detta stora minnesmärke af konst och dristighet. Ändtligen försvann det, såsom det går med all storhet på jorden.

Vi foro ut ur Rom genom Porta Angelica och lämnade Tibern samt Ponte Molle med sitt fasta torn till höger. Jag kan ej göra många tilläggningar till hvad jag tillförne berättat om den väg vi nu andra gången tillryggalade. Den lät oss på nytt känna alla olägenheterna af dess elaka underhållande, och en stickande storm gjorde resan tillika obehaglig. För en svensk var det en tröstelig syn, att Italiens ekar och hårdare trädslag ännu den 19 april voro bara. I skymningen framkommo vi till Viterbo, hvars horisont var krönt med aflägsna blåaktiga berg. Jag tror mig hafva märkt, att objekter, på afstånd sedda, falla i en mera högblå färg i detta land än i Sverige, hvilket jag äfven funnit iakttaget på italienska taflor. Luftens beskaffenhet måste därtill vara orsaken. Italiens himmel, då den är

---

* Jungfru Marias undergörande bild i ett litet hus, som af änglar skall vara fördt till Loretto ifrån Palestina, begåfvad af den fromma andakten med dyrbara skatter i juveler, guld och silfver.

klar, är ock renare blå än Sveriges, som stöter i grått. Vi togo nattläger på värdshuset. Det var bekvämligt och föga dyrt, som i Italien förtjänar antecknas.

Den 20 klockan fem om morgonen fortsatte vi resan. Vi hörde näktergalar och sågo hveteax. Vid Monte Fiascone drucko vi af det goda vinet, som skall ha smakat en tysk herre, Johan Fugger, så väl, att han druckit sig till döds, som en grafvård med munkskrift vid handen gifver. Vi voro måttligare. Landskapet omkring Bolsena var värdt att målas. Den vackra sjön med holmar, från en af hvilka reser sig en skön ruin, skulle pryda en tafla. Däremot ser man vid Radicofani ett utkast till Chaos. I Torrenieri profvade vi åter ett förträffligt vin, som kallas Muscatello di Montalcino. Jag måste till vår befrielse från alla misstankar anmärka, att man dricker färska italienska viner som svagdricka. De äro välsmakande utan att slå i hufvudet, men skola ej länge hålla sig. Klockan tolf om natten togo vi hus i Buonconvento. Där var osnyggt, sängar hårda som golfvet, inga fönster utan träluckor för gluggarna.

I går bittida klockan sex gåfvo vi oss åter till vägs i de svåra backarna, ofta en och två italienska mil långa, där man uppför måste öka sitt anspann med ett par hästar eller oxar och utför läsa hjulen. Hästarnas skor, som äro utan söm, och selarnas beskaffenhet göra det sistnämnda försiktighetsmåttet nödvändigt. Vi sågo råg och hveteax såsom nästlidna dagen, men säden var klen. Göken och näktergalar läto höra sig. Mångfaldiga förstörda fästen, lämningar af medelålderns förbistring, krönte höjderna.

Vid min resa till Rom for jag i mörkret genom Siena. Dagens ljus gaf mig nu något närmare tillfälle att, änskönt som hastigast, lära känna denna stad. Nejden är behaglig och angenämt blandad af fruktbara höjder och dälder. Stadens läge är ock ojämnt, dess vidd ansenlig, husen byggda i den fasta och massiva stil, som i Toscana synes vara fortplantad ifrån hetrurerna. Gatorna äro trånga och krokiga, en vanlig ofullkomlighet i gamla städer. Katedralkyrkan, Sienas förnämsta byggnad, ligger på ett berg. Den är en af de skönaste götiska. Fasaden intager ena sidan af ett torg, hvars öfriga sidor innefattas af storhertigens palats, ärkebiskopens residens och ett hospital. Nyssnämnda fasad är dekorerad med krusade spiror och bas-reliefs, liknande filigrans. Kolonnerna äro utskurna i löfverk. Allt detta är af flerfärgad marmor, grant och brokigt. Annars är hela kyrkan både utan och innantill beklädd med hvit och svart marmor, hvarftals eller i horisontella ränder omväxlande. Hennes marmorgolf är ett af de präktigaste i världen och föreställer bibliska historier. Hon är något mörk. Taket, fördeladt i flera hvalf, är blått, beströdt med stjärnor. Mässan förrättades, medan vi voro därinne, af en blind präst. Ibland den samlade menigheten såg jag många vackra fruntimmer.

Näst kyrkan är stadshuset den märkligaste byggnaden. Dess höga krenelerade mur, dess smala, fyrkantiga och höga torn gifva det ett vördigt, fast götiskt anseende.

Siena anses för en af de orter, där italienskan renast uttalas. Utländingar, särdeles engelsmän, tillbringa där månader och år för att studera språket och lära tala det. Umgänget skall för öfrigt vara godt, invånarna muntra och artiga.

I Tavernelle drucko vi ett af de bästa florentinska vin, till färgen rödt, kalladt Vino Aleatico. I skymningen anlände vi till Florens och fingo kvarter hos vår gamle värd, doktor Vannini. Storhertigen med sin familj hade den sextonde hitflyttat ifrån Pisa.

Jag har i dag besett galleriet, Palazzo Pitti, trädgården Boboli, samt flera saker, som under mitt långvariga vistande härstädes gjorde mig så mycket nöje. De tåla att ses, äfven då man kommer ifrån Rom, och att känna igen den gaf mig en dubbel tillfredsställelse. Jag har ock gjort en kort promenad till lustparken le Cascine utanför staden. Den består i en vidsträckt löfskog, afdelad genom långa alléer så vidt ögat hinner. Än skyles man under trädens skugga, än framträder man på öppna fält med frodigaste gräsväxt. En rad af höga tallar borderar ena sidan af parken och

Arnofloden den andra. Denna städade ängens okonstlade fägring, strömmens sorl, det nyss utslagna löfvet, det blomprydda gräset, den vackraste dag, en mängd spatserande, gåfvo förenade behag, som ej ofta återfinnas.

Nu kommer jag från Teatro nuovo, där jag sett operan Pizarro nella India och hört Ansani, gamla bekantskaper ifrån Livorno. I morgon bittida åter i vagnen.

SEXTIOTREDJE BREFVET.

Parma den 25 april 1784.

Jag skrifver nu från Parma, men blott om Bologna. Vi anträdde ditresan ifrån Florens den 23 klockan sex om morgonen och framkommo midnattstiden. Under vägen föreföll ingenting märkvärdigt. I dälderna voro vi besvärade af hetta, på höjderna af kall blåst, allestädes af damm. Bergspetsarna voro isklädda; vi sågo jämväl snöfläckar utmed oss. Svärmar af tiggare uppfyllde denna bergsbygd och följde vår vagn, så långt de orkade, med envisa allmosefordringar.

Vi funno rum för oss på värdshuset il Pellerino, hvarest herr grefven af Haga själf var logerad, som ankommit tidigt om morgonen. Till hans nöje var denna natt maskeradbal anställd på en af Bolognas teatrar.

Bologna är en af Italiens ansenliga städer. Dess belägenhet är behaglig på en fruktbar slätt vid floden Reno; dess omkrets sex italienska mil; dess folkmängd omkring åttio tusen själar, som idka nyttiga näringar, i synnerhet sidenfabriker. Bologna har dock fordom varit folkrikare och var i medelåldern en mäktig republik, som försvarade sin frihet mot utländskt våld, men däremot ofta förtrycktes af ärelystna medborgare. I påfven Julii II:s tid blef staden underlagd apostoliska stolen, men bibehöll en del af sina urgamla rättigheter. En senat af fyrtio personer, hvarest hvarannan månad en Gonfaloniere väljes till polisens handhafvande, utöfvar ännu ett slags regering och är en skugga af stadens forna själfständighet, till åminnelse mera än vedermäle hvaraf den håller en ambassadör i Rom.

Staden är väl byggd, gatorna något vårdslöst stenlagda och till de gåendes tjänst omgifna med portiker *à perte de vue* samt så breda, att gatorna däraf lida. En beständigt omlöpande folkmängd, en kedja af handelsbodar göra dessa gallerier för en resande intressanta. Handtverkarna arbeta mest ute. Om detta i allmänhet ser idogt ut, måste man tillika medgifva, att slaktarbänkarna väcka vämjelse.

Af könet hände mig ej att se någon ung, som icke hade frisk hy och behagligt utseende. Dräkten är ock fördelaktig. Ett stycke svart taft, hängt öfver hufvudet, betäcker pannan och går å båda sidor ned till lifvet, svepes därom och knytes bakom ryggen. Det gifver förhöjning åt ansiktet och gör växten heder.

Kardinal Buoncompagni Ludovisi, bror till prinsen af Piombino, af ett lysande påfligt hus och i sina bästa år, är påfvens ståthållare eller så kallad legat i Bologna. Han är känd för insikter, klokhet, drift och fermeté. Det berättas, att kejsaren i ett samtal med påfven fällt det omdömet om denna kardinal: Qu'il avait assez de talents pour gouverner un royaume. Påfvens oförmodade svar följde genast: Dans ce cas je vous en fais présent. God ordning i Bologna och Ferrariska träskens uttorkande äro hedrande vedermälen af hans förvaltning. Han ser bra ut, är af medelmåttig växt, något undersätsig, har ett gladt och fylligt, något koppärrigt ansikte med frisk färg och mörka ögonbryn. Hans hus, hvarest han gaf herr grefven af Haga aftonmåltid båda de dagar han i Bologna tillbragte, är lysande, hans umgänge muntert. Spektakel och marknader bevistar han utan betänkande: en frihet, den kardinaler ej taga sig i Rom. Med föga mindre förbehåll be-

söker han sin mätress. Garnisonen, som består af fem
hundra man, träder alla dagar på vakt utanför hans palats.
Detta manskap är vackert och dess musik förträfflig.

(*Beskrifning af Bolognas märkvärdigheter.*)

Mot aftonen gjorde jag en promenad till Porta Romana.
Under portikerna sutto många fruntimmer och hämtade
frisk luft. Utanför porten höllo en mängd ekipager stilla
på tre filer, hvilka efter vanligheten i aftonstunden gjort
promenader åt denna sida. Nästan alla lyste af lackering,
förgyllningar och rika livréer. Kardinal Buoncompagni
kom själf åkande med stät såsom en prins. Hans vagn
var bespänd med tre par hästar och åtföljd af sex man
till häst.

Jag försummade icke spektaklet, som denna afton var
en opera buffa, Giannina och Bernardo. Musiken var glad
och vacker af Cimarosa. Baletten, i den vanliga italienska
smaken, bestod mera af språng än dans. Efter operan var
på en annan teater maskerad. Men jag bevistade den icke,
utan anträdde vid midnattstiden resan ifrån Bologna i
sällskap med baron Sparre, presidentssekreteraren Franc
och assessor Salomon.

Ifrån Bologna till Parma äro sju poster. Vägen är
slät, landet liknar en trädgård, vackert men enformigt.
Närmare Parma äro många och sköna ängar. Gräs och
växter syntes mera försigkomna än i kyrkostaten.

Vi foro öfver flera strömmar, Panaro, som gör gräns
emellan påfvens och hertigens af Modena stater på färja,
och Secchia, åkande genom vattnet. Det var så djupt, att
då två karlar gingo hvar på sin sida om vagnen för att
understöda den, stod det dem till lifvet. Deras hvitlöks-
stank var så besvärlig, att vi måste uppdraga fönstren.
Den sista floden, vi öfverforo, heter Enza.

Vi kommo till Parma i förmiddags klockan elfva och
togo kvarter samt beställde rum för herr grefven af Haga
med dess öfriga svit på värdshuset Påfågeln. Vid vår
ankomst var hela staden i rörelse i anseende till S. Marci
i dag infallna högtid. Den firades af de andliga med

procession, hvarvid ett skrin med reliker, förmodligen helgonets, bars under sång och mycken andakt.

Fyra ankomna svenska poster gifva mig föga hopp att snart meddela något om denna stad. Just nu, klockan fyra eftermiddagen, anländer herr grefven af Haga.

SEXTIOFJÄRDE BREFVET.

Parma den 30 april 1784.

Presidentssekreteraren Franc och jag, som dela ljuft och ledt med hvarandra, hafva här varit så sysselsatta, att jag ej kunnat taga del i de lustbarheter, som för herr grefven af Haga varit anställda. Bemälte herre har mest alla dagar spisat hos hertigen och hertiginnan, som äfven roat honom med spektakel. Den 26 uppfördes till herr grefvens nöje en kontradans till häst i hertigliga trädgården, hvari hertiginnan själf tog del. Den 27 supérade han hos franska ambassadören och följande dagen hos den spanske. Herr Franc och jag voro jämväl genom förseglade biljetter bjudna att därvid infinna oss, fast vi ej kunde åtnjuta den äran.

Den 27 anställdes en kappränning med hästar utför den ifrån porten S. Croce till porten S. Michele löpande gatan, hvilken jag utur våra fönster hade tillfälle att beskåda. Loger voro uppbyggda på båda sidor af gatan och en, mycket prydlig, för herr grefven af Haga och hofvet, vid sistnämnda port. Denna kappränning liknade fullkomligen den, jag sett i Rom, men var mindre lysande i anseende till mindre antal åskådare och ekipager. Hela gatan igenom var en haye, ehuruväl nog gles, formerad af soldater. En timme förrän kappränningen begynte, fördes under

puke- och trumpetklang till det bestämda målet, priset,
il palio eller ett stycke purpursammet, på en lans af en
därtill utsedd person till häst, beledsagad af flera ryttare,
som förde röda och hvita fanor. Vid tecken af ett kanon-
skott släpptes hästarna lösa ifrån porten S. Croce. De
voro åtta, hetsade med påhängda kulor, besatta med taggar,
som likt sporrar eggade dem ju mer, ju ifrigare de sprungo.
En mörkbrun häst, tillhörande hertiginnan, hade ett afgjordt
försprång och vann priset åt sin höga ägarinna. Tvenne
mindre pris utdelades äfven för de tvenne hästar, som i
ordningen därnäst framhunno. Den, som sist kom, be-
lönades med en piska, till påminnelse om mera skyndsam-
het en annan gång.

Nu till stadens märkvärdigheter, så vidt tvenne lediga
förmiddagar tillåtit mig lära känna dem.

Parma är beläget på en bördig och behaglig slätt,
hvarifrån man på afstånd upptäcker snöbetäckta och af
moln omgifna berg. Floden Parma, som flyter tvärs igenom
staden, är tämligen bred, black och grumlig som italienska
vattnen i allmänhet och försedd med tre broar, hvaribland
den ena är af trä, som är sällsynt här i landet. Husen
äro mest byggda af tegel, hvarken genom sin storlek eller
sitt byggnadssätt mycket märkvärdiga, men gifva dock en
vacker anblick, helst gatorna äro breda och raka, fast illa
stenlagda och djupa efter regnväder, hvarpå i dessa dagar
icke varit brist. De i lombardiska städer så vanliga
portikerna finnas här föga. Stora torget utgör en reguljär
fyrkant. Dess enda prydnad är ett cylindriskt marmoraltar,
upprest på en fyrkantig piedestal och enligt påskriften
helgadt åt vänskapen af infanten Ferdinand vid tillfälle af
kejsarens besök 1769. Staden är omgifven med en mur
och en graf samt äger ett citadell med fem bastioner. I
en omkrets af vid pass fyra italienska mil skall den hysa
fyrtio tusen människor.

Jag får ej dölja, att mitt öga är litet bortskämdt af
Rom. Det söker ännu af vana präktiga palats, rika tempel,
ständigt rinnande fontäner, forntida statyer och minnes-

märken af alla slag. Det söker dem här och finner dem icke.

(*Beskrifning af Parmas märkvärdigheter.*)

Jag har icke sett hertigen. Han skall vara mycket instruerad. Sådant bör ock väntas af en herre, som haft Condillac till informator. Men nu skall Hans Kungl. Höghet föga läsa annat än teologiska skrifter. — Klereciet, som hos de flesta katolska furstar i senare tid stått i ringa ynnest, skall hos honom vara ganska väl ansedt. I den stillhet, hvarmed han tillbringar sin mesta tid på sitt lust-slott Colorno, sägas munkar merändels utgöra hans sällskap, och han har anförtrott vården om sin äldsta sons upp-fostran åt en capucin. Hertigens eller, som han vanligen kallas, infantens gemål, ärkehertiginnan Maria Amalia af Österrike, (madame Real kallad), är en prinsessa af helt annat lynne. Hennes eldiga, raska, verksamma sinnelag har gjort val af manliga och tröttsamma nöjen. Rida, jaga och resa äro hennes förnämsta tidsfördrif. Hon lefver sällan tillsammans med sin herre. Han vistas på Colorno och hon i Parma, dock göra de hvarandra besök och be-visa hvarandra all höflighet. Om man skall tro hvad som förljudes, är hon af folket föga älskad. Hennes lefnad skall vara nog kostsam och en fransk officer vid namn S. Seve-rin njuta hennes synnerliga ynnest.

Hertigens premierminister är Marchese di Manara. I anseende till släktskapen och såväl blodets som politikens förbindelser äga spanska och franska hofvens ambassadörer i Parma utmärkt anseende. Hertigens undersåtar utgöra ett folknummer af vid pass trehundra tusen, och hans in-komster skola stiga till en million riksdaler. Myntet är så ringhaltigt, att man utom Parmas gränser förgäfves för-söker att därmed göra betalningar. Landet är bördigt och godt, vin, silke och kastanier äro dess med hela Lom-bardiet gemensamma afkastningar. Spannmålen skall vara otillräcklig för invånarna, men däremot boskapsskötseln lönande genom förträffliga ängar och betesmarker, hvilkas bördighet äfven faller en resande med nöje i ögonen.

Den parmesanska osten är därför för sin godhets skull
känd öfver hela Europa. Fåren gifva ymnig och fin ull.

Hertigens trupper hvarken äro eller böra vara talrika.
I hufvudstaden ligga två regementen, hvaraf det ena är
hertigens lifvakt och består af åtta hundra man. Manskapet
är skönt, och våra svenska militärer, som besett dess
exercis inom citadellet, hafva betygat mycket nöje öfver
dess därvid ådagalagda färdighet. I morgon anträda vi
resan till Venedig.

SEXTIOFEMTE BREFVET.

Venedig den 3 maj 1784.

Baronerna Taube och Essen, herrar Franc, Möllersvärd
och jag begåfvo oss i förrgår bittida klockan fem ifrån
Parma. Herr grefven af Haga med dess öfriga svit kvar-
blef där tills i går.

Vi tillryggalade tolf poster till klockan tu om natten
genom ett land, som nu stod i sin fägring. Det var helt
platt, dels genom små diken styckadt i åkertegar, liknande
trädgårdssängar, dels bestående af ängar, betäckta med högt
och frodigt gräs. Åkerjorden bar ömsom vacker säd,
hvaribland rågen var i ax gången och hög, ömsom lök,
sallat och sådana växter, som i vårt land planteras i träd-
gårdar. Af löfträd, hvilka dels i lunder voro strödda kring
fälten, dels planterade i rader, lyste somliga af blomster,
alla af den friska grönska, som vårens hand gifver och
som utmärker naturens ungdom. Bland dessa såg jag
popplar, pilar, almar, lindar, kastanjeträd, men olivträd
alls inga. De kring trädstammarna flätade vinrankorna,
stödda på sina rörkäppar, hade nyss utslaget löf. Blommor
såldes ymnigt i städer och byar. Jag igenkände bland dem

tacetter och liljekonvaljer. Kvinnokönet brukar att fläta dem i sina hår, hvilket jämte dess platta halmhattar kläder öfver måttan väl. Näktergalar och gökar förenade sina stämmor att prisa årstidens behaglighet. Ett mindre angenämt samljud hördes af grodor, som i myckenhet vistas i de täta vattendrag, som genomskära landet, och hvilkas läte liknade grymtandet af späda grisar.

Detta vackra land är tätt bebodt och väl odladt. Bland städer var Guastalla den första vi genomreste. Den är liten, illa byggd och försedd med breda portiker på båda sidor om gatan. Vid Borgoforte gingo vi på en pontvolant af elfva båtar öfver Poströmmen. Denna inrättning har jag tillförne beskrifvit. Genom Mantua skedde vår resa lika hastigt denna gången som förlidne höst, så att ingen fullständigare underrättelse därom kan meddelas.

Mellan Castel d'ario och Sanguinetto inemot två poster ifrån Mantua inträdde vi i venetianska staten. Folkmängden syntes där större än i det land vi lämnade. Byar och städer voro försedda med rymliga gator och, ehuru icke särdeles väl byggda, sågo trefliga ut. Somligstädes syntes hus, liknande de skånska, af korsvirke och ler, med tak af rör eller halm; dock voro sådana sällsynta. Längre fram blefvo vi varse åtskilliga präktiga landthus med vackra avenyer.

Vin af landets afkomst drack jag i Sanguinetto. Det var surt, som hade det varit blandadt med ättika. Ehuru jordmånen i denna nejd synes vara god, skall den sällan gifva mer än fjärde och femte kornet efter utsädet. Skälet säges vara brist på gödning, emedan boskapsskötseln är obetydlig. I Venedig allena skola årligen förtäras omkring tjugutusen oxar.

Vid Legnago foro vi på bro öfver floden Adige, den största italienska näst Po. Denna lilla stad har ett förträffligt läge. Vägarna i venetianska staten äro elaka, jordmånen är leraktig, belägenheten sidländ. De ymniga och vattenrika floderna, som genomskära den stora dälden mellan Alperna och Apenninerna, det trägna regn, som där faller, bidraga att göra vägarna nästan beständigt djupa, helst de icke äro med särdeles omsorg underhållna.

Ett klart månsken och oupphörligt blixtrande gjorde den del af natten, vi till resan använde, nästan så ljus som dagen. Vi togo nattläger i staden Este och fortsatte resan därifrån i går bittida klockan sex, två och en half post till Padua. En kedja höga berg af pyramidalisk skapnad och helt kala, norr om vägen, gjorde genast en oförmodad förändring i utsikten. Dessa skola röja lava och förglasade stenarter, så att föga tvifvelsmål är, att de fordom brunnit. Ett berg, klädt med träd och krönt af en åldrig ruin nära vid Monselice, gjorde en pittoresk verkan. För öfrigt var vägen omgifven med vackra bondgårdar af fruktbaraste belägenhet. Vattendragen drefvo kvarnar och flera verk. Vägarna voro djupa.

Vi kommo till Padua klockan half tio förmiddagen. Som vi ej längre uppehöllo oss där, än till dess vi spisat middag, blifva mina anteckningar därom föga utförliga. Staden är af trekantig skapnad och håller sex italienska mil i omkrets, men hyser ej mer än fyrtio tusen personer.

(Svenskar, som studerat vid universitetet.)

Efter spisad middagsmåltid klockan half två satte vi oss i slup eller peotta för att nedåt Brentafloden begifva oss till Venedig, dit man ifrån Padua räknar tjugufem italienska mil.

Vi lämnade fördenskull där våra vagnar efter oss. Man kan annars äfven nyttja landväg ifrån Padua till Dolo, en post och därifrån till Fusina en, men där måste båt tagas till Venedig. Vårt val af peotta var så mycket skäligare, som landsvägen skall vara elak.

Brentafloden stryker redan fram vid Este och kan ända därifrån till utloppet i hafvet nyttjas med fartyg. Vi hade äfven rest utmed dess strand ifrån bemälte stad till Padua. Vår peotta var tämligen stor, försedd med en täckt kammare, vid pass tio alnar lång och fem bred, hvarest vi sutto snyggt och bekvämligt. Så snart vi passerat slussen vid Padua och kommit utom staden, spändes hästar för att draga vårt fartyg. En mast upprestes midt på det, hvarifrån ett långt tåg var fästadt med tvenne ändar, hvar vid sin svängel, och framför hvardera en häst spänd. Tvenne karlar redo på hästarna utför stranden, hvarmedels således slupen fortbragtes. Vi tillryggalade på detta sätt tjugu mil ifrån Padua till Fusina. Hästarna ombyttes endast en gång, vid Dolo. Då slussen i Padua inräknas, voro fyra slussar i vår väg, men fallen voro obetydliga.

Brentafloden är ungefär femtio alnar bred. Dess spaka vatten flyter emellan släta och låga stränder, som fägna ögat med utsikten af en beständig trädgård, endast afbruten af tätt belägna byar och lustpalats tillhöriga venetianska adelsmän. Dessa äro merändels ganska väl byggda. Oftast har huset en avant-corps med öppen kolonnad, som bär en prydlig fronton. En del af dessa palats äro utanpå anstrukna med flera färger. Väl anlagda trädgårdar, alleer och lundar af lummiga kastanjeträd bidraga till prydnad och nöje. Bland alla utmärker sig Pisaniska familjens lustpalats, om hvilket kejsaren skall ha utlåtit sig, att det var för mycket för en enskild person och tillräckligt för en furste.

Vid Fusina, där Brenta har sitt utlopp, vidtager öppna hafvet. Man låter där med tåg fästa slupen vid en eller flera båtar, som af roddare fortskaffas de återstående fem milen.

Det är där, som Venedig företer en förtjusande anblick och den enda i sitt slag i världen. En vidsträckt stad, hvars murar resa sig ur hafvets sköte, liknar där en flotta, som betäcker vattenytan. En mängd holmar, skilda genom trängre eller vidare sund och höljda med präktiga byggnader, formera en cirkelbåge, som utbreder sina armar ju närmare man kommer, medan dess torn och kupoler i lika mån synas växa i höjd. Man framror till Venedig genom en bred kanal, kallad la Giudecca, efter den judarna fordom därutmed inrymda ön. Där vimlade en snart sagdt oräknelig myckenhet öppna båtar, som öfvertäckte vattenytan och med en otrolig hastighet foro förbi eller

emot hvarandra. Utur la Giudecca fördes vi in i den så
kallade Canale Grande, som är öfverhufvud ett hundra tjugu
alnar bred och lik ett S delar staden i tvenne, änskönt till
storleken nog olika stycken. Denna var äfven på många
ställen höljd af gondoler, mellan hvilka vi likväl framrodde
utan besvär af trängsel, men ock utan mera utrymme än
som jämnt behöfdes. Rum voro för herr grefven af Haga
med dess hela svit utsedda i Albergo reale, beläget vid den
nämnda stora kanalen. Vi landstego där i mörkningen
klockan half nio, sedan vår vackra vattenpromenad räckt
i sju timmar. Herr grefven är ännu klockan nio förmid-
dagen icke anländ, och jag slutar mitt bref för att med
nyfikenhet beskåda en stad, där jag finner mig som i en
ny värld.

Post scriptum. Biskopen baron Taube och hofpredi-
kanten Norberg hafva vi här funnit före oss. Så långt hafva
de redan hunnit på hemresan ifrån sitt korta besök i Rom.

SEXTIOSJÄTTE BREFVET.

Venedig den 5 maj 1784.

Denna stad är så ofta beskrifven, att jag fåfängt skulle
hoppas därom tillägga något nytt. Mina strödda anmärk-
ningar, verkan af tvenne dagars betraktande, skola därför
mera vittna om lifligheten af de första intryck, den hos
mig gjort, än tjäna till upplysning.

Allt i Venedig är så nytt för en främling, att det nästan
gör honom yr i hufvudet. Han igenkänner där föga af
hvad han sett förut. Sjöbottnen tjänar till grundval åt hus
och palats, kanaler till gator, gondoler till ekipager, masker
till hvardagsdräkt. Byggnadsart, seder, bruk, regeringssätt,

allt är på sitt eget vis och gör Venedig olikt alla andra städer. På folkmängdens vägnar är Venedig den tredje af Italiens städer och hyser, inom sex italienska mils omkrets, etthundrafemtio tusen själar. Attilas härjning var dess upphof. Flera lombardiska städers inbyggare, utan trygghet på det torra, sökte sig en fristad i hafvet. De nedslogo, efter bokstafven, sina bopålar på sjuttiotvå sandreflar i Adriatiska sjöviken. Farhågan för en omänsklig segervinnare, friheten, ett fiskrikt haf, tillfälle till handel, lugn under flera påföljande krigsförödelser på fasta landet ökade folkmängden och välmågan i detta ovanliga nybygge. Där uppvuxo efter hand tempel och palats och omsider Europas första sjömakt, en republik, som lik det gamla Rom behöll sin frihet och ägde kronor, som samlade i sitt sköte hela världens rikedomar, ditlockade från Ganges, Nilen och Östersjön, genom den mest blomstrande handel.

Hade Venedig legat i Grekland, så hade poeterna säkert beskrifvit, huru Neptunus och Merkurius slutit förbund och med sina trollstafvar, treudden och caducéen, uppfordrat det utur det våta elementet, likasom Amphion med ljudet af sin lyra uppkallade Thebes murar.

Icke blott genom sin grundläggning och uppkomst har Venedig blifvit ett värdigt föremål för filosofens uppmärksamhet. Det har ännu därtill gifvit världen exempel på den fullkomligaste aristokrati som funnits. Dess styrka bevisas af dess bestånd, som efter fem hundra år ännu är orubbadt.

Men nog af allmänna betraktelser!

De så kallade kanalerna eller vattenrännilarna, som åtskilja holmarna eller bankarna, på hvilka Venedig är byggdt, äro grunda. Vattnets djup, som är ombytligt till hela alnens belopp genom ebb och flod, hvilka dagligen infalla, öfverstiger sällan sex fot. Öfver dessa kanaler äro fyra hundra broar slagna, så att man kan komma hvart man vill i staden, både gående och roende. Men gatorna eller, rättare sagdt, gångstigarna äro så smala, att mångenstädes ej mer än två personer kunna komma förbi hvarandra.

De äro äfven mörka och anlagda i mångfaldiga afbrott och vinklar, som utgöra en verklig labyrint, och så vidlyftig omgång, att man ofta behöfver en timme att gå till ett ställe, dit man kan ro på få minuter. För de underroende båtarnas skull äro broarna högt hvälfda öfver kanalerna och därför med trappor upphöjda öfver gatorna.

Dessa broar äro byggda af hvitaktig marmor ifrån Istrien. Den största är Ponte Rialto öfver stora kanalen, som är mer än ett hundra fot lång* och har blott en hvalfbåge. Den är så bred, att den medels tvenne därpå uppförda rader af handelsbodar är indelad i tre jämngående gator.

I allmänhet äro gatorna, jämna som ett golf, belagda med tätt fogade kvaderstenar ifrån Istrien. De äro omgifna med idel bodar, så att man går där liksom mellan marknadsstånd.

Gondolerna äro långa, mycket smala och spetsiga båtar, som midt i hafva en fyrkantig kur, hvari bänkar äro inrättade både bakåt och på sidorna. Bekvämligen sitta där icke flera än två personer. Kuren är klädd med svart kläde, till följd af regeringens förordnande, som velat förekomma yppighet. På kuren äro fönster och skjutluckor att öppnas, tillslutas och framdragas efter behag. Gondolen ros af en eller två karlar, alltid stående. Är det blott en, så står han i bakstammen, äro de två, så står den andra frami. Framstammen är försedd med ett krökt järnblad, som torde tjäna att genom någon balans befrämja loppet.

Man färdas i dessa båtar ganska bekvämt och ligger snarare än sitter på lösa hyenden. Venetianarna, vana härvid, finna vagnar, som på landet måste nyttjas, besvärliga genom deras skakning. En främling, som har bekanta i Venedig, underrättas genast, att han bör baklänges inträda i gondolen. Att gå dit in med framvända sidan af kroppen först, uppväcker allmänhetens löje.

Il Canale Grande svarar i Venedig emot Strada del Corso i Rom och Strada di Toledo i Neapel. I den mån samma kanal är bredare än de öfriga, till hela sex eller åtta gånger, är ock rörelsen med båtar och gondoler där-

* Kanalen är där som smalast.

städes lifligare. Den är omgifven af Venedigs förnämsta palats. En stor del af dem äro uppförda af den nämnda Istriastenen eller af hvit marmor, som anlupen af sjöluften, synes mörknad. Somliga äro ganska präktiga och prydda med kolonnader, som understöda hvar våning. Den berömda Palladio har uppfört många af Venedigs byggnader. Den rådande stilen är en blandning af götisk och senare grekisk eller byzantinsk. Fem till sex, ända till åtta hvälfda eller spetsade fönsterlufter sitta utmed hvarandra, endast åtskilda medelst smala kolonner. Taken äro merändels af bly, skorstenarna i allmänhet långa och smala, vidare i öfre ändan än i den nedre, och nog liknande kornetter, som brukas till tärningars kastande. Då man undantager kyrkor, kloster, publika byggnader och dem, som omgifva stora kanalen, äro husen i Venedig illa byggda och trånga.

Deras indelning är ock besynnerlig. En korridor är dragen midt igenom huset på längden och rummen inrättade på sidorna om densamma. Golfven bestå af marmorbitar, sammanfogade med ett slags bruk, och äro, sedan det tillhårdnadt, anstrukna med fernissa samt täta och glänsande. Fönsterglasen äro nog dunkla och rutorna på många ställen runda, ovala, sex- eller åttkantiga.

Det första, en främling plägar bese i Venedig, är S. Marci torg. Flera smärre torg därstädes få namn af *campi*. Detta heter par excellence *piazza*. Det är ett af de största i världen och består af två rektangulärt till hvarandra stötande stora platser. Den största, som är öfver tre hundra alnar lång ifrån S. Marci till S. Geminianos kyrka, bär egentligen namn af piazza di San Marco och är innesluten af bemälta båda kyrkor, hörnet af S. Marci palats och de så kallade gamla och nya Procurazierna, tvenne långa palats, försedda med portiker samt inrättade till boningsrum åt prokuratorerna, hvarest jämväl finnes konversationsrum för venetianska adeln, hvilka pläga få namn af casiner. Det andra mot det, jag nu beskrifvet, vinkelräta torget sträcker sig nedåt hamnen och inneslutes på långsidorna af S. Marci palats och S. Marci bibliotek. Det kallas Il Broglio. Det

prydes af tvenne höga kolonner af granit, den ena krönt
med S. Marci flygande lejon och den andra med S. Theo-
dors staty. Emellan dem förrättas exekutioner.

S. Marci torg äger sin förnämsta prydnad af den folk-
mängd, som uppfyller det. I karnevalstiden hålles där
marknad. Karnevalen infaller i Venedig två gånger om
året. Utom den, som slutas vid fastan, är där en annan
omkring Kristi himmelsfärdsdag. Regeringen, för att göra
herr grefven af Haga dess härvaro så mycket angenämare,
har nu låtit denna senare börja före den vanliga tiden och
följaktligen äfven marknaden, som dagligen framställer S.
Marci torg i all dess härlighet. En provisionell träportik,
sirad med vackra kolonner, omger i oval form bemälta
torg och upplyses om aftnarna med glaslyktor i sick-sack,
ömsom lägre och högre satta, hvilka gifva en lyckligen
afpassad dager, hvarken förbländande eller fattig. Här
tränges en spatserande menighet såsom på en assemblé i
en sal. Bodar, lysande af rika handelsvaror, äro uppfyllda
af folk. Kaffehus, som till och med besökas af fruntimmer,
äro en annan lefvande tafla genom jämn omväxling af
gående och kommande. Markskriare och konstmästare
draga skaror af folk omkring sig med sina upptåg. Turkar,
greker, dalmatier och armenier vandra i sina kontrasterande
dräkter bland europeer och stärka det intryck, att S. Marci
torg är en samlingsplats för alla nationer.

Vanligen går man i Venedig klädd i tabarro eller en
slängkappa, som till högtids är af rödt kläde samt dess-
emellan, om sommaren eller när vädret är vackert, brukas
af hvitt sidentyg och om vintern af blått kläde. Man af-
lägger tabarron i sällskap, men icke utan att därför göra
ursäkt. I karnevalen, hvilken utgör största delen af året
(ty den börjar redan i oktober), bruka båda könen svarta
sidenkappor med bahut af svarta spetsar, och mask, antingen
för ansiktet eller, som vanligare är, blott fästad på hatten. De
nämnda kapporna äro mest fotsida och utan ärmar. Under
dem bär man hvad kläder man vill. Värja brukas alls icke.
Maskerna äro hvita eller svarta och utan skägg. Man ser

dock många i annan dräkt, särdeles adelsmän och magistrats-
personer, hvilka vid sin tjänstgöring äro insvepta i svarta
klädesmantlar och bära ofantliga hvita peruker. Frun-
timrens dräkt kallas *zendale* och är sådan, som jag beskrifvit
ifrån Bologna, hvilken stad, jämte flera, lär lånt den ifrån
Venedig. Det vackra könet är härstädes väl växt, har god
färg och behagligt tycke.

I de redan nämnda casinerna emottaga adeliga fruntimmer
visiter hellre än i sina hus och med mindre fjäs. De gifva
således conversazioner, vid hvilka kostnaden är måttlig och
mest består i eklärering och förfriskningar, emedan man
på det vanliga italienska viset tillbringar aftnarna utan mål-
tid. Lefnaden är där otvungen och tillträdet för främmande
icke svårt. Damerna i Venedig hafva Cavalieri Serventi
såsom annorstädes i Italien. Bland dem af könet, som sälja
sin oskuld till det andras nöje, njuter här den sämsta
klassen en oinskränktare frihet än i de flesta städer. Den
tåles af regeringen, emottager besök utan sky eller farhåga,
visar sig i fönster utan förbehåll och med alla de retelser,
som uppelda begär. Men den goda tonen tillåter nästan
inga andra än pöbeln att med dem pläga umgänge.

(*Beskrifning på några kyrkor. Dogepalatset.*)

Då jag besåg rummen i S. Marci palats, förehades
där en rättegång. Två advokater i sina svarta mantlar och
stora peruker förfäktade hvar sin hufvudmans rätt inför
domarna. Den ena, som intagit en tribun, talade därifrån
med en oanständig hetta, som utbröt i skri och konvulsiva
åtbörder. Han sprang upp och ned för trapporna till tri-
bunen, utan att hvila sina lungor ett ögonblick, med vreden
i sin uppsyn och ansiktet i full svettning. Vederparten, som
stod på golfvet, försökte stundom att falla honom i talet, och
då skreko de öfver hvarandra, så att ingendera kunde förstås.
Detta sätt att bevaka rättvisan förekom mig som främling
ganska sällsamt och föga instämmande med den värdighet,
en ordentlig lagskipning synes fordra. Venetianska advo-
katerna hafva annars namn för att vara mycket vältaliga,

men ett inartikuleradt vrålande var allt, som denna gången kom för mina öron. Rättegångarna utföras för öppna dörrar, men när dom skall fällas, taga alla afträde och lämna domarna allena. De yttra sig genom scrutin eller omröstning.

I går afton bevistade jag spektaklet på teatern San Benedetto. Af sju eller åtta teatrar, som under karnevalen pläga nyttjas, är denna allena nu öppen. Den är rätt vacker. Bänkarna på parterren äro böjda i cirkelbågar, logerna indelade i fem rader öfver hvarandra. Man gaf en allvarsam opera, som hette Ademira, med pantomimbaletter emellan akterna. Musiken af Lucchesi var ganska god. Första sångerskan, Signora Fischez och en sopran, Porri, utmärkte sig genom en däremot svarande sång. Skådespelets längd och tröghet voro likväl odrägliga. Det började klockan tio och varade till klockan tu.

Få orter lära gifvas, där man mer förvandlar natt till dag än Venedig. Så sent spektaklen slutas, är det likväl brukligt att efteråt spatsera på S. Marci torg. Man lägger sig ej förrän mellan klockan tre och fyra. Serenader och musik af barcaroler eller gondolierer uppföras medan världen annorstädes är i djup dvala. En slik serenad med fioler, pukor och valdthorn uppfördes nu i natt från en båt utanför våra fönster, nättare och gladare än jag kan beskrifva. Sådan musik gifves här ofta af kvinnfolk. De inställa sig i husen med sina instrumenter, färdiga att antingen låta höra sin skicklighet på dem eller att visa åtskilliga tours d'adresse, en födkrok som på andra ställen sällan idkas af könet.

Jag slutar med det, som jag bort säga först. Herr grefven af Haga jämte de kavaljerer, som med honom kvarblifvit i Parma, hitlände i förgår på eftermiddagen och blef vid ankomsten på regeringens vägnar komplimenterad af två venetianska adelsmän herrar Zuliani och Foscarini. Jag har nu just gripit mig an med ett långt bref för att framdeles få vara kortare. Venedig upptager så mina stunder, att jag knappt har tid att sofva.

SEXTIOSJUNDE BREFVET.

Venedig den 7 maj 1784.

(Besök på S. Giorgio.)

Till aftonen hade herr Pisani den äran att hafva herr grefven af Haga jämte dess svit till gäst. Fêten var en af de präktigaste och bevistad af mer än fem hundra personer, hvaribland jämväl voro cittadini eller borgare.

Man spisade vid flera bord, man roade sig i särskilda salar med konsert och dans. Alla adelsmän hade aflagt sina mantlar och peruker och buro präktiga galakläder på fransyska viset, hvilket vid stora högtidligheter tillåtes. Karlarna brukade dock tillika hvita tabarri, hvilka aflades, när dansen begyntes. De adliga fruntimren voro lysande af rika kläder och de dyrbaraste juveler, men stadsfruntimren buro zendale. Herr Pisani är en af de rikaste venetianska adelsmän. Då ett arf inberäknas, som han väntar efter familjen Loredano, värderar man hans egendom till en årlig inkomst af 60,000 sekiner.

I går hade jag den lyckan att vara herr grefven af Haga följaktig till S. Marci skatt, hvilken jag svårligen utan genom ett slikt tillfälle kunnat få se, emedan de ej uppvisas för enskilda personer utan mycken omgång och efter meddeladt tillstånd af regeringen. Denna skatt förvaras vid S. Marci kyrka i två där belägna rum, som äro ganska mörka och nu voro kalla. Prokuratorerna af San Marco hafva den under sin vård.

(Beskrifning på skatterna.)

Med helt andra ögon ansågos relikerna af hertigen af Parma, som i förgår hitkom och jag vid detta tillfälle fick se. Han är liten och undersätsig, har ett trindlätt och gladlynt ansikte samt små bruna ögon. Han talar med lätthet och är ganska höflig. Denne herre betraktade helgedomarna med andakt och kysste dem med vördnad.

Bland Venedigs enskilda palats har jag ej fått tid att
se mer än Palazzo Barberigo, som är framför andra bekant
för sina taflor, egentligen af Tizianos hand, efter hvilken
där finnas sexton sköna stycken, och däribland hans första
arbete, en S:t Hieronymus, och hans sista, då han var 90
år gammal, en S. Sebastian, som ej är fullbordad. De äro
i allmänhet mycket mörknade och fordra en kännares öga
att rätt värderas.

I går eftermiddag for jag på gondol ut till kanalen
Giudecca, hvarest en kapprodd af många båtar förehades.
Dessa voro platta och spetsiga. Hvardera roddes af sex
till åtta man, alla väl växta och väl klädda i korta tröjor
med skärp och mössor. Dessa roddare syntes stå helt
lediga, men deras styrka och skicklighet gåfvo båtarna mera
fart än en springande häst äger. Med sådan hastighet nal-
kades båtarna stundom stränderna så tätt, att en ovan åskå-
dare fruktade få se dem stöta emot, då de till vedermäle af
roddarnas konst tvärstannade. Båtarna, en mängd gondoler,
som förde åskådare, broar och strandgator fulla med folk,
utgjorde tillsammans ett rikt skådespel.

SEXTIOÅTTONDE BREFVET.

Venedig den 9 maj 1784.

Morgonstunderna, medan de flesta härstädes sofva, äro
de enda, jag kan använda till skrifning. Jag nyttjar denna
att göra reda för, hvad jag sett de sista två dagarna.

Med herr grefven af Haga, hertigen af Parma och
flera personer af båda dessa herrars svit, besökte jag i för-
går Venedigs arsenal. Denna, som af venetianarna själfva
så högt skattas och med en fullständighet, som i andra
slika förrådshus förgäfves sökes, förenar allt hvad för en

krigsmakt både till lands och sjös behöfves, innefattas inom en stor befäst byggnad af två och en half italiensk mil i omkrets och är anlagd på sin egen holme. Arsenalen har åt landsidan ej mer än en port, som är prydd med många statyer af hvit marmor. Vid densamma stå tvenne antika marmorlejon, som äro tagna från Piræiska hamnen vid Athen. Inne på gården finnas porträtt i basreliefs af märkvärdiga hjältar och fältherrar, som inlagt beröm i republikens tjänst, och bland dem grefve Otto Vilhelm Königsmarks, hvilken ifrån 1685 till 1688 förde befälet mot turkarna och dog sistnämnda år vid belägringen af Negroponte.

(Beskrifning af Arsenalen. Bucentorofesten.)

Som herr grefvens af Haga tid icke tillåter honom att härstädes afbida denna högtidlighet, som ej infaller förrän den 20 i denna månad, så lät man till hans nöje Bucentoren nu utlöpa till en kort promenad. Detta skedde under otaligt bifallsgny och handklappande. Ostron af det yppersta slag, jämte flera läckra grekiska viner, serverades tillika på fartyget, som efter en liten stund åter gick till lands med sina höga passagerare.

Af förmiddagen var så mycket öfrigt, att jag som hastigast fick bese S. Marci bibliotek. Det förvaras i ett särskildt präktigt palats midt emot S. Marci. I en stor sal utanför bokrummet finnes inom två skrank en vacker samling antika statyer, basreliefs och andra minnesmärken af hvit marmor.

En Leda, en Silenus och en Ganymedes äro högst värderade. Taket är måladt af Tiziano, men skadadt. Själfva biblioteket är ljust och prydligen inrättadt. Där skola finnas ett par tusende manuskript, mest samlade af den lärde kardinalen Bessarion, och däribland den äldsta Homerus man känner, väl försedd med varianter och de lärdes anmärkningar.

I går var en så kallad regatta anställd, en högtidlighet, hvarmed republiken plägar bidraga till främmande prinsars nöje. Den består egentligen i kapprodd på stora kanalen,

men hvarjehanda omständigheter och bisaker göra däraf en
af de mest lysande lustbarheter. Redan förmiddagen be-
gynte en mängd prydda båtar och gondoler visa sig. En
del förde musik. Midt emot herr grefvens af Haga hotell
var en altan uppbyggd, hvarifrån pukor och trumpeter jämte
annan fullstämmig musik läto höra sig. Man uthängde
tapeter och sidenstycken ifrån alla fönster. En otalig hop
åskådare intog fönster och strandgator. Emot klockan två
kommo åtskilliga båtar, utrustade af venetianska adelsmän,
hvilka ock själfva i rika galakläder infunno sig att afhämta herr
grefven af Haga med dess kavaljerer för att bese denna täflan.

Jag kan knappt beskrifva, med hvad prakt dessa båtar voro
utsirade. Ini voro de klädda med sidentyg och borden utstoffe-
rade med taft och silfver- och guldskir i bubblor och festoner.
Öfver fram- och bakstammarna voro baldakiner och parasoller
formerade med fladdrande tofsar af panacher, silfverskir
och blomsterrankor. Roddarna, åtta i hvar båt, voro på det
präktigaste klädda. Deras korta sidentröjor voro rikt prydda
med silfver, och därtill buro de skärp och bandrosor af
olika samt i bästa smak valda färger. På deras runda
mössor sväfvade lätta fjäderbuskar. Årorna voro försilfrade.
I en så utsmyckad båt ligger ägaren själf vällustigt utsträckt
i framstammen. Herr grefven af Haga var på herr Zulianis
båt och hade öfver sig en lysande himmel af rödt och
gult siden. Hans roddare buro puce och rosenrödt livré
med silfver, men emellan hvar kapprodd bytte de om kläder
ifrån hufvud till fot. En slik utrustning af en enda båt
med nödigt livré skall kosta hela 1,400 sekiner.

De förnäma åskådarna begåfvo sig således till början
af stora kanalen emot udden S. Antonio, hvarest kapprod-
den begyntes. Den var femfaldig. Först med båtar, förda
af en roddare, sedan med dylika, förda af två, därnäst med
öppna gondoler, förda af en roddare, vidare med gondoler,
förda af två och slutligen med båtar, som fördes af två
rodderskor. I hvar kapprodd deltogo sex till tio båtar,
utom i den sista, där båtarna blott voro fem. De ofvan
beskrifna, präktigt utsirade fartygen, till ett antal af tolf, och

en mängd andra mer och mindre granna båtar och gon-
doler, hvaribland de, som tillhörde främlingar, voro försedda
med prydliga baldakiner, utgjorde en lysande flottilj, som
uppfyllde kanalen. Il capitaneo dell'aqua satt i sin gondol
under röd sidenbaldakin, förande tre röda flaggor, broderade
med S. Marci lejon. Hans gondolierer buro simpelt livré,
men hans tåg hade ett majestätiskt utseende. I några båtar
voro maskerade personer, ända intill själfva roddarne. I
en såg jag roddarne bära de stora svarta kapporna och vid-
lyftiga perukerna, som äro adelns och ämbetsmännens dräkt.
Luftballonger, fåglar och flera uppfinningsgåfvans foster,
till båtarnas sirande, sysselsatte ögat med jämna ombyten.

Regattan varade ifrån klockan två till åtta (det är på
venetianska sättet att tala, ifrån klockan sjutton till ett). Vid
det utsatta målet midtför Palazzo Foscarini sutto domarna.
På en estrad voro där fyra numrerade flaggor uppstuckna
för hvar kapprodd, tecknade med tal, som utmärkte de fast-
ställda prisen. Roddarne på de först framhinnande fyra
båtarna fingo i sin ordning nedtaga dessa flaggor, vid
hvilkas uppvisande hos vederbörande belöningarna utdela-
des. Högsta prisen voro trettio, fyrtio till femtio dukater*,
de minsta tio, femton eller tjugu. För dessa segervinnare,
med deras flaggor i händerna, klappades och hurrades af
det församlade folket vid förbifarten. En sådan ärebevis-
ning skedde äfven herr grefven af Haga och hertigen
af Parma. Man afbrände ock svärmare på stränderna
med mycket buller. Skådespelet var lifligt, präktigt, eget
och lysande, men räckte nästan för länge.

Herr grefven af Haga har ej ännu utsatt dag till sin
hädanresa. Men jag håller mig färdig att begifva mig härifrån
med det första. Bemälte herre har beslutat att på återvägen
till sitt rike besöka hofvet i Versailles, men ärnar minska sitt
medfölje och endast dit taga med sig baronerna Taube och
Armfelt, grefve Fersen, presidentssekreteraren Franc, herrar
Peyron, Möllersvärd och sin lifmedikus. Vi öfriga få hemlof

---

* En venetiansk dukat gör åtta lire, en sekin eller holländsk dukat
tjugutvå.

härifrån genaste vägen genom Tyskland. Jag har kommit
öfverens med biskopen baron Taube och hofpredikanten
Norberg, att vi tre skola nyttja gemensam vagn, och vi
ärna gå sjövägen härifrån till Trieste för att sedermera till
lands fortsätta resan. Vi afbida första lägenhet därtill, och
den kan inträffa i morgon eller öfvermorgon. Emellertid
slutar jag mitt bref för att vara herr grefven af Haga följ-
aktig till Stora Rådet, hvarom jag härnäst får meddela när-
mare underrättelse.

SEXTIONIONDE BREFVET.

Venedig den 10 maj 1784.

Min aning har slagit in. Biskopen baron Taube,
som hjärtligen längtar hem, fann i går tillfälle att hyra en
båt till Trieste, och i eftermiddag gå vi ombord på den-
samma. Jag fullgör innan dess mitt löfte att beskrifva herr
grefvens af Haga besök i Stora Rådet, hvarvid jag och
flera af hans medfölje hade den lyckan att vara närvarande.
Det skedde i går klockan mellan nio och tio förmiddagen.
Man var sysselsatt med omröstning till en tjänstbesättning,
hvilket slags förrättningar utlänningar få bevista. Sådana
sammankomster utsättas gärna på söndagarna, på det de
icke må borttaga den om hvardagarna till andra göromål
nödiga tiden. Ehuru i allmänhet är förbjudet att med värja
inträda i detta samfund, blef dock för herr grefven af Haga
och oss samtliga, som voro honom följaktiga, undantag
gjordt. Dogen satt i sin stol, främst i salen, klädd i sin
skrud, som är en karmosindamastmantel, nog lik en natt-
rock. På hufvudet bar han en hvit, skuren peruk, mycket
yfvigt friserad, samt därofvanpå dogemössan, som är af
rödt siden, under hvilken på båda sidor till axlarna ned-
hängde tvenne flikar af hvitt linne, ej olika en serviette. Han

bar hvita handskar. Dogen heter Paolo Renier, är 74 år gammal, men ser frisk, munter och gladlynt ut, är af medelmåttig längd och går mycket rak. Han bemötes med stor vördnad och djupa bugningar, hvilka, jämte titel af Serenità, utgöra nästan hans enda majestätsrättigheter. Han har varit ambassadör i Wien och i Konstantinopel, nu i tio år doge, och säges af det ringare folket vara girig, fast mycket rik. Efter andras föregifvande skall han med ansenliga penningsummor hafva köpt sig den ledsamma högheten, han innehar. Han är nästan bevakad som en fånge, utesluten ifrån de flesta nöjen och sällskap och förbunden till utgifter, som vida öfverstiga de medel, han årligen af republiken åtnjuter, hvilkas belopp uppgifves till blott 18,000 dukater eller 7,000 sekiner.

Alla senatorer eller höga ämbetsmän buro röda skarlakansmantlar, de öfriga adelsmännen åter den redan beskrifna svarta dräkten med peruker, som betäckte rygg och axlar samt gåfvo de unga ett löjligt utseende.

Sedan ämnet till omröstningen var framställdt, nämligen bortgifvandet af kommendantsbeställningen i fästningen Peschiera, inställde sig barnhusgossar i blåa koltar med ballotter och scrutiner, och elektorer utvaldes genom ballottering, hvilka förfogade sig tillika med dogen och senatorerna till den näst belägna Sala del scrutinio. Sekreteraren uppläste där ånyo voteringsämnet och lät deras ed gå omkring, hvarpå alla ledamöterna lade fingren att betyga, det de, den likmätigt, ville omrösta. Sedan infunno sig barnhusbarnen att upphämta rösterna. De voro sjutton och utropade hvar för sig med hög röst kandidaternas namn, som voro fyra, hvilket gjorde ett sådant gny, att ingenting kunde redigt höras; i mitt tycke föga värdigt en så allvarsam församling. När alla voterat, öppnades scrutinerna, och den, som fått de flesta rösterna, var till sysslan utnämnd. Denne var en gammal senator, som en adelsman rent ut sade mig, att man ville blifva af med. Efter lagarna få ingen vägra att emottaga en slik förtroendesbeställning vid förelagdt vite. Så snart voteringen i denna sal gått för sig, begaf man sig åter i stora rådets, där valet genom ny omröstning bekräftades.

Gossarnas beställsamhet och skri gjorde därvid lika obehaglig verkan som vid den förra. För öfrigt pratade hvar man högt, och jag trodde snarare finna mig på ett torg än i en rådsal.

Eftermiddagen besökte jag Conservatorio S. Lazzaro degli Mendicanti. I de så kallade konservatorierna, som här skola vara fyra, undervisas fattiga flickor i musik, hvaraf man högtidsdagar mot aftnarna får höra vackra stycken uppföras. Det var ett sådant, som nu förde mig till det ofvannämnda. Jag åhörde i kyrkan en andlig dram på usel latin, men likväl till mina örons fulla tillfredsställelse. Musiken var författad af den namnkunnige Anfossi. Icke allenast de sjungande, utan ock de, som spelade instrumenter, voro flickor; jag fick ej se dem, ty musiken uppfördes på en läktare, som bakom en jalusi gömde dem. Af hvad jag hört, tycktes mig, att de borde vara vackra, och med så fördelaktigt, fast beklagligen föga pålitligt intryck skildes jag från denna kvinnokonsert, hvilket slag blott finnes i Venedig.

Senare på aftonen höll påfvens nuntius sitt intåg med vanlig stått. Regattan hade företett allt hvad präktigt kan visas af ett sjötåg här i staden; således åskådade jag ej denna ceremoni.

Mera lär jag ej få se i Venedig, hvarest jag tillbragt tio ganska nöjsamma dagar. Några strödda betraktelser till slut.

Denna republik synes mig lik en stark och väl byggd kropp på dess ålderdom. Den är i aftagande och nalkas troligen sitt fall. Cambraiska förbundet, Amerikas upptäckande, den nya vägen omkring Cap till Ostindien, hafva för sekler tillbaka gifvit den svåra stötar, turkiska krigen sedermera medfört lika vådlig känning, handel och besittningar på en gång blifvit inskränkta. Emellertid är det ännu en rest af handeln och den därmed förknippade idogheten, som håller Venedig uppe. Man tillverkar där och afsätter med förmån rika tyg- och sidenvaror. En annan betydande handelsgren är glas och kristalltillverkningen

Jag förtryter, att jag ej haft tillfälle bese fabriken däraf i Murano. För öfrigt är terra ferma ett godt land, som meddelar flera afkastningar till utförsel. Likaså förhåller det sig med de grekiska öarna, som republiken ännu äger kvar och som egentligen bidraga till dess välmåga såsom fästen för dess handel i Levanten.

Republiken Venedig lär icke underhålla mer än 5- till 6,000 man stående trupper. Denna lilla landtarmé skall vara mycket vårdslösad; adelsmän kunna icke tjäna vid densamma. Sjömakten är däremot mycket ansenligare. Jag känner ej noga dess styrka, som likväl tros utgöra mellan trettio och fyrtio krigsskepp af alla slag. Linjeskepp, fregatter och galerer få ej kommenderas af andra än adelsmän.

Om regeringssättet skall jag iakttaga samma tystnad i mitt bref, som man är förbunden till i själfva Venedig. Det är mycket omskrifvet, men ofullkomligen kändt, ömsom lastadt och beundradt. Den enskilda säkerheten har aldrig efter lagens bokstaf i någon statsförfattning varit mera uppoffrad åt den allmänna än här. Men ämbetenas myndighet är så balancerad och enskilda personer så stängda från inflytelse, att våldsamma missbruk af makt varit nog sällsynta, och en allmän stillhet vittnat om klok förvaltning. Den stränga tystheten i statssaker är i senare tider mycket bruten. Den torde ännu fordras af de ringare, men adeln och regeringens ledamöter äro mindre förbehållsamma, och med dem kan en främling utan olägenhet tala i dessa förbjudna ämnen. Menige man är i sanning slaf, men känner föga tyngden af sina bojor. De äro öfverhöljda med vissa utvärtes friheter. Man roar folket med publika tidsfördrif. Det får skrika och bullra utan synnerlig uppmärksamhet. Ingen militärisk vakt påminner det om dess undergifvenhet. Men om oordningar inträffa, gör en polisbetjänt med en röd käpp i handen samma intryck som annorstädes bataljoner. Adeln skall i allmänhet lefva indraget, men fordrar tillfället, att prakt skall visas, sparas därtill ingen kostnad. Venetianska festerna äro därför utmärkt lysande. På några år skola de allmänna nöjena aftagit. De så kallade ridotti,

15. — *Sv. memoarer.* V.

hvarest höga vågspel idkades, äro förbjudna i anseende till de många, som där ruinerade sig. Men ifrån den tiden har tilloppet af främlingar blifvit mindre och tröghet försports i de öfriga lustbarheterna.

För utländska sändebud är Venedig icke ett behagligt ställe. De och alla, som bo i deras hus, äro uteslutna från umgänge med adeln, således mest inskränkta till sällskap med hvarandra och deltagande i allmänna nöjen. Stadens belägenhet, så förtjusande och beundransvärd den är för en nykommen främling, gifver efterhand en känsla af monotoni, hvartill brist på promenader mycket bidrager. För den, som länge skall uppehålla sig här, blifver följaktligen umgänget ett nödvändigt medel att angenämt tillbringa tiden.

Klimatet skall emot förmodan vara hälsosamt. Läget i sjön och de grunda kanalerna, som ofta behöfva rensas, tyckas i längden böra förorsaka osund luft. En annan olägenhet är brist på friskt vatten. Men luften renas genom en nästan oupphörlig blåst, och vatten samlas vid regnväder i cisterner eller hämtas från fasta landet. Om vintern skall luftens fuktighet göra kylan så genomträngande, att främlingar här frysa mer än på många orter i norden, helst husen äro illa förvarade mot köld, såsom öfverallt i Italien. Under mitt vistande härstädes har väderleken varit klar och flera dagar besvärlig genom hetta. Men ett vindkast gör hastigt ombyte, och nordanvädren äro kalla långt fram på sommaren.

Venetianska målareskolan intager ett så betydande rum i konsthistorien, att den förtjänar med några ord nämnas.

Venetianarna påstå, att Italien har att tacka dem för de första stegen till målarekonstens upplifvande, då grekiska konstnärer förskrefvos ifrån Konstantinopel att pryda S. Marci kyrka med mosaiker. Men öfver fyra hundra år förflöto ifrån den tiden, innan Venedig kunde berömma sig af de mästerstycken, som kännare sedermera beundrat. Tiziano, Tintoretto, Paolo Veronese, Palma, dessa odödliga målare lefde i sextonde århundradet. Om deras teckning saknar den riktighet, deras sammansättning det majestät, som utmärka romerska skolans arbeten, äga dock deras bilder så mycken likhet med naturen, deras kolorit så mycken liflighet, att deras fel ersättas. Tiziano hålles för världens största porträttmålare. Tintoretto hade mycket snille och en inbillningskraft, som gjorde hans arbeten rika och stundom utsväfvande. Han målade med ovanlig lätthet och fyllde kyrkor och palats i Venedig med sina taflor. La scuola di S. Marco och la scuola di S. Rocco, tvenne så kallade Alberghi för gudliga brödraskap, förtjäna i synnerhet att ses för hans målningar. Lärdomen skall icke synnerligen idkas eller vårdas i Venedig. Men boklådorna äro väl försedda, emedan de flesta italienska böcker här omtryckas, och den, som vill samla ett vackert bokföråd i italienska litteraturen, kan hvarken fullständigare eller för bättre köp vinna sitt ändamål än härstädes. Alperna äro i detta såsom i flera afseenden en skiljemur, och vetenskapernas odlingssätt norr och söder om densamma äfven så olika som länderna och folkets seder.

SJUTTIONDE BREFVET.

Trieste den 13 maj 1784.

Två timmar efter det jag skref mitt senaste bref, gjorde jag, resefärdig från Venedig, min afskedsuppvaktning hos herr grefven af Haga, och sedan jag med mina reskamrater tidigt spisat middag, satte vi oss på vår båt. Skilsmässan ifrån min ämbetsbroder, presidentssekreteraren Franc, kostade på mig. Jag saknade hans sällskap, som gjort mig själfva arbetet angenämt, och detta fördubblas för honom genom min affärd.

Båten var öppen och inrymde, jämte vår resvagn, be-

kvämligen åtta personer, skepparen med hans folk inbe-
räknade. Båten förde tre segel, men kunde äfven i brist
på vind med åror forthjälpas. Sjövägen ifrån Venedig till
Trieste utgör nittio italienska mil.

Det stolta Venedig ådrog sig flera gånger mina till-
bakavända ögon. Jag tyckte mig med Sannazaro se denna
härliga stad *toto ponere jura mari*. Jag kan ej hindra mig
att upprepa hans nogsamt bekanta sex verser, som af repu-
bliken belöntes med 1,000 dukater för hvar rad.

> Viderat Adriacis Venetam Neptunus in undis
>   Stare urbem et toto ponere jura mari.
> Nunc mihi Tarpeias quantumvis Jupiter arces
>   Objice et illa tui moenia Martis, ait.
> Si pelago Tiberim praefers urbem aspice utramque:
>   Illam homines dices hanc posuisse Deos.

Denna tid är nu förbi, äfven som mitt besök, och, att
jag må nyttja ännu en latinsk sentens, här återstår föga
mer än *magni nominis umbra*. I den så kallade Bocca del
Porto foro vi nära förbi il Lido, där förmälningen årligen
sker med Adriatiska hafvet, och vi sågo till höger om oss
kyrkan S. Nicolo del Lido, hvarest dogen därefter plägar
bevista mässan.

Vinden var väl till vår fördel, men så svag, att rod-
darna äfven måste bidraga till vår fortkomst. Vi tillrygga-
lade likväl, innan natten inföll, trettio italienska mil. Vi
höllo oss beständigt så nära stranden, att den ej förlorades
utur ögonsikte. Omsider kastade vi ankar, emedan det
blef alldeles lugnt. Den elfte i dagningen blåste vinden
upp, men var oss vidrig. Vi forthulpos dock med årorna,
men därmed gick så långsamt, att vi flera timmar befunno
oss nästan i lika ställning emot den lilla staden Caorle. Mot
middagen vände sig vädret och blef oss gynnande. Stran-
den, krönt med en bergskedja, upptäcktes nu för oss ända
fram till Trieste. De högsta och aflägsnaste bergen voro
snöbetäckta. Vi sågo städerna Grado och Aquileja och
inlupo mot aftonen i Golfo di Trieste. Staden, hvarefter
denna vik bär namn, företer från hafssidan en pittoresk

utsikt, genom sin belägenhet på sluttande höjder. De om-
gifvande kullarna äro gröna och uppodlade. Till höger
hade vi Istrien i ögonsikte, dess hufvudstad Capo d'Istria
och andra venetiska besittningar. Klockan sex om aftonen
lade vi till bryggan vid Trieste, och efter några fåfänga för-
sök att få rum på flera värdshus, som alla voro upptagna,
funno vi ändtligen tvenne kamrar i det vid torget belägna,
som tillförne härbärgerat kejsaren.

Trieste är genom kejsarens omsorg ifrån en liten fläck
förvandlad till en god handelsstad, hvars folkmängd skattas
till ungefär 12,000 själar. Den tjänar till stapel för unger-
ska och österrikiska varor samt till nederlagsplats både för
europeiska och levantiska. I dess hamn vaja de flesta hand-
lande nationers flaggor. Vi hafva där funnit en svensk
skeppare vid namn Åberg, som går för frakt och ärnar
inlasta socker, kummin och anis för att föras till Hamburg.
Denna händelse har passat oss så mycket bättre, som vi
fått tillfälle att med honom hemsända en koffert med umbär-
liga saker, hvilken annars skulle belastat vår vagn och
gjort vår förestående resa obekvämare.

Oaktadt allt kejsarens bemödande och det verkliga till-
tagande, hvari Trieste befinner sig, ligga dock många
hinder i vägen för dess uppkomst till en handelsstad af
första rangen. Hamnen är ganska osäker och alldeles öppen
emot sunnanvädret, som här är det starkaste. Denna olägen-
het har kejsaren med ospard kostnad sökt afhjälpa genom
tvenne molers uppbyggande, af hvilka den östra blott är
fullbordad, ganska fast och väl murad. Men belägenheten
gifver anledning att frukta, det ändamålet aldrig fullkom-
ligen vinnes. Emellertid ligga skeppen icke i den egent-
ligen så kallade hamnen, utan i stora kanalen, som är nog
trång. Denna är betäckt, när man inlöper i hamnen,
så att man blir förvånad att där icke finna annat än
fiskarbåtar och en tämligen fullkomlig tysthet, utom på
det där bredvid anlagda skeppsvarfvet. En annan olägen-
het är jordmånens beskaffenhet, som består af en så hård
kritlera, att man förgäfves försökt anlägga trädgårdar, utan

måste inbyggarna hämta alla grönsaker, som de behöfva, ifrån Venedig. Vidare äro vägarna, som föra hit, ganska besvärliga. De gå genom ett bergigt och ofruktbart land samt äro så backiga, att man uppför måste öka sitt anspann af hästar med hälften så många, som man vanligen behöf· ver, och utför läsa hjulen, hvarigenom varutransporten blir både svår och kostsam. Jag vet ock icke, om hamnens läge djupast in i Adriatiska hafsviken bör gifva hopp, att rätt många till och ifrån Levanten gående fartyg skola besöka den, ehvad uppmuntrande handelsfriheter den förunnas. Från Trieste afsättes mycket socker, kummin, anis och rossoglio, en likör, som är ganska begärlig i Italien och här ymnigt tillverkas, fast utan särdeles beröm för godhet. Vinväxten häromkring är betydlig och af god egenskap. På bergen uppom staden växa jämväl oliveträd, men där har ock denna nyttiga plantering sin gräns och finnes åt denna kant ej längre norr ut.

Trieste är en liten men glad stad, har stora vackra hus byggda i italienska smaken med platta tak, åtskilliga breda och ljusa gator, ett rymligt torg med en springbrunn, men belastad med figurer och sammantrugade sirater, som misshaga ögat. Här är en blandning af tyska och italienska seder, äfven som dessa språk ömsom talas. Trägolf, som äro så sällsynta i Italien, brukas här allmänt. Uppassningen på värdshusen sker, såsom i Tyskland, af kvinnfolk, *Kellnerinnen*. Matredningen liknar ock den tyska. Om vintern roar man sig med skådespel. Musik skall jämväl vara mycket omtyckt, men när sommaren nalkas, upphöra dessa nöjen.

Garnisonen består af två bataljoner.

Turkar och armenier synas här till större antal än i själfva Venedig. De förra sitta helt makligen på bänkar utanför husen mot gatan och röka sina pipor. De jag sett hafva varit vackra karlar med skägg och mustascher och gått barbenta. Deras dräkt synes mig fördelaktigare än armeniernas och grekernas fotsida öfver- och underrockar, samt, åtminstone till utseendet, tyngre mössor.

Hettan härstädes är kväfvande. I natt blixtrade starkt.

Vi uppehålla oss ej längre här, än som just jämt behöfves för att komma härifrån, och vi hafva gjort anstalt att i dag vid middagstiden anträda vår resa. Vi ärna oss genom Krain och Steyermark till Wien, samt därifrån öfver Prag, Dresden och Berlin till Stralsund och fäderneslandet. Vi tänka använda all skyndsamhet, och ehuru jag väntar mig det nöjet att få se många märkvärdiga orter, lär jag hvarken få tid att lära känna eller beskrifva dem. Går allt väl, så torde jag själf vara nästan så snart hemma, som de bref jag efter denna dag ville skrifva. De kunna således med allt skäl sparas, och jag önskar, att de, jag hittills meddelat, icke snarare måtte tröttat mina vänners tålamod än bidragit till deras nöje.

Anmärkningar.

Sid. 14. *Piazza della Brà*, nu officielt Piazza Vittorio Emanuele.

Sid. 14. *Teatro Filarmonico* ligger vid Piazza Vittorio Emanuele och innehåller nu stadens Museo Lapidario, grundadt af Maffei.

Sid. 31. *De pisanska chefernas återkomst.* Fresken framställer en gammal, från »Barlaam och Josaphat» hämtad legend om »de tre lefvande och de tre döde».

Sid. 33. *Tornet, lutande.* Adlerbeths åsikt om orsaken till kampanilens lutning har af våra dagars konsthistoriker visats vara riktig.

Sid. 34. *Kartheuserkloster.* Certosa i Valle di Calci, ungefär två mil från Pisa.

Sid. 37. *Adulta* etc. — (lycklig den, som) med vinrankornas utvuxna ymp förenar de höga popplarna. (Hor. Ep. II.)

Sid. 44. *Ponte Rubaconte*, heter nu Ponte alle Grazie.

Sid. 45. *Giambattista*, nu Fortezza da Basso. *Nessus* befinner sig nu i Loggia dei Lanzi. *Piazza di Granduca*, nu Piazza della Signoria. *En jätte*, Michel-Angelos bekante David, af folket kallad il Gigante, nu i Academien, stod ända in i våra dagar utanför Palazzo Vecchio.

Sid. 66. *Palazzo Correa* var på 1870- och 1880-talet lokal för Skandinaviska föreningen i Rom.

Sid. 68. *Cortile delle loggie* kallas vanligen Cortile di S. Damaso.

Sid. 72. *Onyttiga resa.* Denna resa företogs 1782 i syfte att afstyra Josefs reformpolitik.

Sid. 72. *Tomt i Rom vid Strada del Corso.* Palazzo Braschi ligger ej vid Corson, utan strax bredvid Piazza Navona (Via S. Pantaleo). Det byggdes 1780 af Cosimo Morelli.

Sid. 72. *Sakristiebyggnad.* Denna uppfördes 1776—1784 och kostade fyra och en half millioner lire.

Sid. 74. *Buonconvento.* Henrik VII afled plötsligt i Buon-convento 1313, som man trodde af förgift.

Sid. 75. *Fredens ofantliga tempel.* Härmed menar Adlerbeth Konstantins basilika, som låg bredvid Forum Pacis.

Sid. 75. *Ad tecta* etc. = (När de — Aeneas, Evander och Pallas — yttrat detta) trädde de in i den torftige Evanders hyddor och sågo den råmande boskapen utbredd öfver forum romanum och carinernas rika sluttningar.

Sid. 77. *En trappa af Michel-Angelo,* la Cordonata. Då fanns ännu ej den efter 1870 byggda körvägen upp till Capitolium (Tre Pile).

Sid. 77. *Basalt-sfinxer.* Dessa (egentligen lejon) flyttades 1886 till det kapitolinska museets gård. De, som nu befinna sig vid la Cordonata, äro kopior.

Sid. 77. *Västra sidan.* Denna fordom gängse åsikt är oriktig. Citadellet (Arx) befann sig på den motsatta sidan, där nu Ara Coeli ligger. På Palazzo Caffarellis plats låg det forna Jupiters-templet.

Sid. 78. *Göternas barbari.* Colosseum var ännu orördt i början af 1000-talet, således långt efter »göternas» tid.

Sid. 78. *Gräs och stora lagerträd.* Denna flora aflägsnades 1871.

Sid. 78. *Tolf kapell.* Dessa borttogos 1874.

Sid. 78. *Byggmästarens, Gaudentii.* Byggmästaren är ej känd. Att amfiteatern uppförts af en kristen, Gaudentius, är blott en legend.

Sid. 84. *Bernis* blef 1751 ambassadör i Venedig, 1757 statsminister, 1758 kommendör af S. Esprit, s. å. kardinal, 1764 ärkebiskop af Albi och 1769 ambassadör i Rom.

Sid. 88. *La barcaccia.* Denna af Adlerbeth betviflade uppgift är sann. Öfversvämningen- inträffade 1598.

Sid. 89. *Strada Felice.* Denna gata har nu många namn: Via Sistina, Quattro Fontane, Depretis, Verde och S. Croce.

Sid. 89. *Fredens tempel.* Kolonnerna äro från Konstantins basilika.

Sid. 91. *Marmorkolonner.* En af dessa kolonner är »a cubiculo augustorum» (d. v. s. från en byggnad för Augusti frigifna). De öfriga äro af okänd proveniens.

Sid. 91. *Den präktiga trappan.* Trappan uppfördes 1348, och det är okändt, hvarifrån materialet togs.

Sid. 92. *Ara primogeniti Dei.* Redan i en handskrift från 700-talet berättas, att Augustus här uppfört ett altare med inskrift: Hæc ara Filii Dei est. Som man antager, beror denna uppgift på felläsning af en antik inskrift: Ara Dei Fidii (ett altare åt Deus Fidius) eller Fidei Aug. sacr. (ett af Augustus åt Fides helgadt altare). Mig veterligen finnes nu intet altare med den nämnda inskriften i kyrkan.

Sid. 92. *S. Paolo fuori le mura.* Jag erinrar om, att Adlerbeth såg kyrkan före branden 1823. Att kolonnerna kommit från Hadriani mausolé är icke blott en obestyrkt, utan, ganska säkert, oriktig uppgift.

Sid. 93. *S. Birgitta.* Krucifixet finnes fortfarande kvar i Capella S. Crocifisso strax bredvid absiden och är ett ganska godt alster af 1300-talets konst. Dess Brigitta-bild är måhända den äldsta som finnes. Äfven Stefano Madernas staty befinner sig fortfarande i samma kapell.

Sid. 96. *Hästränningen.* Någon dylik har ej förekommit sedan 1882.

Sid. 96. *Palazzo San Marco.* Palatset öfverlämnades af Pius IV 1564 (ej af Alexander VIII) till republiken Venedig, hvarför det vanligen går under namnet Palazzo Venezia. Då Venedig 1797 blef österrikisk besittning, följde palatset med och är nu bostad för österrikiska ambassaden.

Sid. 99. *Kardinalen Alexander Albani.* Adlerbeth har misstagit sig, ty kardinalen dog 1779.

Sid. 100. *En soldat.* Den ifrågavarande torson är en del af gruppen Menelaos med Patroklos lik.

Sid. 101. *Il buon tempo è passato* = det är förbi med den goda tiden (med Buontempo).

Sid. 101. *Oväntade ankomst.* Orsaken till kejsarens resa var att träffa öfverenskommelse med påfven om vissa kyrkliga frågor.

Sid. 110. *Gift.* Clemens XIV blef sjuk i Castel Gandolfo och ansågs hafva blifvit förgiftad. Detta är dock ej bevisadt.

Sid. 110. *Lacrymoso* etc. = ett värdshus där våta grenar och löf brunno på eldstaden och där röken frampressade tårar ur ögonen.

Sid. 112. *Impositum* etc. = Anxur, beläget på de på långt håll hvitglänsande klipporna.

Sid. 118. *Villa Reale*, nu Villa Nazionale.

Sid. 141. *Che mi fa* etc. = Hvad gör mig ett antikt tempel mer eller mindre.

Sid. 159. *Villa Taverna* uppbyggdes af Rinaldi för kardinal Taverna.

Sid. 159. *Statyer af Antinous och Faustina.* Antinous' »staty» är en kolossal byst, som nu befinner sig i Louvren. Den påträffades i Frascati, kom först till Villa Mondragone, sedan till Palazzo Borghese och 1808 till Louvren. Troligen var ock Faustinabilden en byst.

Sid. 160. *Frascativin.* Nu, och väl äfven på Adlerbeths tid, finnes det både rödt och hvitt, sött och icke-sött Frascativin.

Sid. 162. *Latin* etc. Såsom läsaren märker begagnas språknamnen här i en annan bemärkelse än den nu vanliga. Men då arbetet finnes tryckt och tillgängligt i våra bibliotek, är det öfverflödigt att här redogöra för dessa betydelseväxlingar.

Sid. 170. *Venus.* Man vet blott, att denna Venusstaty 1584 från familjen della Valle öfvergått i Mediceernas ägo. Dess fyndort är oviss.

Sid. 172. *Kaskaden vid Tivoli* är nu genom senare byggda emissarer förändrad.

Sid. 172. *Hostans tempel* är en antik byggnad från den senare kejsartiden, på 900-talet ändrad till kristen kyrka. Namnet, Tempio della Tosse, är ej äldre än 1500-talet.

Sid. 192. *Fra queste* etc. = »Bland dessa öfver jorden spridda ruiner faller hon af sig själf, dör och begrafves». Jag har ej hos Petrarca lyckats finna detta citat.

Sid. 196. *S. Birgittas hus.* Utförliga redogörelser för dess öden finnas i Hist. Tidskr. II, III (af E. Hildebrand) och XV (af C. Bildt).

Sid. 213. *S. Gimigniano.* Denna kyrka finnes nu ej mera kvar och dess plats upptages af den s. k. Nuova Fabbrica, som (sedan 1814) förbinder de gamla och nya Procurazierna med hvarandra.

Sid. 218. *Palazzo Barberigo.* De omtalade taflorna finnas nu ej längre där. Uppgiften om deras ålder torde vara oriktig.

Sid. 219. *S. Marci bibliotek.* Biblioteket befinner sig nu (sedan 1812) i dogepalatset, dit äfven skulpturerna flyttats.

Sid. 228. *Viderat* etc. = Neptunus hade sett den venetiska staden ligga bland adriatiska vågor och härska öfver hela hafvet. Jupiter — sade han — visa mig nu så mycket du vill de Tarpeiska borgarna och Mars' murar. Om du föredrager Tibern framför hafvet, så skåda de båda städerna; och du måste medgifva, att den ena grundats af människor, den andra af gudar.

Namnregister.

De kursiva siffrorna hänvisa till motsvarande sidor i boken.

Milton Keynes UK
Ingram Content Group UK Ltd.
UKHW030617261124
451530UK00006B/33